José Mauro de Vasconcelos
Die lange Nacht des Häuptlings Kuryala

José Mauro de Vasconcelos

Die lange Nacht des Häuptlings Kuryala

Aus dem
brasilianischen Portugiesisch von
Sabine Müller-Nordhoff

Otto Maier Ravensburg

Die Deutsche Bibliothek – CIP-Einheitsaufnahme

Vasconcelos, José Mauro de:
Die lange Nacht des Häuptlings Kuryala / José Mauro de Vasconcelos.
Aus dem brasilianischen Portug. von Sabine Müller-Nordhoff. –
Ravensburg: Maier, 1992
(Ravensburger junge Reihe)
ISBN 3-473-35121-0

RAVENSBURGER JUNGE REIHE

1 2 3 4 94 93 92

Die brasilianische Originalausgabe erschien
unter dem Titel »Kuryala: Capitão e Carajá«

Umschlag: Rotraut Susanne Berner
Gesamtherstellung: Ebner Ulm
Printed in Germany
ISBN 3-473-35121-0

Inhalt

Erste Erklärung

Als Gott diese große Welt erschuf, machte er auch einen sehr großen, schönen Stern, der recht verschlafen und faul war. Voll Sanftmut sprach Gott zu diesem Stern:

»Du wirst die Himmelskönigin Papa-Ceia sein und den Schaf- und Kuhhirten leuchten.«

Und seit vielen Jahrhunderten ist dieser Stern nun schon der Stern der Hirten und wird es für alle Zeiten sein.

Immer, wenn die Herrin über alle Himmel erschien, trieben die Hirten ihre Herden zusammen und nahmen in aller Eile ein Mahl zu sich. Denn schnell, wie sie gekommen war, verschwand die verschlafene und friedvolle Sternenkönigin auch wieder.

Während Papa-Ceia sich für ihre kurze Herrschaft am Himmel rekelte, schlangen die Kuhhirten in großer Hast das Fleisch hinunter, das in der nächtlichen Glut gebraten hatte. Und wenn sie sich dann zurückzog, lagen die Hirten schon unter ihren alten Decken, wünschten ihr mit den Augen gute Nacht und schliefen bald, bald ein.

Zweite Erklärung

Als Kanansiuê[1] den Stern Tahiná-Kan schuf, streckte er seinen leuchtenden Finger aus und sprach zu allen Karajás:

»Dieser große Stern kann jedem von euch gehören. Er ist der größte Stern am ganzen Himmel. Hört nun gut her: Ich gab euch den Bêérokan, damit ihr auf seinem Grund frei von Gefahren und ganz ohne Schmerzen leben könnt. Ihr aber wolltet dort nicht leben. Das ist nicht schlimm. Ich machte den großen Tchu, die Sonne, um die Kälte zu vertreiben und die Strände weiß zu machen, um die Eier der Schildkröten auszubrüten und die Blätter der Bäume und die Flügel der Löffelreiher zu färben. Dann schenkte ich euch allen Randô, den Mond. Seine Aufgabe ist es, die einsamen Nächte zu verschönern und allen Kanus auf ihren Reisen zu leuchten. Mit Tahiná-Kan hat es eine besondere Bewandtnis. Er ist viel größer als jeder andere Stern, nicht wahr?«

Er zog seinen großen, leuchtenden Finger wieder zurück und wurde nachdenklich.

»Ja, er ist größer, Kanansiuê.«

Kanansiuê lächelte gutmütig vor sich hin.

»Ich weiß. Wenn ihr euch auf eure letzte Reise begebt, dann müßt ihr zu ihm aufsehen und euer Herz sprechen lassen: Dateriambú, Tahiná-Kan. Ja, guten Tag, Großer Stern. Ich bin von weither gekommen, um an deinen großen Flüssen und in deinen schönen Urwäldern zu leben, weit weg von allen Gefahren und Schmerzen, im Haus des Friedens. – Habt ihr verstanden?«

Alle nickten, nur einer fragte etwas.

»Und kehren wir nie wieder an den Bêérokan mit seinem schönen Grund zurück?«

Kanansiuê schüttelte traurig den Kopf.

»Ihr wolltet es ja nicht. Hört auf meine Worte und reist zu dem großen Stern. Und jetzt lebt wohl!«

Er kreuzte alle seine leuchtenden Finger auf der Brust und verschwand.

Erster Teil

Reise zum Stern der Morgendämmerung

Erstes Kapitel

Biurassó
Anbrechender Morgen

Es sollte noch viel Zeit vergehen bis zum ersten Hahnenschrei. Bis die Sonne Tchu die Erde erhitzen und die Wasser der Flüsse aufwärmen sollte, konnte die Zeit noch viele Male an den Fingern beider Hände abgezählt werden.

Belerriro wußte das, als er sich leise von seiner vertrauten Hängematte erhob. Er würde niemanden aufwecken. Er wollte an einem fernen See Tucunarés[2] fischen, und dazu mußte er früh aufstehen. Der See war weit entfernt, und selbst flußabwärts brauchte man sehr lange, um die große Sperre von Cotia zu überqueren. Drei Léguas[3] ist diese Sperre lang, das hatte ein Weißer einmal gesagt. Die Toris, die Weißen, wußten über alles besser Bescheid als sein Volk, die Karajás. Sein Vater Birirrôa erzählte oft von ihnen und ihren Waffen, die Feuer spuckten. Er hatte ihm gesagt, sie seien zu vielen und kämen aus fernen Ländern. Für die Toris war der Bêérokan[4] wohl der schönste aller Flüsse. Ganz tief in seinem Herzen hatte Belerriro große Angst vor ihnen. Als er noch sehr klein war, hatte ihm sein Vater eingeschärft, mit den Weißen nur in Begleitung von einem oder mehreren Indios zu reisen. Doch seit zwei Jahren war kein Tori mehr hier aufgetaucht.

Er verließ unbemerkt die Hütte und schnippte gerade so laut mit den Fingern, daß ihm sein Hund Djutá folgte.

Als die Umrisse der Hütten nicht mehr zu sehen waren und er sich langsam der Flußsperre näherte, mußte er lächeln. Er wußte nicht einmal, warum er an die Weißen und die Ratschläge des Vaters hatte denken müssen. In Gedanken sprach er mit sich selbst.

»Ah! Mein guter Vater Birirrôa. Du bist gestorben und von

uns gegangen, bevor mein Sohn auf die Welt kam. Wie glücklich wärst du jetzt! Mein Sohn würde über den Boden kriechen, sich auf deinen Schoß setzen und dich Großvater nennen, sobald er alt genug wäre.«

Er schaute in den Sternenhimmel und entdeckte das Spiegelbild der Himmelskörper auf dem stillen und schlafenden Wasser des vertrauten Flusses. Die Morgendämmerung würde noch lange auf sich warten lassen.

Er rutschte die Böschung hinunter und stützte sich auf das Ruder und das Bündel Pfeile für seinen großen Bogen. Der Bêêrokan hatte eine leichte Strömung, und die vielen Kanus wiegten sich auf leichten Wellen an ihren Ankerplätzen.

Er erblickte die Schemen der Reiher, die in seinem Kanu schliefen.

»Raus da, verdammtes Viehzeug. So viele Kanus, und ausgerechnet in meinem Kanu müßt ihr schlafen und es mit eurem weißen, stinkenden Kot verdrecken!«

Die Reiher flogen davon und suchten in einem anderen Wassergefährt in der Nähe Schutz. Eigentlich hatten sie keine schuld. Die Karajás pflegen die frischgeschlüpften Vögel aus ihren Nestern zu holen und die Jungvögel mit Fischbrocken aufzuziehen. Die zahmen Tiere fressen ihnen schließlich aus der Hand. So lernen die Reiher nicht einmal das Fischen. Erst wenn sie ausgewachsen sind, der Urwald sie ruft und die Vogelweibchen locken, machen sie sich davon und lernen alles, was die anderen schon lange wissen.

Er steckte einen Fuß ins Wasser. Zu kalt. Er warf das Ruder, den Bogen und die Pfeile in das Kanu und löste den Strick, mit dem es am Stegende befestigt war. Dann faßte er sich ein Herz und sprang mit dem Strick in der Hand in den Fluß. Der Körper schmerzte vor Kälte. Er schüttelte die langen Haare und verspritzte die Tropfen nach allen Seiten, machte einen Satz, zog sich in den Einbaum und faßte gleich nach dem Ruder.

An diesem anbrechenden Morgen war er als erster Fischer auf den Beinen. Er stieß sich mit dem Ruder an den anderen Kanus ab und spürte gleich, wie ihn die Kraft der Strömung in die Mitte des Flusses zog. Jetzt mußte er schnell und kräftig rudern, um den Körper aufzuwärmen, damit er nicht so unter dem eisigen Wind litt, der sogar an den Nasenlöchern schmerzte. Sein Herz, das durch die Kälte schneller geschlagen hatte, begann sich zu beruhigen.

Das Dorf schlief friedlich. Es war kein Kinderweinen, keine Stimme, nicht einmal ein Hundebellen zu hören. Er sah, wie die Umrisse der Hütten hinter der Anhöhe verschwanden und sich alles in der Ferne verlor. Es gab keinen höher gelegenen Ort als das Dorf, in dem er lebte. Hier fand sein Leben statt, hier würde er sterben wie sein Vater Birirrôa, immer in der Nähe des schönsten Dorfes der Karajás, in Raumaló-Mandô-Dessé.

Als alles hinter der Flußbiegung verschwand, sah er in den Himmel und erblickte Tahiná-Kan[5] in seinem ganzen wunderbaren Glanz. Da er der größte Stern am Himmel war, konnte er machen, was ihm gerade in den Sinn kam. Zur einen Jahreshälfte ließ er sich bei Biurassó, im Morgengrauen, blicken; den anderen Teil des Jahres zog er es vor, erst zu Tiorô, der einbrechenden Dämmerung, zu erscheinen.

Jetzt mußte er heftig rudern. So schnell es ging. Die Frau wollte einen Tucunaré essen. Einen von den ganz großen Tucunaré. Sie verlangte danach, und er machte sich auf die Suche nach einem Prachtexemplar. Auch wenn er erst bei Einbruch der Nacht zurückkehren sollte, die Frau hatte es verdient. Sie hatte ihm einen Sohn geschenkt, ein wunderschönes, starkes Kind, das später aus kräftigen Lungen schreien sollte.

Die ganze Kälte war aus seinem Körper gewichen, und die Freude in seiner Brust ließ das Ruder rhythmisch tanzen. Tahiná-Kan schwebte genau in der Mitte des Flusses und teilte ihn in zwei gleich große Hälften.

»Du machst alles hier so schön, um mir zu gefallen. Ich weiß es. Du bist auch eine Mutter, so wie Tchu ein Vater ist. Und ich muß dir nicht einmal erzählen, daß in meinem Haus ein Kind geboren ist. Du weißt, daß mein erstes Kind ein Junge ist, so wie ich es gewollt habe. Du wohnst doch etwas näher an der Sonne. Sage Tchu, sie soll es Kanansiuê erzählen. Und Kanansiuê, der die Flüsse, die Steine, die Bäume, den Mond und alle Sterne gemacht hat, wird sich um meinen Sohn kümmern und einen guten Indio aus ihm machen. Er wird ein starker Kämpfer, Ruderer und Fischer sein. Denn wenn er groß ist, wird er der Häuptling des Dorfes Raumaló-Mandô-Dessé.«

Er sprach ganz leise, denn Tahiná-Kan hatte feine Ohren und hörte alles. Es war nicht nötig, zu schreien, um der Freude seines Herzens Luft zu machen. Auch wollte er nicht, daß jemand ihn hörte und dachte, er sei verrückt. Was er ganz sicher war. Jetzt stellte er sich vor, wie sein Sohn heranwuchs, ganz schnell ein Mann wurde und es mit dem Fluß aufnahm, wie er ein Kanu mit seiner Körperkraft gegen die Strömung ruderte. Er sah ihn schon zur neuntägigen Andacht zu Ehren des Festmeisters der heiligen Gesänge den Aruanã[6] tanzen. Sich in die Bastmasken kleiden. Sollte er ein großer Mann werden, dann würde er die Masken des Diaré-Renin[7] tragen. Sollte er nur kräftig und von kleiner Statur sein, dann würde er die Lieder zur Maske des Debó[8] singen. Und sollte er eine kräftige und schöne Stimme haben, dann würden sie ihn sicher die ganze Schönheit der heiligen Gesänge des Rariri lehren.

Hier hielten ihn seine Gedanken um Ruhe und Geduld an.

»Belerriro, dies alles wird geschehen, sobald die Zeit gekommen ist. Bis dahin wird dein kleiner Sohn viele Male weinen, und es wird lange brauchen, bis er abgehärtet ist und du ihn in deine starken Arme nehmen kannst, wenn du vom Fischen heimkehrst. Bevor er nicht zwei Dürren erlebt hat, wird er nur der Mutter gehören. Erst danach wird er unseren Vater Bêêrokan[9] entdecken, und dann wird er dir mehr gehören.«

Belerriro stimmte dieser Wahrheit zu und ruderte jetzt langsamer. Man konnte schon die Anfänge der großen Sperre von Cotia sehen. Flußabwärts kam er ihr nie zu nahe. Der Jaguar könnte ihm dort in einem der Büsche auflauern, wenn seine nächtliche Jagd nicht erfolgreich gewesen war. Und wer wußte, ob nicht Abiroró, das Krokodil, sich im Stauwasser der Sperre aufhielt und sich auch noch zu ihnen gesellen würde, als seien sie eine große Familie. Jede Untiefe im Fluß, in der das Boot steckenblieb, konnte das Ende des Ruderers bedeuten. Abiroró[10] war der Herr des Flusses. Wie konnte es nur so viele von diesen Tieren geben! Manchmal, wenn die Indios auf den

Stranddünen ihre Lager aufschlugen und ihre Feuer machten, kamen die Krokodile auf die Sandhügel zu, und in den Flammen des Feuers konnte man ihre roten Augen zählen. Es waren mehr als Sterne am Himmel standen.

Tahiná-Kan hing jetzt ganz nahe bei den großen Bäumen und würde bald schlafen gehen. Erst jetzt bemerkte Belerriro, daß er sehr lange gerudert war und sich weit von seinem geliebten Dorf entfernt hatte. Ja, nun konnte er singen. Aus voller Kehle seiner ganzen Freude Ausdruck geben. Jetzt konnte sicher keine Frau von Raumaló-Dessé mehr seine Stimme hören. Es war für alle Männer verboten, zu singen, wenn Frauen in der Nähe waren. Eine von ihnen könnte seine Stimme auf den Festen der Masken wiedererkennen. Dies würde seine Reinheit zerstören, und ein anderer müßte seinen Platz einnehmen, um ein neues Paar zu bilden. Er würde nie mehr tanzen können.

Er überlegte, welches Lied am schönsten das Leben besang. Voller Freude entschied er sich für ein Lied des Yuê-Rodí, das ihm der alte Arueci eines Tages mit viel Geduld beigebracht hatte:

»Ride kanrré rareriman

Ran ude rande-man
Kanrré
Ridioriri-man
Kanrré otuori-rrê
Rerran.

Lerran-kê Kanrré botutatê
Tamarã Raruberi-bê
Biorikre quere-man-bê
Coti-toma iboruira
Rerran.«

Vater Sonne war Herr über den Tag. Tchu[11] ließ mit seiner großen Wärme die Baumwipfel erstrahlen und den Fluß die ganze Schönheit seines hellen Lichtes widerspiegeln. Die Strände, die alles ringsumher mit ihren hellen Sandkränzen schmückten, leuchteten in einem Weiß, das seinen schmalen Augen weh tat. Belerriro hörte ein vertrautes Geräusch. Jemand ruderte flußaufwärts und ließ bei jedem Ruderschlag das Ende des Ruders rhythmisch gegen die Kanuwand schlagen. Es mußte ein Karajá aus dem Dorf Biton-irê[12] sein. Kein Indio ruderte nachts auf diese Weise und machte soviel Lärm, aus Angst, wilde Indios an die Flußufer zu locken. Es konnte genausogut auch ein Xavante[13] oder ein Dicklippen-Caiapó[14] sein. Aber um diese Stunde, nein, das Tageslicht flößte den Karajás großen Mut ein und machte jedem feindlichen Indio angst. Die konnten es also nicht sein.

Er setzte das Kanu auf die Zunge einer Insel, die vor ihm aufgetaucht war und ihm einen weiten, sommerlichen Strand versprach. Sein Fuß berührte den noch fleckigen und dunklen Sandboden.

»Bald wirst du einer der schönsten Strände am Bêêrokan sein. Hier kann sich jeder ausruhen, der in der Nacht reist, hier kann er sein Feuer machen und sein Lager aufschlagen. Du wirst ein guter Freund sein, Strand.«

Er trank etwas Wasser und setzte sich in Erwartung des fremden Kanus. Das Geräusch verstummte. Er konnte die Augen schließen und ahnen, daß der Indio jetzt sein Ruder in den Einbaum warf und seine Reise mit Hilfe eines Staken fortsetzte. Den Strand hatte er schon passiert, jetzt mußte er hinter dem dichten Busch auftauchen, daran gab es keinen Zweifel. Er konnte den Augenblick sogar an den Fingern abzählen. Das Kanu würde gleich zu sehen sein.

Genau das geschah. Eine Gestalt stand aufrecht im Einbaum, näherte sich und ließ den Staken los, suchte nach dem Ruder, um sitzend weiterzurudern. Er rief.

»Inã-Ku! . . .«

»Ku!. . . Uana. Vetter.«

Sie erkannten sich beide zur gleichen Zeit an der Stimme. Die Stimme des Schwagers war unverwechselbar. Er war sicher flußaufwärts gerudert, um die Schwester zu besuchen und zu erfahren, ob sie ihr Kind schon zur Welt gebracht hatte. Belerriro nannte ihn Vetter, und auch dieser redete ihn so an. Sie durften sich nicht bei ihren richtigen Namen nennen, solange ihre Frauen schwanger waren und eine Niederkunft bevorstand.

Er erhob sich, um die Hand seines Schwagers zu drücken.

»Ich war auf dem Weg nach Raumaló-Mandô-Dessé.«

»Das habe ich mir gedacht.«

Eine leichte Enttäuschung zeigte sich auf dem Gesicht des Schwagers Temacuíra.

Sie setzten sich nebeneinander, ließen die Beine ins Wasser hängen und verscheuchten mit den Füßen die kleinen Fischchen, die ihnen in die Zehen zwickten.

»Also ist es noch zu früh für meine Reise. Sonst wärst du sicher nicht an diesen Ufern.«

Belerriro lachte zufrieden.

»Du täuschst dich. Das Kind ist schon da. Es ist ein Junge.«

Er freute sich mit dem frischgebackenen Onkel.

»Und, sieht er gut aus?«

»Er ist wunderschön. Der schönste Junge, der je in Raumaló-Dessé geboren wurde. Er ist sehr schön und ziemlich groß.«

»Und meine Schwester?«

»Deine Schwester Marixiro hat sehr gelitten, aber kaum geschrien.«

»Wann ist er geboren?«

»Natã tchu, vor drei Sonnen.«

Er sah in das erstaunte Gesicht des Schwagers.

»Und nach drei Sonnen verläßt du das Haus?«

»Ich bin die ganze Zeit bei der Frau geblieben. Dann bekam sie Appetit auf Fisch. Aber auf einen großen Tucunaré. Du weißt schon, die, die man am großen See im Stauwasser findet. Und so bin ich hierhergekommen.«

»Meine Frau Dikuria hat mir schon vier Kinder geschenkt, zwei Jungen und zwei Mädchen. Sie bat mich immer, wenigstens sechs Sonnen lang bei ihr zu bleiben. Und so bin ich geblieben. Sie läßt mich nur gehen, damit ich baden oder kacken kann. Ich bleibe gern, denn Dikuria ist eine sehr gute Frau und eine gute Freundin.«

»Weißt du, Vetter, die Frauen sind sehr seltsame Wesen. Als Marixiros Bauch dicker und dicker wurde, konnte ich nicht einmal von Tucunarés sprechen, und schon wurde ihr übel. Jetzt, wo das Kind da ist, ist sie ganz wild auf diese Fische.«

»Ja, genau so ist es, Vetter. Mit der Zeit gewöhnt man sich daran. Es gibt Frauen, die schwierigere Dinge von uns verlangen. Du hast Glück gehabt.«

Sie machten eine Pause und lachten über ihre Worte.

»Und jetzt?«

»Ich habe nur gewartet, bis ich sehen konnte, wer den Fluß heraufkam. Jetzt suche ich den Seitenarm zum großen See und werde dort fischen. Es war gut, zu warten. Also du warst das, Vetter.«

»Kann ich mit dir zusammen fischen? So können wir viel mehr Fische fangen, und wenn die Sonne in der Himmelsmitte steht, rudern wir mit voller Kraft und erreichen vor der Dunkelheit das Dorf.«

»Dann laß uns aufbrechen.«

»Nur werde ich mehr fangen als du, Vetter.«

»Wer sagt dir, daß du besser im Pfeilschießen bist als ich?«

»Das habe ich nicht gesagt. Aber willst du mal was sehen?«

Sie gingen auf Temacuíras Kanu zu. Der Schwager bückte sich, hob ein Strohsäckchen auf und öffnete seinen Schatz.

Als erstes holte er einen Angelhaken und eine Angelleine hervor. Dann ein brandneues, scharfgeschliffenes Messer. Schließlich noch eine Schachtel mit Streichhölzern.

»Wie bist du an diese Dinge gekommen, Vetter?«

»Es kam einer aus der Nähe des Dorfes Krerran-auá[15] zu uns. Ein schwarzer Mann, der ein großes Herz hat. Er hat keine Angst vor wilden Indios und ließ sich an der Flußsperre nieder. Er baut sogar an einer Hütte. Dann bat er mich um Fisch. Und ich tauschte den Fisch gegen diese Sachen. Und das hier, weißt du, was das ist?«

Belerriro öffnete die Schachtel mit den Streichhölzern und betrachtete interessiert die Hölzer mit den dunklen, runden Köpfen.

»Was ist das?«

»Reautú.«

»Feuer?«

»Ja. Es steckt in diesen Köpfchen hier. Ich werde eins anzünden, damit du es verstehst.«

Er zündete das Hölzchen an und ließ es so lange brennen, bis es seine Fingerspitzen verbrannte. Belerriro lächelte über dieses Wunder.

Temacuíra bemerkte:

»Hast du gesehen? Jedes Hölzchen ist ein Feuer. Du kannst damit auch eine Zigarre anzünden.«

»Die Weißen haben es in sich! Mein Vater hat mir immer von den Dingen erzählt, von denen sie wissen. So ist es doch besser. Hölzer aneinanderreiben, um Feuer zu machen, ist sehr anstrengend und schwierig. Besonders, wenn das Holz noch naß ist.«

»Das hier braucht auch eine besondere Behandlung. Es darf nicht naß werden.«

»Und wenn sie alle aufgebraucht sind?«

»Dann treibe ich eine neue Schachtel auf.«

»Wie nennen die Toris das?«

»Es ist wirklich ein schweres Wort. Die Karajás nennen es ›Strölzer‹.«

Temacuíra steckte seine Besitztümer wieder in den Beutel und verstaute sie an einer wassergeschützten Stelle im Kanu.

»Glaubst du jetzt, daß ich mehr fangen werde als du?«

»Ja.«

»Aber so ist es nicht gerecht, Vetter. Wir werden beide auf die gleiche Weise fischen. Ich leihe dir für eine Zeit meinen Angelhaken, und die andere Zeit nehme ich ihn zum Fischen. Aber auch du mußt mir was leihen. In deiner Kürbisflasche hast du Babaçuöl[16], das habe ich gerochen. Ich habe keins dabei. Zu dieser Jahreszeit, wenn die Wasser zurückgehen, tauchen die Moskitos in Schwärmen auf.«

»Ist gut. Wir sollten uns damit einreiben, bevor die Reise losgeht. Ich reibe dich ein und du mich.«

Zuerst rieb Belerriro den ganzen Körper von Temacuíra mit dem Palmöl ein, dann war es an Temacuíra, das Öl auf der nackten Haut des Schwagers zu verteilen.

»Hast du gesehen, Vetter? So ist es viel leichter.«

Temacuíra packte einen von den Piranhas[17]. Es war ein sogenannter Eselskopf-Piranha, der versuchte, durch seine Finger zu schlüpfen.

»Wart's nur ab, Teufelsfisch! Diese Angel hat einen Torihaken, den können deine spitzen Zähne nicht zerbeißen.«

Belerriro näherte sich, um besser sehen zu können.

»Jetzt werde ich seinen Körper fest auf den Boden drücken. So! Und jetzt steche ich mit dem Messer gleich hinter seinen Kopf.«

Der verletzte Piranha röchelte rasselnd.

»Jetzt kann ich den Angelhaken rausziehen, und er wird nichts mehr anstellen. Schreckliche Tiere sind das. Wenn man sie nicht am Kopf erwischt, richten sie noch an Land Schaden an.«

»Und sie tun jetzt wirklich nichts mehr?«

»Nein. Auch nicht die wildesten. Sogar die roten Piranhas nicht.«

»Dann ist es gut.«

Belerriro sah nach der Sonne, die schon sehr hoch am Himmel stand. Am Boden häuften sich die Fische. Es waren vor allem viele große Tucunarés, mit ihren schönen Augen auf den Schwänzen. Kein Karajá hatte ihm je erklären können, warum der Tucunaré gerade an dieser Stelle so herrliche Augen hatte. Er hatte immer wieder vergessen, die Ältesten des Stammes danach zu fragen.

Die Körper der beiden Indios waren über und über bedeckt mit toten Moskitos, angelockt von dem Babaçuöl.

»Jetzt reicht es, was meinst du?«

»Es reicht, Vetter.«

Temacuíra preßte die Hände auf den Bauch und rieb ihn mit einer gewissen Heftigkeit. Belerriro lachte über diese Geste.

»Uana, kay mari uassá?«

»Ja, Vetter. Ich habe großen Hunger.«

»Gut, dann machen wir ein Feuer mit diesen . . .«

»Strölzern.«

»Es ist einfacher. Nimm mein Messer und schneide uns einen guten Spieß, damit wir unsere Fische braten können.«

»Ist gut.«

Der eine sammelte Kleinholz und legte die Hölzer für ein Feuer zusammen, der andere suchte im Wald nach Astgabeln für einen Bratenspieß. Als das Feuer in Gang gebracht war, wählten sie ihre Fische aus.

»Zwei für jeden, ja?«

»Einverstanden, ich habe auch zwei Spieße gemacht.«

Sie setzten sich in die Nähe des Feuers und hatten beide den gleichen Gedanken.

»Kay morronkrê, Uana?«

»Côrre. Dearã aroronkre.«

So boten sie sich gegenseitig ein Bad an. Die vielen Moskitos mußten ja von den Körpern entfernt werden. Die Hitze des Feuers würde die Stechmücken abschrecken. Sie suchten sich ein schattiges Plätzchen und warteten, bis die Fische gebraten waren.

»Weißt du, daß die Toris den Fisch mit dem Messer öffnen und seinen Bauch leeren, bevor sie ihn kochen oder braten?«

»Warum das?«

»Ich weiß nicht. Aber sie machen es eben. Die Weißen machen gerne alles anders. Es wird schon einen Grund haben.«

»Die Toris sind dumm. Das dauert doch zu lange. Kein Indio ißt die Eingeweide von einem Fisch, oder?«

»Stimmt.«

Sobald das Wort Tori fiel, war ihre Neugierde geweckt.

»Früher, erzählte mir mein Großvater, kam auf dem Bêérokan fast nie ein Weißer vorbei. Auch wenn sie durch die Urwälder am Araguaia zogen, hatten sie Angst vor uns.«

»Heute tauchen mehr Weiße auf, Vetter. In meinem Dorf, in Biton-Irê, gibt es einen Tori, einen Priester, aber er ist ganz anders als unsere Pay[18]. Er betet viel, erzählt Geschichten von Kanansiuê, weißt du. Aber seinen Kanansiuê nennt er Gott. Vor kurzem hat er eine Frau mitgebracht, die hat vor allem Angst. Erst jetzt gewöhnt sie sich an die Frauen im Dorf. Die Männer sieht sie nicht einmal an. Es kam noch ein Mann ins Dorf, der ihnen eine Hütte gebaut hat. Der Pay und seine Frau haben auch zwei Kinder. Die spielen schon mit den Kindern im Dorf. Kinder lernen schnell. Die kleinen Karajás und die kleinen Toris können sich schon in ihren Sprachen unterhalten . . .«

»Der alte Aruecy in unserem Dorf hat gesagt, eines Tages werden viele Toris in Raumaló-Dessé leben wollen. Auch wenn es im Gebiet der Xavantes und der Caiapós liegt.«

»Haben sie denn keine Angst?«

»Angst haben sie schon. Aber sie tragen Waffen. Große Maauá[19] und kleine Maauá. Das verjagt ihre Angst.«

Es roch jetzt überall nach gebratenem Fisch.

»Bald sind sie gut.«

Dann aßen sie und sprachen kaum. Stumm reichte einer dem anderen das Messer. Nach dem Essen badeten sie im Fluß, deckten die Fische mit Palmwedeln zu und legten sie vorsichtshalber in das Wasser, das sich auf dem Boden des Kanus gesammelt hatte. Die Sonne brannte, und sie hatten noch eine lange Reise vor sich.

Sie ruderten schweigend nebeneinanderher. Sobald sie wieder an einer Sandbank vorbeikamen, zogen sie die Ruder ein und arbeiteten mit den Staken. Über allem lag Frieden. Fischende Manguaris[20] und Königsreiher ließen sich auf den höhergelegenen Sandbänken und den Bäumen an der Sperre nieder. Sie waren auf der Jagd nach Beute. Marabus zogen in der Luft gemächlich ihre Kreise, dem Wind gehorchend. Dann suchten sie, aufgescheucht durch die sich nähernden Einbäume, entferntere Rastplätze auf. Die ganze Welt schien Kanansiuê zu gehören. Viele Krokodile lagen in der Sonne und dösten faul, die Bäuche voller Fische. Wer sich nicht auskannte, hätte ihre Gestalten von weitem für Baumstämme halten können, die die letzte Flut mitsamt ihren Wurzeln ausgerissen hatte. Möwen und Camiás[21] stimmten ein schreckliches Gekreische an und unternahmen rasante Sturzflüge über die Strände, um ihre frischgeschlüpften Küken und die Brutplätze zu verteidigen. Die beiden Männer erwartete nun Schwerstarbeit. Sie hatten den Eindruck, die Bäume seien nicht in den Böschungen verwurzelt, sondern in den Himmel gepflanzt. Und dann die Flußbiegungen! Die Trockenzeit des Flusses stand bevor, und immer neue Sandbänke machten die Reise zur Plackerei.

Frieden lag auf der idyllischen und unberührten Landschaft. Keine Gewalttätigkeit bedrohte die Schönheit dieser Natur. Belerriro besah sich dieses Schauspiel aus seinen schmalen Indioaugen. Ihm fiel das Gespräch mit dem Schwager wieder ein.

»Vetter, dieses Land ist sehr groß und sehr schön, und dieses Land wird immer uns gehören.«

Temacuíra klemmte das Ruder zwischen die Beine. Er nahm seine Zigarre aus dem Mund und blies den Rauch in die Luft.

»Warum redest du davon, Vetter?«

»Ich denke an die Toris.«

»Denke nicht mehr daran. Das alles hier ist sehr groß, sehr schön, und es gehört den Karajás. Es wird sehr lange dauern, bis die Weißen hierherkommen.«

»Es heißt, die Weißen sind zu vielen.«

»Aber es sind nicht so viele, wie Sterne am Himmel stehen.«

Zweites Kapitel

Die Nächte in der Hängematte

Es war eine von den friedvollen Nächten. Eine ganz gewöhnliche Nacht, ähnlich den vielen vorausgegangenen Nächten. Nur etwas war anders in dieser Nacht. Es fiel kein Regen mehr, und die Trockenheit sollte bald von allem Besitz ergreifen. Der Himmel zeigte sich schon in seinem tiefsten Schwarz. Durchbrochen vom Glitzern aller Sterne, erwartete er die Wiederkehr von Randô Tamara, dem Neumond. Wie jedes Jahr sollte alles seinen gewöhnlichen Lauf nehmen. Die Indios in den umliegenden Dörfern warteten voller Vorfreude auf die bevorstehende Trockenzeit.

Zuerst trocknete der Erdboden im Dorf langsam aus, denn die Sonne gewann mit jedem neuen Tag an Kraft. Die Wasserlöcher wurden immer kleiner und kleiner, bis sie ganz ausgetrocknet waren. Wenn dann der Boden vor den Hütten hart war, so hart, daß jede Brise, die vom Fluß herüberwehte, Staub aufwirbelte, verließ die erste Hängematte ihre Behausung, um unter dem Sternenhimmel ihr Lager anzubieten. Andere Hängematten folgten ihrem Beispiel, und die Karajás, die den Beginn der schönen Jahreszeit herbeigesehnt hatten, sollten wieder einmal unter freiem Himmel schlafen. Sie errichteten kleine Feuerstellen zwischen den Hängematten. Dazu verbrannten sie noch grünes Brennholz, das die Mücken und Moskitos mit seinem beißenden Qualm vertrieb. Wenn dann der Nachtwind keine Kälte mehr mit sich führte, wurde es richtig angenehm. Alle unterhielten sich leise, um nicht die Gespräche der anderen zu stören. Die Indios, die am nächsten Tag fischen sollten, schliefen gleich, um am frühen Morgen zeitig aufbrechen zu können.

In den ersten Nächten in den Hängematten, wenn die Moskitos und die Stechmücken besonders hartnäckig waren, bewaffneten sich die Väter mit Palmwedeln und beschützten die schlafenden Kinder vor den Insekten. Dieses Geduldspiel dauerte manchmal bis in den Morgen, wenn der Frost die Mücken an einen wärmeren Ort oder aber ins Innere der Hütten vertrieb. Die Eltern konnten sogar Nickerchen machen, ohne das schützende Wedeln zu unterbrechen.

Die etwas gewitzteren Kinder gaben bestimmten Hängematten den Vorzug. Sie hatten herausgefunden, wann die alte Narruria in ihrer Hängematte zu ruhen pflegte oder dem alten Cheêrá danach war, Geschichten zu erzählen. Und schon waren sie zur Stelle, als habe sich die Nachricht im ganzen Dorf wie ein Lauffeuer verbreitet, und suchten die geduldige Hängematte von Cheêrá auf. Er konnte ihnen hundertmal die gleiche Geschichte erzählen, ohne daß ihr Interesse erlahmte.

Zu diesem Anlaß setzte er sich auf, und sein mageres Profil zeichnete sich im Schein des Feuers ab. Seine Schlitzaugen bekamen dann einen glücklichen Ausdruck, und um seinen eingefallenen Mund spielte ein mysteriöses Lächeln. Um die ängstliche Spannung der Kinderschar noch zu steigern, führte er die Hand bis an das äußerste Ende der Hängematte und nahm eine qualmende, stinkende Zigarre zwischen die Lippen. Er wußte, daß bald eines der Kinder ungeduldig werden würde, und so war es auch.

»Cheêrá, du kannst so schön erzählen. Erzählst du uns heute keine Geschichte von den Karajás?«

Genüßlich ließ er sie zappeln, seufzte tief und sah in den Himmel.

»Ich weiß nicht, ich weiß nicht.«

»Aber warum, Cheêrá? Alle sind doch deshalb gekommen.«

»Ich habe einen ganz alten Körper und eine ganz müde Zunge.«

»Kay taroí! Du lügst!«

»Côrre, Dearã lexielerrúneri son-êre, ich bin müde.«

Daraufhin legten sich ein paar Arme zärtlich um seinen Hals, und eine süße Stimme flötete:

»Nein, Cheêrá, du bist gar nicht müde. Du bist das beste Großväterchen aller Indios ...«

Er gab nach, doch zuallererst brachte er ihnen noch etwas Sternenkunde bei, wie sie von den Vätern an die Söhne weitergegeben wurde. Er wußte, daß die Nächte immer schöner werden sollten, bis die neue Regenzeit kam, und die ließ noch lange auf sich warten. Ein Sternenmeer schmückte den Himmel.

»Seht einmal diesen Stern da!«

Er zeigte auf das Siebengestirn.

»Das ist Lorobtó, der Siebenstern. Es sind sieben Geschwisterchen. Sie waren einmal große Sterne wie die anderen auch. Dann wurden sie immer kleiner und kleiner, um sich zu verstecken.«

»Vor wem denn verstecken, Cheêrá?«

»Nun, vor Uerrê-Rokan. Vor dem Großen Wind. Vor dem Wind der Winde. Eines Tages wollten sie jagen, und es gab viele Stechmücken. Da versprachen sie dem Großen Wind das Fleisch eines Nabelschweins und die Lende eines Wasserschweins, wenn er die Moskitos fortblasen würde. Der Große Wind half ihnen. Auf ihrer Jagd fingen sie viele Tiere. Danach machten sie sich davon, denn sie wollten ihr Versprechen nicht mehr einlösen. Sie leben noch heute auf der Flucht. Ihre Schuld haben sie nie bezahlt. Sie sind es, die gleich nach den Regen erscheinen und verschwinden, bevor der Wind der Winde auftaucht.«

»Und sie wachsen nicht mehr, Cheêrá?«

»Nein. Kanansiuê hat Lorobtó nicht mehr wachsen lassen.«

Er besah sich ein anderes Himmelsstück. Sein Blick verweilte auf dem herrlichen Kreuz des Südens.

»Der hier ist wirklich schön. Ruê-Boró, das Auge des Feuerrochens, verändert sich nie. Morgens dreht er sich auf die Seite, um seinen Kopf in der Armbeuge auszuruhen. Ruê-Boró weiß, daß er schön ist, denn er hat gesehen, daß Straußenauge[22] alles beobachtet, was er macht. Ihr ganzes Leben lang wollte sie Ruê-Boró schon zum Freund, aber er will sie nicht.«

Der Alte machte eine Pause und holte sich mit dem spitzen

Ende eines Palmblattes Feuer von der Feuerstelle. Er saugte an seiner Zigarre und erzeugte graue Rauchschwaden.

Nun wußten die Kinder, daß Cheêrá in Stimmung war. Sicher würden sie jetzt eine herrliche Geschichte zu hören bekommen. Vielleicht war das auch besser so, denn höchstwahrscheinlich gingen seine astronomischen Kenntnisse über das Gesagte nicht hinaus.

Zuerst ermahnte er sie mit gespieltem Ernst:

»Jetzt aber Ruhe, ihr Blagen. Coíra! Coíra!«

»Uassabédó will mich aus der Hängematte stoßen.«

Er lächelte, bevor er zu reden begann, und wunderte sich darüber, daß eine Hängematte so viele Kinder beherbergen konnte.

»Ich werde die Geschichte von Tahiná-Kan erzählen. Kennt ihr sie?«

»Nein.«

Diese kleinen Teufel! Er hatte die Geschichte schon hundertmal erzählt.

»Mögt ihr sie denn?«

»Sie ist wunderschön!«

Er lachte heiser.

»Ihr habt doch gesagt, ihr kennt sie nicht.«

»Wir kennen nur ein Stückchen von der Geschichte.«

Der Alte ging nun ganz in seiner Rolle als Erzähler auf. Er nahm eine gefaßte, aufrechte Haltung an. Im Geiste schien er sich die Worte zurechtzulegen. Schließlich konnte er es sich nicht leisten, seinen Ruf als der beste Geschichtenerzähler der Indios zu verlieren.

»... Es ist schon lange her. Sehr lange her. Sobald die Karajás aus dem Schoß des Bêérokan aufgetaucht waren, sahen sie, daß das Leben an Land ganz anders war als auf dem Grund des Flusses. Die Sonne erfüllte die schönen weißen Strände mit Licht und Wärme. Die Bäume zeigten ihre grünen Spitzen und nicht die dunklen Stämme, die im Schlick des Flusses standen. Tiere liefen über die Felder, und Vögel flogen durch den Wald. Der Himmel war voller Marabus, Löffelreiher, Königsreiher, Socós[23], Manguaris und vieler anderer Vögel, die in ihrer Vielfalt den blauen Himmel verdunkelten. Alles war schön und angenehm, um dort zu leben. Den Karajás war nur das Fischen vertraut, und so mußten sie lernen, mit dem Bogen auf die Jagd zu gehen. Ein Gewitterblitz, der ihre Herzen vor Angst erzittern ließ, zeigte ihnen, was Feuer ist. Und mit dem Feuer entdeckten sie auch, daß erlegtes Wild noch besser roch und schmeckte, wenn man es kochte und briet.

Und so reisten sie über das Land und entdeckten die lichten Steilhänge am Ufer des Flusses. Dort bauten sie ihre Dörfer. Jeder suchte sich den Hang aus, den er für den schönsten hielt. Es gab sehr viele unbewachsene Böschungen an diesem Fluß, und die Ufer des Araguaia waren bald voller Dörfer. Und da spielt auch die Geschichte, die ich erzählen werde, unterhalb des Dorfes Krerã-Auá. Dort bekam ein Indiopaar eine Tochter. Sie dachten sich einen ziemlich schönen Namen für sie aus und nannten sie Imaerô. Im folgenden Jahr kam noch ein Mädchen zur Welt, das noch schöner war, und sie gaben ihm einen Namen, der so schön war wie es selbst: Denakê.

Die beiden Mädchen wuchsen zu wunderschönen Jungfrauen heran. Eines Nachts, als die Sterne wieder am Himmel standen und kein Regen mehr fiel, lagen sie in ihren Hängematten. Der Vater leistete ihnen Gesellschaft.

Tahiná-Kan war nicht nur der strahlendste Stern am Himmel, sondern auch der größte, denn diese Nacht gehörte nicht dem Mond. Sein Sternenlicht erhellte sogar die schläfrigen Wasser des Bêêrokan.

Imaerô war fasziniert von diesem Stern. Sie bat ihren Vater:

»Uarrá, warum gibst du mir nicht diesen schönen Stern?«

»Kein Karajá auf dieser Welt kann das.«

»Ich will ihn heiraten.«

Der Vater lachte über diesen Wunsch.

»Wenn du Kanansiuê, seinen Vater und unser aller Vater, darum bittest, vielleicht gibt er ihn dir zum Mann.«

In dieser Nacht träumte Imaerô, jemand komme an ihre Hängematte. Es war ein altes Männchen, häßlich und zahnlos, mit weißem Haar.

»Was willst du, Alter?«

»Ich bin Tahiná-Kan und bin gekommen, um dich zu heiraten.«

Sie wachte erschrocken auf, beruhigte sich aber gleich, denn wie immer ließ der schöne Tahiná-Kan den Himmel in seinem Glanz erstrahlen.

Am nächsten Tag ging sie mit einem Krug an den Fluß, um Wasser zu holen. Eine Gestalt hockte in der Nähe der Schlucht. Sie näherte sich, und die Gestalt erhob sich langsam.

Sie hätte beinahe den Krug auf den Boden fallen lassen und wäre davongerannt. Es war wieder der häßliche Greis mit den weißen Haaren und dem zahnlosen Mund.

»Ich bin Tahiná-Kan, du willst mich heiraten, und da bin ich.«

Da wurde Imaerô böse und schrie den alten Mann an:

»Du lügst! Du bist alt und häßlich wie eine Kröte. Ich heirate nur einen jungen und schönen Mann.«

Sie füllte den Krug mit Wasser und ging nach Hause.

Das alte Männchen setzte sich auf den Boden und begann laut zu weinen. Denakê, die in ihrem Kanu vom Fischen zurückkehrte, hatte das Gespräch mitangehört. Sie hatte Mitleid mit dem Alten und tröstete ihn in seinem Schmerz.

»Ich glaube dir, Herr. Ich glaube, daß du Tahiná-Kan bist. Bitte, weine nicht. Wenn du willst, heirate ich dich, Herr.«

Und so heirateten sie und zogen in eine Hütte, weit weg vom Elternhaus. Der Alte machte sich daran, ein Feld zu bestellen und verließ jeden Tag in aller Frühe die Hütte. Jedes Mal sagte er zu Denakê:

»Nur eines darfst du nicht machen. Du darfst mir nicht auf das Feld folgen.«

An jedem Spätnachmittag brachte das alte Männchen etwas Neues mit und gab es den Karajás. Es waren Zuckerrohrsetzlinge, Maniokwurzeln, Bohnensaat und viele, viele andere Dinge, die wuchsen und ausschlugen. Und die Karajás, die auf dem Grund des Flusses nichts von diesen Dingen gehabt hatten, lernten, wie man ein Feld bestellt. Sie ernteten viel Mais, Papayas, Bananen und Maniokwurzeln.

Da wollte Denakê wissen, wie der Alte alle diese Dinge auf seinem Feld mitten im Wald gefunden hatte. Eines Abends beschloß Denakê, die ihren steinalten Mann sehr mochte, ihm ein wenig Kalugi[24] zu bringen, um seinen Durst und seine Müdigkeit zu lindern. Sie füllte das Getränk in eine Kürbisflasche und machte sich auf den Weg zu der Rodung.

Als sie schon tief in den Wald hineingelaufen war, mußte sie sich setzen. Anstelle des alten Männchens stand dort ein starker Mann, braungebrannt und sehr schön.

Und er war nicht einmal böse.

»Ich bin Tahiná-Kan. Jetzt weißt du es. Ich kann mich nun nicht mehr in den alten Mann verwandeln.«

Als Imaerô ihre Schwester Denakê mit einem so schönen Ehemann sah, begann sie, sich mit ihr zu streiten. Sie zog feste an Denakês Haaren.

»Dieser Mann gehört mir. Du hast mir meinen Mann genommen. Er ist gekommen, weil ich es so wollte. Er muß mich heiraten.«

Tahiná-Kan trennte die beiden Frauen und legte das verletzte Gesicht von Denakê mitten auf seine Brust.

»Nein. Denakê ist meine Frau. Du wolltest mich nicht, als ich noch das alte Männchen war. Du hast kein gutes Herz.«

Da wurde Imaerô wütend und setzte sich auf einen Holzstumpf.

Tahiná-Kan, der Angst hatte, sie könne seiner Frau wieder etwas Böses antun, dachte gut nach. Er dachte und dachte, und erst dann richtete er seinen leuchtenden Finger auf sie. Imaerô schrumpfte und wurde kleiner und kleiner. Auf ihrem Körper wuchsen Federn, und ein krummer Schnabel ragte mit einem Mal aus ihrem Gesicht. Sie hatte plötzlich ganz runde Augen.

»So. Du wirst für dein ganzes Leben ein Vogel sein.«

Cheêrá schwieg. Er atmete tief durch und erzählte das Ende der Geschichte:

»Und so entstand der Vogel Jacurutu[25]. Wenn er im Wald sein häßliches Lied singt, dann spricht er von der Traurigkeit Imaerôs. So. Das war's.«

Er rekelte sich.

»Und jetzt, Kinder, geht alle nach Hause. Geht alle schlafen.«

Keiner rührte sich. Keiner. Belerriro erhob sich von seiner Hängematte, den schlafenden Kuryala im Arm.

»Der hier hat es nicht geschafft, die ganze Geschichte zu hören, Cheêrá.«

»Er ist noch zu jung, Bêle.«

Dann schaute Cheêrá nach den Kindern, die sich ganz tief in die Hängematte verkrochen hatten.

»Ich werde noch eine Hängematte holen. Eine reicht aus, wenn sie Geschichten anhören, aber als Schlafplatz für alle ist sie zu klein.«

Seine gebeugte Gestalt bewegte sich auf die Hütte zu.

Drittes Kapitel

Diuré und Bodu

Als Kuryala das Alter von zweieinhalb Jahren erreicht hatte, veränderte sich sein Leben von Grund auf. Er gehörte nun nicht mehr ausschließlich seiner Mutter. Sein Leben spielte sich nicht länger in der Hütte ab, sondern er war nun dem Vater und dem Fluß näher, dem größten aller Väter.

Vor kurzem noch auf den Armen seiner Mutter, kletterte er bald schon mit unbeholfenen Schritten den Abhang des Dorfes hinunter und klammerte sich angstvoll an die Hände seiner Mutter. Marixiro lächelte gerührt, wenn sie seine täglichen Fortschritte beobachtete. Bald sollte er wie die anderen Kinder schwimmen, tief in den Fluß tauchen und die langen Haare mit der gleichen Anmut schütteln wie die Fischotter, wenn sie ihre naßglänzenden Körper vom Wasser befreiten.

»Dieser Fluß ist der Bêérokan. Dort oben, wo dein Zuhause ist, mein Sohn, ist auch unser Dorf. Das Dorf der Karajás. Es heißt Raumaló-Mandô-Dessé. Hier wirst du dich immer wohl fühlen, denn hier bist du geboren, hier wirst du aufwachsen, heiraten und sterben.«

Marixiro sprach unter Lachen, denn es war noch sehr früh, um ihrem kleinen Jungen alles beizubringen. Als Kury an Selbstvertrauen gewann, brachte sie seinen kleinen, dicken Körper bis an das Kanu und warf ihn in den Fluß. Der Junge sollte lernen, den Rand des Bootes zu fassen. Die ersten Male hielt sie ihn noch an einer Hand. Kurze Zeit später versuchte er schon, sich von ihrem Griff zu befreien und alles alleine zu bewerkstelligen.

Eines Nachmittags wartete Marixiro mit dem Kleinen am Fluß auf Belerriro, der vom Fischen zurückkehren sollte. Alle

Frauen hatten die Aufgabe, die Fische, die Ruder und die Staken ihrer Männer einzuholen. Hatten die Männer unten an der Böschung Brennholz gestapelt, so war es an den Frauen, das Holz zu schleppen, auch wenn sie dazu mehrere Wege vom Fluß bis zur Hütte zurücklegen mußten.

Nun wartete sie auf das Kanu von Belerriro, den Kleinen fest an der Hand. Der Indio lachte schon von weitem, als er den Sohn erblickte. Er rief ihn mit einer Stimme sanft wie der Wind, hielt das Kanu im Wasser an und winkte mit der anderen Hand.

»Dô-ô, mein Söhnchen.«

Auch Kury lachte fröhlich. Er wartete darauf, daß das Kanu anlegte, der Vater ihn auf die Arme nahm und ihn gegen den Himmel hob.

»Morronkrê, Dô, willst du baden, Söhnchen?«

Er liebte es, mit dem Vater zu baden, und obwohl es schon dunkel wurde, wartete er keine weitere Aufforderung ab. Sie tauchten gemeinsam ins Wasser. Er blieb ganz lange bei Belerriro, seine Arme hatte er um den Hals des Vaters geschlungen. Dieser kniete sich ins Wasser, um den Körper abzukühlen und sich von seinem mühseligen Rudern flußaufwärts zu erholen.

Marixiro sammelte die Gerätschaften für den Fischfang ein und sprach zu ihnen, ohne sich in ihre Richtung zu drehen. Das war so üblich zwischen den Karajás.

»Er kann schon fast alles.«

Belerriro drückte seine Hände gegen die muskulöse Brust.

»Stimmt das, Sohn?«

»Ja, Vater.«

Nicht ohne Stolz fuhr Marixiro mit ihrer Arbeit fort.

»Er taucht schon, er entfernt sich schon von mir, er hat schon keine Angst mehr vor dem Wasser. Bald wird er mich gar nicht mehr brauchen, um zu baden. Er kann bald mit den anderen Großen gehen.«

Belerriro wurde von noch größerem Stolz erfüllt.

»Hör, was Mama sagt. Stimmt das, Sohn?«

»Ja, Vater.«

Von nun an entdeckte Kuryala langsam alle schönen Dinge,

die der Bêérokan, der Vater der Karajás, in sich trug. Es kam die Trockenzeit, und sie wohnten monatelang in improvisierten Hütten an den großen Stränden des Flusses. Nachts machten sich die Kinder einen Spaß daraus, die weißen Möwen und die Camiás zu erschrecken. Sie liefen auf die Vögel zu, und diese brachen mit ohrenbetäubendem Gekreische zu rasanten Flügen auf. Später, wenn die Vögel gebrütet hatten und die unbeholfenen Vogelküken erschreckt davonliefen, fingen die Kinder die Küken ein und fütterten sie mit Fischbrocken. Die Vögel wurden zahm und noch zutraulicher, wenn sie dann mit den Indios im Dorf wohnten. Erst als ausgewachsene, geschlechtsreife Vögel brachen sie in den Urwald auf, der sie für immer zu sich holte.

Der Tag gehörte dem Bad im Fluß. Die Kinder badeten unermüdlich, und die Sonne brannte sie tiefschwarz. Ihre Haare bekamen an den Spitzen einen rötlichen Ton, der mit fetttriefendem Palmöl überpinselt wurde.

Schön war es auch, wenn die Eltern kleine Bogen und Pfeile für sie bastelten und sie den ganzen Tag den Scharen von Miguelinhos[26] und Entenküken hinterherrannten, die sich auf der Suche nach Essensresten an den Strandzungen aufhielten.

Alle Kinder nahmen bald die Eigenschaften von richtigen Tieren an. Sie wußten nicht, was Zeit war. Sie merkten nicht, wie die Stunden vergingen. Ihr Spiel unterbrachen sie nur, wenn sie hungrig waren, Kalugi trinken oder Fisch essen wollten. Der Fisch schmeckte immer, ganz gleich, ob er nun gekocht oder gebraten war. Auch die Tracajás[27] und die anderen Schildkröten schmeckten gut, selbst wenn sie in ihren Panzern gebraten wurden.

Das Leben am Strand war in zwei Zeitabschnitte geteilt. Im ersten legten die Tracajás des Nachts ihre Eier ab. Und dann verschwanden sie, um der Sonne die Rolle von Vater und Mutter zu überlassen. Nun machten sich die Kinder am Morgen auf, um die Bruthöhlen zu durchsuchen. Es waren so viele Eier, daß sie nicht einmal alle nehmen mußten. Das Ganze ging unter lautem Geschrei und Freudengeheul vonstatten.

Dann kamen die kalten Nächte, so kalt, daß die Männer zu

beiden Seiten der Hütten Feuer machen mußten, um sich gegen die Kälte zu schützen. Ein Mitglied der Familie mußte sich dann bereit finden, in die Glut zu blasen und noch mehr von dem Brennholz nachzulegen, das als Reserve bereitlag, um den Hüttenbewohnern einen längeren Schlaf zu ermöglichen.

Der Bêérokan war jetzt morgens so kalt, daß es niemand nach einem Bad zumute war. Erst wenn die Sonne richtig aufgegangen war, kamen sie alle zusammen, um sich aufzuwärmen. Wie konnte es nur nachts so kalt sein und kurze Zeit später durch Tchu so heiß werden, daß man nicht einmal mehr auf dem weißen Sand am Strand laufen konnte?

Dann verging etwas Zeit, und alles wiederholte sich aufs neue mit der beginnenden Laiche der Schildkröten. Ja, die Schildkröteneier schmeckten noch viel, viel besser. Sie waren richtig rund und rollten bis an den Strand, wenn man sie aus ihren Bruthöhlen kullern ließ. Im Dorf kehrte wieder die alte Fröhlichkeit ein. Alle lachten und spielten. Die Nächte waren jetzt nicht mehr so kalt, und wenn man den Dorfältesten glauben konnte, war nun die Zeit gekommen, in welcher der Himmel seine größten und schönsten Sterne zeigte.

Kaum war die Laichzeit der Schildkröten vorüber, wich auch die nächtliche Kälte. Die Tage wurden nun unerträglich heiß. Das Wasser des Flusses wurde so warm, daß man mehrere Stunden im Fluß verbringen mußte, um dem Körper etwas Kühlung zu verschaffen.

Die Schwüle ergriff von allem Besitz. Dichte Rauchschwaden verdeckten die Sonne, denn längst hatten die Indios damit begonnen, trockenes Gras zu verbrennen, um die giftigen Schlangen zu töten und den Himmel mit noch mehr Hitze anzufüllen. Dies würde den Regen anziehen und das Leben wieder erträglicher machen. Auch der Rauch von den Rodungen stieg in den Himmel und verdunkelte alles. Über allem lag nun ein Geruch nach Feuer, der in den Augen brannte und in den Lungen schmerzte.

Die Karajás lächelten, wenn Biu-manta, der Donnerschlag, sein zänkisches Lied am Himmel anstimmte und die Erde und die Angst der Kinder zum Schwingen brachte. Es folgte Donnerschlag auf Donnerschlag, bis Biu, der Regen, wieder zum Leben erwachte. Er lief durch die Bäume, setzte alles unter Wasser und drang in die Dächer der Hütten, denn die Indios hatten vergessen, die alten Regenlöcher zu stopfen. Aber es war noch Zeit genug, denn dieser Regen war noch nicht so stark. Er erlaubte der Sonne noch ein paar Mal zu scheinen, und so reichte die Zeit, um Palmblätter zu schneiden und die nötigen Ausbesserungen vorzunehmen.

Nun mußten die Strände sterben und den Fluß leben lassen. Die Wasser stiegen und stiegen und fraßen die Strände Stück um Stück. Waren dann zwei Monde vergangen, so hätte kein Fremder je vermutet, daß an diesem großen Wasser einmal so viele verlockende Strände ihren Platz gehabt hatten.

Dies wiederholte sich Jahr um Jahr. Dabei hatte die Natur keine Eile. Der Fluß stieg an, bis seine Wasser beinahe das Dorf erreicht hatten. Dann folgten die großen Feste, Retô-rekan, von einigen Karajás auch Retokan genannt. Es war die Zeit der dichten Ufersträucher[28]. Und wenn sich die Wasser anschickten, wieder zu sinken, kam die Zeit der großen Fieber, der großen Wechselfieber. Dann wandte Oroti-Bedú, der Medizinmann des Dorfes, seine Wunderheilmittel an und verordnete Säfte aus Gräsern und Hölzern, deren Geheimnisse nur er kannte. Diese Kenntnisse wurden von den Vätern an die Söhne weitergegeben. Wenn das Fieber nicht weichen wollte, mußte es in einem anderen Dorf geheilt werden, eine Gelegenheit, längere Reisen zu unternehmen und ferne Verwandte zu besuchen.

Dann kam Uerrê-Rokan, der Wind der Winde. Er verkündete das Ende der Regenzeit und der Fieberkrankheiten und blies vierzehn Tage lang. Niemand wußte, woher er gekommen war, denn der tiefblaue Himmel zeigte keine Streifen oder Wolken, an denen man seine Herkunft hätte ablesen können.

Die Zeit verging, und auch Kuryala wuchs heran. Sein Bogen war jetzt nicht mehr bloßes Spielzeug. Sein Vater Belerriro hatte ihn aus dem harten Zweig einer Ölpalme geschnitten und die Sehne aus einer starken Liane geflochten. Kuryala hatte schon zu rudern gelernt, und so barg das Kanu seines Vaters für ihn keine Geheimnisse mehr. Er hatte schon seine eigene

Bande gegründet, der andere Jungen in seinem Alter angehörten. Sie machten sich zusammen auf, die Geheimnisse des Bêêrokan zu erkunden: sie drangen in die Seitenarme des Flusses ein und unternahmen Streifzüge an die Seen. Sie erlegten Tucunarés mit Pfeilen und machten Jagd auf die großen Pintados[29] und Cascudos[30] an den Ufern, deren Fleisch, wenn es in der Asche gebraten wurde, eine gelblich-weiße Farbe annahm und leicht abzulösen war.

Kury war nun schon so groß, daß er sich nicht einmal mehr an den Schmerz erinnern konnte, den er verspürt hatte, als sie ihn auf einem Fest des Retô-rekan auf die heilige Bank gesetzt und seine Unterlippe mit der scharfen Spitze eines Affenknochens durchbohrt hatten. Er erinnerte sich nur noch daran, daß er sehr viel geweint hatte, so wie die anderen Jungen auch, die sich die erwachsenen Männer überraschend geschnappt hatten. Er wußte noch, daß er die ganze Nacht in den Armen seines Vaters Belerriro geschlafen und sein Mund wie Feuer gebrannt hatte. Sein Vater hatte sich jedoch alle paar Augenblicke über ihn geneigt, auf die Wunde geblasen und ihn flüsternd getröstet.

»Ja, es schmerzt, Söhnchen. Alle Männer gehen da durch. Eines Tages haben sie es auch mit mir gemacht, und auch mein Vater Birirrôa hat mich in seine Arme genommen und meinen Schmerz gelindert.«

Er wiegte ihn sanft hin und her.

»Schlaf ein, schlaf ein. Morgen ist alles getrocknet, und du wirst nur noch ein kleines Löchlein sehen können, in dem ein Knochen steckt. Wenn du ein großer Junge bist, wirst du auf allen Festen in Raumaló-Mandô-Dessé einen hübschen Schmuck in der Lippe tragen.«

Sobald Kuryala im Schlaf versuchte, mit der Hand das lästige Ding an seinem Mund zu entfernen, kam gleich die vertraute Hand des Vaters, um ihn daran zu hindern.

Jetzt war er schon viel größer, und dieser Schmerz hatte keine Bedeutung mehr. Und kam ein Junge zu ihm, der in dem fraglichen Alter war und von ihm wissen wollte, ob es weh getan hatte, dann lächelte er beschwichtigend und versuchte, ihn nicht zu ängstigen.

»Es tut nur ein bißchen weh. Es geht ganz schnell. Und dann schläfst du ja, und dein Vater bläst auf die Wunde. Du wachst auf, und es ist wieder gut.«

Um ihm Mut zu machen, zog er den Knochen aus der vernarbten Wunde und lächelte.

»Da kann ich auf den Festen den schönsten Schmuck hineinstecken.«

Kury wuchs zu einem kräftigen, gesunden Jungen heran. Er wußte, daß er bald seinen Stammespflichten würde nachkommen müssen.

An einem dieser unbeschwerten Nachmittage kam er mit dem Ruder in der einen Hand und einer kleinen Schnur mit aufgefädelten Fischen in der anderen in die Hütte seines Vaters zurück. Er duckte sich am Eingang und redete gleich darauf los, wie er es immer tat:

»Mutter, ich habe guten Fisch für dich gefangen.«

Er wunderte sich sehr, denn er bekam keine Antwort.

Kaum hatten sich seine Augen an das Halbdunkel in der Hütte gewöhnt, da erblickte er drei schweigende Männer, die neben seinem Vater auf der Strohmatte saßen. Kuryala verspürte eine leichte Enttäuschung, und sein Herz begann ein wenig schneller zu klopfen. Er ahnte, was auf ihn zukommen sollte. Diese Männer waren gekommen, um ihn von zu Hause fortzubringen. Seine Zeit war gekommen.

Obedo, Texibré und Kurixire bemerkten seine Enttäuschung und lächelten ihn freundlich an.

Belerriro erhob sich, nahm ihm die Fische aus der Hand, legte sie in eine Pfanne und steckte das Ruder in das strohgedeckte Dach.

Dann fuhr er ihm durch seine langen, gepflegten Haare, die tagtäglich von den stolzen Händen Marixiros eingeölt wurden.

»Du mußt jetzt für kurze Zeit mit ihnen gehen, Sohn.«

Er sah, daß Kuryalas Augen ihn anflehten, mitzukommen.

»Das kann ich nicht. Aber sie sind meine Freunde, und deshalb sind sie auch deine Freunde. Du wirst nun ein Mann werden. Geh!«

Kuryala folgte langsam den drei Männern, die sich von der Hütte entfernten. Sie verließen das Dorf und machten sich die hereinbrechende Dämmerung mit ihrem Schatten zunutze, bis sie unter einem großen Sucupira[31] haltmachten.

Ihre Worte waren von Ruhe und Weisheit getragen:

»Kury, wir haben dich als ersten ausgesucht, denn du bist ein guter Junge. Eines Tages wirst du ein großer Stammeshäuptling der Karajás sein. Alle Männer des Volkes der Karajás müssen da durch, wenn sie dein Alter erreicht haben. Auch wir haben da durchgemußt.«

Glücklicherweise ließen die nächtliche Dunkelheit und der Schatten der Sucupira sein vor Aufregung brennendes Gesicht nicht erkennen, auf dem die Angst geschrieben stand.

Er nahm sich zusammen, um eine Antwort zu geben:

»Ich weiß. Ich bin bereit.«

Er hätte das lieber zusammen mit seinem Vater gemacht. Aber was der Stamm nun von ihm erwartete, konnten seine Eltern nicht übernehmen. Später, wenn er ein erwachsener junger Mann war und seine Heirat bevorstand, sollte er gemeinsam mit dem Vater einer anderen Stammespflicht nachkommen.

»Es dauert nicht lange. Habe keine Angst.«

Da spürte Kury, wie ein paar Hände an seinen Schenkeln hochfuhren. Er schloß die Augen vor Scham.

In der Dunkelheit konnte er die Hände nicht erkennen, die sein Geschlechtsteil faßten. Die Männer machten dies in der Nacht als ein Zeichen des Respekts, denn der Junge sollte sich weder gedemütigt fühlen noch wissen, wessen Hand ihn prufend berührte.

Starke Finger griffen nach seinen Hoden. Dann wiederholten andere Finger das gleiche.

»Nun mußt du mithelfen.«

Er spürte, wie kalter Schweiß auf seine Stirn trat.

»Du mußt dich nicht schämen. Tu so, als seist du am Strand mit den anderen Jungen.«

Er mußte sich also vor diesen Männern erregen, und so sehr er auch darauf vorbereitet gewesen war, fiel es ihm nicht leicht.

»Fang nun an, es dauert nur einen Augenblick.«

Eine Hand streichelte sein Geschlechtsteil, und seine Furcht verschwand. Er mußte beweisen, daß er ein Mann war und eine Erektion bekam. Eine Hand faßte sein Glied noch fester und streifte die Vorhaut zurück. Sein Herz klopfte ängstlich.

»So. Jetzt ist es soweit.«

Andere Hände kamen in der Dunkelheit und berührten sein steifes Glied. Sie faßten es noch fester, ohne ihm an den Hoden Schmerz zuzufügen. Alles geschah mit dem nötigen Respekt, den die Erfüllung einer alten Stammespflicht erforderte.

»Gut. Noôn[32] ist groß und hart. Auch Cêi[33] ist hart. Jetzt bist du kein kleiner Junge mehr und wirst bald ein junger Mann sein.«

Er fühlte, wie sich die Hände von ihm lösten, und ihn überkam große Erleichterung. Die Stimmen beschlossen jetzt über sein weiteres Schicksal:

»Morgen nachmittag werden wir dich in das Haus der Masken bringen, dein Haar schneiden und deinen ganzen Körper schwarz anmalen. Du wirst Diuré, der Fischotter, sein und den Ältesten dienen und für sie arbeiten. Sie werden dir die heiligen Masken anvertrauen.«

Er blieb regungslos stehen, während die drei Männer grußlos in der nächtlichen Dunkelheit verschwanden.

Als sich seine Verzweiflung gelegt hatte, mußte er lächeln. Schließlich hatte man ihn ausgewählt. Er sollte nun ein Mann werden, und sicher würde das sogar seinen Vater mit Stolz erfüllen.

Er lehnte sich an den Stamm der Sucupira und fing die Stechmücken mit der Hand, die um sein Gesicht schwirrten. Dabei besah er sich die ersten Sterne am Himmel.

Er mußte noch mehr lächeln, drehte sich mit dem Gesicht zum Baum und urinierte gegen den Stamm. Dann strich er langsam und voller Stolz über seinen Penis und hörte im Geiste noch einmal die Worte der Männer:

»Noôn ist groß und hart.«

Er ging zuerst langsam auf das Dorf zu und beschleunigte dann seinen Schritt. Der Hunger brachte seinen Magen zum

Sprechen, und Marixiro hatte sicher schon den Fisch gekocht, den er mitgebracht hatte.

Als er ins Dorf kam, schlug er gleich den Weg zum Fluß ein. Auf allem lag jetzt die Nacht, und die Sterne bissen in die schlafende Oberfläche des Wassers. Der Fluß sprach nur durch das leichte Wogen der Kanus, die am unteren Ende des Steilhangs festgezurrt lagen. Er wusch sich eilig. Die nächtliche Kälte hatte die Schwärme der Stechmücken in die Wälder vertrieben, und so konnte er seinen Körper in aller Ruhe trocknen lassen. Er dachte daran, wie schnell sich das ändern würde, sobald die Sonne aufgegangen war, und lächelte vor sich hin. Sein ganzes Leben lang würde er nicht mehr diese Hände vergessen, die ihn in der Dunkelheit abgetastet hatten, und auch nicht diese Stimmen, die von seiner Mannwerdung gesprochen hatten.

Er lächelte, denn nun mußte er zum Schlafen heimkehren. Es sollte sein letztes Nachtmahl, seine letzte Nachtruhe als kleiner Junge sein. Er drehte seine Haare um die Finger und schüttelte sie lange. Dann machte er sich auf den Rückweg.

Auf den Matten vor dem Eingang der elterlichen Hütte erblickte er zwei Gestalten, die ihn erwarteten. Sie rauchten, und die rotglühenden Lichter ihrer Zigarren erinnerten an träge Glühwürmchen.

Bewegt nahm er ihren Gruß entgegen:

»Dateriambú, Dô. Ich grüße dich, Sohn!«

»Ich grüße dich!«

Er setzte sich und wartete. Seine Mutter fragte ihn, ob er Hunger habe, und holte Fisch mit Maisbrei. Er bedankte sich für den Topf, den sie vor ihn stellte. Dann hob er den Blick und beobachtete im Halbdunkel das Gesicht des Vaters, dessen Augen unverwandt auf ihn gerichtet waren, so als wolle er ihm seine Solidarität, Sympathie und seinen Stolz bekunden. Jeder der Jungen konnte über das Geschehene sprechen. Und sollte einer der Gewitzteren unter ihnen etwas darüber erzählen, so hätte er dennoch nie die Namen der Männer seines Stammes preisgegeben, die jene Aufgabe ausgeführt hatten.

Seine Mutter brachte ihm nun ein Stück von einer Papaya und eine Banane. Kuryala wußte, daß diese Nacht die ruhigste von allen sein würde, die ihm bevorstanden, und er nahm sich viel Zeit für sein Nachtmahl. Er wußte schon, was seine Mutter anschließend tun würde und zeigte daher auch keine Verwunderung, als er spürte, wie sie mit übereinandergeschlagenen Beinen hinter seinem Rücken Platz nahm. Sie machte es sich so bequem wie möglich, wie es alle Mütter des Dorfes zu diesem Anlaß taten.

Mit einem Kamm entwirrte sie sanft seine nassen Haare. Sie ging dabei ganz behutsam vor, um sein Nachtmahl nicht zu unterbrechen oder zu stören. Dann goß sie sich Palmöl in die Hände, rieb die Handflächen fest gegeneinander, bis sie ganz heiß waren, und strich wieder langsam über seine Haare. Der vertraute Geruch des Palmöls drang in seine Nase und vermischte sich mit dem Geschmack des Fisches auf seiner Zunge.

Er war nun mit dem Essen fertig und schob das Gefäß weit von sich, um die Arbeit von Marixiro nicht zu behindern. Da gab ihm Belerriro eine Kürbisflasche mit Wasser, wartete, bis er getrunken hatte, nahm die Flasche an sich und setzte sich wieder in seine Ecke, versunken in den Anblick dieser Szene.

Jetzt glitt der Kamm leicht durch die Haare, ohne sich zu verfangen. Marixiro glättete seine Stirnfransen und strich abschließend mit dem Kamm und ihren Handrücken von seinem Scheitel bis auf seine Schultern.

Sie hatte ihre Arbeit beendet, nahm den Kamm und die Kürbisflasche mit dem Palmöl wieder an sich und legte beides zur Seite. In diesem Augenblick entfuhr ihr ein kleiner Seufzer, und sie lehnte ihr Gesicht unverwandt an Kuryalas Rücken.

»Mein schöner Sohn! Mein Sohn ist schon ein Mann!«

Mehr sagte sie nicht. In diesen Worten lag ihre ganze Liebe und das Geheimnis ihres Mutterseins. Der Schmerz ihrer Niederkunft. Die gemeinsamen Augenblicke und Tage, ihre Freuden und Ängste und vor allem das, was ihr am nächsten Tag genommen werden sollte. Dazu gehörten sowohl seine schönen glatten Haare, die geschnitten werden sollten, als auch seine tagtägliche Anwesenheit in der Hütte. In seiner Eigenschaft als Diuré sollte es ihm vom morgigen Tag an nicht mehr gestattet sein, die Hütte durch den vorderen Eingang zu betreten. Auch zum Baden würde er von nun an mit den anderen Auserwählten gehen, in weiter Entfernung vom Dorf. An den Steilhang des Flusses durfte er jetzt nur in den toten Stunden der Nacht kommen, wenn sich niemand dort aufhielt. Er würde zum Haus des Aruanã mit all seinen Geheimnissen gehören. Den großen und schönen Masken, die heilig waren. Er würde die Befehle der Stammesältesten ausführen. Er würde bei ihnen in die Lehre gehen und die Geheimnisse der heiligen Gesänge erlernen. Sie würden ihn sogar mit Lateni, dem bösen Tiergott, vertraut machen, der hinter den Kindern herlief, um sie zu erschrecken, und der an den Türen der Hütten Geschenke bekam. Lateni hatte keine feste Stunde, zu der er mit seinem großen Knüppel in der Hand hinter den Kindern herlief und sie schlug, wenn sie nicht mehr vor ihm fliehen konnten. Kuryala sollte bald keine Angst mehr vor Lateni haben. Später würde auch er sich in die Strohmasken kleiden und mit seinem mächtigen Knüppel den widerspenstigen Kindern beibringen, ihren Eltern zu gehorchen. Auch er würde dann seine schwarz angemalten Hände ausstrecken und die Gaben für das geheiligte Haus eintreiben.

»Mein schöner Sohn ist schon ein Mann!«

Sie ließ ihn los, hob Kamm und Ölflasche auf und ging in die Hütte.

Nun war die Reihe an Belerriro, ihm etwas zu sagen.

»Bist du müde, mein Sohn?«

»Ich bin sehr müde.«

»Möchtest du schlafen?«

»Ja, Vater. Ich werde schlafen.«

Kuryala erhob sich, um in die Hütte zu gehen, hielt jedoch einen Augenblick inne, und die beiden tauschten ein Lächeln aus wie zwei gute Freunde.

»Gute Nacht, Vater!«

»Gute Nacht, Sohn.«

Der Junge warf sich in die Hängematte und bedeckte seinen Körper mit einer leichteren Matte. Er verspürte zwar keine Kälte, aber es konnten Stechmücken auftauchen, die es in die warme Hütte gezogen hatte. Sie hätten ihm die Fußsohlen zerstochen und dieses unerträgliche Jucken erzeugt. Er lächelte in Gedanken an diesen Nachmittag und diese bedeutende Nacht, die so anders gewesen war und für sein Leben so wichtig sein sollte. Er war jedoch nicht der einzige. Auch andere in seinem Alter hatten ähnliche Erfahrungen gemacht. Zu ihnen gehörten sicher auch Obedo, Uaximâni, Texibré und andere Jungen, die wie er mit ihren harten Brustwarzen und Hoden auserwählt worden waren. Auch sie mußten sich morgen in aller Frühe zusammen mit ihm der gleichen Zeremonie des Haareschneidens und Schwärzens ihrer Körper unterziehen. Ganz schwarz würden sie sein, wie die Fischotter. Pechschwarze Diurés. Beweglich wie die Fischotter, um schnell allen Aufforderungen der Stammesältesten nachkommen zu können.

Im Halbschlaf hörte er, wie sie den Aruanã sangen und tanzten. Er konnte das rhythmische Geräusch ihrer Rasseln hören und lachte vor sich hin. Es war das letzte Mal, daß er diese Dinge aus der Entfernung hörte. Bald schon würde er in die Geheimnisse des großen Hauses von Aruanã eingeweiht werden.

Er schlief ein, und sein Körper kühlte nach und nach ab. Noch einmal schreckte er aus dem Schlaf hoch, denn er hatte gespürt, daß ihn jemand berührte. Doch er beruhigte sich schnell, als er die sanfte Stimme von Marixiro vernahm, die ihn zum Schlafen anhielt und die leichte, wärmende Bastmatte über seinen Körper zog.

Er lächelte, und auch sie lächelte ihn an. Marixiro wußte, daß er die wenigen Male, die er noch in dieser Hängematte und in ihrer Hütte schlafen sollte, sich bereits wie ein Mann fühlen und den Wunsch nach Unabhängigkeit verspüren sollte, den ein eigenständiges Leben weckte. Bald würde er es nicht mehr gerne sehen, wie ein kleines Kind zugedeckt zu werden.

Sie bildeten eine Gruppe von elf Diurés, die alle an das Haus des Aruanã gebunden waren. Man hatte ihnen die Obhut der Masken anvertraut, und sie waren dafür verantwortlich, alles Schlechte, das sich mit diesem Haus zutragen konnte, zu verhindern. Die Gruppe der elf jungen Männer war nie in einem Raum versammelt, denn sie mußten unaufhörlich den Befehlen anderer nachkommen. Sie hatten ihre Aufträge widerspruchslos auszuführen und damit nicht genug, mußten sie dabei immer ein Lächeln auf den Lippen tragen. Die Jüngeren, die nach den Gesetzen des Stammes nicht fischen und nicht einmal arbeiten durften, verbrachten ihre Zeit damit, sich zu verschönern. Sie suchten die Strände am Fluß auf, die das Dorf säumten, und übten sich in Kämpfen im Sand. Am Nachmittag kehrten sie dann erhobenen Hauptes ins Dorf zurück, sich ihrer Schönheit und Jugend voll bewußt. Sie setzten sich auf die Bastmatten, jedoch machten sie sich nicht einmal die Mühe, diese Matten auszubreiten. Dies war Aufgabe der Diurés. Sie ölten sich gegenseitig die Haare ein und kämmten sich untereinander. Stunde um Stunde verbrachten sie damit, sich hübsche Motive auf den Rücken, die Brust und die Beine zu malen. Für sie schien es keine Zeit zu geben. Diese Gewohnheiten wurden so lange beibehalten, bis sich einer von ihnen zur Heirat entschloß. Die anderen lebten so lange ihr müßiges Leben, wie ihnen der Sinn danach stand. Die Diurés hatten nicht sehr unter ihnen zu leiden, denn auch sie hatten vor kurzem erst diese Etappe durchlebt. Die untätigen Knaben genossen auch Vorrechte, wenn es um das Tragen der Tanzmasken ging. Ein ausgewachsener Mann mußte warten, bis sie die Masken abgelegt hatten, um sie für seine eigenen Rituale zu gebrauchen. Hatten die Männer sich mit einem der Halbwüchsigen gestritten, so legten diese es geradezu darauf an, ihre Tänze und Gesänge bis ins Unendliche auszudehnen.

Für die ausgewachsenen Männer zu arbeiten, stellte weder für die Diurés[34] noch für die Bodus[35] eine schwierige Aufgabe dar. Doch die Männer waren anspruchsvoll in ihren Forderungen. Sie legten Wert auf gute und pünktliche Ausführung ihrer

Befehle und trugen den jungen Männern Dinge auf, die diese in ihrer Abwesenheit auszuführen hatten. Die Diurés mußten Knochen von Affen und Jaguaren zur Anfertigung von Pfeilspitzen und Lanzen schärfen. Sie mußten die Fasern von Palmblättern flechten und alte Tanzröcke ausbessern. Es galt, große Mengen Pflanzenfaser zwischen den Handflächen zu zerreiben, um mit den so entstehenden Fäden die Verzierungen an den Spitzen der Holzstöcke oder den Festbogen anzufertigen. Zu ihren Aufgaben zählte auch, größere Lianen zu flechten, um damit die Bogen aus Palmenholz zu bespannen. An anderen Tagen mußten sie die Männer in aller Frühe auf den Fischfang begleiten. Aber das Fischen, das eine angenehme Arbeit gewesen wäre, wurde ihnen dabei nur in seltenen Fällen gestattet, es sei denn, ihre Lehrmeister waren gut mit ihren Vätern befreundet. Die Aufgabe der jungen Diurés war es, Feuer zu machen, den Fisch zuzubereiten und in der sengenden Sonne zu warten, bis das Essen gar war. Selbst durften sie erst etwas zu sich nehmen, wenn die anderen fertig gegessen hatten und mußten sich mit den Resten begnügen.

Hart war es dagegen, für die Alten und die Greise zu arbeiten. Denen war nichts gut genug. Manchmal wünschten die jungen Männer den Alten den Tod. »Junge, das Feuer ist zu heiß.« Eilig bemühten sie sich, das Feuer kleiner zu halten und kratzten mit schmerzenden Fingern den harten und trockenen Boden auf, warfen den Sand in die Flammen und warteten. »Junge, das Feuer ist zu schwach. Bring es besser zum Brennen. Siehst du denn nicht, daß so das Wachs nicht schmelzen kann? Wie soll ich denn so meine Pfeilspitze in diesem Bambusrohr befestigen?« Und schon rannten sie an den Waldrand und sammelten trockenes Brennholz, um das Feuer wieder zu beleben. »Junge, geh und hole Reis im Haus von Maluá!« »Junge, hole bei Katimári Süßkartoffeln.« »Junge, hast du meine Fasern schon geflochten?« »Junge, hast du diesen Krug nicht mit frischem Wasser gefüllt? Dieses Wasser ist abgestanden und warm. Nimm dir ein Kanu und hole Wasser aus der Flußmitte, dort, wo die Wasser des Rio das Mortes[36] fließen, das ist sauberer und kälter . . .«

Ihnen blieb nichts, als zu gehorchen. Sie durften auf keinen

Fall ein Widerwort geben oder eine Ausrede erfinden, denn dies hätte eine schwere Beleidigung gegenüber den Alten und Greisen bedeutet.

Vor allem für Kuryala brach eine harte Lehrzeit an. Er, Kurumaré und Mauluá hatten es besonders schwer, denn ihnen stand ihre Zeit als Stammeshäuptlinge bevor. Diese drei jungen Männer gingen in eine strenge Lehre. Sie erhielten Unterricht, an dem die anderen Diurés nicht teilnahmen. Die Wunderheiler nahmen sie bei jedem Mond[37] fünf- bis sechsmal mit auf ihre Streifzüge durch den Wald. Dabei wurden ihnen die Geheimnisse der Wundheilung durch Wurzeln und Rinden vermittelt. Es war aufregend, doch nicht besonders angenehm, bittere Wurzelstückchen zu zerkauen, speicheltreibende Säfte und Schalen in den Mund zu nehmen, die manchmal einen brennenden Nachgeschmack hinterließen und für Stunden wie Andirobaöl in der Kehle brannten, ein Öl, das angeblich Halsweh und Grippefieber heilen kann.

Anfangs taten sie sich schwer mit ihrer harten Lehrzeit. Aber dann kam der große Regen, und der Fluß stieg an. Die Strände fielen den gefräßigen Wassern zum Opfer. Dann kehrte die Sonne wieder, und der Regen ging. Die Strände tauchten wieder in ihrer ganzen sonnigen Fröhlichkeit auf, und der Nachthimmel stand wieder voller Sterne. Man machte sich auf die Suche nach neuen Diurés, und sie stiegen endlich in die Klasse der Bodus auf.

Als Bodus mußten sie ihre Haare nicht mehr bis auf den typischen Haarkranz oberhalb der Ohren abrasieren, der um den ganzen Kopf führte. Es war ihnen zwar noch nicht erlaubt, ihre Haare lang zu tragen, doch durften sie ihre Haare gleichmäßig bis zu den Backenknochen wachsen lassen. Solange sie noch keine richtigen Bodus waren, schwärzten sie ihre Körper mit dem Extrakt des Jenipapeiro[38] und Pfannenruß. Es hing ganz alleine von ihnen ab, wie überzeugend sie den Stammesältesten die Erfüllung ihrer Aufgaben vorführten und bald schon auf diese schwarze Bemalung verzichten konnten. Alles war nur eine Frage der Zeit und der Geduld. Als Bodus überwachten sie die Arbeit der Diurés. Außerhalb der Sichtweite der Stammesältesten betrieben sie diese Aufgabe mit größerer Nachsicht und Geduld. Dies betraf vor allem ihre Haltung gegenüber den ganz jungen, die noch Heimweh nach ihren Eltern hatten und zu weinen anfingen, und die sie mit einer freundschaftlichen Geste trösteten, vorausgesetzt, es war keiner der gestrengen Alten oder Greise des Dorfes in der Nähe.

Kuryala lächelte. Ein Bodu zu sein bedeutete, beinahe ein Mann zu sein. Es bedeutete, in den Wassern des Flusses erste Muskeln zu begutachten. Er konnte seine Muskeln mit den Händen fühlen und war von solchem Stolz erfüllt, daß er hierüber beinahe die Unannehmlichkeiten vergaß, die er als Diuré im Haus der Masken durchlebt hatte. Bodu! Ein Bodu mußte kein Wasser mehr schleppen und keine Bogensehnen mehr flechten. Bodu zu sein war wie ein kleines Gesetz. Das Gesetz, alles zu überwachen und im Auge zu haben. Das Gesetz, die erste Verantwortung für das Haus der Masken zu tragen. Alles mußte seine Richtigkeit haben. Die Bodus durften den Diurés keine Befehle erteilen, aber ihnen kleine Dinge beibringen. Ihre Aufgabe war es, mit Hingabe und Eifer alles in Ordnung zu halten.

Als Bodu konnte er auch an Wettkämpfen teilnehmen, den ersten körperlichen Auseinandersetzungen. Es war die Zeit der ersten Kampfübungen. Für alles gab es einen Lehrmeister. Idiarrina lehrte sie Kexukre, den listigen Kampf. Diese Lehrstunden fanden nicht jeden Nachmittag statt. Sobald sich Idiarrina jedoch von der Arbeit auf der Rodung und vom Fischfang ausruhte, nahm er die Gruppe der Bodus und Diurés mit an den Strand. Er teilte sie in Mannschaften ein, denn das Haus der Masken konnte schließlich nicht auf alle Wächter verzichten. Dieser Kampfsport war ein vorzügliches Körpertraining. Dabei konnten sie Muskeln entwickeln und die Beweglichkeit der Arme und Beine üben. Vor allem auf ein gutes Reaktionsvermögen beim Angriff und bei der Verteidigung kam es an.

Als Bodus wurden sie auch zu den unterschiedlichsten Sängern und Lieddichtern des Stammes gebracht. Ihre Lehrmeister wechselten oft. Es gab zwar viele ausgewachsene Männer, die gerne tanzten und die Diassós sangen, aber nicht alle besaßen die nötige Geduld, den Jüngeren etwas beizubringen.

Ein solcher Auftrag verlangte umfassende Kenntnisse. Zunächst mußten die Knaben vorsingen. Fast alle Bodus hatten bereits den Stimmbruch hinter sich. Nachdem die einzelnen Stimmlagen feststanden, wurden sie nach ihrer Körpergröße und Statur eingeteilt. Manchmal war es schwierig, die Statur des einen und die Stimme eines anderen aufeinander abzustimmen. Es folgte ein Stück harte Arbeit, wenn die einzelnen Tanzpaare zusammengestellt und zum Beispiel die Stimme eines hochgewachsenen Bodus mit der Statur seines zukünftigen Gegenübers in Einklang gebracht werden mußte. Fast allen Jungen mit kleiner Statur wurden die Masken des Diaré-Renin oder des Rariri zugeteilt. Alle hatten sich mit der getroffenen Auswahl zufriedenzugeben, denn die Masken verlangten eine strenge Symmetrie. Besonders gut hatten es die Hochgewachsenen, die zwischen dem Tanz des Debó, des Tiau-Ri, des Yuê-Rodí und des Uobessé wechseln konnten. Wenn es darum ging, die lustigen Tänze des Uobessé zu lernen, wurde ihnen keine größere Disziplin abverlangt. Hier kam es vor allem auf den Witz und den Erfindungsgeist eines jeden an. Die Maske zu diesem Tanz bestand aus einem großen, schwarzen Kopf, einem Kürbis, an den man eine Wachsnase und Glotzaugen geklebt hatte. Allein der groteske Anblick dieser Maske machte ihren Träger zu einer witzigen Figur. Ebenso einzigartig war die Maske von Lateni, dem bösen Tiergott, die selten zugeteilt wurde. Sie verlangte ihrem Träger schon größere Fähigkeiten ab, wenn es um die Darstellung tragischer und gewalttätiger Gesten ging. Von Lateni mußte immer etwas Beeindruckendes ausgehen. Die Kinder zitterten vor Angst und liefen mit klopfenden Herzen in das erstbeste Versteck, sobald sie das Geräusch seiner knisternden Baströcke und seiner Rassel hörten. Er war der einzige, der das Haus der Masken verlassen und zu jeder Tageszeit durch die Dörfer und über die Strände ziehen durfte.

Der beste Lehrmeister war jedoch Kuranía. Er führte seine Bodus weit weg vom Dorf, so weit, daß nicht ein Laut von ihnen im Dorf zu hören war. Nicht einmal dann, wenn der Wind umschlug und in Richtung auf die Hütten blies. Kuranía suchte immer das Ufer eines Sees auf und machte unter dem Schatten großer Bäume, die in der Feuchtigkeit besonders gut gediehen, halt. Er verlangte von seinen Schülern äußerste Ernsthaftigkeit und Aufmerksamkeit. Nie wurde er böse oder erhob seine Stimme. Wenn er merkte, daß einer der Bodus einen Fehler machte oder gewisse Dinge durcheinanderbrachte, fing er mit einem freundlichen Lächeln noch einmal von vorne an.

»Nein, mein Sohn. So geht das nicht. Wir machen das jetzt noch einmal. So oft es nötig ist. Wenn du es gelernt hast, wirst du sehen, um wieviel schöner es aussieht, wenn du es richtig machst.«

»Und jetzt ihr beiden. Laßt uns singen. So. Einer neben dem anderen.«

Er lächelte.

»Sehr gut. Schön. Jetzt zähle ich bis drei, und dann kreuzt ihr die Finger. Du da, gib ihm deine rechte Hand und du deine linke.«

Er sah ihnen fest in die Augen. Dann gab er das Zeichen zum Beginn. Die anderen saßen auf den Bäumen oder auf umgestürzten Baumstämmen in der Nähe. Ihnen entging keine Bewegung.

Kuranía klatschte in die Hände.

»Sorrodire, nati . . . natã! Eins . . . zwei . . . drei. Bevor ihr jetzt mit dem Singen beginnt, verbeugt ihr euch dreimal. Ihr grüßt Kanansiuê und die Festmeister.«

Die Bodus gehorchten.

»Wartet! Das war schon recht gut. Aber dabei dürft ihr nicht die Knie kreuzen. Noch einmal!«

Alles wurde wiederholt. Diesmal entfernte sich Kuranía ein wenig, um besser sehen zu können.

Er lächelte.

»Und jetzt zwei andere.«

Er tauschte die beiden Bodus aus. Als er die ängstliche Erwartung der beiden Jungen auf ihren Gesichtern sah, beruhigte er sie mit einem Satz.

»So muß es sein. Wenn ihr Fehler macht, ist das nicht schlimm. Nur so lernt ihr es.«

Die beiden Knaben nickten zustimmend mit den Köpfen, ohne den Meister aus den Augen zu lassen.

»Gut. Ihr werdet jetzt viermal hintereinander machen, was die beiden gerade vorgeführt haben. Ich weiß, daß ihr es schon gelernt habt.«

»Eins, zwei . . . drei!«

Er wartete geduldig, bis seine Anweisungen ausgeführt worden waren.

»Jetzt stimmt es. Welches Lied singt ihr?«

»Riuêrã-réra.«

»Gut. Singt mal ein Stückchen, damit ich sehen kann, ob ihr auch nichts vergessen habt.«

Die etwas unsicheren und zittrigen Stimmen hatten noch einen beinahe tonlosen Klang. Aber Kuranía lächelte. Genau so mußte es sein. Bald würden sie ihre Scheu verlieren und richtig singen.

»Das könnt ihr schon. Wir werden jetzt etwas Schwierigeres machen. Wir fangen noch einmal von vorne an. Wenn ihr den Gruß ausgeführt habt, klatsche ich zweimal in die Hände, und dann singt ihr den Riuêrã-réra, aber ohne den Körper oder den Kopf zu bewegen. Auch eure Arme müssen wie an den Körper angewachsen sein. Los!«

Der Gesang ertönte einmal, zweimal, dreimal. Dann tauschte Kuranía die Bodus wieder gegen andere aus und fragte auch diese nach ihrem Lied. Auch sie mußten wiederholen, was die anderen bereits vorgeführt hatten, bis sie an den gewissen Punkt kamen . . .

»Ihr neigt jetzt den Kopf erst zur einen und dann zur anderen Seite und begleitet den Gesang rhythmisch mit den Beinen. Dreimal.«

Die Bodus, die ihren Teil vorführen sollten, zeigten an dieser Stelle wieder eine neue Bewegung. Der Tanz, der die ganze Zeit mit gekreuzten Händen getanzt wurde, sollte nun den freien Händen kein untätiges Herunterhängen mehr erlauben. Jetzt mußten sie lernen, die Rassel zu handhaben. Das letzte Paar, das zur Probe vortanzte, würde den vollständigen Tanz noch mit etwas unsicheren Bewegungen vorführen. Schließlich mußten sie nun den Gruß vollführen, singen und gleichzeitig die Masken bewegen und, was das Schwierigste war, sich zwischen zwei parallel verlaufenden Linien bewegen, die Kuranía mit einem Stock auf den Boden gezeichnet hatte.

Die Bodus waren begeistert bei der Sache. Besonders gefiel es ihnen, wenn sie Kuranía alle in einer Reihe aufstellte, sie sich an den Händen fassen mußten und er ihnen beibrachte, sich im Rhythmus der Rassel und seines Händeklatschens zu bewegen.

Mit wieviel Freude sie seinen Aufforderungen nachkamen, gleichgültig, ob er ihnen auftrug, sich in verhaltenen Tanzschritten zu bewegen oder ob sie im Rhythmus der Rassel und seines Klatschens laufen mußten! Sobald er merkte, daß sie sich mit den Geheimnissen des Aruanã angefreundet hatten, wurde Kuranías Klatschen schneller und schneller.

Es konnte sein, daß schon zu ihrer nächsten Unterrichtsstunde einer der anderen Lehrmeister kam, der gut sang und tanzte, wie zum Beispiel Teóro. Doch Teóro wurde sehr schnell wütend. Er schimpfte viel mit ihnen, und sie konnten sich gar nicht vorstellen, daß auch er einmal ein Diuré und Bodu gewesen sein sollte.

»Los, Junge! Verdammter Hurensohn, tanz richtig. Sing gefälligst richtig, ich will hier nicht den ganzen Tag verbringen.«

Teóro war sehr roh. Aber nur, wenn er ihnen die Tänze beibrachte. Im Haus der Masken redete er mit honigsüßer, leiser Stimme und hatte immer ein Lächeln auf den Lippen. Er schien dann ein anderer Mann zu sein. Sicher verhielt er sich so, um sie zu erschrecken. Das mußte es sein.

Aber heute hatten sie es mit Kuranía zu tun. Und er war sanft und lächelte die ganze Zeit, brachte ihnen die Diassós bei oder redete zu ihnen, während er auf einer der Matten aus dem Haus der Masken saß.

Über dieser ganzen Schwerstarbeit war der Tag schnell vergangen, und die Sonne begann sich zu verstecken.

»Für heute reicht es. Ihr habt gute Arbeit geleistet. Laßt uns gehen.«

Die Bodus umringten ihn und konnten ihn jetzt bei den Armen fassen wie gute Freunde. Die Zeit der Diurés lag hinter ihnen.

»Es ist heiß, Kura. Laß uns ein Bad im See nehmen.«

»Nein, Söhne, dieses stehende Wasser ist sehr tief. Es gibt dort noch sehr viele Piranhas. Ich möchte euch heil ins Dorf bringen. Laßt uns gehen.«

»Kay brebu, hast du keine Angst?«

»Ja, ich habe Angst. Und glaubt ja nicht, daß ihr schon fertige Männer seid. Noch seid ihr nichts als eine Bande von halbwüchsigen Scheißern.«

Sie lachten und kehrten in seiner Begleitung in das Dorf zurück. Einige liefen ein Stückchen vor, die anderen hinter ihm. Doch als die Nacht hereinbrach, drängten sich alle dicht an Kuranía, der in der Dunkelheit lächelte.

»Ich weiß, ich weiß. Ihr habt Angst vor Kunin, der Toten Seele.«

»Hast du denn keine Angst vor ihr, Kura?«

Er lächelte belustigt.

»Doch, schon. Aber wenn man zu vielen ist, kann man ihr Weinen und Wimmern in den Bäumen nicht hören. Nur wenn ein Indio alleine den Rückweg antritt. Los jetzt, ein bißchen schneller! Das Dorf liegt vor uns, und ich bekomme langsam Hunger. Ich habe Hunger auf Fisch und Kalugi.«

Viertes Kapitel
Veränderungen

Wohlgefällig besah sich Marixiro ihren Sohn. Aus Kuryala war nun ein junger Mann geworden. Nicht sehr groß, aber stark und gutaussehend. Seine Arme wurden immer muskulöser und verrieten seine Körperkraft. Er hatte starke, schneeweiße Zähne, und wenn sein breiter Mund sich zu einem Lachen verzog, verschwanden seine schmalen Augen ganz in ihren Schlitzen. Es kam ihr so vor, als sei alles sehr schnell gegangen und hätte sich erst gestern ereignet. Der Fluß zeigte immer die gleiche Gestalt und veränderte sich nie. Ganz anders verhielt es sich mit den Männer und den Bäumen. Der Fluß wurde zwar größer, wenn die Regenzeit kam, aber im folgenden Jahr zeigte er dann wieder sein altes Gesicht. Nicht so ein Mann oder ein Baum. Ein Mann wuchs wie ein Baum und bekam mehr Körper und Leben. Ihr Sohn war ein guter Baum, und sie wußte, daß es nicht mehr lange dauern sollte, bis er als der auserwählte zukünftige Häuptling dieses Stammes alles viel früher und schneller erleben sollte als die anderen.

Während der Fisch in der Tonpfanne briet, bot sie sich an, Kuryalas Haare zu kämmen und einzuölen, so wie früher. Sie machte dies voller Stolz, denn ihre Hände waren nun klein im Vergleich zu seinen breiten Schultern, die ganz braun gebrannt, ja fast schon schwarz waren. Seine Zeit als Bodu lag schon weit hinter ihm, und er gehörte nun zu den wichtigen jungen Männern seines Stammes. Die aber hatten nur eine Verpflichtung: sie mußten sich schönmachen und die ganze Zeit über gut gekämmt und bemalt sein.

»Ich habe zwei Armbänder für dich geflochten. Sie sind sehr schön geworden.«

»Vielen Dank, Mutter. Ich werde sie heute tragen.«

»Dein Vater hat mir erzählt, daß du die Diassós singst und sehr gut tanzt.«

Kuryala lächelte über die Neugierde der Mutter.

»Ja, ich beherrsche viele Gesänge, das stimmt.«

»Wenn sie das große Fest machen, werden wir von weitem zusehen. Ich wüßte gerne, unter welcher Maske du dich versteckst. Aber ich kann deine Stimme nicht erkennen. Kein Mann darf in der Nähe einer Frau singen.«

Sie schwiegen. Kuryala suchte nach einem Weg, über diese Dinge zu sprechen, ohne die Geheimnisse des Stammes preiszugeben, denn er wollte seiner Mutter, die immer so gut zu ihm war, nicht die Antwort schuldig bleiben.

»Höre, Mutter. Jemand muß dir das erzählt haben. Wenn man ein Bodu ist, dann tanzt man nur mit dem Tanzpartner, mit dem zusammen man tanzen und singen gelernt hat. Aber später, wenn etwas Zeit vergangen ist, laden auch die anderen Männer uns ein, mit ihnen zu tanzen, und wenn noch etwas Zeit vergangen ist, dann haben wir das Recht, jeden zum Tanzen aufzufordern, der unsere Gesänge kennt. Ich sage dir jetzt etwas: Ich tanze mit vielen Masken, und ich singe viele Gesänge. Mehr kann ich dir nicht sagen, Mutter. Mehr darf ich nicht verraten.«

Sie strich ihm über seinen breiten Rücken und klopfte mit den Fingerknöcheln leicht und zärtlich auf seine Schultern.

Ihr Kamm strich gemächlich durch seine langen Haare. Sie ließ sich dabei viel Zeit, denn seine Haare mußten gut aussehen. Lange schon hatte sie dies nicht mehr getan. Es war schön, den Sohn in ihrer Nähe zu spüren. Außerdem würde der Fisch noch eine ganze Weile brauchen, um gar zu werden.

»Söhnchen, ein Kanu aus dem Dorf Biton-irê hat ein Mädchen mitgebracht, ein sehr hübsches Mädchen. Sie heißt Akurriro, nicht wahr?«

Er drehte sich verwundert zu seiner Mutter um.

»Woher weißt du das?«

»Ich weiß nichts. Du mußt es doch wissen.«

Kuryala war etwas verwirrt und antwortete:

»Es stimmt. Ich weiß, daß ein Kanu vom alten Buriti unser Dorf Raumaló-Mandô-Dessé besucht hat, ein großes Kanu. Es trug drei Mädchen und zwei Männer.«

»Und welche von ihnen hat dir am besten gefallen?«

»Ich habe nicht genau hingesehen. Wir hatten uns hinter der Sperre am Strand versteckt, und das Kanu war schnell vorbeigefahren.«

»Eine von ihnen ist überhaupt nicht hübsch. Es ist die Dickste von den dreien. Sie ist wirklich häßlich. Ihr Name ist Akurriro.«

»Nein, Mutter. Akurriro ist die Schönste von allen. Sie ist weder dick noch häßlich.«

»Aber du hast doch gesagt, daß du nichts gesehen hast und nichts weißt.« Marixiro lachte.

»Kury, du hast gelogen. Akurriro ist sieben Tage hiergewesen. Als das Kanu des alten Buriti zurückfuhr, bist du mit den anderen Jungen zusammen auf der Insel bei der Flußschnelle gewesen, um es vorbeifahren zu sehen.«

»Das stimmt. Wir wollten uns verabschieden.«

»Bist du ihr Freund gewesen?«

Kuryala lachte vergnügt.

»Nur ein bißchen. Nicht richtig. Wer ist sie, Mutter?«

»Ich weiß nur wenig. Sie ist auch nicht aus Biton-irê. Sie kommt aus einem der Dörfer weiter unten am Fluß, weit weg von hier: aus Cué-Berô. Ich weiß, daß ihre Mutter eine entfernte Verwandte meiner Cousine ist, die vor langer Zeit starb. Sie hieß Nairobía. Das ist alles.«

Kuryala war enttäuscht.

»So weit weg.«

Marixiro lachte hinter seinem Rücken.

»Weit weg, ja, aber sie wird viel Zeit bei ihren Verwandten in Biton-irê verbringen.«

Die Worte der Mutter taten ihm in der Seele gut. Er spürte den beruhigenden, sanften Druck ihrer Handflächen auf seinem Rücken.

»Ja. Mein Sohn wird nun ein Mann. Ein richtiger Mann. Aber jetzt kann ich das Wasser im Topf nicht mehr hören. Der Fisch ist gar. Du mußt viel essen und Kräfte sammeln, denn morgen mußt du stark sein. Sie werden dich auf das Omarira[39] in deinem Gesicht vorbereiten.«

»Tut es sehr weh, Mutter?«

»Ja, es tut weh. Aber es ist das Zeichen deines Stammes, deines Volkes. Kein Indio darf sich davor fürchten, den Omarira in seinem Gesicht zu tragen. In der ersten Nacht wird es sehr schmerzen. Am nächsten Tag wird es schon besser sein. Es wird schnell verheilen. Und wenn du die Schmerzen nicht aushalten kannst, dann komme auf diese Matte zum Schlafen. Schlafe hier in der Hütte, ich werde dir die ganze Nacht auf dein Gesicht blasen. So kannst du den Schmerz ertragen und ein wenig schlafen.«

Als er in Begleitung seines Vaters Belerriro den Platz vor dem Haus der Masken betrat, sah er dort viele Männer, die ihren tagtäglichen Aufgaben nachgingen. Einige bereiteten wie immer die Pfeile für den Fischfang und die Sehnen für die Bogen vor. Andere bemalten ihre Körper und ließen sich immer wieder neue Muster einfallen. Andere, die sehr müde waren, lagen auf ihren Matten und hatten nicht einmal das Bedürfnis, sich zu unterhalten. Vielleicht hörten sie den anderen aufmerksam zu. Sie waren von der Rodung zurückgekehrt, die sich drei Léguas vom Dorf entfernt befand, und hatten große Körbe geschleppt. In diesen Körben lagen Bündel von Maniokwurzeln neben Süßkartoffeln, Zuckerrohr, Bananen, Papayas und kleinere Bündel Reis. Das alles wog hundertzehn bis hundertzwanzig Kilo. Die Stärksten des Dorfes konnten sogar Körbe mit einem Gewicht von hundertfünfzig Kilo tragen. Sie befestigten ein starkes Band an den Körben, das sie um den Kopf trugen. Dabei lag das Hauptgewicht auf der Stirn, was übermäßige Kräfte im Nacken erforderte. Sie steckten ihre Arme durch die Windungen des Bandes, wobei das starke Tragseil unter den Achselhöhlen ihrer Körpergröße angepaßt und auf dem Rükken festgezurrt wurde. Dann hieß es rennen. Es war ein Lauf mit schnellen, kleinen Schritten, der nie ein Ende zu nehmen schien. Die Schritte mußten dem Rhythmus des Atmens angepaßt werden. Dabei wurde die Last schwerer und schwerer. Den Läufern lief der Schweiß über die Brust, und die Bänder schnitten in Rücken und Achseln. Der Durst schmerzte, brannte in ihrer Kehle und machte ihren Speichel salzig. Aber sie durften weder anhalten noch fallen. Es gab einen festen Pfad, der ihren Füßen wohlbekannt war und von dem sie keinen Deut abweichen durften. Nichts konnte diese wahnwitzige Lauferei unterbrechen. Es hieß einfach, zu laufen und zu laufen und nicht für eine Minute anzuhalten. An eine Ruhepause war gar nicht zu denken, denn ihre Körper hätten ein erneutes Anlegen der Tragseile nicht ausgehalten. Sie durften ihren Lauf auf keinen Fall unterbrechen, auch nicht, wenn sie die Angst vor einer nahenden Herde Nabelschweine packte oder das Auftauchen eines roten oder gefleckten Jaguars sie erschreckte. Das Blut pulsierte heftig in ihren Körpern. Ihre Köpfe schmerzten, und ihre Hälse waren so angespannt, daß sie zu brechen schienen. Ihre Schenkel wollten zitternd nachgeben. Ihre Finger begannen zu zucken und folgten unaufhörlich der rhythmischen Bewegung der Hände. Ihre Füße schwollen stark an und schienen bei jedem Auftreten Erdstücke aufzunehmen. Die Läufer durften nicht nachdenken. Sie mußten immer weiterlaufen. Auf keinen Fall durften sie anhalten. Nur Anhaltspunkte wahrnehmen, die ihnen das ersehnte Eintreffen im Ziel versprachen und ihnen darüber Auskunft gaben, wieviel Wegstrecke sie schon zurückgelegt hatten. Es war eine stundenlange Qual voller Entbehrungen. Der Weg durch den Bambushain. Der Palmenhain, wo sie in der Zeit der großen Wasser die Wildenten erlegten, sobald die Dunkelheit hereinbrach. Hier gab es so viele Stechmücken, daß die Rücken der Jäger immer aussahen wie die Reiben, mit denen Maniok geraspelt wurde. Ihre Gesichter schwollen von den Stichen stark an, und es kostete sie große Beherrschung, nicht mit den Gesichtsmuskeln zu zukken, um die Insekten zu verjagen. Jede Bewegung hätte die Beute verjagen können.

Dann erblickten die Läufer in weiter Ferne die Umrisse des

kreisförmig angeordneten Dorfes. Das gab ihnen Auftrieb und neue Kräfte für diesen Lauf, der bald ein Ende haben würde. Bald hatten sie es geschafft, und ihre Freude würde groß sein. Sie dachten schon an das Zuckerrohr, das die gesunden Zähne der Mädchen geschält und gelutscht hatten. An den grünen Mais, dessen Geruch ihnen aus der Feuersglut entgegenschlagen sollte. Sie sahen schon den Rauch der Feuer bis an die Dekken der Hütten steigen. Nun waren die hübschen Sucupiras nicht mehr weit, die in der Zeit der Blumen blaurote Schatten auf den Boden warfen. Noch ein Stückchen, und ihre beinahe tauben Nasen sollten den frischen Geruch des Flusses Bêérokan aufnehmen. Kaum am Fluß, sollte sie eine große Lust überkommen, mit der ganzen Last auf dem Rücken in das Wasser zu tauchen und alle Erschöpfung im köstlichen Naß abzuspülen. Ja, da war schon das Feld mit den Mangobäumen. Sie waren fast am Ziel. Sie hatten es beinahe geschafft. Ihre Herzen schienen bei jedem Schritt fast aus dem Mund zu springen. Die Augen tränten vor Erschöpfung. Ihre Lungen waren jetzt die lautesten Rasseln, lauter als alle Rasseln im Haus der Masken zusammen. Das Dorf. Und noch ein paar Schritte und noch ein paar Schritte, bis sie endlich ihre Hütten erreicht hatten. Bis ihre Knie einknickten und alle verfügbaren Hände sie von ihrer schrecklichen Last befreiten. Ihrer Lasten entledigt, fühlten sie sich so leicht, so abgespannt, daß sie nicht einmal wußten, wo sie sich lassen sollten. Ihre Frauen zogen sie dann auf die Matten und halfen ihnen, sich dort auszustrecken. Sie wischten ihnen den Schweiß von den Gesichtern und fächelten ihnen Luft zu. Mit freundlichen Worten versuchten sie dann, das heftige Klopfen ihrer Herzen und ihren galoppierenden Atem zu beruhigen. Sie gaben ihnen Wasser zu trinken. Im ersten Augenblick sollte das kalte Wasser in ihrer Kehle schmerzen, dann würde es ihnen nur noch guttun. Sie würden viel trinken, so lange, bis sie das ganze Wasser, das sie als salzigen Schweiß auf der grausamen Wegstrecke verloren hatten, ihren Körpern wieder zugeführt hatten. Dann würden sie sich auf den Boden ihrer Hütten setzen und lächelnd alles wiedererkennen, was sie dort eigenhändig vollbracht hatten. Die ganze Arbeit, die sie in jeden Winkel dieser Hütten gesteckt hatten, und die ein Nichts war im Vergleich zu diesem Lauf mit dem Korb auf dem Rücken. Sie würden ihre Glieder massieren. Sich wieder setzen und noch mehr Wasser trinken. Tief durchatmen, diesmal beinahe ohne Schmerzen, fast so wie vor dem Lauf.

»Dearã aroronkre, ich werde ein Bad nehmen.«

Der Läufer tauchte in den Fluß. Er wusch sich in aller Ruhe die Haare und setzte sich, ohne sich um das Treiben der anderen zu kümmern. Endlich gab ihm das freundliche Wasser des Flusses neue Kraft, und er nahm das Leben um sich herum wieder wahr. Drei Tage lang war er nichts als ein erschöpfter Mann gewesen. Er hatte sich überall hingelegt, wo er nur einen Platz zum Ausruhen gefunden hatte.

Dies waren die Männer, die Kuryala nun beobachtete. Sie lagen auf ihren Matten, sprachen kaum und verspürten keinen Wunsch zu tanzen und in Strohmasken gekleidet ihre geliebten Lieder zu singen, wenn die Nacht hereinbrach.

Kuryala beobachtete nachdenklich die Männer, die nun seine große Stammesinitiation vorbereiteten. Sie würden unter jedem seiner Augen den kreisrunden Omarira anbringen, ein Zeichen seines Volkes, der Karajás. Dazu hatten sie die scharfen Zähne eines Hundes gewählt und feilten an Affenknochen, mit deren Spitzen sie vollendete Kreise ziehen und die Zeichen tief einritzen konnten. Da er schon bald der Häuptling seines Stammes sein würde, mußten diese Rituale mit einer Sorgfalt ausgeführt werden, die an Perfektion grenzte. Der alte Abuononã und der alte Relotura sollten die Tätowierung vornehmen. Die beiden Alten hatten sichere und geschickte Hände, und daher gaben alle Eltern ihnen den Vorzug.

Belerriro nahm seinen Sohn fest an der Hand.

»Und nun komm mit mir, mein Sohn. Jetzt wirst du endlich ein richtiger Mann werden. Dies ist das erste ernste Ereignis in deinem Leben als Mann. Später wirst du die Wochen der blutigen Zeremonie und der Scherungen erleben.«

Er lächelte seinen Sohn mit inbrünstigem Stolz an.

»Es wird schmerzen, mein Sohn. Aber jeder Schmerz geht vorbei. Nimm das.«

Er gab ihm ein Stück Pflanzenmark von einer Palme.

»Beiß fest hinein. Aber denke daran, daß du bald ein Häuptling, ein Ixandu-Nandô, sein wirst. Er darf weder weinen noch schreien.«

Zuerst legten sie ihn auf eine Bastmatte und lehnten seinen Kopf gegen einen Baumstumpf. Sie besahen sich prüfend sein Gesicht und zogen mit den Fingern die Linien für die Tätowierung vor.

»Hier?«

»Ja. Hier ist es gut.«

Dann drückten sie das Ende einer erloschenen Zigarre fest unter sein linkes Auge und zogen damit einen Kreis. Das wiederholten sie so oft, bis sich der Kreis gut auf seiner Haut abzeichnete.

»Gut so?«

»So ist es gut.«

»Sollen wir mit der Arbeit beginnen?«

»Ja, laß uns beginnen.«

Zunächst ritzten sie vorsichtig den Kreis in seine Haut. Kuryala verspürte die ersten Einstiche wie ein leichtes Stechen. Dann begannen sie seine Haut aufzukratzen und stachen mit einem Hundezahn in den ersten Einstich. So vergrößerten sie langsam den Kreis. Das Blut lief und wurde mit einem Baumwollbausch abgewischt. Kuryalas Zähne schlugen sich jetzt fest und verzweifelt in das Palmenmark. Er hatte starke Schmerzen. Neue Baumwollbäusche wischten die Tränen aus seinen Augen und trockneten das Blut. Nicht ein Laut entwich ihm, doch seine Nägel bohrten sich in Belerriros Faust, der sein Vater und Freund war.

Sobald der Kreis die gewünschte Größe erreicht hatte, vertieften sie die Einschnitte mit der Spitze eines Affenknochens. Sie vollführten mehrfache Kreisbewegungen mit diesem Gerät, immer an der gleichen Stelle, und verschärften so den stechenden Schmerz. Kuryalas Zähne rächten sich an dem Pflanzenmark. Es schien, als sollte diese Tortur kein Ende haben, schließlich arbeiteten sie noch immer an der ersten der beiden vorgesehenen kreisrunden Tätowierungen. Plötzlich hielten die Alten in ihrer Arbeit inne und begutachteten ihr Werk. Sie gaben Laute der Zufriedenheit von sich. Auf den stechenden Schmerz folgte jetzt ein unerträgliches Brennen. Kuryala hörte, wie sein Vater ihm etwas Tröstendes ins Ohr flüsterte:

»Nun haben sie den Saft eines Jenipapeiro mit Pfannenruß vermischt und auf die Wunde gestrichen. Das Jenipapo brennt erst ein wenig, aber bald wird der Schmerz nachlassen. Ruhig, mein Sohn. Es fehlt nur noch ein Omarira.«

Als alles beendet war, wußte Kuryala nicht, ob die Dunkelheit schon eingebrochen war oder seine Augen so geschwollen waren, daß sie das Tageslicht nicht mehr wahrnehmen konnten.

»Fertig, mein Sohn. Sie haben gute Arbeit geleistet. Die Omariras sind kreisrund wie die Augen eines Piranhas.«

Er strich seinem Sohn über die schweißnassen Haare. Geschickt öffnete er ihm den Mund und zog das zerbissene Palmenmark hervor.

»Es hat weh getan, ich weiß, mein Sohn. Es schmerzt sehr. Aber wir vergessen das bald. Jetzt bist du fast ein richtiger Karajá. Ein mutiger Karajá, der bald ein guter Häuptling sein wird.«

Er faßte sein Handgelenk.

»Komm. Es wird dunkel, und du bist ganz betäubt von diesem Schmerz. Aber so ist es eben. Doch du hast nicht geschrien. Viele schreien und weinen. Du warst sehr tapfer!«

Er lenkte seine schwankenden Schritte.

»Du wirst jetzt drei Tage lang nur Wasser trinken, die Sonne meiden und nichts essen. Auch wir haben keinen Appetit, wenn wir die Omariras machen. Du wirst die Hütte nur an den Nachmittagen verlassen und etwas von dem angerührten Jenipapo auf die Wunden streichen. Später werden die Omariras ganz schwarz sein und für immer dein Gesicht zeichnen. Nichts kann sie mehr aus deinem Gesicht verschwinden lassen. . .«

In der ersten Nacht glühte Kuryala im Fieber. Sein Gesicht

war so stark angeschwollen, daß er kaum die Augen öffnen
konnte. Er war im Fieberwahn, doch spürte er, daß sie auf seine
Augen bliesen, um den Schmerz zu vertreiben. Anstelle von
Marixiro sah er die schöne Gestalt von Akurriro, die sich über
ihn beugte, und die Spitzen ihrer langen Haare ließen ihn im
Fieber erschauern.

Als Kuryala mitten in der Nacht um Wasser bat und Beler-
riro seinen Kopf anhob, um ihm das Gefäß an die Lippen zu
setzen, murmelte er wieder Akurriros Namen. Belerriro lä-
chelte. Nur mit dem Herzen sprach er: »Schlaf, mein Sohn«,
denn er wollte ihn nicht aus seinem schönen Fieberrausch wek-
ken und in die Wirklichkeit mit ihren unerträglichen Schmer-
zen und dem brennenden Gesicht zurückholen.

Später, als Belerriro sich neben dem warmen Körper von Ma-
rixiro aufwärmte, flüsterte er ihr kaum wahrnehmbar zu:

»Hast du gehört?«

»Ja. Es ist der Name des Mädchens, von dem ich dir erzählt
habe.«

»Ja. Unser Sohn wird schneller ein Mann, als wir gedacht ha-
ben. Bald muß ich meine Reise mit ihm antreten. Die gleiche
Reise, die mein Vater schon mit mir gemacht hat und die alle
Väter gerne mit ihren Söhnen machen.«

Als die Schwellungen um seine Augen beinahe abgeklungen
waren und die beiden kreisrunden schwarzen Tätowierungen
zu trocknen begannen, kehrte Kuryala wieder in das Haus der
Masken zurück. Seine Narben juckten unaufhörlich. Er
schreckte viele Male aus tiefem Schlaf hoch und spürte, wie
seine Finger versuchten, die Kruste abzuziehen, die sich gebil-
det hatte. Aber die Dorfältesten ermahnten ihn:

»Es ist noch früh, Kuryala. Der Omirara ist sehr schön. Wenn
die Zeit gekommen ist, wird sich die Kruste von alleine lösen.
Wenn du sie mit Gewalt abziehst, war die ganze Arbeit um-
sonst.«

Er setzte sich zu den anderen Männern auf die Matten und
hörte ihren ruhigen, weisen Gesprächen zu.

Interessiert stellte er fest, daß ihre Unterhaltungen in der letzten Zeit immer um ein und dasselbe Thema kreisten. Es ging um die Indios, die längere Reisen unternahmen. Ob sie nun zwei oder drei Tage beim Fischen zubrachten oder vierzehn Tage wegblieben, um ihre Verwandten in einem fernen Dorf zu besuchen, immer kehrten sie mit Neuigkeiten über die Weißen, die Toris, ins Dorf zurück.

»Sie haben vor nichts Angst. Nicht einmal vor den Xavantes oder den Caiapós. Nah beim Dorf Krerã-Auá haben sich zwei Familien niedergelassen und ihre Hütten gebaut. Einer von den Männern trägt den Namen Lúcio. Er wird dort eine Fazenda bauen. Wie will er das machen? Plötzlich kommt ein Xavante, haut ihm mit dem Knüppel über den Kopf und macht alles nieder.«

»Wir denken so, aber die Xavantes sehen das anders. Die Toris haben viele Gewehre und töten schnell. Die Karajás nicht. Ihr wißt, eine Tagesreise von hier, in São Felix, sind sie zuerst mit einer Familie aufgetaucht. Dann kam Severiano mit anderen Männern, und die brachten auch ihre Familien mit. Heute gibt es dort schon vier Hütten. Sie sagen, Severiano wird eine Fazenda bauen, ganz in der Nähe vom See oder an der Mündung des Rio das Mortes. Severiano hat keine Angst, und er hat die besten Waffen. Die Xavantes wissen das. Er hat schon ein Stück Land eingezäunt und hat schon Ochsen und Rinder. Bald ist seine Fazenda größer und wichtiger als die von der Behörde.«

»Das ist wahr. Aber Idiarrure, der sein Kanu an die Mündung des Rio das Mortes lenkte, hat Urubus[40] in der Luft gesehen. Er hat sein Kanu ans Ufer gezogen und sich dort versteckt. Dann sah er einen Ochsen und zwei Kühe, erlegt von den Pfeilen der Xavantes. Drei Tage lang haben sie Rauchzeichen gemacht, und alle wußten, daß sie da waren. Keiner hat gewagt, an diesen Ort zu gehen und sich das Fleisch und die Haut von den toten Tieren zu holen. Man konnte die großen Rauchschwaden von hier aus in den Himmel steigen sehen.«

»Ja, das ist wahr. Sie haben das ganze trockene Gras und das tote Holz verbrannt, um alle zu warnen. Und weißt du, was Severiano gemacht hat?«

»Nichts. Er hat gesagt, daß er keinen Streit will. Er hat gesagt, die Xavantes wissen, daß er keinen Kampf will. Daß die Weißen gut sind. Daß alles wieder in Ordnung kommt.«

»Severiano redet so, weil er damals nicht mit uns auf dem Rio das Mortes war, als wir Schildkröteneier gesucht haben. Und sie ihre Stöcke auf uns senkten. Aber sie wußten nicht, daß wir mehr Köpfe waren als sie. Und daß wir auch Stöcke hatten. Aber es war schrecklich. Kurixire fiel um, und sein Kopf war voller Blut von einem Stockschlag. Wir brachten ihn ins Dorf, und er war wie tot. Er hat sich von allem erholt, aber jetzt hört er schlecht. Ich möchte nicht mit den Xavantes streiten ...«

Kuryala dachte über die Geschichte dieses Kampfes nach. Immer baten die Kinder die Dorfältesten, sie zu erzählen. Am Anfang hatte er Angst bekommen, wenn er sie hörte. Später hatte er sich daran gewöhnt. Aber Belerriro warnte ihn unermüdlich davor, sich ohne Begleitung auf die andere Seite des Flusses zu begeben.

Nun schwiegen die Männer eine Weile und schenkten ihre Aufmerksamkeit der Herstellung der Bogensehnen und dem Schärfen der Knochenspitzen. Es dauerte jedoch nicht lange, und sie sprachen wieder über die Weißen.

»Die Toris sind seltsam. Sie werden immer mehr. Wir wissen nicht einmal, woher sie kommen. Ob von da oder von da.«

Der Redner streckte die Arme aus und zeigte in nördliche und in südliche Richtung.

»Aber sie kommen und kommen. Sogar hier nach Raumaló-Dessé. Zuerst kam dieser kleine Mann mit dem Bart, zusammen mit den zwei Männern und der Frau. Sie sprachen mit Maluá, dem Häuptling unseres Stammes. Sie sagten, sie sind von der Behörde zum Schutz der Indios. Aber sie blieben, wo ihre Hütten standen. Manchmal kamen sie und brachten uns Medizin gegen Kopfschmerz, Zahnschmerz oder Bauchschmerz. Ihre Medizin heilt alles ganz schnell. Da dachten wir, alles, was sie tun, ist gut. Sie bauten mehr Hütten und riefen Indios zu sich, die ihnen halfen. Sie gaben ihnen Decken gegen die Kälte. Ich bekam ein Hemd, das war wirklich gut. Ich konnte auf der Rodung arbeiten, auf dem Fluß fischen und durch den Wald laufen, und kein Moskito hat mir in meinen Rücken gestochen. So war's. Dann kam ein Weißer mit noch mehr Leuten. Sie bauten eine sehr große Hütte. Sie behandelten uns gut. Sie bauten ein großes Haus, darin lebt jetzt der bärtige Mann mit seiner Frau.«

Ein anderer unterbrach seinen Redefluß.

»Der Bärtige ist der Chef vom Indioposten, ist es nicht so?«

»Ja. Warst du noch nie dort?«

»Nein. Ich mag die nicht. Ich habe mich noch nicht an die ganzen Tori in unserer Nähe gewöhnt. Wer weiß, wohin das führt. Wir kommen, und sie gucken und gucken, stecken ihre Nasen überall rein. Sie glotzen auf unsere Noôn. Sie schielen auf unsere Hinterteile. Ich glaube, sie tragen Kleider, weil sie nichts davon haben. Das gefällt mir nicht, nein.«

»So ist das mit ihnen. Aber sie sind wie ein Indio gebaut. Einer von ihnen nahm ein Bad im Fluß, als wir ein Kanu verbrannten, und da haben wir es gesehen. Ich glaube, sie tragen Kleider, weil sie nicht leben können wie wir. Und sie haben Haare am ganzen Körper. Unter den Armen, auf der Brust, am Noôn. Sie sehen aus wie Verwandte von Guaribaaffen. Sehr häßlich. Das wird der Grund sein, warum sie Kleider tragen.«

»Wer weiß, ob das stimmt.«

Rituéra, der alles gehört und bisher nichts dazu gesagt hatte, lächelte.

»Aber ihr habt nicht gesehen, was ich gesehen habe. In dem großen Haus gibt es einen kleinen Raum, und da haben sie ein paar Sachen aufgestellt. Wer weiß, was das ist. Es hängt ein Seil an den Dingern, und es gibt da eine Menge kleiner Löcher. Der Mann steckt einen Stopfen in das Ohr, und das Ding macht »Fiu-fiu-fiu«. Es spricht von ganz alleine. Hört sich an wie die Seele aus einer anderen Welt. Dann haben wir eine Stimme gehört. Sie sprach mit ihm. Wir wußten nicht, woher die kam. Den ganzen Tiorô[41] und den ganzen Biurassó[42] spricht er in dieses Ding, das Fiu-fiu-fiu macht. Das werde ich mir noch einmal angucken.«

»Ich komme mit dir.«

»Kann ich auch mit dir kommen?«

»Ich glaube, ja.«

»Der Tori wird nicht böse?«

»Ich glaube, nein. Er lacht immer. Und er spricht mit der Hand, so: Guten Tag!«

Abuononã kam auf das Haus der Masken zu und bemerkte Kuryala, der einem Indio bei der Arbeit zur Hand ging und verzückt der Unterhaltung lauschte.

»Ah, Häuptling. Komm mal her.«

Kuryala erhob sich.

Der Alte drehte das Gesicht des jungen Mannes in das Licht. Er lachte zufrieden beim Anblick seines Meisterwerkes.

»In drei Tagen wird die ganze Kruste abfallen. Dann wirst du den schönsten Omarira tragen, den ich je gemacht habe.«

Er klopfte dem Jungen auf die Schulter.

»Es hat sehr weh getan, aber es ist auch sehr gut geworden. Jetzt fehlt wirklich nicht mehr viel, bis du ein Mann bist.«

Er krümmte die Finger zu Krallen und fuhr mit ihnen über Kuryalas Rücken.

»Das hier, mein Alter, das wird sehr weh tun. Dagegen ist der Omarira nichts.«

Die Wasseroberfläche des Flusses gab die Schönheit der Kreise nicht richtig wieder, die nun als das Zeichen seines Stammes sein Gesicht schmückten. Nur wenn das Wasser ganz still dalag, der Wind seine Ebenmäßigkeit nicht störte oder ein erschreckter Fisch den glatten Spiegel zum Wackeln brachte, konnte er sein über den Fluß gebeugtes Gesicht erkennen und sich an den beiden vollendeten Kreisen unter seinen Augen erfreuen. Er konnte jetzt auch wieder lächeln, ohne daß es schmerzte. Er konnte wieder die Augen schließen, wenn ihn die Sonne blendete, denn die gespannte Haut tat nun nicht mehr weh. Da waren sie, seine hübschen Omariras, für immer in seine Haut graviert. Sie sollten ihn für alle Zeiten als einen Karajá kennzeichnen. Er hatte damit an Bedeutung gewonnen und einen weiteren Schritt zur Mannwerdung getan.

Da gesellten sich die anderen jungen Männer zu ihm. Auch sie waren vor kurzem erst tätowiert worden und wollten nun ihre Spiegelbilder im Fluß betrachten.

»Ich weiß noch was Besseres, wartet mal!«

Sarikine lief schnell auf das Dorf zu, nahm unter einigem Stolpern den steilen Abhang, und es dauerte nicht lange, da war er wieder zurück. Die Überraschung hielt er hinter dem Rükken versteckt.

»Ich habe meine Tante Diacurriro darum gebeten. Aber ich muß es gleich wieder zurückbringen.«

Dann zog er seine Hand hervor und hielt ihnen eine Spiegelscherbe unter die Augen.

»Das hier ist besser. Es ist ein richtiger Spiegel. Nicht der Bêêrokan.«

Jeder wartete darauf, an die Reihe zu kommen und sich bewundern zu können. Keinem gelang es jedoch herauszufinden, wer die schönsten und größten Omarira hatte. Eines jeden Tätowierung war, mit den Augen der Jugend gesehen, vollendet und umwerfend schön. Bald hatten sie jedoch genug davon, und Sarikine brachte seiner Tante Diacurriro das Kleinod zurück.

Sie beschlossen zu tauchen und ihr unbeschwertes, sorgloses Leben zu genießen. Während sie badeten, wurden sie auf ein seltsames Geräusch aufmerksam. Alle lauschten angestrengt.

»Es ist ein Kanu. Ein großes Kanu. Von den Toris. Kommt, wir verstecken uns hinter dem Abhang. Von da aus kann man es sehen.«

Sie versteckten sich zwischen den Ufersträuchern und warteten auf die Vorbeifahrt des Bootes.

Sie mußten nicht lange warten. Ein häßlicher Schleppkahn, schwerfällig und plump, wurde von einem kräftigen Bärtigen mit dem Ruder fortbewegt. Der Mann war sonnenverbrannt und schützte sein Gesicht mit einem alten Strohhut. Es sah so aus, als könne er nicht richtig rudern, auch schien er die Strömung unterschätzt zu haben, denn er kämpfte verzweifelt mit den Rudern, um das Boot auf die Flußseite des Dorfes zu bringen. Das ganze Boot war mit einer Plane bedeckt. Eine magere

Frau mit müden Augen setzte sich auf den Bug und sah ängstlich zu der Anhöhe des Dorfes hinauf. Unruhig schielte sie nach den vielen Hütten und den nackten Indios, die neugierig herbeiliefen, um dem vorbeifahrenden Boot zuzusehen.

Kuryala bemerkte: »Er fährt zum Hafen der Toris. Zum Hafen vom Posten. Sollen wir uns das ansehen?«

Da die jungen Indios zu bequem waren, den Weg mitten durch das Dorf zu nehmen, liefen sie um das Haus der Masken, schlugen einen Pfad durch ein Maisfeld ein, durchquerten eine Reihe hoher Bananenstauden und erreichten schließlich die Rückseiten der Häuser und Hütten des Indiopostens. Sie kamen gerade rechtzeitig, um das Eintreffen des Ruderers beobachten zu können, der sein Boot im Hafen festmachte. Dazu mußte die magere Frau vom Bug aus einem der Weißen ein Seil zuwerfen, der ihnen beim Anlegen zu Hilfe kam.

Dann sprang der Mann aus dem Boot und half der Frau, an Land zu gehen. Er drückte der Reihe nach die Hände der anderen Weißen. Danach erkundigte er sich nach dem Chef der Behörde.

»Der ist nicht da. Ist auf die Rodung. Aber das dauert nicht lange. Wenn Sie sich die Mühe machen und bis zu dem großen Haus da hochlaufen, seine Frau ist zu Hause. Warten Sie da.«

Der kräftige Mann nahm seinen Hut ab, verjagte die Moskitos, die der Schweiß auf seinem Gesicht anlockte und kratzte sich die wirren Haare, die schweißnaß in seiner Stirn klebten.

»Und das Boot? Ist es nicht gefährlich, es so ganz unbeaufsichtigt zu lassen?«

»Wenn Sie wertvolle Ware geladen haben, ja.«

»Wertvolle Sachen sind nicht dabei.«

»Na, dann warten Sie mal. Ich werde Ihnen einen von den Kerlen hier besorgen, der soll Ihre Sachen bewachen.«

Er drehte sich zur Anhöhe hin und schrie so laut, als wollte er noch im Himmel gehört werden: »Messias! . . . Messias!«

Ein junger Neger mit langen Beinen und einer Haut glänzend wie der Pelz eines Fischotters rutschte die Anhöhe hinunter.

»Hast du mich gerufen, Herr Roque?«

»Bleib hier. Rühr dich nicht von der Stelle und paß auf das

Boot auf, bis der Herr zurück ist. Und daß mir keiner an die Sachen geht, verstanden?«

Der Neger setzte sich auf den Bug, im vollen Bewußtsein seiner neuen Aufgabe als Aufpasser, und die Gruppe bewegte sich auf das große Haus zu.

Am Nachmittag wußten bereits alle von diesem Ereignis. Der Mann war der Major. Keiner wußte jedoch, wem dieser Major vorstand noch woher er kam. Er stellte sich lediglich als Major Cecílio vor und behauptete, er komme aus der Gegend von Leopoldina[43] und sei mehr oder weniger ziellos herumgezogen. Habe eine wahre Knochenarbeit hinter sich. Die magere Frau war seine ihm rechtmäßig angetraute. Er hatte ein Boot voller Waren mitgebracht und verkaufte die Sachen an die Weißen und an die Indios, die zwar kein Geld hatten, aber die Ware gegen ihr Kunsthandwerk eintauschten. Er nahm Pfeile, Knüppel, Bogen, Lóri-Lóri[44] und den hübschen Federschmuck. Dabei bevorzugte er Federn aus dem Balg der Roten Araras, der Löffelreiher oder auch der Edelreiher. Sie waren ganz weiß, so wie der Mond.

Major Cecílio erklärte, sie hätten eine sehr gute Reise gehabt. Abends habe die Frau an den Stränden und am Tag unter dem Schatten der großen Bäume gekocht. Er habe einen der besten Lotsen dabei, einen von diesen holländischen Rotschöpfen. Der Mann sei ihm in Leopoldina empfohlen worden. Für seine Dienste habe er einen ganzen Batzen Gold auf den Tisch legen müssen. In den letzten Tagen leide der verdammte Kerl jedoch an starkem Heimweh, das immer schlimmer werde. Dieser Hinterwäldler glaube doch tatsächlich, daß mit jedem Tag, der vergehe, die Reisestrecke immer länger werde und er auf dem Rückweg für jeden weiteren Fluß ein halbes Leben brauchen werde.

Major Cecílio kratzte sich jetzt die gekämmten Haare. Er hatte ein erfrischendes Bad genommen und im Licht einer Rizinusöllampe friedlich zu Abend gegessen. Hier mußte er nicht fürchten, daß aus der Wildnis plötzlich eine neue Gefahr auftauchte.

»Aber seit wir hier sind, ist es nicht zum Aushalten. Mit

einem Mann reisen, der mit Leib und Seele zu Hause geblieben ist, das kann nicht gutgehen. Damit er sich nicht noch weiter von der Heimat entfernt, ist der arme Teufel jetzt im Haus von Severiano geblieben. Er hat gesagt, er will sich bei den Indios ein Kanu besorgen und den ganzen verdammten Rückweg auf einen Staken gestützt bewältigen. Ich wollte meinen Ohren nicht trauen, heiliger Zacharias! Der Kreole hat nicht mal einen Schrittmesser in der Gürteltasche. Nur ein ganz gewöhnliches Taschenmesser. Wenn er damit Scheiße schneidet, verbiegt es sich.«

»Und was werden Sie jetzt tun, Major Cecílio?«

»Was weiß ich! Ich weiß nur, daß ich hier nicht festwachsen will. Flußabwärts mit diesem verdammten Kahn geht ja noch. Aber flußaufwärts, daran darf ich nicht denken. Ich muß mir einen Lotsen besorgen. Einen Weißen, einen Schwarzen, einen Indio. Was weiß ich, irgendeinen von diesen Galgenvögeln.«

»Da haben Sie sich was vorgenommen! In diesem unwirtlichen Fleckchen Erde reist man nur in Trupps. Hier sind 'ne Menge Xavantes und Caiapós unterwegs, da riskiert keiner seine Haut.«

Der Mann, den sie am Hafen mit Roque angeredet hatten, hatte eine Idee.

»Zu dieser Stunde gibt es nur eine Art von Lotse auf diesem Fluß, der Sie in die Gegend von Pará bringen kann. Wenn Sie bis nach Furo de Pedra kommen, sind Sie schon fast da. Noch ein paar Ruderschläge, und schon kommt Santa Maria[45] und Conceição do Araguaia[46].«

Bei diesen Worten bekam sein Blick etwas so Fernes, als spreche er von Orten am anderen Ende der Welt.

»Gut, laß gut sein, Mann. Hast eine Menge Worte verschleudert, aber ich bin jetzt auch nicht schlauer als vorher.«

»So ist das. Sie haben sich einiges vorgenommen. So 'ne lange Reise, das muß man vorbereiten, von langer Hand. Ich hab mir folgendes gedacht: Ich an Ihrer Stelle, ich würd mir einen von den Karajás als Lotsen nehmen, einen von diesen Indios.«

»Bist ja verrückt. Sicher, die Kreaturen können verteufelt gut lotsen, aber glaubst du vielleicht, einer von den Nacktärschen entfernt sich in so einem Kahn vom Dorf?«

»Nur mit der Ruhe! Ich bin noch nicht fertig, laß mich das mal schön Stückchen für Stückchen erklären. Also, ich an Ihrer Stelle, ich würd mir was von dem Zeug schnappen, auf das sie scharf sind, diese Karajás. Dann würd ich einem von denen sagen: hier, das gehört dir. Bring mich bis zum Dorf Fontoura, sieben Léguas von hier. Der Nacktarsch beißt an, Mann, jede Wette. In Fontoura reden Sie dann mit dem Protestanten, diesem Missionar, der wohnt da ganz in der Nähe, er soll ihnen einen anderen Lotsen besorgen. Der bringt Sie dann nach Mato Verde[47]. Da hat Lúcio 'ne Fazenda im Bau, ist so gut wie fertig damit. Da nehmen Sie dann den neuen Lotsen, und mit dem fahren Sie bis zum Dorf Jatobá, dann noch weiter runter bis zur Mündung von Tapirapé[48]. Fertig, Sie müssen nur fest dran glauben, und schon sind Sie in Furo de Pedra, und da gibt's mehr Weiße als Indios.«

Major Cecílio wurde nachdenklich. Er hatte jetzt aufgehört, sich den Kopf zu kratzen. Statt dessen stützte er sein starkes Kinn auf den Daumen der rechten Hand.

»Ist keine schlechte Idee.«

»Wenn Sie nicht auf die falsche Fährte kommen wollen oder mit dem bischen Übung, was sie haben, so 'ne Reise machen wollen, geht's nur so und nicht anders.«

»Ich werde die ganze Nacht darüber nachdenken, wenn ich im Boot schlafe. Tun Sie mir einen Gefallen und schreiben Sie mir morgen die Namen von diesen ganzen Orten und diesen Leuten auf, die Sie angeblich kennen, ja?«

»Geht klar. Aber eins sag ich Ihnen gleich: Es wird schwierig sein, den ersten Indio zu finden. Einen von den Karajás hier. Wenn Sie erst in einem Dorf ankommen mit 'nem Karajá als Lotsen, dann will gleich ein anderer an seinen Platz. Hängt auch davon ab, womit Sie ihm den Mund wäßrig machen.«

»Ich hab gute Sachen dabei. Was mögen die denn am liebsten?«

»Tabakwaren. Hemden, Töpfe, Decken. Für eine schöne warme Decke geben die ihr Leben . . .«

»Na, dann laßt uns mal schlafen gehen. Meiner Frau fallen bald die Augen zu, und mir geht es nicht viel anders.«

Der Chef nahm sich eine Laterne, um den Weg zum Fluß zu beleuchten.

»Ich werd Sie begleiten. Kann nämlich sein, daß sich einer von diesen Hunden von Karajás über Ihre Anwesenheit wundert . . .«

Als sie beim Boot eintrafen, erblickten sie die Gestalt von Messias, der ganz in sich zusammengerollt, mit ineinander verschlungenen Armen und Beinen dalag, um sich vor der Kälte zu schützen, die der nächtliche Wind vom Fluß herüberwehte. Der Neger war völlig verfroren, aber er hatte seinen Wachposten nicht verlassen.

Der Bärtige zog die Plane zurück, und die Augen der Männer glänzten vor Gier angesichts von soviel Reichtum. Berge von Hemden in allen Farben, Hosen aus Segeltuch und dunklem Baumwollstoff, Gürtel, Decken, Töpfe, Pfannen und eine Unzahl von Dingen, die dieses gottverlassene Fleckchen Erde nie gesehen hatte, kamen zum Vorschein.

Mit den Männern konnte Major Cecílio aber kaum gute Geschäfte machen. Sie hatten nur ein spärliches Taschengeld und ein Haus. Ihr Lohn brauchte manchmal bis zu einem Jahr, um hier einzutreffen. Es war schon vorgekommen, daß sich die Auszahlung ihrer Gehälter unendlich hingezogen hatte und die Empfänger des Geldes bei seinem Eintreffen entweder bereits den Ort verlassen oder aber an Malaria gestorben waren.

Was den Kuhhandel mit den Karajás anbetraf, hatte er das große Los gezogen. Es war ein einträgliches Geschäft. Er fand eine wahre Goldgrube an indianischem Kunsthandwerk vor. Gegen eine Decke oder einen Topf konnte er eintauschen, was immer er haben wollte. Er war der erste Entdecker einer Industrie, die zu einem späteren Zeitpunkt die Indios nach Gutdünken ausbeuten sollte.

Er hatte Mitleid mit diesen alten, nackten Frauen, die ihr Geschlecht und die erschlaffte Haut ihrer Beine nur mit Streifen bedeckten, die sie aus dem Pflanzenmark der Quaxinduba[49] gewonnen hatten. Ihre schmalen Augen verschwanden beinahe in den Falten der vom Alter gezeichneten Gesichter. Ihre mageren Hände bettelten um eine Decke oder ein Stück Stoff. Sie verharrten die ganze Zeit über mit ihren ausgestreckten Händen und kehrten mit leeren Händen wieder ins Dorf zurück. Es bekam nur der etwas, der auch etwas einzutauschen hatte.

Die Toris waren schlecht. So viele Sachen. Er hätte ihnen ruhig etwas geben können. Er würde das ja nicht alles für sich brauchen. Und sie hatten schließlich nichts. Nur zerlöcherte, alte Hängematten, die ihre altersschwachen Hände nicht mehr ausbessern konnten.

Noch am frühen Morgen kehrten viele von ihnen an den Hafen zurück, in der Hoffnung, der große Tori mit dem von der Sonne rotgebrannten Bart werde ihnen etwas geben, bevor er den Indioposten verließ. Diesmal kehrten sie noch trauriger zurück als nach ihrem letzten Bettelgang. Das Boot war in aller Frühe ausgelaufen und hatte den ganzen Reichtum mit sich genommen. Das Steuer hatte ein gutmütiger, gelassener Indio übernommen: Uaximâni.

Am Nachmittag des dritten Tages traf Uaximâni überraschend im Haus der Masken ein.

»Schon? So schnell?«

»Ja. Die Reise war noch nicht zu Ende.«

Er setzte sich in die Hängematte, bat einen der Diurés um eine Kürbisflasche mit Wasser und erzählte den erstaunten Indios ruhig, was er erlebt hatte.

»So ist es gewesen. Ich hätte nicht mit dem Mann gehen sollen.«

»War er schlecht zu dir?«

»Nein, das nicht. Aber ich habe mit ihm gesprochen und habe ihm an den Fingern vorgezählt, daß ich drei Decken, drei Töpfe, zwei Hosen und zwei Hemden will. Er hat mit dem Kopf gewackelt, mit dem Mund gesprochen, und ich habe ihn nicht verstanden. Er hat nicht in Wut gesprochen. Aber er hat mit den Fingern auf die Sachen gezeigt und gesagt, davon gäbe er nur eins. Er hat auf unser Dorf Raumaló-Mandô-Dessé gezeigt. Vielleicht wollte er sagen, daß er dort mit mir vereinbart hatte, mir eine Decke, einen Topf, eine Hose und ein Hemd zu geben.«

»Und was hast du gemacht?«

»Da habe ich ihm gesagt, es ist gut, und habe gelacht. Dann mußte ich daran denken, wie viele Indios in Raumaló-Dessé frieren müssen. Der Tori hat so viele Decken und hat keine gegeben. Er wollte mir nicht geben, was er mir versprochen hatte. Also sollte er mir alles geben. Ich habe getan, was mir mein Herz sagte. Das große Boot habe ich in den Gräsern an der Stromschnelle versteckt, bei der runden Insel. Ich habe Zweige geschnitten und es damit zugedeckt. Alle werden wiederbekommen, was sie bei ihm getauscht haben. Für mich habe ich nur drei Hosen, drei Töpfe, drei Hemden und zwei Decken genommen. Das reicht für mich. Später wird Maluá an diesen Ort gehen, alles mitbringen und mit denen teilen, die noch mehr davon brauchen.«

Die erschreckten Augen der Indios blickten auf Uaximâni, der ihnen den Hergang voller Ruhe und mit einem Lächeln erzählte. Dabei ließ er keine Einzelheit aus. Sie schienen zu ahnen, was geschehen war. Dann faßte einer den Mut und fragte:

»Und der Mann?«

»Ich habe ihn getötet.«

»Und die dürre Frau?«

»Die habe ich auch getötet.«

Keiner stellte mehr eine Frage. Sie beobachteten nur unverwandt das ruhige Gesicht von Uaximâni und warteten darauf, daß er alles erzählen werde. Das tat er schließlich auch:

»Als die Sonne zu brennen anfing, machten wir halt und aßen. Die Frau nahm in weiter Entfernung ein Bad, und ich machte ein Feuer, um mit dem Major das Essen heiß zu machen. Dann habe ich mich schnell gebadet, denn der Wind war gegangen, und es kamen schon die Moskitos. In der Mitte des Flusses habe ich die Strömung genommen. Das Boot lief gut.

Der Wind war angenehm. Die beiden saßen auf der Bank in der Mitte. Sie waren durch das Schaukeln im Boot eingeschlafen. Da bin ich zu ihnen.«

Er trank noch etwas Wasser und fuhr fort:

»Erst habe ich mit dem Ende vom Ruder fest auf seinen Kopf geschlagen, und der Mann fiel mit einem Schlag auf die Sachen im Boot. Die Frau hatte soviel Angst, und sie hat nicht einmal geschrien. Da habe ich mitten auf ihren Kopf geschlagen. Sie fiel noch schneller um. Dann habe ich den Fluß verlassen und bin zum See gerudert. Dort habe ich die beiden ins Wasser geworfen. Für die Krokodile und die Piranhas. Dann bin ich wieder an den Strand zurück und habe das bißchen Blut abgewaschen, das auf das Tuch gespritzt ist, das über den Sachen lag. Dann bin ich fort. Dieses verdammte große Boot! So verdammt schwer! Ich habe sogar Schmerzen hier in der Schulter, weil ich so hart mit dem Staken arbeiten mußte. Dieses große Boot! So verdammt schwer.«

Fünftes Kapitel

Stammesriten

Es folgten Tage der Angst und der Beklemmung. Im Rat der Ältesten des Dorfes beschloß Maluá den Fortgang Uaximânis. Er mußte so schnell wie möglich untertauchen. Am besten schon am nächsten Morgen in aller Frühe, noch bevor einer der Weißen die rasche Rückkehr Uaximânis von seinem Ausflug bemerkt hätte.

»Vetter, fahre flußaufwärts, in die Nähe des Rio das Mortes. Bleibe dort für eine Mondzeit. Wenn niemand geredet hat, geben wir dir Bescheid. Nehme deine Frau Tikodessa mit, damit sie dir das Essen kocht, dich auf den Fischfang begleitet und mit dir die Angst vor den Xavantes teilt.«

Uaximâni wollte widersprechen, aber der alte, weise Senikê ließ ihn wissen:

»Die Karajás sind keine wilden Indios mehr. Du hast zwei Toris getötet. Wenn niemand etwas verrät, werden sie es erst viel später erfahren. Aber wenn der Chef es herausbekommt, wird er im Haus des Fiu-fiu-fiu sprechen ... und Soldaten rufen. Als ich noch viel, viel jünger war, habe ich einmal viele Soldaten gesehen. Das war, als Rondon mit einer Herde von Soldaten kam und unser Volk besuchte. Die Soldaten haben stärkere Waffen, die sie Büchsen nennen, zum Schießen. Wenn der Chef die Soldaten zum großen Schießen ruft, fangen sie dich und einen Teil deiner Familie und nehmen dich mit in ihr Land. Sie können dich töten oder dich nie mehr in dein Land zurück lassen. Rondon hat gesagt, die sind nicht zum Töten da, die Soldaten. Er hat gesagt, sie fangen nur. Aber wir wissen nicht, wo Rondon geblieben ist. Er war gut zu den Indios. Doch es kann ein anderer kommen, der läßt dich von allen Soldaten töten.«

Uaximâni bekam schreckliche Angst und beschloß, den Rat des Alten zu befolgen. Die Männer wurden nun etwas ruhiger. Dann faßten sie einen anderen Beschluß.

»Wo hast du das große Kanu gelassen?«

Uaximâni erklärte es ihm in allen Einzelheiten. Maluá trug sechs starken Männer auf, das Boot sofort zu suchen. Sie hatten nicht einmal mehr Zeit, sich vor den Xavantes zu fürchten.

»Es ist tiefe Nacht, und auch die Xavantes haben Angst vor der Nacht.«

»Ein Tori vom Posten kommt vielleicht auf die Idee, zu fischen, und dann wird er das Kanu entdecken. Es ist besser, wir holen es gleich.«

Und ein großes Kanu glitt flußabwärts mitten durch die Strömung, im Schutz der nächtlichen Dunkelheit. Sie fuhren an dem Indioposten vorbei. Das große Haus schlief einen friedlichen Schlaf, so wie die anderen Hütten der Toris.

»Wenn wir an dem kleinen Strand vorbei sind, können wir rudern und alles besprechen.«

Doch sie behielten noch lange Zeit danach ihr Schweigen bei, denn das Kanu fuhr gegen die Windrichtung, und in der nächtlichen Stille hätte der Wind jedes Geräusch in das Dorf getragen.

Als sie das Versteck des Bootes entdeckt hatten, zögerten sie. Schließlich hätten die Seelen des Majors und seiner Frau aus dem See kommen und sie erschrecken können. So ein Schreck war gar nicht gut und fuhr ihnen bis ins Herz. Abgesehen von der großen Anstrengung, die das Rudern sie gekostet hatte, erstarrte in diesem Augenblick jeder von ihnen in kaltem Angstschweiß. Sie sprachen so leise wie möglich und vereinbarten alles im Flüsterton, aus Angst, die Ermordeten aus ihrem Schlaf zu wecken. Wenn schon die toten Seelen der Indios nichts verziehen, was würden erst die Seelen der beiden erschlagenen Weißen tun, um sich zu rächen?

Sie atmeten erleichtert auf, als der große Kahn schließlich flottgemacht war und auf den Wassern des Bêêrokan schaukelte.

»Das Kanu lassen wir hier im Versteck liegen. Larrori wird es später holen.«

»Ich nicht. Ich setze meine Füße nicht mehr auf diesen Strand. Er ist verhext!«

»Na gut. Wir sehen später, wer es holen wird. Niemand muß bei Nacht an diesen Ort zurück.«

»Ja. Aber ich komme auch nicht hierher, wenn die Sonne hoch am Himmel steht.«

»Schon gut. Wir müssen jetzt zurückkehren. Dieses Boot ist so schwer wie der grüne Stamm eines Landi[50]. Laßt uns die Staken nehmen und an die Arbeit gehen. Los! Schnell! Beeilt euch!«

Sie brauchten beinahe die ganze Nacht für den Heimweg, fuhren an Raumaló-Dessé vorbei und machten an einem fernen Strand kurz vor São Felix halt. Sie luden das ganze Material ab, und ihre Herzen klopften wieder vor Angst. Was wäre, wenn plötzlich Xavante hier auftauchen sollten? Aber das war nicht ihre einzige Angst. Sie fürchteten sich davor, die toten Seelen auf dem Friedhof der Karajás könnten des Nachts an diesen Anlegestellen ihr Unwesen treiben. Dann machten sie sich in Grüppchen von jeweils zwei Mann auf den Weg. Sie sprachen kein Wort und gingen in großer Eile ans Werk. Schließlich mußten sie die ganzen Waren und all das indianische Kunsthandwerk mitten im Wald verstecken. Später würden sie die Sachen nach und nach ins Dorf bringen und in aller Ruhe verteilen, damit niemand sich übervorteilt fühlte. Sie verspürten große Erleichterung, als der große Kahn endlich leer und leicht war.

»Und nun, mein Freund, ist deine Stunde gekommen. Leider müssen wir dich auch versenken.«

Sie schlugen mit ihren Staken ein Leck in die Schiffsplanken, und als das erste Wasser in das Boot drang, stießen sie es mitten in die Strömung. Eine Weile sahen sie die schwarzen Umrisse des Kahns noch auf dem Wasser treiben, und dann war nichts als ein gurgelndes Geräusch zu vernehmen, als das Boot ein für alle Mal in die Tiefe sank. Es sollte nie mehr gefunden werden. Der Schlamm des Flusses, die Flut, der Sand der Strände, alles sollte das Geheimnis des großen Kahns für immer unter sich verstecken. Mit einem Mal brach Tebokua in Lachen aus. Sie sahen ihn voller Schrecken an, denn sie dachten, er habe den Verstand verloren.

»Bist du verrückt?«

»Nein. Aber wir haben etwas vergessen. Wir haben das Kanu dagelassen, und jetzt haben wir das Boot versenkt. Wie werden wir jetzt den Fluß überqueren?«

Sie kamen zu sich und brachen in Lachen aus. Die Wirklichkeit ließ ihnen nur eine Möglichkeit, und das im Morgengrauen, nach einer unruhigen, anstrengenden Nacht.

»Laßt uns nah beieinander schwimmen. Jeder nimmt seinen Staken mit. Wenn ein Krokodil kommt, können wir uns damit verteidigen.«

»Dann laßt uns diese Furt flußaufwärts nehmen. So wird die Überquerung etwas kürzer.«

Trotz ihrer Furcht brachte ihnen das kalte Wasser des nächtlichen Flusses ein wenig Frieden und Erholung.

Eine Mondzeit lang herrschte ungewöhnlicher Frieden über dem Dorf.

»Nanu! Haben diese Indios plötzlich mit dem Singen und Tanzen aufgehört?«

»Wenn mich nicht alles täuscht, ruhen sie sich aus. Denke mir, dieses monatelange Herumgetanze und Geplärre ist ziemlich anstrengend.«

»Die werden schon wieder mit dem Radau anfangen, schneller als uns lieb ist.«

Im Dorf herrschte eine ängstliche Stimmung, die so groß war wie das Geheimnis, das seine Bewohner hüteten. Wie gut, daß die Kinder von nichts wußten, denn den Kindern war nicht zu trauen. Es gab schon ein paar, die reden konnten wie die Toris und die Weißen sogar verstanden.

Währenddessen suchten sich Uaximâni und Tikodessa des Nachts aneinandergeschmiegt Wärme zu geben. In ihre Strohmatten gewickelt und in weiter Entfernung vom Dorf, schliefen sie am Strand neben Schwärmen von Möwen, Störchen und Löffelreihern. Der Morgenwind brachte kalten Tau und sein eisiger Atem stach durch die Maschen ihrer Matten. Sie vermieden es, über den Major zu reden. Es hatte schon seine Richtigkeit so. Wenn die Karajás sie nicht verrieten, würde der Mord lange Zeit unentdeckt bleiben. Außerdem gab es an der kleinen Steinsperre diesen einäugigen Karajá. Alle Welt wußte, daß er dort den vorbeifahrenden Kanus der Weißen auflauerte. Er näherte sich ihnen, um ihnen Ruder oder Bananen zu verkaufen. Wenn sich die Weißen bückten, um ihn zu bezahlen, ging er genauso vor, wie es Uaximâni getan hatte. Er schlug mit dem Ruder auf ihre Köpfe und nahm die Ladung der Boote an sich. Niemand unternahm etwas gegen ihn und das, obwohl viele Kanus schon überfallen und viele Weiße erschlagen worden waren. Die kleine Steinsperre war schließlich viel näher an den Dörfern der Weißen, und es gab dort »Soldaten« in rauhen Mengen. Es wäre für jeden Tori leicht gewesen, den Karajá zu suchen und ihm aus Rache einen Schuß in den Kopf zu geben. Doch es gab sehr wenige Soldaten, die nach einem Indio gesucht hätten, der sich wie Uaximâni in so weiter Ferne versteckt hielt.

Auf dem Posten wunderte man sich anfangs, daß die Indios so viele Hosen und Hemden bei dem Major getauscht hatten.

»Ihr habt's doch gesehen? Jeden Tag kamen die armen Schlucker angekrochen mit ihren Waren. Die Arme voller Sachen. Ein gehöriger Batzen von dem Indiozeug gegen so 'ne billige Hose, die am Hintern gleich in Fetzen geht. Der Gauner von Major hat den Treffer seines Lebens gelandet. Ich glaub kaum, daß der sich hier noch mal blicken läßt, nachdem der hier so abgesahnt hat . . .«

Eines Nachts waren die Tänze, die Rasseln und die Gesänge wieder zu hören. Das ganze Dorf war festlich geschmückt und seine Bewohner voll Frohsinn. Sogar die Sterne und der Mond schienen zufriedener als sonst am Himmel zu stehen.

»Mannomann! Ein Glück, daß die jetzt wieder mit dem Singsang angefangen haben. Ist doch besser, dieses Gesinge, als den ganzen Tag die tristen Schreie von den Jaós[51] oder das Gekreische von den Möwen zu hören, die am Strand brüten. Ohne diesen Lärm, da war's hier ja wie auf dem Friedhof. Die Nächte ewig lang, hatten kein Ende.«

Und die Zeit, die alle Wunden heilt und alles vergessen macht, hißte ihre Friedensfahne. Überall kehrte wieder Ruhe ein. Monate vergingen. Es kam die Regenperiode, die Zeit der Cajus[52] und der Mangos. Auch der herzensgute und ausgeglichene Uaximâni kehrte wieder mit seiner Frau Tikodessa ins Dorf zurück. Er kam mit einer guten Nachricht und einem Lächeln auf dem Gesicht. Tikodessa erwartete ein Kind. Das Leben am Strand hatte viel dazu beigetragen.

Es verging viel Zeit, bis man von dem Tod und dem Verschwinden des Majors Cecílio reden hörte. Es gab verschiedene Versionen dieser Geschichte. Man wußte nicht, wo es geschehen war noch wer von den Indios es gewesen sein konnte. Es war so gut wie unmöglich, einen von den nackten Wilden dabei zu überraschen, wie er einen Weißen tötete. Nicht zuletzt deshalb, weil diese Indios alle gleich aussahen. Der Chef vom Indioposten erfuhr zwar von dem Vorfall, doch wie hätte er den Urheber dieses Verbrechens finden können, wenn alle die Spuren dieses Geheimnisses verwischt hatten? Es herrschte eine gewisse Gleichmut angesichts der Launen des Schicksals. Außerdem gab plötzlich der Kasten der Behörde, der jeden Tag sein Fiu-fiu-fiu verbreitet hatte, für sechs Monate den Geist auf. Sie brachten das plappernde Tier erst wieder in Ordnung, als einer kam, der mit diesen spitzen Pfeiftönen umgehen konnte.

Die Geschichte vom Major Cecílio wurde zu einer richtigen Legende. Mit der Zeit wurde sie mit Einzelheiten ausgeschmückt, doch der wahre Hergang blieb ein atemberaubendes, wildes Geheimnis. Das Ganze wuchs sich zu einer wahren Heldengeschichte aus. Später, als sich die Ufer des Bêêrokan zu bevölkern begannen, gelangte der Mythos um den Major Cecílio zu noch größeren Ehren. In den Nächten des Cururu[53] war seine Geschichte immer wieder zu hören.

»Ich habe dich gewarnt, mein Sohn. Sich auf die Lippen zu beißen auf der heiligen Bank, das ist nichts gegen diesen Schmerz. Als sie das schöne Zeichen des Omarira unter deine Augen setzten, hat es ein wenig geschmerzt, aber das war noch nicht alles. Jetzt, mein Sohn, wirst du richtige Schmerzen haben.«

Belerriro klopfte seinem Sohn ermutigend auf die starken Schultern. Er sah andere junge Männer mit ebenso starken Schultern, die sich wie er auf die blutige Zeremonie vorbereiteten.

Kuryala lächelte ruhig. »Ich weiß, mein Vater. Es wird sehr weh tun. Und ich darf nicht schreien, weil ich der Häuptling des Stammes sein werde, nicht wahr?«

Belerriro nickte zustimmend.

»Nur eines möchte ich wissen, Vater. Man sagt, daß wir das blutige Opfer zweimal bringen müssen. Entweder, sie fangen mit der Vorderseite an, oder mit dem Rücken. Du hast es schon so oft gemacht. Sage mir, was ist besser, wenn ich mit dem Rükken oder mit der Vorderseite beginne?«

Belerriro dachte eine Weile nach, bevor er seine Antwort gab.

»Ich glaube, beides tut gleich weh. Aber man kann die Muskeln auf den Schultern besser anspannen und den Schmerz beim ersten Mal besser aushalten.«

»Ist gut. Dann werde ich mit dem Rücken beginnen.«

»Ich werde jetzt gehen.«

»Wirst du es dir nicht ansehen, Vater?«

»Nein. Ich glaube, ich werde alt. Ein ganz alter Mann. Bei den Söhnen der anderen konnte ich sogar zusehen. Aber bei meinem Sohn möchte ich lieber weit weg sein. Bis bald!«

Er drehte sich um und ging auf das Dorf zu.

Kuryala wartete, bis er die Stimme von Abuononã hörte. Sein Vater hatte wieder den Freund gebeten, ihm zu helfen.

»Bist du bereit, Kury?«

»Wie werden wir es machen?«

»Schau her. Ich habe diesen Kiefer eines Hundefisches[54] gewählt. Fahr einmal mit der Hand darüber und fühle, wie scharf die Zähne sind.«

Er gehorchte und spürte, wie stark diese Zähne waren. Er wußte, daß er zuerst mit diesen Zähnen gezeichnet werden sollte.

»Und jetzt schau dir die Zähne dieses Piranha an. Sie werden das blutige Zeremoniell vollenden und noch tiefer in den Körper schneiden.«

Diesmal berührte Kuryala die Zahnreihe nur ganz leicht mit den Fingern, denn bei der kleinsten Unachtsamkeit hätte er sich tief in die Finger geschnitten.

»Bist du soweit, Kury?«

»Ja.«

»Sollen wir beginnen?«

»Laß uns beginnen.«

Auch die anderen jungen Männer unterstanden der Leitung eines Zeremonienmeisters und mußten die Geißel der scharfen Zähne über sich ergehen lassen. Kuryala wußte, daß Abuononã freundlich zu ihm sprach, um ihm nicht den Mut zu nehmen.

»Komm mit mir.«

Sie liefen bis zu einem Mangobaum.

»Halte dich jetzt an diesen starken Zweigen fest und spanne deinen Rücken so stark an, wie du kannst. Spanne auch die Muskeln in deinen Beinen.«

Er gehorchte und spürte, wie die Hände von Abuononã die Festigkeit seiner Muskeln prüften.

»Es ist gut. Jetzt werde ich ganz leise zu dir sprechen.«

Er berührte beim Sprechen beinahe Kuryalas Ohr.

»Schließe die Augen und sieh nicht zu den anderen hin. Das könntest du nicht aushalten.«

Da bohrten sich die Zähne des Hundefisches schon in seinen Rücken. Von rechts und von links. Der Schmerz schien seinen Körper in der Mitte bersten zu lassen. Es war ein so stechender Schmerz, daß der Körper nachgeben wollte und er den dringenden Wunsch verspürte, sich zu setzen.

»Atme tief durch.«

Die Zähne des Hundefisches drangen erneut in seinen Rükken, diesmal ein wenig tiefer, und verschärften den brennenden Schmerz. Es hieß, die Zähne zusammenzubeißen, tief durchzuatmen und die ständigen Schläge auf den Rücken auszuhalten. Die spitzen Hauer arbeiteten sich in rhythmischem Peitschen seinen Rücken hinunter bis in die Nierengegend. Er wußte, daß zwischen ihrem erneuten Eindringen in tiefere Regionen seines Körpers ein Abstand von zwei Fingern lag. Er hatte das schon bei anderen Männern gesehen. Das heiße Blut rann an ihm herunter, als wolle es dieser Folter entfliehen. Er wußte, daß es floß und als Rinnsal auf den harten Boden lief, wo es gerann.

»An dieser Stelle soll es genug sein. Jetzt werden wir uns den Hintern vornehmen. Gönne deinen Schultern ein wenig Ruhe.«

Er fühlte, wie es in seinen Schläfen klopfte. Sein Kopf schmerzte, und der würgende Brechreiz ließ nach. Seine Hände griffen verzweifelt nach den Zweigen des Mangobaumes, und er hatte das Gefühl, ein Teil des Baumes zu sein.

Die scharfen Zahnspitzen drangen von rechts und links in seine Hinterbacken. Es war ein Bild, das die geschickten Hände Abuononãs auf seinen Körper zeichneten. Auf dieser Körperpartie schmerzte es lange nicht so wie auf dem Rücken.

Kuryala hatte starke Schmerzen, aber trotz allem nahm er das Wimmern und Schmerzgeheul eines der Jungen an seiner Seite wahr. Er hielt die Augen geschlossen, um nicht zu sehen, wer es war und so den Freund zu demütigen, sollten sich ihre Blicke später treffen. Dies gebot ihm seine Würde als zukünftiger Häuptling seines Stammes.

»Und jetzt, Kury, sind die Schenkel und die Beine dran. Halte dich noch besser fest.«

Abuononã begann langsam zu ermüden. Der heiße und kurze Atem des Alten stieß in seinen Rücken. Kuryala biß sich auf die Lippen und spannte die Muskeln an. Die Zweige des Mangobaumes bohrten sich in seine Handflächen, und er schloß die Augen, um dem Schmerz die Gestalt zu nehmen. Als Abuononã bei seinen Waden angelangt war, hatte er die halbe Zeremonie hinter sich. Das Blut tropfte nun aus allen Schnitten und lief in dicken Bächen an ihm herunter, tropfte von den Hoden und rann über seine Knie.

Abuononã richtete sich auf und atmete tief durch.

»Bleib, wie du bist, und öffne nicht die Augen. Ich werde jetzt alles mit den Piranhazähnen wiederholen.«

Der Alte reinigte die ersten Einschnitte auf dem Rücken mit Baumwollbüscheln, denn er wollte mit den erbarmungslosen Fischzähnen tiefe Einkerbungen erzielen. Er versuchte, den Jungen zu trösten.

»Wenn wir das beim ersten Mal gleich mit diesen Zähnen machen würden, hielte es keiner aus. Darum sind die Piranhas immer zuletzt dran. Teufelszähne!«

Vielleicht lag es daran, daß die ersten Schnitte bereits so tiefe Wunden gerissen hatten, vielleicht war es auch die verzweifelte Angst vor dem neuen Schmerz, den er sich grausamer vorgestellt hatte, aber es kam ihm so vor, als litte er jetzt nicht mehr als beim ersten Mal. Halb bewußtlos dachte er noch, daß der Schmerz nun den höchsten Punkt erreicht hatte und keine Steigerung mehr möglich war. Sogar der Junge neben ihm, der geweint hatte, jammerte nicht mehr soviel. Der Alte nahm sich noch einmal den Rücken, die Hinterbacken, die Schenkel und schließlich die Waden vor.

»Es ist vorbei, Kury.«

Er blickte mit halbgeschlossenen Augen in die Nachmittagssonne. Um ihn begann sich alles zu drehen. Er atmete tief durch. Sein Atem schien in Wellen, in Feuerflammen aus ihm zu stoßen. Es kam ihm so vor, als klebten seine Hände an den Ästen des Baumes. Er wollte die Umklammerung lösen, aber seine Hände gehorchten ihm nicht.

Der vertraute Abuononã ließ ihn in seinem Fieberwahn nicht aus den Augen.

»Es ist gut, Kury. Es ist vorbei. Laß die Äste los.«

Doch er fühlte sich so ausgebrannt. Er wollte die Worte verstehen, die in seinen Kopf und sein Gehör drangen wie diese Feuerflammen, die ihn zu verbrennen schienen. Abuononã mußte ihm schließlich helfen, die Finger zu lösen und seine versteinerten Handflächen massieren. Dann zwang er ihn, die Arme zu senken, und durch diese Bewegung floß ein neuer Blutstrom über das Geschlecht, den Hintern, die Beine.

Entgeistert sah der Junge auf das Blut, das den Boden bedeckte. Es mußte alles sehr lange gedauert haben, denn der Geruch des Blutes hatte schon schwarze Ameisen angelockt.

Abuononã zeigte lachend auf die Blutlache: »Ameisen mögen gutes Blut.«

Kuryala spürte, wie die Wut in ihm hochstieg, und machte seinem Herzen Luft. Er verlor die Beherrschung und trat fest auf die Ameisen, die nun zerquetscht in der schwarzen, zähen Brühe schwammen.

»Verfluchte Biester! Mein Blut werdet ihr nicht trinken.«

Dieser Ausbruch hatte ihm in der Seele gutgetan.

»Laß uns an den Fluß gehen. Ich begleite dich. Das habe ich deinem Vater versprochen.«

Sie gingen ganz langsam, und es war ein seltsames Gefühl, zu spüren, daß er ganz Schmerz war. In ihm schien es keine andere Empfindung zu geben als diesen Schmerz. Er spürte nicht, wie seine Füße den Boden berührten und die Luft in seine Lungen strömte. Eine leichte Abendbrise bewegte sanft die Blätter der Bananenstauden.

»Wenn das alles getrocknet ist, wenn du wieder auf dem Rükken schlafen kannst, werden wir es noch einmal auf der Vorderseite machen.«

Die Stimme von Abuononã war jetzt schon näher, besser zu verstehen und viel vertrauter. Immer noch in seinem Schmerz gefangen, begann Kuryala langsam das Dorf mit den Umrissen der Hütten wahrzunehmen, die sich gegen die ersten rötlichen Abendwolken abhoben. Es erschien ihm so riesig, größer als je zuvor.

»Und jetzt, Abuononã?«

»Du wirst nun den ganzen Schmerz in den Fluß tauchen. Der Fluß ist ein Vater und ein Freund. Es wird brennen. Aber nur für eine Sekunde. Wenn das Brennen nachläßt, wirst du den Wunsch verspüren, zu weinen. Du wirst das Gefühl haben, neu geboren zu sein.«

Vor ihm gingen andere junge Männer mit blutigen Rücken. Auch sie wurden von den Männern begleitet, die ihnen die blutigen Zeichen beigebracht hatten. Sie wählten einen Weg in weiter Entfernung zum Dorf. Dort konnte niemand dem

Schauspiel beiwohnen, vor allem nicht die kleinen Kinder des Stammes.

»Wenn du in den Fluß gehst, dann ist dir alles erlaubt. Dann darfst du weinen, schreien und häßliche Worte gebrauchen. Dann hat es keine Bedeutung, daß du eines Tages ein Häuptling sein wirst. Alle können tun, was ihnen den Schmerz erleichtert.«

Er kam als erster an das Flußufer und bereitete sich darauf vor, in den Fluß zu tauchen und alles um sich herum zu vergessen. Vergessen, daß er einen schrecklichen Schrei ausstoßen sollte, schrecklich genug, noch die Piranhas im Rio das Mortes fünf Léguas flußaufwärts zu erschrecken. Es sollte ein fürchterlicher Schrei sein, der sogar Kanansiuê bei seinem Spaziergang hinter den Wolken leicht erschauern ließ.

Sechstes Kapitel

Mannwerdung

Lächelnd saß Kuryala am Strand. Er hatte gerade das Geräusch gehört, das er so sehr herbeigesehnt hatte. In Erwartung dieses Geräusches hatte er sich schon den ganzen Tag an den Ufern des Strandes aufgehalten. Mal hatte er gebadet, mal die großen Schatten des Pequibaumes[55] aufgesucht und sich die Zeit damit vertrieben, den Ameisen bei dem Transport der Blätter und gelblichen Blüten dieses Baumes zuzusehen. Die Rehkitze tief im Inneren des Waldes fraßen nachts von diesen Blumen. Sie nahmen die trockenen Blätter der Pequibäume vorsichtig in ihre weichen Schnauzen und wackelten dabei mit den großen Ohren, als ahnten sie eine lauernde Gefahr.

Fischende Indios kamen in ihren Kanus vorbeigefahren, doch es war nicht das Geräusch ihrer Ruder, auf das er wartete. Nicht mehr lange, und die Sonne sollte sich hinter einer Wolke verstecken, die das rotgelbe Federkleid der Araras trug.

Diesmal hatte er sich nicht getäuscht, er war es. Schon als kleiner Junge konnte er ihn an seinem Ruderschlag erkennen. Er blieb in der Hocke, tauchte die Füße in das lauwarme Wasser und hielt seinen Blick auf die Biegung des Flusses gerichtet, an dessen Ufern dichte Büsche des grünen Seifenkrauts wuchsen. Der Bug des Kanus kam zum Vorschein, und sein Herz hüpfte vor Freude. Es war nicht nötig, ihn zu rufen. Belerriro steuerte schon auf den Strand zu. Er stützte sich mit dem Ruder ab.

»Hast du gebadet, mein Sohn?«

»Ich habe auf dich gewartet, Vater.«

»Ist etwas geschehen?«

»Nein. Aber ich möchte mit dir reden.«

»Ist gut. Ich komme zu dir. Aber erst werde ich mich ein wenig baden. Die Sonne am See war so heiß.«

»Hast du viel gefischt?«

»Ja. Viele Pacus[56], Tucunarés, die besten Fische.«

Der Vater tauchte ganz in den Fluß, schüttelte die langen Haare, ließ das Wasser von seinem Körper tropfen und setzte sich neben seinen Sohn. Doch die Müdigkeit übermannte ihn, und er legte sich auf den Rücken, den Kopf auf die verschränkten Arme gebettet. Jetzt erblickte er die Schönheit des farbigen Himmels, die auch sein Sohn schon bewundert hatte. Nur waren die Farben bereits dunkler geworden und kündigten den Einbruch der Nacht an.

»Na dann los – rede!«

»Vater, Maluá hat mehrere Kanus damit beauftragt, in den Wassern des Rio das Mortes zu fischen. Er hat viele Jungen wie mich dazu eingeladen. Viele fahren in ein paar von den Kanus mit. Und ich bin sehr traurig, denn sie haben mich nicht aufgefordert.«

»Ich weiß. Gestern haben wir davon gesprochen. Ich habe sie gebeten, dich hierzulassen.«

Er schaute den Vater überrascht an.

»Aber ich wollte es doch so sehr!«

Belerriro lachte über seine Bestürzung.

»Du wirst in deinem Leben noch sehr viel rudern können.«

»Glaubst du, ich bin noch kein Mann?«

»Noch nicht. Aber fast.«

Er setzte sich in den Sand und betrachtete seinen Sohn voller Freundlichkeit und Verständnis. Er strich mit der Hand über seine starken Beine.

»Es ist gut, daß du gekommen bist, um mit mir zu sprechen. Ich bin es, der mit dir reden muß. Ich weiß, mein Sohn, daß seit der ersten blutigen Zeremonie schon viele Monde vergangen sind und du bald soweit bist, sie ein zweites Mal zu erleben. Das ist sehr schön und macht dich zum Mann. Ich weiß, daß du einer der kräftigsten Jungen in Raumaló-Dessé bist und es für jeden schwer ist, dich im Kampf zu besiegen. Ich selber habe das schon gesehen. Du weißt, ich habe es gesehen. Es ist die Zeit gekommen, das Feld mit Mais zu bepflanzen. Ich werde mit meinen Leuten für drei Sonnen auf die Pflanzung gehen. Danach will ich mit dir eine Reise machen. Die Zeit für unsere Reise ist gekommen.«

Kuryala hob verwundert den Blick und sah in das lächelnde Gesicht des Vaters.

»Eine große Reise?«

»Nicht sehr groß.«

»Weit?«

»Nicht sehr weit. Aber es wird eine schöne Reise sein. Ich will, daß mein Sohn seine erste Reise zusammen mit mir unternimmt. Willst du?«

Die ganze Traurigkeit des Jungen wich mit einem Schlag von ihm. Seine Augen verschwanden fast vor lauter Freude.

»Und wann gehen wir?«

»Ich habe dir gesagt, daß ich erst einmal auf die Rodung muß.«

»Gleich, wenn du zurück bist?«

»Gleich, wenn ich zurück bin, sobald ich mit meinem schweren Korb zurückkomme und drei Tage geruht habe.«

»Dann werde ich alles vorbereiten. Gute Matten zum Schlafen. Gute Pfeile zum Fischen. Gute Pfeile, mit denen wir die Nabelschweine töten, wenn sie kommen. Große Stöcke, mit denen wir sogar die Klapperschlangen töten können.«

»Du kannst das alles vorbereiten, während ich auf dem Feld bin. Und jetzt laß uns gehen. Es wird gleich dunkel.«

Sie nahmen noch ein Bad im Fluß, um den Sand von ihren Körpern zu waschen.

»Du wirst jetzt nicht rudern, Vater, du bist müde. Setze dich an das Steuer und lenke nur. Ich werde uns mit dem Staken abstoßen. Von hier bis zum Dorf. In der Nähe des Strauchwaldes werden wir den Anker werfen.«

Belerriro gehorchte stolz. Der Körper seines Sohnes mit seinen angespannten Muskeln zeichnete sich in der Dämmerung ab. Der Junge warf die Arme nach vorn, faßte den Staken an seinem unteren Ende und spannte seinen ganzen Körper an, um sich vom Ufer abzustoßen. Das Kanu gehorchte jeder seiner Bewegungen. Es erfüllte ihn mit Stolz, zu sehen, daß sich sein kleiner Junge zu einem kräftigen und entschlossenen jungen Mann entwickelt hatte, mutig, aufrichtig und ohne jede Gewalttätigkeit. Sinnlose Gewalt.

»Mutter kommt nicht mit?«

»Nein. Nur wir beide.«

Marixiro half ihnen, die letzten Sachen in das Kanu zu laden, und begutachtete noch einmal alles, denn es sollte ihnen auf ihrer langen Reise an nichts fehlen.

Kuryala waren die seltsamsten Gegenstände aufgefallen, die sich der Vater in den Köcher gesteckt hatte. Er hatte sogar ein Beil mitgenommen, ein Zubehör, das er zuvor noch nie bei einem der Indios gesehen hatte. Sicher hatte der Vater es beim Chef des Indiopostens geliehen. Es fehlten nicht sein starker Bogen und seine eigenen Pfeile neben dem Bogen seines Vaters. Sie hatten Matten aus sehr grobem Flechtwerk dabei, um am Strand schlafen zu können, doch hatten sie auch feinmaschige Matten mitgenommen, mit denen sie sich in den eisigen Morgenstunden zudecken konnten. Es fehlte auch nicht an Andirobaöl, das bitter wie Galle war und ihnen bei Halsschmerzen als Heilmittel dienen würde. Auch half es gegen die Schwärme von Moskitos, denn sein Geruch auf ihrer Haut würde die Insekten abschrecken, die ihnen sonst das Fischen an den windstillen Seen zur Hölle gemacht hätten. Kuryala lächelte über den Strunk einer Bananenstaude, auf dessen Mitnahme Belerriro bestanden hatte. Er fragte den Vater nicht nach dem Grund. Der Zeitpunkt würde kommen, an dem auch dieser Gegenstand seine Nützlichkeit beweisen sollte. Zwei Staken und zwei Hüte aus Palmenstroh gehörten auch zu ihrem Gepäck, ebenso wie ein alter Korb mit Holzpflöcken und Seilen, um die Feuerstelle einzukreisen. Einige Zigarren waren auch dabei, denn sie gehörten zu der Ausrüstung eines jeden Indios. Heilmittel brauchten sie nicht, denn der Wald bot sie ihnen in nächster Nähe und in Hülle und Fülle. Sein Vater hatte ihn schon früh die Heilwirkung der verschiedensten Pflanzen gelehrt. Er würde diese Kenntnisse bestens anwenden können, sobald er Häuptling des Stammes war.

Häuptling des Stammes! Er lächelte mit einem gewissen Stolz vor sich hin, jedoch nicht ohne einen Anflug von Bitterkeit. All dies waren schließlich Vorbereitungen auf seine nahe Zukunft. Es bedeutete, daß er bald schon das angenehme Leben als halbwüchsiger Indio seines Dorfes aufgeben mußte. Er würde sich dann nicht mehr ausschließlich der Schönheit seines Körpers, seiner Haare und Muskeln widmen. Er würde in eine andere Klasse aufsteigen und zu den verantwortlichen Männern seines Stammes gehören. Es hieß auch, das süße Leben aufzugeben und den köstlichen Schweißgeruch der Masken des Diassós zu vergessen. Nicht, daß er die Tänze für immer aufgeben mußte. Aber die erwachsenen Männer tanzten immer weniger, denn die Arbeit auf der Rodung und die Ernährung der Familie dämpften ein wenig ihre Begeisterung.

Nun waren alle Reisevorbereitungen getroffen, und der Vater setzte sich wortlos ans Steuer des Kanus. Er wies ihm mit einem Kopfnicken einen Platz im Bug des Bootes zu. Kuryala gehorchte und stieß das Kanu vom Sand ab.

Marixiro griff wieder zu ihrer Zigarre, die sie in einer Ecke abgelegt hatte, und führte sie an ihre Lippen. Sie stieß eine Rauchwolke aus und beobachtete durch die Rauchschwaden hindurch das Kanu, das die Mitte des Flusses ansteuerte. Kuryala verabschiedete sich von ihr mit einer leichten Handbewegung. Dabei formte er seine Finger zu einem Fächer, ein gebräuchlicher Gruß unter den Indios. Seine Mutter winkte ihm auf die gleiche Art zu. Mit dieser Abschiedsgeste fand sie sich in ihre tagelange Einsamkeit, die nun auf sie wartete. Doch sie wußte, daß ihr Mann in einer Mission aufgebrochen war, die für diesen schönen, kräftigen und geliebten Sohn von großer Bedeutung sein sollte.

Erst als die beiden hinter der großen Flußbiegung verschwunden waren, machte sie sich mit ihren müden Beinen an den steilen, steinigen Aufstieg ins Dorf. In der Hütte erwartete sie mühselige und langwierige Arbeit.

Kuryala konnte die jagenden Vögel beobachten, die im Morgengrauen von den Ufern aufstieben, aufgeschreckt von dem Geräusch der Ruder und dem nahenden Kanu. Er drehte sich um und lächelte in das undurchdringliche Gesicht von Belerriro, der gedankenverloren den Horizont begutachtete.

Es war jedoch nicht der geeignete Augenblick, mit dem Vater ein Gespräch zu beginnen. Dieser hielt sich noch einmal die einzelnen Etappen der Reise vor Augen, zu der sie aufgebrochen waren. Er hatte sich alles bis ins Kleinste überlegt und führte nun im Geiste seine Vorhaben aus. Jeder Strand, jeder Halt, jeder Fischfang, alles war im voraus geplant. Es galt jetzt, die richtigen Plätze anzusteuern. Sobald er sie wiedergefunden hatte, brauchte er sich keine Sorgen mehr zu machen. Seine Erinnerung hatte ihn die besten Plätze auswählen lassen. Belerriro war ein kluger Mann, und er kannte das Geheimnis des Flusses und des Urwalds wie kein zweiter. Vielleicht war es seine unerschütterliche Sicherheit gewesen, die seinen Sohn zum zukünftigen Häuptling des Stammes auserkoren hatte.

Kuryala wurde sanft aus seiner Zerstreutheit geweckt.

»Mein Sohn! Rudere kräftiger!«

»Ja, Vater.«

Belerriro sprach ohne jede Verärgerung mit ihm, denn schließlich gab es keinen Grund, sich über einen solchen Sohn zu ärgern. Außerdem hatte er Verständnis für die Verzauberung des Jungen, der hellauf begeistert war von der Schönheit dieser Landschaft und der Aussicht auf das Abenteuer, das ihm bevorstand. Er war ganz aufgewühlt von seiner ersten großen Reise. Sicher hatte er Streifzüge mit den anderen Jungen unternommen, aber sie hatten sich nie allzuweit vom Dorf entfernt. Nie hatten sie das Wagnis unternommen, sich der drohenden Gefahr der bösartigen Xavante oder der dicklippigen Caiapós auszusetzen, die am linken Flußufer lauerte. Nicht einmal die Ältesten des Dorfes hätten so etwas gewagt, es sei denn, es handelte sich um übersichtliche Orte, Seen in nächster Nähe des Dorfes oder angrenzende Wälder, die sie auf der Suche nach trockenem Brennholz betraten. Sie durchstreiften diese Regionen mit geschärften Sinnen und taten gut daran, beim ersten Rauchzeichen, bei der ersten verdächtigen Spur oder einem unbekannten Geräusch im Laufschritt wieder die vertrauten Wasser des Flusses aufzusuchen.

»Siehst du, da? Da hinten, mein Sohn?«

»Da ganz weit hinten? Am Strand?«

»An diesem Strand werden wir haltmachen und für heute mittag, heute abend und morgen mittag fischen.«

»Ist gut.«

»Dieser Strand hat weißen Sand. Er ist groß und sauber. Noch nie hat jemand hier sein Lager aufgeschlagen. Die Moskitos dort kennen weder einen Indio noch seinen Geruch. Wenn doch einer kommt, dann nur bei Einbruch der Nacht. Danach treibt die aufkommende Kälte sie wieder in den Wald zurück. Zu dieser Zeit, wenn der Sommer naht und die Kälte groß ist, sterben sie lieber an einem wärmeren Ort. Darum fliehen sie in den Wald.«

Sie machten ihr Kanu am Ufer fest. Die Möwen, die hier zu Hause waren, stimmten ein ohrenbetäubendes Gekreische an. Sie spazierten aufgeregt zwischen ihren Bruthöhlen hin und her. Einige besonders aufgebrachte Vögel unternahmen rasante Sturzflüge, die den beiden Indios die Haare zu Berge stehen ließen. In einigen Sandkuhlen lagen schon Eier, meist waren es drei. Doch die Küken waren noch nicht geschlüpft, dazu war es noch zu früh. Die Männer trugen trockene, kräftige Äste zu dem Platz, wo sie ihr Lager aufschlagen würden.

»Der Angelhaken vom Chef würde jetzt gute Dienste leisten.«

Sie warfen das Holz mit Wucht auf den Boden. Ein Bad würde ihnen jetzt guttun. Gebadet wurde schließlich nicht zu festen Zeiten. Sie verständigten sich mit Blicken und tauchten ins Wasser.

»Wir sollten uns beeilen. Wir müssen noch fischen. Es gibt hier einen großen See, ganz in der Nähe. Wir nehmen die Last aus dem Kanu. Wenn das Boot nicht so schwer ist, fährt es sich leichter auf dem Seitenarm des Flusses. Er wird uns an diesen See bringen. Dort gibt es Tucunarés genug, und wir müssen keine anderen Fische mit dem Pfeil erlegen. Wenn wir von den

Toris einen Angelhaken bekommen, wird das Fischen leichter sein.«

Bis auf die Bogen und Pfeile nahmen sie alles aus dem Kanu heraus.

»Warte, das ist noch nicht alles.«

Belerriro griff nach der Kürbisflasche mit dem Andirobaöl und entkorkte sie mit den Zähnen.

»Ich werde deinen ganzen Körper damit einreiben. Dann wirst du mich einschmieren. Am See weht kein Wind. Die Moskitos werden uns besuchen. Unsere Rücken werden wie Baumrinde aussehen von den vielen Stichen. Beim Fischen müssen wir uns ganz still verhalten. Das Wasser dort ist sehr klar, und die Fische fliehen bei der kleinsten Bewegung. Wenn wir das Öl auf der Haut haben, werden wir nicht gestochen.«

Sie gelangten an den See. Es herrschte eine beinahe beängstigende Stille an diesem Gewässer. Nicht ohne Grund versteckten sich die Seelen aus der anderen Welt in alten Baumstämmen, um die Lebenden zu erschrecken. Allein hätte Kuryala diesen Ort nie betreten, nicht einmal als alter Indio. Auch in der Begleitung der anderen Jungen aus seinem Dorf hätte er sich nicht hierher gewagt. Aber zusammen mit dem Vater war alles anders.

Sie setzten das Ruder ganz behutsam auf. Ihr Kanu schien das Wasser kaum zu berühren.

»Laß uns das Boot hier im Gebüsch verstecken. Es kann dort auf dem Wasser treiben. Später werden wir die Anhöhe hinaufgehen und einen Platz suchen, an dem Schatten unsere Körper schützt und die Sonne nur das Wasser zu unseren Füßen erhellt. So können wir die Tucunarés besser erkennen.«

Es war schön, den erlegten Fisch zappeln zu sehen und den Schaft des Pfeiles bei seinem unruhigen Tanz auf dem Wasser zu beobachten, als sei es die Jagdwaffe selbst, die mit dem Fisch kämpfte.

Sie holten die erlegten Fische aus dem Wasser, zogen die Pfeilspitzen aus ihren Körpern und warfen die Fische hinter sich. Die sprangen auf dem Boden, als suchten sie den Weg zum rettenden Wasser. Bald sollten sie sterben und sich bis zu ihrem Ende zappelnd beschweren.

»Jetzt reicht es.«

Sie sammelten die toten Fische ein und wuschen sie einzeln im Wasser des Sees. Dann stachen sie blattlose Zweige des Uferkrautes durch ihre Kiemen.

»Laß uns an den Strand zurückgehen.«

Es war eigenartig, der Strand schien bereits ihnen zu gehören. Sie waren erst wenige Stunden an diesem Ort, und er war ihnen schon so vertraut, als hätten sie Wochen hier verbracht.

Sie hatten beide den gleichen Gedanken und tauchten die Körper in den Fluß, um das leicht klebrige Andirobaöl abzuwaschen. Ganze Schichten von toten Moskitos lösten sich von Brust, Beinen und Rücken. Die Arme waren nicht so übersät mit toten Insekten, da sie beim Fischen mehr in Bewegung gewesen waren und so die Moskitos verscheucht hatten.

»Es geht nicht alles beim ersten Mal ab.«

»Aber es geht schon viel besser.«

Sie lächelten und schlenderten am Ufer des Flusses auf und ab, um ihre Körper und die langen Haare zu trocknen.

»Kury, laß uns ein Feuer machen. Bring mir das Holz.«

»Wozu?«

Belerriro lächelte.

»Willst du rohen Fisch essen?«

»Nein. Aber ich habe etwas Gutes für dich.«

Er sah den Vater etwas beschämt an. Nun wurde er wirklich zum Mann. Bisher hatte er den Vater immer wie seinen Herrn behandelt, doch jetzt hatte er sich zu dieser Vertraulichkeit verstiegen, die ihn erröten ließ.

Belerriro gefiel das, und er mußte noch mehr lächeln.

Kuryala suchte in seinen Sachen nach dem Geschenk, das er für den Vater besorgt hatte. Er hielt es in der geschlossenen Hand.

»Ich habe es bei einem der Männer von der Behörde gegen zwei Lóri-Lóri getauscht. Es gehört dir.«

Er öffnete die Hand.

»Strölzer?«

»Eine volle Schachtel.«

»So ist es gut. Es wird lange dauern, bis sie aufgebraucht sind.

Strölzer sind besser. Besser, als Feuer mit Stöcken zwischen den Handflächen zu machen.«

Die beiden Indios legten dünne Stöckchen auf einen Haufen, zusammen mit Blättern und trockenem Gras, und von einem Moment auf den anderen loderte ein schönes Feuer auf. Sie machten sich einen Bratspieß und durchstießen vorsichtig einige der Tucunarés, um die Eingeweide nicht zu treffen. Das köstliche Fleisch hätte sonst den bitteren Geschmack der Galle angenommen.

Dann aßen sie und zogen das schmackhafte Fleisch mit den Fingern von den Gräten.

»Hast du schon gesehen, Vater. Die Tori tun Körnchen auf das Essen.«

»Ich habe es gesehen. Aber es hat mir nicht geschmeckt, als ich davon gegessen habe.«

»Sie nennen es Salz. Es ist furchtbar! Aber sie können nichts ohne dieses Salz essen. Eines Tages werden wir uns auch daran gewöhnen, und dann werden wir nicht mehr den Geschmack von Fisch und Fleisch schmecken.«

»Das kann sein. Als ich zum ersten Mal Bêê-Lubuke[57] getrunken habe, hat es mir überhaupt nicht geschmeckt. Jetzt liebe ich den Geruch schon, wenn ich ihn nur von weitem rieche.«

Sie gruben ein Loch und taten Gräten, Innereien und die Reste der verzehrten Fische hinein. Schließlich sollten die Essensreste nachts keine Krokodile anlocken. Die Krokodile waren eine große Gefahr. Auch wenn die Männer ein Feuerchen machten, konnten sie doch in tiefen Schlaf fallen und nicht merken, daß das Feuer erloschen war. In diesem Augenblick würden die Krokodile kommen und die Gelegenheit nutzen, auf die sie schon in einiger Entfernung gewartet hatten.

»Ich werde noch ein Bad nehmen.«

»Ich auch.«

Jetzt hatten sie es nicht eilig. Die Sonne stand schon sehr tief, und die Störche dort oben spielten mit den Windböen, als seien sie kleine Wölkchen. Die große Hitze begann nachzulassen.

Aber Belerriro sorgte dafür, daß sie nicht allzu lange müßig blieben und sich dem Anblick dieses Naturschauspiels hingaben.

»Wir haben noch viel zu tun, Sohn.«

Er holte zuerst den Stumpf der Bananenstaude.

»Nimm meinen und deinen Bogen mit. Deine Pfeile und meine Pfeile. Nimm alles mit. Wir gehen an ein anderes Stück vom Strand.«

Als sie den Platz erreichten, bemerkte Belerriro ruhig:

»Du wirst in den nächsten Tagen so viel schießen, so viel, daß du bald dein Ziel nicht mehr verfehlen wirst.«

»Warum? Habe ich beim Fischen oft danebengetroffen?«

»Nein. Aber das ist auch leicht. Alles, was nah ist, ist leicht zu treffen. Man muß nur Geduld haben. Hier wird es schwieriger sein.«

Dann begann der Vater mit den Übungen, die kein Ende zu nehmen schienen.

Belerriro entfernte das Ziel, den Strunk der Bananenstaude, immer weiter von dem Schützen. Wenn Kuryala nicht traf, mußte er seinen Schuß noch einmal wiederholen. Solange er nicht zehnmal in Folge das Ziel getroffen hatte, wurde der Strunk auch nicht in größerer Entfernung aufgestellt.

»Du hast nicht getroffen, weil du die Feder des Pfeiles nicht richtig befestigt hast.«

». . . du hast den Bogen nicht fest genug gehalten.«

». . . bei dieser Entfernung mußt du genau die Mitte der Bananenstaude anpeilen und den Bogen ein wenig drehen.«

». . . du hast den Bogen zu stark geneigt.«

»Jetzt wird es langsam besser.«

Er lachte den Sohn an. Kuryala war in Schweiß gebadet.

»Es ist noch nicht zu Ende. Nimm schnell ein Bad, um dich ein wenig zu erholen.«

Kuryala hatte gerade Zeit, ins Wasser zu tauchen, und schon reichte ihm der Vater wieder seinen Bogen und die Pfeile. Er wunderte sich darüber, daß die Zielscheibe wieder an dem gleichen Platz stand, an dem sie zu Beginn ihrer Übungen gestanden hatte.

»So ist es gut. Du wirst jetzt sehen, wie leicht es ist. Du wirst alles wiederholen und kein einziges Mal danebentreffen.«

Er gehorchte und begriff voller Stolz, daß sein Vater wieder einmal recht behalten hatte. Er bemühte sich, an die kleinsten Ratschläge zu denken, hielt die Pfeile an ihrem hinteren Ende fest, die Augen auf das Ziel gerichtet, neigte den Bogen leicht, ohne in den Handgelenken nachzugeben. Er war sicher, daß diese Übungen ein Ende haben würden, sobald er sein Ziel nicht mehr verfehlte.

»Gut! Gut! Du machst es beinahe richtig. Beinahe. Aber mit deinem Bogen ist das Schießen noch leicht, denn du bist an ihn gewöhnt, und er ist nicht so schwer. Nun werden wir noch einmal alles wiederholen. Diesmal wirst du mit meinem Bogen schießen, er ist kräftiger, größer und härter.«

Kuryala sah seinen Vater etwas entmutigt an.

»Vater, mir tut schon der Rücken weh.«

»Das ist eben so. Am ersten Tag ist es noch nicht mal so schlimm. Morgen wird es anstrengender sein.«

Dann sah er in das Gesicht seines Sohnes und lachte vergnügt.

»Du wirst sehen, es wird richtig gut werden. Dieser Schmerz wird ein guter Schmerz sein. Mache keine Pause, damit du nicht kalt wirst. Los. Fang an! Erinnere dich an alles, was ich dir gesagt habe. Fester Arm. Sicherer Blick. Leicht geneigter Bogen. Nur zehnmal bei jeder Entfernung.«

Bei jedem Fehler, den er machte, wurden die zehn Versuche wiederholt. Die Sehnen von Belerriros Bogen schienen härter als das härteste Holz eines Landi. Es gelang ihm jedoch, aus allen Entfernungen jeweils zehnmal hintereinander ins Ziel zu treffen, ohne einen Fehler zu machen. Nun blieb nur noch ein Schuß aus jeder Entfernung. Nur noch ein Schuß, ein Schuß, ein einziger Schuß, da schmiß er sich auf den Boden. Er hatte das Gefühl, als würde sein Rücken zerspringen. Alle seine Muskeln schmerzten vor Erschöpfung. Er atmete tief durch und wischte sich den Schweiß von der Stirn, der aus seinen Haaren tropfte.

Belerriro lachte.

»Es ist hart, ein Mann zu sein, nicht wahr, mein Sohn?«

Er lächelte. Schließlich wußte er, daß sein Vater diese anstrengenden Übungen trotz allem mit der nötigen Sanftheit und Gelassenheit durchführte. Er war nicht sicher, ob alle anderen Väter diese Geduld aufbrachten. Viele vertrauten ihre Söhne vielleicht sogar den strengeren Händen eines anderen Mannes aus dem Dorf an.

»Laß uns ein wenig baden. Doch nicht zu lange, denn wir haben noch etwas Wichtiges zu tun. Diesmal geht es wirklich um etwas sehr Wichtiges, Kury. Als mein Vater Birirrôa es mit mir gemacht hat, habe ich mich auch sehr geschämt. Ich glaube, das ist immer so. Mein Vater war sehr gut zu mir. Aber er hat es nicht wie wir zwei gehalten. Wir reden über alles wie Freunde.«

»Ich weiß, Vater.«

In diesem Augenblick wußte er, um was es sich handelte. Es gab nun keine Ausflüchte mehr, sich dieser Stammespflicht zu entziehen. Er hatte sich jetzt endgültig mit seiner Bestimmung abzufinden. Die anderen jungen Männer des Dorfes waren zu einer großen Reise aufgebrochen, während der sie den Fischfang erlernen sollten. Es war so etwas wie eine Spazierfahrt. Er hingegen hatte nicht nur das Fischen zu lernen, auf seiner Reise mußte er auch in das Leben eines erwachsenen Mannes eingeführt werden. Sie wollten ihn so schnell wie möglich zu einem Mann heranbilden. Die Zeiten hatten sich nun einmal geändert, und heute mußte ein Häuptling jünger sein als zu Zeiten seines Vaters, soviel stand fest. Maluá wurde langsam alt, und vielleicht wurde er mit den Jahren zu bequem, um ein Dorf zu führen. Das mußte es sein.

»Wir müssen nun aus dem Wasser. Schmerzt dein Körper sehr?«

»Nur ein wenig.«

Belerriro stieg aus dem Fluß und ging zu seinen Sachen. Dort suchte er möglichst unbemerkt und zielsicher nach den nötigen Utensilien für das, was nun bevorstand. Kuryala tat der Vater leid. Er würde ihm helfen, so wie er später sicher auch die Unterstützung seines Sohnes in dieser Situation willkommen heißen sollte.

Belerriro setzte sich in den Bug des Kanus und sah seinen Sohn näher kommen. Die ersten Schatten der einbrechenden Dämmerung verbargen gut seine Verlegenheit.

Sein Sohn hatte sich wirklich zu einem äußerst kräftigen Mann entwickelt. Er war nicht groß, aber er hatte breite Schultern, starke und feste Muskeln. Nur an einigen Körperpartien zeigten sich noch die Male der letzten blutigen Zeremonie.

Kuryala ging auf den Vater zu und stellte sich genau vor ihm auf.

»Ich bin bereit.«

Diesmal war es Kuryala, der das Schweigen brach, um dem Vater die Verlegenheit zu nehmen.

»Warum machen sie das, Vater?«

»Sie haben es immer schon gemacht. Seit es Karajás auf dieser Erde gibt. Es ist besser so. Das hier ist eine sehr empfindliche Stelle. Aus diesem Körperteil kommt der Saft, der deinen Söhnen das Leben schenkt. So wie es jetzt ist, kannst du von einem Piranha gebissen werden, dich an den Dornen oder an einem Holzsplitter verletzen, oder ein Zweig kann dagegen schlagen, wenn du durch den Wald läufst.«

»Und was kann ich tun, um zu helfen?«

»Sohn. Dies ist ein schwieriger Augenblick. Verkrampfe dich nicht. Entspanne dich.«

Er schloß die Augen, um nicht sehen zu müssen, wie der Vater sein Glied faßte und die Vorhaut zurückschob. Dann machte Belerriro genau das Gegenteil, drückte die Eichel beinahe mit Gewalt wieder nach innen, dehnte die Vorhaut immer mehr und preßte den Penis mit dem Zeigefinger gegen den Hodensack. Das Geschlechtsteil steckte jetzt in einer unangenehmen und schmerzhaften Position zwischen den Hoden. Er faßte die lappige Vorhaut, und das Glied blieb in dieser Stellung.

»Tut es weh?«

»Nein. Im Vergleich zu der blutigen Zeremonie ist es nichts. Es ist nur ein wenig unangenehm. Es macht eine Gänsehaut.«

»So ist das. Mir ist es genauso ergangen. Jetzt müssen wir noch stärker drücken. Mit den Fingern kommt man nun nicht mehr daran. Ich habe ein rundes Hölzchen, damit geht es gut.«

Er ersetzte den Finger durch das Rundholz, ohne dabei das Glied in seine ursprüngliche Stellung zurückgleiten zu lassen. Dann streckte er die Vorhaut noch ein Stück und drückte den Penis noch tiefer nach innen.

»Entspanne dich. Halte jetzt den Atem an. Es ist gleich vorbei.«

Er merkte, daß der Vater nur mühsam sprach, so als sei ihm dies alles auch sehr schmerzhaft.

Mit der Kraft der Finger drückte er auf die Stelle, an der sich das Hölzchen befand, und band mit einem raschen und erbarmungslosen Griff ein Stück Hanf über dem Geschlechtsteil zusammen. Kuryala hatte das Gefühl, als wollten seine Hoden platzen.

Er stieß einen kaum hörbaren Schmerzlaut aus.

Der Vater zog das Holz weg. An der Stelle, an der es zuvor gesteckt hatte, war die Vorhaut zu einer häßlichen, bläulich verfärbten Blume geworden.

»Fertig. Bewege dich erst einmal nicht. Später mußt du versuchen, damit zu gehen.«

Er gehorchte, aber als er sich vorsichtig in Bewegung setzte, hatte er den Eindruck, alles in ihm sei wie gelähmt, so als ob sein Geschlecht mit dem Ende eines Ruders zerquetscht oder geschlagen worden sei.

»Am Anfang ist es schlimm. Später gewöhnst du dich daran, Sohn. Wir haben uns alle daran gewöhnt. Dann ist es sogar bequemer so.«

»Und wenn man pissen muß?«

»Es gibt eine kleine Öffnung, durch die kann die Pisse austreten. Du wirst sehen, wenn ein paar Tage vergangen sind, hat man sich daran gewöhnt und kann sogar die Hanfschnur abziehen und den Noôn waschen, ohne daß es weh tut. Danach kannst du sie ganz leicht wieder darumwickeln.«

Belerriro stieg aus dem Kanu und massierte sich die Nierengegend. Dann rekelte und streckte er sich.

»Setze dich jetzt ein wenig in den Fluß. Das Wasser ist lauwarm und wird dir guttun. Es ist kein Schmerz, den du spürst, nur ein unangenehmes Gefühl im Bauch. Morgen wirst du nicht mehr so darunter leiden.«

Entmutigt setzte sich Kuryala ins Wasser. Der Vater hatte recht. Das Bad im Fluß gab ihm etwas Erleichterung. Das Wasser leckte an seinen langen Haaren und glitt über sein Kinn.

Er stieg erst wieder aus dem Fluß, als Kälteschauer seine starken Muskeln zum Zittern brachten.

Schmerz war es nicht, was er verspürte. Es war eher das unangenehme Gefühl, etwas zwischen den Beinen zu tragen, das immer schwerer und schwerer wurde. Er mußte dem Verlangen widerstehen, sich dort alle Augenblicke zu berühren.

Sein Vater hatte schon ein Feuer gemacht und den Fisch zum Braten auf den Spieß gesteckt. Bald sollten sie den köstlichen Tucunaré mit Maniokbrei essen. Er stellte sich in die Nähe des wärmenden Feuers.

Sein Vater lächelte ihn voller Zärtlichkeit an.

»Das war's, mein Sohn. Jetzt bist du ein richtiger Mann.«

Im flackernden Licht der Flammen begutachtete er verstohlen sein neues Geschlechtsteil. Die Indios nannten es Zigarren.

Er begann zu reden, um seine Verwirrung zu überspielen.

»Werde ich morgen nachmittag wieder Pfeil-und-Bogen-Schießen üben?«

»Ja, sicher. Und warum auch nicht? Das geht vorbei. Wenn du geschlafen hast, klingt die Schwellung ab.«

Dann packte den Vater das Mitleid und er bemerkte noch: »Wenn es sehr schlimm ist, werden wir nur mit deinem Bogen üben, der ist leichter.«

»Wir müssen das Kanu gut verstecken. Laß uns das Boot mit unseren Sachen ins tiefe Ufergebüsch ziehen. Hol aber erst deinen Bogen und deine Pfeile.«

Belerriro schaute Kuryala an und lächelte, als er seinen erstaunten Blick bemerkte.

»Nein. Heute werden wir keine Schießübungen machen. Wir werden den Bogen auf einer kleinen Reise brauchen. Ja, wir werden einen Ausflug machen. Darum haben wir heute morgen auch so viel Fisch mit Maniokbei gegessen. Zum Essen werden wir erst wieder Zeit haben, wenn wir von unserem Ausflug zurück sind. Bis wir wieder an diesem Strand sind, wird es Nacht sein. Nimm also deinen Bogen, meinen Bogen und meine Pfeile mit. Ich werde das Beil bei mir tragen, das mir der Chef vom Indioposten gegeben hat.«

Sie suchten sich die nötigen Gegenstände heraus und begannen das Kanu ins Ufergebüsch zu ziehen. Dabei standen sie mit den Füßen im kalten Flußwasser. Angst vor den Feuerrochen[58] hatten sie nicht. Der Sandboden war hart und fest, und die Feuerrochen bevorzugten schlammige Gewässer oder flache Stellen in der Mitte des Flusses, an denen der Sand locker genug war, um Brutstellen zu graben, und sie den Sand auf ihre farbigen Rücken schaufeln konnten. Dort konnten die Fische unbekümmert die köstlichen Sonnenstrahlen auf ihre platten Rükken scheinen lassen.

Die beiden Indios versteckten das Kanu gut und brachen noch grüne Zweige vom Ufergebüsch, um den Einbaum völlig zu verdecken. Der gewissenhafte Belerriro war jedoch nicht zufrieden, bis er nicht aus einiger Entfernung einen letzten Blick auf das Versteck geworfen hatte. Er wollte sich davon überzeugen, daß es auch seinen Vorstellungen entsprach. Schließlich stieß er ein zufriedenes »Hm« aus.

»Jetzt laß uns aufbrechen, mein Sohn. Dort verläuft der Weg. Sieh dir alle Plätze an, an denen wir vorbeikommen, und versuche, nichts zu vergessen.«

Er schulterte die Axt und hielt Kuryala dazu an, ihm auf dem Fuß zu folgen.

Sie ließen den Fluß weit hinter sich und umliefen zwei kleine Seen, die Kuryala nie dort vermutet hätte. Die Sonne stand schon sehr hoch, als sie einen mühseligen Weg einschlugen. Es war ein dorniger Pfad durch einen Bambuswald. Sie waren gezwungen, ihre Blicke auf den Boden zu richten, um sich nicht an den Füßen zu verletzen. Alle ihre Sinne waren auf die Wahrnehmung eines verdächtigen Geräusches gerichtet.

»In diesen Bambuswäldern hat der Jaguar seinen Trampelpfad. Er schafft sich gerne eine Verbindung vom dichten Wald zum Fluß, so wie wir Menschen.«

Sie schwiegen und liefen weiter. Das Geräusch ihrer Stimmen hätte ihre Sinne nur von der Wahrnehmung der Dinge um sie herum abgelenkt. Die Umgebung hatte sich jetzt geändert. Der Wald war plötzlich zu Ende, und die Feuersonne am freien Himmel geißelte die Körper der beiden Indios mit ihren Strahlen, sobald der Wind nicht mehr blies. Moskitos versuchten, in ihre Augen zu dringen und stachen sie in ihre nackten Rücken. Glücklicherweise gewöhnte sich Kuryala langsam an die ungewohnte Form seines Geschlechtsteils und dankte im stillen der Weisheit der Stammesältesten. Mit diesem Schutz war er besser gegen mögliche Gefahren gefeit. Gut, daß der Vater ihm weitergegeben hatte, was ihn der eigene Vater schon gelehrt hatte. Sein Geschlecht war schließlich Vater des Lebens und mußte gut geschützt werden.

Der plötzliche Halt von Belerriro ließ ihn erstarren. Sein Herz hatte einen leichten Hüpfer gemacht. Wäre nicht die beruhigende Anwesenheit seines Vater gewesen, sein Herz wäre sicher vor lauter Schreck aus seiner Brust gesprungen. Er hatte plötzlich vor allem Angst. Sie hielten inne, und mit ihnen schien auch das Leben im Wald stillzustehen. Es blies kein Wind. Kein Tier schien die beiden Indios wahrzunehmen. Es war das Totenreich von Kunin, der Seele aus der anderen Welt.

Vor ihnen lag ein See. Sein Wasser war trüb, still und schlammig. Das Ufergras, das an einigen Stellen wuchs, schien trocken und gelb. Die Bäume, die am Wasser dieses Sees standen, waren trocken und kahl, ohne Blätter. Ihre schwarzen Äste ragten krumm in die Luft. Der ganze Ort flößte ihm Angst ein.

Belerriro streckte den Arm aus und wies in eine Richtung.

»Zu dieser Jahreszeit sollte es trockener sein. Hier ist mehr Regen gefallen, als ich dachte. Aber dort hinten ist das Wasser niedriger. Es wird uns bis zu den Knien gehen.«

Er warf einen Blick auf Kuryala und lächelte ihn an. Ihm lag daran, dem Sohn die Furcht zu nehmen, die dieser gerade noch empfunden hatte.

»Höre gut zu, Sohn. Du brauchst keine Angst zu haben. An

diesem Ort baut Ley-rekan[59] ihre Nester. Aber sie ist ein dummes Tier. Wenn man ihren Hals zudrückt, verliert sie ihre Kraft und läßt ihre Beute los, ganz gleich, ob es ein Indio oder ein Tier ist. Wenn sie etwas ganz umschlungen hat, braucht man ihren Körper nur mit einer Pfeilspitze zu durchbohren, und schon läßt sie los. Wir werden sicher nicht auf Ley-rekan treffen. Nun weißt du, wie du mit ihr umzugehen hast. Ich bin schon viele Male allein an diesem Ort gewesen. Nie ist mir etwas geschehen. Laß uns gehen.«

Gebannt stapften sie durch die schlammige Mitte des Sees. Die Überquerung dauerte nicht allzu lange, jedoch lange genug, um Kuryala erleichtert aufatmen zu lassen, als sie das gegenüberliegende Ufer erreichten. Sie setzten sich auf den Boden und entfernten mit dem Bogenende den klebrigen Schlamm zwischen ihren Zehen.

»Alle diese Orte haben einen Besitzer. Dieser gehörte dem Großvater des kleinen Uassariá. Als der Enkel zur Welt kam, hat der Alte ihm diesen Platz geschenkt. Hier gibt es einen See, an dem große Schwärme von Löffelreihern und die rosafarbensten Flamingos des Bêêrokan leben. Wenn die Männer hier Federn für einen Schmuck oder die Lóri-Lóri holen wollen, müssen sie dafür zahlen und die erjagten Federn mit ihm teilen. Wenn sie Federn für einen ganzen Kopfschmuck erbeuten wollen, dürfen sie nur unter der Bedingung jagen, die Hälfte der Federn an ihn abzugeben. Er war der erste, der diesen Ort entdeckt hat. Niemand darf hier ohne seine Erlaubnis jagen.«

»Und hast du mit ihm gesprochen?«

»Nein. Denn ich bin nicht gekommen, um mir Flamingofedern zu holen. Dazu habe ich die Axt nicht mitgenommen.«

»Wozu ist das Beil dann, Vater?«

»Das wirst du schon sehen. Wir werden keine Flamingos jagen. Aber wir werden in der Nähe des Sees vorbeikommen. Du wirst sehen, wie schön es dort ist. Komm.«

Es war ein richtiges Vergnügen, auf dem trockenen, harten Boden zu laufen. Hier waren sie sicher vor der unsichtbaren und bedrohlichen Großen Schlange.

Tchu, die Sonne, stand schon sehr hoch am Himmel und

verbrannte ihre Körper. Indessen schien Belerriro noch nicht einmal die halbe Wegstrecke zurückgelegt zu haben. Kuryala hatte Durst und sagte es seinem Vater.

»Bald haben wir den See der Flamingos erreicht.«

Tatsächlich, die umliegenden Wiesen wurden nun immer grüner und das Gras immer weicher. Kleine Trampelpfade von Tieren zogen sich durch die grünen Teppiche, ein Zeichen dafür, daß es eine Wasserstelle in der Nähe gab. Sogar der Wind wußte, wo die Wasser wohnten und wo der schönste Platz zum Wehen war. Das Weidengras wiegte sich sanft, der Brise gehorchend. Sie stiegen einen kleinen Hang hinauf. Ein kurzer Abstieg noch, und der See lag wie ein großes, schlafendes Gewässer vor ihnen. Er war so groß, daß sich nur das Wasser an seinen Ufern in der Brise kräuselte. Der See schien das Blau des Himmels angenommen zu haben. Schwärme von Löffelreihern bevölkerten die Bäume am Ufer. Einige Stelzvögel zogen ihre Kreise am Himmel und erspähten von dort aus die Fische im Wasser. Es gab weiße und braune Reiher, Flußenten und Störche. Die Löffelreiher waren jedoch in der Überzahl.

Belerriro machte seinem Sohn ein Zeichen, jedes Geräusch zu vermeiden, das diesen Frieden gestört hätte. Sie wollten diese Schönheit noch eine Weile bewundern. Denn so viele Reiher sich auch an den Stränden des Flusses einfanden, nie waren es so viele wie an diesem See. In diesen Bäumen und in den Wipfeln der Palmen mußte es Tausende von Nestern geben.

Belerriro forderte ihn mit einem Wink auf, die Vögel zu erschrecken.

Sie klatschten laut in die Hände, und ein wahnwitziges Schauspiel lief vor ihren Augen ab. Ein allgemeines Aufschrekken war zu beobachten, dann folgte ein ohrenbetäubendes Flügelrauschen. In kopflosen Flugmanövern stieben die Vögel in höchste Höhen, völlig aufgebracht. Sie wußten nicht, wohin sie fliehen sollten, noch woher die Gefahr gekommen war. Einen Augenblick lang zogen sie ihre Kreise in der Luft. Das ganze Blau des Himmels verschwand hinter einer massigen rosaroten Wolke. Als die verzweifelten Vögel bei ihren ziellosen Flugrunden die Männer gewahrten, stießen sie schrille Schreie aus, so als vereinbarten sie Fluchtpläne untereinander. Dann flogen sie in Richtung des Flusses auf der Suche nach verlassenen Stränden, um sich zu beruhigen. Sie würden bald wiederkehren, nicht ohne einen anerkannten Leitvogel vorauszuschicken, der in Erfahrung bringen sollte, ob die Gefahr vorüber war.

Die Indios beobachteten den Vogelschwarm, der sich in den Lüften verlor, bis Belerriro wieder von der Wirklichkeit eingeholt wurde.

»Komm, wir haben noch viel Arbeit vor uns. Du hast etwas sehr Schönes gesehen, aber jetzt wirst du zwei sehr häßliche Dinge sehen. Laß uns gehen.«

Sie kehrten dem See den Rücken, schlugen sich auf einen Tapirpfad und gelangten schließlich an den Rand des Waldes.

»Laß uns in den Wald gehen. Es ist ein schöner Wald. Hier gibt es keine Moskitos.«

Sie liefen ein Stück. Immer war es Belerriro, der vorausging. Sie unterhielten sich, ohne sich umzudrehen, eine Eigenart der Karajás.

»Hörst du die Vögel singen?«

»Sie singen ganz in der Nähe zweier Flüßchen. Es war gut, daß du am See Wasser getrunken hast, denn das Wasser da hinten kann man nicht trinken.«

»Ist es schlechtes Wasser?«

Belerriro lächelte.

»Nein. Aber niemand wird gerne von diesem Wasser trinken. Dort, an diesem grünen Platz, verläuft der erste kleine Fluß. Er ist nicht tief, und du wirst ihn schnell überqueren wollen.«

Kuryala übermannte die Neugierde. Der Vater mochte es nicht, über alles ausgiebig zu reden. Er zog es vor, ihm die Dinge im geeigneten Augenblick zu zeigen. Es war eben seine Art, ihm nicht schon im voraus Angst zu machen, wenn Gefahr im Verzug war.

Als sie sich dem Fluß näherten, begannen seine Beine jedoch zu zittern. Im Wasser sah er eine ganze Horde von Krokodilen. Sie lagen teilweise übereinander, als erholten sie sich von einem ausgiebigen Fischfang. Als sie die Indios bemerkten, öffneten sie drohend ihre Mäuler, und ihre gelblichen Zähne erinnerten die beiden Männer daran, in welcher Gefahr sie sich befanden.

Kuryala fühlte seinen Körper bleischwer werden, so als klebten seine Füße am Boden vor Angst, sich fortzubewegen. Schaudernd fragte er: »Müssen wir an ihnen vorbei, Vater?«

»Ja. Aber es ist nicht gefährlich. Es sind keine großen Krokodile. Es sind Kaimane. Sie haben Angst vor uns und ziehen sich zurück. Du bleibst ganz in meiner Nähe. Wir werden den Fluß schnell überqueren. Sie werden keine Zeit haben, uns zu folgen. Hab keine Angst, ich habe ihn schon viele Male überquert, und sie haben mich nie erwischt.«

»Warum sind sie alle hier?«

»Es sind nicht alle. Das sind nur wenige. Sie bleiben zusammen, weil die Fische nachts den See verlassen und hierher schwimmen. Hier ist es leicht für die Kaimane, sie zu fangen.«

Er sah dem Sohn fest in die Augen, um ihn zu ermutigen.

»Bleib ganz in meiner Nähe, dicht an meinen Fersen.«

Belerriro ging bis an den Rand des Flusses. Er packte fest den Griff seiner Axt und stieß einen beeindruckenden Schrei aus. Einen Schrei, wie ihn Kuryala noch nie zuvor von einem Karajá gehört hatte.

Die Kaimane zogen sich zurück, als er heftig mit der Axt nach ihnen ausholte. So machte er den Weg frei. Die Tiere hatten sich erschreckt und waren so überrascht, daß sie entsetzt zur Seite sprangen und nur mit ihren aufgesperrten Rachen drohten, denen ein ekelerregender Pestgestank entströmte.

In wenigen Sekunden hatten die beiden Männer das andere Ufer erreicht. Vor lauter Angst hatte Kuryala weder seine Füße noch die Kälte des Wassers gespürt.

Der Vater lachte.

»Wolltest du nicht trinken?«

Kuryala, der sich noch nicht von seinem Schreck erholt hatte, schüttelte den Kopf.

Die Kaimane nahmen langsam wieder ihre ursprünglichen Rastplätze ein, die Mäuler immer noch weit geöffnet. Wie konnte ein Tier, das im tiefen Wasser so wendig war, im flachen Wasser und auf trockenem Boden so schwerfällig sein?

»Wie das stinkt, wenn sie einen anhauchen, nicht, Vater?«

»Sie stinken immer, denn sie essen viel Fleisch. Außerdem reinigen sie den Fluß auch von Tierkadavern. Alle Krokodile stinken so.«

»Gibt es hier noch so ein Flüßchen?«

»Ja, er ist noch kleiner. Wenn er stark austrocknet, gibt es dort nur wenige Kaimane.«

Insgeheim wünschte sich Kuryala, das Flüßchen sei trocken, und sein Wunsch ging in Erfüllung. Es gab dort auch Kaimane. Aber nur hier und da. Das Flüßchen bestand nur aus einem kleinen Rinnsal in der Mitte des Flußbettes.

Belerriro lächelte den Sohn wieder an, voller Verständnis für die Erleichterung, die dieser empfand.

»Wir sind ganz in der Nähe des Platzes, den ich dir zeigen wollte. Sieh nur, was für ein schöner Wald, durch den wir jetzt laufen werden.«

Tatsächlich wurde der Wald nun immer schattiger, je tiefer sie in ihn eindrangen. Trockene Blätter bedeckten den Boden. Der Geruch feuchter Erde drang in ihre Nasen. Schmetterlinge tanzten zwischen den Lianen der großen Baumstämme. Die Bäume schienen viel Platz in Anspruch zu nehmen, so als erlaubten sie keiner anderen Pflanze, in ihrer Nachbarschaft zu wachsen, abgesehen von Gebüsch und kleinen Schlingpflanzen. Der Wind trug die entfernten Lockrufe der Jacutingas[60] und Mutuns[61] heran. Aus weiter Ferne, vielleicht sogar aus den Regionen des entfernten Flusses, wehte der Wind den einsilbigen Lockruf der Jaós herüber.

Erst jetzt drehte sich der Vater zu ihm herum und machte ihn auf etwas aufmerksam: »Sieh mal diesen Baum da.«

Ein imposanter, riesiger Baum überragte majestätisch die anderen Bäume.

»Dieser Landi gehört dir, mein Sohn. Ich habe lange gebraucht, um einen so schönen Baum wie diesen zu finden. Nie habe ich einen schöneren gesehen. Er gehört dir. Ich habe mir gesagt: Dieser Landi wird meinem Sohn Kuryala gehören.«

Schweigend betrachtete Kuryala den Baum. Es gab in der Umgebung des Dorfes Raumaló-Dessé keinen Baum, keinen Landi, der diesem an Größe und Stärke gleichkam.

»Er gehört mir, Vater?«

»Ja, es ist dein Baum.«

Dann erzählte Belerriro bewegt die Geschichte vom Leben und Sterben der Waldbäume.

»Mit der Kraft der Uomã[62] werden wir diesen schönen Landi schlagen. Wir werden seine Zweige abschneiden. Er wird weinen, wenn er fällt. Seine großen Äste werden die anderen Stämme umarmen, um nicht zu fallen. Er wird wimmern, bis er am Boden liegt. Wenn er mit einem großen Krach auf den Boden schlägt und sich von dem kleinen Baumstumpf trennt, wird sein Herz erlöschen, und er wird keine Tränen mehr vergießen. Dann werden wir alle seine Zweige abschneiden. Es bleibt nur ein großer, gerader Stamm zurück. Aus ihm wird dein erstes, schönes Kanu entstehen, Kury. Den Rest kennst du schon. Aber es ist wichtig, daß dir dein Vater alles erklärt. Wir werden den grünen Baumstamm hierlassen. Er wird ein Jahr an diesem Ort schlafen. Dann ist die Regenzeit vorüber, und es kommt die Zeit der großen Donner und der großen Flut. Der Landistamm wird halb im Wasser liegen. Dann kommt die Trockenzeit. Wir werden warten, bis der Stamm ganz trocken ist. Wenn die nächste Zeit der großen Donner und Regen kommt, werden wir mit dem Kanu wieder an diesen Ort kommen und den Stamm an den Fluß ziehen. Dort machen wir ihn fest, bis sich die Strände wieder zeigen. Dann bringen wir ihn an einen schönen Strand und schälen seine Rinde ab. Und du wirst sehen, wie schwer und wie schön es ist, ein Kanu aus ihm zu machen. Das Kanu wird dein Freund sein, solange sein Leben dauert.«

Er hielt inne. Kuryala hatte ihm wie verzaubert zugehört.

»Und nun laß uns hart arbeiten, mein Sohn. Ich mache den Anfang mit dem Beil. Wenn meine Arme müde sind, wirst du die Axt führen. Bist du dann müde, werde ich die Arbeit wieder aufnehmen. So geht es schneller. Wir müssen hart arbeiten. Bevor die Sonne schlafen geht, muß der Landi auf dem Boden liegen, ohne die Äste.«

Er sah seinen Sohn bedeutungsvoll an.

»Du möchtest doch nicht die Nacht am kleinen Flüßchen verbringen, mitten zwischen den Krokodilen, oder? Je früher wir fertig sind, um so schneller kommen wir wieder an den Strand des Bêérokan. Dort kannst du den guten Fisch essen, den ich im Kanu aufbewahrt habe.«

Siebtes Kapitel

Das Kanu der Liebe

Obwohl Kuryala noch zu der Gruppe der jungen Männer seines Stammes gehörte, die keiner festen Beschäftigung nachgingen, war er in einem wahren Gefängnis von Verpflichtungen gefangen. Während seine Freunde ihr müßiges Leben voller Vergnügungen lebten und sich die Zeit mit Spaziergängen, Kämpfen und Tänzen vertrieben, ausgiebige Unterhaltungen in den Hängematten des Hauses der Masken führten und Stunde um Stunde mit der kunstvollen Bemalung ihrer Körper verbrachten, nahm für Kuryala die Arbeit kein Ende. Belerriro teilte die Zeit seines Sohnes so ein, daß diesem auch nicht eine Stunde Müßiggang blieb und ihn nie das Gefühl für seine Verantwortung als zukünftiger Häuptling seines Stammes verließ.

Kaum hatte er einmal Zeit, die Nachmittage im Schatten der Masken des Diassós zu verbringen und sich mit den anderen zu unterhalten. Meist übermannte ihn dann schnell die Müdigkeit, und er mußte den Gesprächen im Liegen zuhören, ohne sich daran beteiligen zu können. So konnte er gerade die Entwicklung verfolgen, die die Tänze seiner Freunde genommen hatten. Nur wenn ihn ein unwiderstehliches Verlangen überkam, nahm er eine der Einladungen an und stillte seine Sehnsucht nach diesem beißenden Schweißgeruch, den er für immer in seiner Seele tragen sollte und den nur die freudige Erregung beim Tanz in den Masken des Debó und beim schwierigen Tiau-Ri hervorrief. Dann tanzte er Stunde um Stunde, vergaß alles um sich herum und verlor sich in dieser wilden Verzauberung, dieser Mischung aus barbarischem und feinfühligem Tanz.

Die Zeit verging. Zweimal hatte er schon den Leichnam des

geschlagenen Landi besucht. Die Krokodile stellten nun keine Gefahr mehr dar, denn die Quellen waren versiegt, und die Tiere hatten sich einen anderen Ort für den Fischfang und die Jagd gesucht.

Die alten Äste des toten Baumes dienten den Männern als Hebel, um den Stamm auf dem Boden herumzudrehen. Er mußte vollständig trocken sein, von beiden Seiten. Je mehr das Holz seine ursprüngliche Farbe als lebender Stamm verlor, um so stärker wurde seine blutrote Einfärbung.

Belerriro lächelte. Alles lief genau so, wie er es sich vorgestellt hatte.

»Jetzt müssen wir nur die großen Regen abwarten. Mit dem Regen wird das Wasser im Fluß ansteigen, hierherkommen und alles zu einem großen See machen. Wenn dann das Fest des Retôrekan beginnt, wird der Landi ganz trocken sein und auf dem Wasser treiben können. Es gibt aber keine Strömung, die ihn hierher treiben kann. Wir werden also noch ein Kanu mitnehmen müssen. Jeder in einem Kanu, werden wir den Baum zu zweit bis zum Fluß ziehen. Es wird nicht leicht sein, den vollgesogenen Stamm bis nach Raumaló-Dessé zu schleppen. Auf dem Weg hierher gibt es keinen Strand, und wir werden den Staken nicht benutzen können. Wir werden alles mit der Kraft der Ruder bewältigen müssen. Das wird viele Sonnen brauchen.«

Solange die Regenzeit noch nicht begonnen hatte, richteten sich seine Verpflichtungen nach der Zeit seines Vaters, der hart arbeitete. Er begleitete den Vater beim Fischfang und übte sich stundenlang im Pfeil-und-Bogen-Schießen. Er ging mit ihm auf das Feld und half ihm beim Schneiden von Zuckerrohr oder beim Pflanzen von Mais. Auch arbeitete er mit beim Abholzen und Abbrennen des Waldes zur Landrodung. Andere Male unternahm er Streifzüge in unbekannte Waldgebiete, um neue Heilpflanzen und Gräser kennenzulernen. Die meiste Zeit verbrachte er jedoch mit dem Schlagen kleinerer Bäume, aus denen er die Pfeiler und Stützen für sein zukünftiges Haus fertigte. Seine Hütte sollte sein ganzer Stolz sein. Es sollte ein recht großes Haus werden, das einem Stammeshäuptling würdig war. Er sparte keine Mühen, weiteres Holz zu schneiden, um das Dach zu bauen. Nie beschwerte er sich, wenn er das Kanu mit Stroh füllen mußte, um das Dach damit abzudecken, noch bedauerte er die Zeit, die er mit dem Schlagen des Strohs verbrachte, das er zu Matten verarbeitete. Er wußte, daß er alles eines Tages mit jemandem teilen sollte. Immer wenn er daran dachte, war sein Herz von großer Sehnsucht erfüllt nach einer zierlichen Gestalt mit langen, schwarzen Haaren, die ihm nicht aus dem Sinn ging. Er hatte den Anblick dieses Kanus, das davongefahren war, nicht vergessen, ebensowenig diese kleine Hand, die ihm wie ein kleiner Fächer zum Abschied gewunken hatte.

Wie durch ein Wunder waren auch seine Freunde aus der frühen Jugend Männer geworden. Sie konnten sich jedoch mehr Zeit mit dem Erwachsenwerden lassen als er. Alle trugen jetzt voller Stolz ihr Glied in der Form einer häßlichen Zigarre. Als Halbwüchsige war ihnen dieser Schutz scheußlich erschienen, als erwachsene Männer sahen sie in ihm ein Zeichen von Männlichkeit. Außerdem war es bequemer und praktischer so. Sobald sich die jungen Männer an dieses Einbinden ihres Gliedes in die Hanfschnur gewöhnt hatten, mußten sie sich nicht mehr um das naturgegebene Schlingern des Penis bei Läufen, Kämpfen oder Spielen sorgen. Die Stammesältesten behielten eben immer recht.

Eines Nachmittags war es dann soweit: sein Haus war fertig, umzäunt mit geflochtenen Matten aus Palmenstroh. Kuryala holte stolz seine Mutter Marixiro herbei, um ihr das Ergebnis seiner Arbeit zu zeigen. Ganz behutsam führte er sie an der Hand. Mit gespieltem Erstaunen begutachtete Marixiro sein Werk, so als habe sie in seiner Abwesenheit seinem zukünftigen Haus nie heimliche Besuche abgestattet. Glücklich bemerkte sie:

»Es ist eine sehr schöne Hütte.«

Dann faßte sie seine Hände und strich über die vielen häßlichen Schwielen. Es kam selten vor, daß ein junger Indio in der Phase des Erwachsenwerdens so abgearbeitete Hände hatte.

»Deine Hände sind geschwollen, aber es ist eine sehr schöne

Hütte geworden. Schöner und größer als die Hütte, die Belerriro mir geschenkt hat, als wir geheiratet haben.«

Kuryala forderte sie höflich auf, die Hütte zu betreten.

»Laß uns hineingehen.«

Sie duckten sich und betraten die Behausung durch den niedrigen Eingang. Alles roch nach grünem Holz und gepreßtem Stroh. Alles war neu. Marixiro sprach langsam vor sich hin:

»Hierher kommt eine große Matte, in die ich große Muster flechten werde. Dort wirst du mit deiner Frau schlafen und mir viele Enkel schenken.«

Dann bewegte sie sich auf eine andere Ecke zu.

»An diesem Platz wirst du auf einer Ablage einen großen Wasserkrug aufstellen, den meine Hände für dich anfertigen werden. Ich werde schöne Zeichnungen daraufmalen, die die Masken des Diassós darstellen. Mit der Zeit wird das Wasser den Geschmack nach Ton verlieren und ganz kalt und erfrischend sein. Das Wasser im Krug wird langsam nach außen dringen, und die Zeichnungen werden sterben. Aber das ist nicht schlimm, es muß so sein.«

Sie lief in eine andere Ecke der Hütte.

»Und auf dieser Seite wird mein Sohn oder seine Frau ...«

Sie hielt inne und lächelte Kuryala an, tat so, als habe sie es vergessen.

»Wie heißt noch dieses Mädchen, das du so magst und das im fernen Dorf von Cué-Berô lebt?«

»Du weißt es doch, Mutter. Sie heißt Akurriro. Warum belügst du dein Herz?«

»Es ist wahr. Ich habe es nur ein bißchen vergessen. Na gut. Wenn mein Sohn Kuryala Häuptling der Karajás ist und vom Fischen heimkommt, wird ihn Akurriro am Ufer des Flusses erwarten und seinen Fisch, seinen Bogen und seine Pfeile holen. Und sie wird alles hier an diese Stelle legen.«

Sie faßte wieder Kuryalas Hände und streichelte über seine Schwielen.

»Du hast eine sehr schöne Hütte gebaut. Eine Hütte, in der ein Häuptling gut leben kann.«

Das Fest des Retô-rekan war zu Ende, und die Regenzeit hatte begonnen. Es vergingen nur noch wenige Sonnen, und die beiden Männer beschlossen, sich mit zwei Kanus auf den Weg zu machen, um den Landistamm zu holen. Selbst bei Flut, wenn die Wasser des Flusses stiegen, machte das Reisen Freude. Weite Flächen Wassers verbanden entfernte Ufer miteinander. Die Ufer waren übersät mit weißen Reihern, so als hätten sich dort weiße Wolken niedergelassen. Taucher stießen verschreckt in die Tiefen des Flusses, um kurze Zeit später wieder aufzutauchen und auf dem Wasser dahingleitend den nötigen Anlauf für ihre Flüge zu nehmen. Dabei stießen sie ein zeterndes Geschnatter aus. Es schien, als beschwerten sie sich über die Geräusche der Kanus, die das beschwerliche Fischen in diesen schlammigen Gewässern noch mühseliger machten, denn sie verjagten die Beute. Löffelreiher, braune Reiher, Jaçanãs[63], all diese lärmenden Stelzvögel stießen ihr lautstarkes Gekreische aus und begleiteten zankend die Reise der Kanus durch das dichtere Blattwerk und Gestrüpp am Ufer des Flusses. Jacutingas, Araras und Xexéus[64] stießen ihre Fluchtrufe aus, sobald sie die Fremden erblickten. In der Strömung glitten die beiden Kanus schnell dahin. Die Reise flußabwärts war bald zu Ende. Der Regen schien kein Ende zu nehmen und prasselte auf ihre nackten, ungeschützten Körper. Die hohe Fahrgeschwindigkeit der Kanus hinderte die Moskitos daran, die Männer zu zerstechen. Auf dem Rückweg würde dies jedoch anders sein. Auch hatten sie mit den lästigen Insekten zu kämpfen, als sie den Fluß verließen und sich auf die Suche nach dem toten Baumstamm machten. Flußabwärts war diese Reise jedoch ein Vergnügen und bedeutete für sie keine Anstrengung.

Als sie den Baumstamm schließlich entdeckten, sahen sie, daß er von seinem ursprünglichen Platz fortgeschwemmt worden war und nun zwischen zwei großen Baumstämmen eingeklemmt dalag.

»Die Flut war höher, als ich erwartet habe, Sohn. Gut, daß diese Baumstämme ihn festgehalten haben, er wäre davongerollt, und wir hätten das verdammte Ding ein ganzes Stück weiter flußabwärts wiedergefunden. Wir wollen ihn hier oben an seinem stärkeren Ende festbinden. Laß uns gleich wieder aufbrechen. Es ist nicht gut, den vollgesogenen Stamm hinter uns herzuziehen. Wir müssen bis zu der großen Sperre von Cutia kommen. Die liegt hoch genug. Der Boden dort ist fest. Doch ich weiß nicht, ob es klappen wird.«

»Es ist noch lange hin bis zum Nachmittag.«

»Ich weiß. Aber jetzt müssen wir flußaufwärts rudern. Und dieser Stamm ist so schwer wie drei Stämme zusammen. Selbst wenn wir erst nachts dort ankommen, es ist der einzige Platz, an dem wir bei diesem Regen unser Lager aufschlagen können. Die Sperre liegt sehr hoch, und die Wasser des Flusses haben dort nicht alles überschwemmt. Der Boden ist fest und steinig. Das Wasser hat sich dort nicht stauen können. Wir werden ein Dach aus den Matten bauen und versuchen, ein Feuer zu machen. Nur so können wir den getrockneten Fisch kochen und unseren Hunger stillen. Am nächsten Tag werden wir versuchen, ein paar frische Fische mit den Pfeilen zu erlegen und zu kochen. Bei Tageslicht ist alles einfacher.«

Sie befestigten den Stamm zwischen den Spitzen der beiden Kanus und versuchten, das schwere Wassergefährt flottzumachen. Es war sehr schwierig. Aber Kuryala durfte jetzt nicht den Mut verlieren. Nur manchmal nahm er den Hut aus geflochtenen Palmenfasern ab und verjagte damit die Moskitos, die in seine Augen dringen wollten. Sobald es ihnen gelingen würde, den schweren Baum zu bewegen, und sie die Kanus in ihrem gewohnten Rhythmus würden rudern können, hatte diese Tortur ein Ende. Die Bewegung der Ruder und der Arme würde die Moskitoplage ein wenig lindern.

Seine Augen waren von Dankbarkeit erfüllt, als er den vertrauten breiten Fluß erblickte. Abgesehen von dem fortwährenden Regen wehte hier immer ein leichter Wind, der nicht nur die Hitze, sondern auch die blutrünstigen Moskitos vertrieb. Sie ruderten schweigend, denn jedes Wort hätte sie unnütze Körperkraft gekostet, und sie verständigten sich nur, wenn es unbedingt nötig war.

»Wir müssen den Fluß überqueren und nahe beim Ufer rudern.«

»Hm.«

Er wußte, was der Vater beabsichtigte. Am Ufer war die Strömung nicht so stark. Gleichzeitig fragte er sich, warum der Fluß während der Regenzeit so breit sein mußte. Er wollte es gegenüber Kanansiuê nicht an Respekt fehlen lassen, denn der war ein guter Freund der Indios. Aber er und viele andere Indios mit ihm wußten nicht, warum Kanansiuê den Bêêrokan nicht anders gemacht hatte. Eine Seite, auf der das Wasser flußaufwärts lief, und eine Seite, auf der es stromabwärts lief. Das hätte vielen von ihnen das Leben leichter gemacht.

Zu Tode erschöpft erreichten sie die Sperre von Cutia. Kuryala atmete erleichtert auf, als er sich erheben und strecken konnte. Er hatte das Gefühl, als ruderten seine Arme immer noch weiter.

»Jetzt müssen wir die Kanus sehr gut festzurren. Der Fluß steigt immer noch stark an.«

Schnell hatten sie die Sperre erklommen. Wie war das nur möglich? Es war von ihr nichts als ein kleiner Hügel geblieben, denn das Wasser war ihr sehr nahe gekommen. Wenn der Sommer kam, war es schwierig, sie zu überqueren. Sie mußten dann immer einen der Trampelpfade suchen, die sich die großen Tiere durch den Buschwald schlugen. Doch jetzt war das nicht nötig. Es reichte, die Hände auszustrecken und den Körper aufzurichten.

Die Nacht nahte, und der Regen fiel unaufhörlich. Es würde die ganze Nacht und noch viele Tage weiterregnen, bis der Regen keine Lust mehr hatte zu fallen.

»Sohn, laß uns die Matte unter diesem Pequibaum ausbreiten, dort fällt weniger Regen. Danach werden wir Brennholz sammeln.«

Sie bauten ein kleines Zelt aus der Matte, darunter schichteten sie das Brennholz gegen den Stamm des Pequibaumes. Dann wedelte Belerriro mit den Zweigen in der Luft herum, um sie ein wenig zu trocknen.

»Wenn wir uns ein paar Fasern aus der Matte ziehen, kriegen wir das Feuer schneller in Gang, denn sie brennen gut.«

Kniend legte Kuryala die Fasern aus der Matte zusammen

und legte um sie einen Ring dünner Hölzchen. Darum legte er noch größere Holzstücke und in einigem Abstand noch eine Lage starker Äste, die sie mit der Axt geschlagen hatten.

»Es wird ganz leicht sein. Die Toris, die alles haben, werden mir jetzt helfen. Ich habe eine Schachtel Strölzer und eine Flasche gegen einen Fisch getauscht. Es ist nur ein bißchen in der Flasche, und wir dürfen nicht alles aufbrauchen. Was übrigbleibt, heben wir auf für den Rest unserer Reise. Die Flasche ist im Kanu, unter der Bank. Die Strölzer liegen in einer kleinen Dose.«

Kuryala kehrte bald mit dem Benzinkanister und der kleinen Dose zurück.

Schnell hatten sie das Feuer in Gang.

»Und jetzt, mein Sohn, werden wir ein Kanu holen, sobald unsere Körper sich erholt haben. Wir werden eines losbinden und hier unter den Pequibaum legen. Dann drehen wir es um, damit es trocknen kann. Sonst wird keiner von uns beiden ein Auge zutun.«

Nachdem sie auch diese anstrengende Aufgabe vollbracht hatten, spießten sie Fischstücke auf einen dünnen Zweig und hängten ihn über das Feuer.

»Der Geruch wird noch mehr Mücken anlocken.«

»Ja, das wird er.«

Während der Fisch im Feuer garte, nahmen die beiden Männer in stillem Einverständnis ein Bad im Fluß. Die Nacht würde bald hereinbrechen, und sie wollten sich den Regen und die ganze Anstrengung dieser Reise von den Körpern waschen. Das lauwarme Wasser des Flusses war etwas anderes als dieser zermürbende, eintönige Regenguß, der ihnen die ganze Zeit auf den Rücken geprasselt war, ihre Hüte durchnäßt und ihre Muskeln geschwächt und ihre Handflächen aufgeweicht hatte.

Dann stiegen sie triefnaß zu ihrer Feuerstelle hinauf und setzten sich in die Nähe des Feuers, wärmten sich in seiner Hitze und schützten sich mit der kleinen Matte vor dem Regen, der unaufhörlich fiel.

Als der Fisch gar war, fachten sie das Feuer wieder stärker

an und legten eine Handvoll grüner Blätter und dünner, feuchter Zweige auf die Glut, um dicke Rauchschwaden zu erzeugen. Sie wußten, daß sie damit die Stechmücken vertreiben und den Fisch einigermaßen ungestört verzehren konnten.

Mit vollen Bäuchen sah das Leben gleich anders aus. Der Regen machte das nächtliche Dunkel noch undurchdringlicher. Die Bäume an der Sperre hatten sich in große, schwarze Riesen verwandelt und schimmerten bedrohlich.

»Laß uns jetzt schlafen.«

Sie holten die zusammengerollten, durchnäßten Matten aus dem anderen Kanu. Dann legten sie die Matten in die Nähe des Feuers und setzten sich geduldig dazu, warteten, bis ihre Unterlagen ein wenig wärmer und nicht mehr ganz so feucht waren. Nun fielen ihnen die Augen zu. Ihre erschöpften Körper verlangten nach Ruhe.

In weiter Ferne waren die erbosten Schreie der Manguaris zu hören, die der Feuerschein irritierte. Auch die Flußtiere stießen Laute der Empörung aus, verunsichert durch den kleinen Lichtkegel auf der Anhöhe. Doch das gehörte zum Leben im Urwald und machte den beiden Indios keine angst.

Sie hoben das Kanu ein wenig an und legten die gefalteten Matten auf den Boden.

»Steig du zuerst hinein, Sohn.«

Kuryala kroch unter das Kanu und rollte sich ganz in die Matte ein. Noch eine kleine Bewegung, und auch sein Kopf war bedeckt.

Mit einem Arm hielt er nun das Kanu in dieser Stellung, damit auch Belerriro darunter Schutz suchen und sich in seine große Matte einrollen konnte.

Er nahm den Arm weg, und das ganze Kanu stülpte sich über die beiden Indios. Es lag nun so dicht auf dem Boden auf, daß keine Moskitos mehr hindurchfliegen konnten. Wenn sie ihre Köpfe unter den Matten versteckten, würden selbst die Moskitos, die sich unter die Schale geflüchtet hatten, vor Wut sterben, denn jetzt konnten sie die Männer nicht mehr stechen. Was bedeutete schon das Summen von zehn, zwanzig Moskitos gegen die Erschöpfung eines zerschlagenen Körpers, lahm von den Strapazen eines teuflischen Tages, der kein Ende nehmen wollte!

Mitten in der Nacht weckte sie ein anderes Geräusch. Belerriro hob das Kanu ein wenig an und sah in das Feuer. Der Regen hatte es gelöscht. Nichts verriet nun ihre Anwesenheit. Es war ein großes Kanu. Ein Kahn von den Toris. Sie hatten keine Übung in diesen Dingen und fuhren auf der Mitte des Flusses, statt die schützenden Ufer aufzusuchen, aus Angst vor den Xavantes oder Dicklippen-Caiapós, die auftauchen und sie hätten angreifen können. Es waren sicher Diamantensucher, die flußabwärts fuhren. Sie ruderten schlecht und unterhielten sich laut.

»Werden sie uns sehen, Vater?«

»Nein. Die Nacht ist dunkel, und das Feuer ist erloschen.«

»Werden sie nicht das Kanu sehen?«

»Nein. Der Landistamm verdeckt es. Wenn ihr Blick dahin fällt, sehen sie nur den Stamm.«

Sie schwiegen nun und hörten, wie sich das Boot und die Gespräche der weißen Männer entfernten, die nichts geahnt hatten und sich in der Nacht, im Regen und in der weiten, einsamen Ferne verloren.

Die Indios schliefen wieder ein. Am frühen Morgen stieß Belerriro seinen Sohn mit dem Fuß an.

»Hör dir das an, Sohn. Das ist sehr schön.«

»Was ist es denn?«

»Hörst du es nicht? Da!«

Es war das laute, wütende Geheul eines Jaguars zu hören.

»Ist es der Jaguar, Vater?«

»Ja. Die gefleckte Unze. Ein ausgewachsenes, stolzes Männchen. Es hat Hunger.«

»Ist es nicht gefährlich, Vater?«

»Nein. Es ist weit, weit weg. Es ist wütend und hat Hunger. Wütend auf den Regen, der alles naß macht und den Wasserschweinen hilft. Niemand ist zur Regenzeit schneller als diese Tiere.«

Sie hörten eine Weile dem Wutgeheul des Jaguars zu.

»Jetzt ist er fortgelaufen. Er bleibt am anderen Ufer des Bêêrokan. In der Regenzeit ist der Fluß sehr breit, und er kann es nicht wagen, ihn zu überqueren. Wenn die Wasser hoch stehen, gibt es viele Krokodile im Fluß, und sie haben großen Hunger. Darum wird der Jaguar nicht kommen. Jetzt ist es gut. Wir können noch eine Weile schlafen, bis die Morgensonne sich zeigt.«

Ein Kanu zu bauen ist ungeheuer schwer, und deshalb ist es den Indios auch wie ein Freund ans Herz gewachsen. Es ist ihnen nicht so teuer wie ihre Söhne, aber es bedeutet ihnen weit mehr als ihre Hunde. Ein Indio hätte seinen vertrauten Hund geschlagen, aber niemals sein Kanu schlecht behandelt.

Nach dieser langen Regenperiode, die ihren Körpern so übel mitgespielt hatte, verwandelte sich die Umgebung nun in einen einzigen Strand. Die Trockenzeit war zurückgekehrt. Der Himmel war tiefblau, und die Strände schimmerten in gleißendem Weiß, das in den Augen schmerzte.

Als erstes entwarfen die geschickten Hände des Vaters die genauen Maße für den Einbaum. Es fiel einem schwer zu glauben, daß aus diesem Stamm einmal ein Kanu entstehen sollte. Die Tage vergingen, von Sonnenaufgang bis zum Einbruch der Dämmerung arbeiteten sie zusammen an seiner Fertigung. Es dauerte eine ganze Weile, bis seine einfache Gestalt sich zeigte. Doch als das Kanu erste Zeichen seiner späteren Form erkennen ließ, hüpfte Kuryalas Herz vor Freude.

Wer sich ihnen aus einiger Enfernung näherte, sah das Leben in vier Farben getaucht. Der durchscheinende blaue Himmel, der sattgrüne, faulende Urwald im Hintergrund, der große Fluß, der wie ein weißer Spiegel glitzerte, und das lebhafte Rot der Holzspäne, die wie rote Blutstropfen aus dem Landi spritzten, wenn die beiden Männer den Stamm bearbeiteten. Sie waren nur zwei schwarze Punkte, die sich im Widerschein der Sonne verloren. Es war eine herrliche Landschaft, von Sonne überflutet.

Die Axt gab den Rhythmus vor. Sie hielten nur inne, um

sich abzuwechseln. Derjenige, der sich ausruhte, sammelte die rötlichen Holzspäne auf, die um das Kanu herumlagen, und warf sie in das angrenzende Wasser. Miguelinhos und Odiúras[65] näherten sich, als sie das Geräusch des ins Wasser fallenden Holzes hörten, aber sie zogen sich gleich enttäuscht zurück, denn es waren weder Essensreste noch menschliche Körper, die sie zwicken konnten. Hartnäckig, wie sie waren, zogen sie hungrig ihre Kreise, bis das Kanu der Indios sie in die Nähe des Dorfes gelockt hatte. Erst dann verschwanden sie in den tieferen Wassern des Bêérokan. Am folgenden Morgen tauchten die Fischchen wieder auf, von Hunger getrieben und in Erwartung auf etwas Eßbares. Sicher würden sie auch diesmal wieder hartnäckig ihre Runden ziehen, bis die beiden Männer ihre Arbeit beendet hatten.

Wenn die Indios ihre Arbeit unterbrachen, um ein Bad im Fluß zu nehmen und sich von der Hitze abzukühlen, schlugen sie mit den Händen nach den Fischen, um sie zu verjagen. Wollten sie jedoch etwas essen, und waren es auch nur Bananen oder Maniokbrei, machten sie sich einen Spaß mit den unerschrockenen Fischchen und warfen ihnen einige Reste hin, um ihnen bei ihrem erbitterten Kampf um die Brocken zuzusehen.

Wenn die Sonne sich anschickte unterzugehen, verkündete der Lockruf des Jaó aus dem dunklen Wald das Ende eines weiteren Arbeitstages. Es folgten noch viele Nachmittage, an denen die beiden Männer den vertrauten und bezaubernden Ruf dieses Vogels hören sollten. In der menschenleeren Einsamkeit des Urwalds hatte dieser Lockruf immer etwas Trauriges an sich.

Eines Nachmittags, lange bevor die Sonne untergehen sollte, begutachtete Belerriro eingehend das Kanu. Es war jetzt beinahe ein richtiger Einbaum. Seine Form war vollendet, gelungen. Er lächelte und massierte seine müden Hände.

»Sohn, diese Arbeit ist fertig, und ich bin sehr zufrieden damit. Jetzt muß der Bauch des Kanus noch ausgebrannt werden. Danach kratzen wir seinen Bauch mit Stöcken aus. Diese Arbeit wird leichter sein. Wir werden den gebrannten Teil ausschaben. Das Holz ist dort weicher, dabei hat das Feuer geholfen.«

Er besah sich die schöne nachmittägliche Umgebung. Den Weg, den die Sonne noch zurückzulegen hatte. Die ersten fischenden Vögel zogen ihre Kreise im Wind und spähten aus der Luft auf die vielversprechendsten Strände, um dort ihre allabendlichen Fischfänge zu tätigen. Die roten Wolken am Himmel nahmen eine rosa Färbung an, die schließlich in einen Goldton überging und die schlafende Sonne in eine goldene Decke hüllte.

Belerriro setzte sich in den Sand, ohne große Eile zu zeigen. Er wollte die abendliche Landschaft in ihrer ganzen Schönheit betrachten. All das, was ihm seit seiner frühesten Jugend vertraut war, das Geschenk des großherzigen Kanansiuê.

Er klopfte mit der Handfläche auf den warmen Sand.

»Morgen, lieber Strand, werden wir dich verlassen. Deine Freunde, die Krokodile, werden dann zurückkehren, um ihre Sonnenbäder an diesen Ufern zu nehmen. Auch die Möwen werden wiederkommen und ihre Bruthöhlen in den Strand graben. Die lustigen Küken werden überall herumspringen. Alles wird wieder dir allein gehören. Später wird der Wind die Holzspäne, die Spuren unserer Füße und die Löcher, die wir in deinen Boden geschlagen haben, mit Sand bedecken. Keine Axt wird deinen Frieden stören.«

Belerriro nahm ein Bad im Fluß und berührte die erschreckten Fischlein mit unverändertem Gleichmut.

Erst dann kehrte er zum Kanu zurück und streckte sich auf dem Boden aus, legte den Kopf auf die Arme. Er spürte die angenehme Wärme des Sandes an seinem müden Rücken. Wieder suchten seine brennenden Augen Erholung in der Betrachtung dieser Naturschönheit. Jetzt war alles noch schöner anzusehen, da die hereinbrechende Nacht dieses pulsierende Leben mit ihrem Zauber schwärzte.

Bei diesen Betrachtungen konnte Belerriro sich erholen. Während der letzten Tage hatte er nur Augen für das Kanu gehabt. Schließlich sollte ihrer Hände Arbeit nicht umsonst gewesen sein.

Kuryala kehrte von seinem Bad im Fluß zurück und legte sich neben den Vater. Sicher hatte er nun ähnliche Empfindungen und Eindrücke. Der Jaó ließ den ersten einsamen Lockruf ertönen.

»Morgen, mein Sohn, werden wir diesen Ruf nicht mehr aus nächster Nähe hören. Schon bald werden wir dein Kanu in die Nähe des Strandes ziehen.«

Von der äußersten Spitze des Strandes kam ein Wind auf und wehte ein wenig Sand über die beiden Männer.

»Es ist soweit. Der Wind sagt uns, wir sollen ins Dorf zurückkehren.«

Er erhob sich. Seine Augen hatten sich jetzt erholt und begutachteten erneut das Kanu.

»Mein Sohn, du hast sehr gute Arbeit geleistet, sehr gute Arbeit. Es ist ein großes Kanu, das viele Indios faßt, und es ist leicht und wird gut zu tragen sein.«

Kuryala lachte.

»Das war doch nicht ich, Vater.«

Ohne sich von dem Anblick des Kanus abzuwenden, widersprach Belerriro.

»Doch. Ich habe dir nur geholfen. Dies ist dein erstes Kanu. Es gehört dir, dein erstes Kanu. Als mein Vater, dein Großvater Birirrôa, mein erstes Kanu mit mir zusammen gemacht hat, hat er auch so zu mir gesprochen.«

Er machte eine Pause, so als bewege er sich mit seinen Gedanken in der Vergangenheit und wälze Erinnerungen.

»So ist es. Es gehört dir. Ich hätte viel mehr daran arbeiten können. Doch ich habe dich die meiste Arbeit machen lassen. Also ist es jetzt dein Kanu. Dieses Recht kann ich dir nicht nehmen. Ich habe in meinem Leben schon viele Kanus gemacht. Kanus, die ich ohne fremde Hilfe baute. Allein mit der Sonne, dem Wind und Kanansiuê. Und jetzt laß uns gehen. Deine Mutter wird ein gutes Essen vorbereitet haben, und ich habe Hunger.«

Sie zogen auch das andere Kanu ins Wasser.

»Vater, ich werde das Steuer übernehmen.«

»Ja.«

»Sieh nur, wie schön die Nacht ist! Sie kommt mit allen ihren Sternen herbei. Weil der Mond nicht gekommen ist, werden alle Sterne im Fluß baden. Bevor wir das Dorf erreichen, wird Tahiná-Kan erscheinen und alle Sterne von weitem ergreifen, so als gehöre der Fluß nur ihm. Dann wird der Fluß glänzen wie ein großer Spiegel.«

»Du redest schön.«

»Mein Herz ist zufrieden. Deshalb wirst du nicht rudern.«

»Nein?«

»Nein.«

»Du wirst dich auf den Boden des Kanus legen und den schönen Himmel ansehen.«

»Ein Karajá, der sich ausruht und einen anderen Indio rudern läßt, kann nur ein alter Karajá sein. Ein ganz alter Indio. Glaubst du, ich bin ein alter Mann?«

»Nein. Aber du bist müde. Der Himmel ist schön, und ich will jetzt allein rudern. Mehr nicht. Du wirst Tahiná-Kan am Himmel mit den Augen folgen.«

Belerriro richtete sich im hinteren Teil des Kanus ein und machte sich mit den Blättern, mit denen sie vorher das Essen zugedeckt hatten, eine Unterlage für den Kopf. So konnte er alles besser genießen, wie es der Sohn ihm aufgetragen hatte.

Sein einfaches Herz war von Stolz erfüllt. Kuryala war ihm schon immer ein guter Sohn gewesen, doch nun war aus dem Jungen ein richtiger Mann geworden. Voller Stolz wurde ihm bewußt, daß die Karajás nie einen besseren Häuptling haben würden.

Zweiter Teil

Die Nacht

Erstes Kapitel

Das zweite Kanu der Liebe

Sosehr er auch arbeiten mochte, mit Rudern oder Fischen beschäftigt war, er konnte die Gedanken nicht aus seinem Kopf vertreiben. Sein Herz machte oft richtige Hüpfer. Mal war ihm zärtlich zumute, mal klopfte ihm das Herz vor Schreck oder vor Aufregung. Er versuchte seine innere Unruhe mit Selbstgesprächen zu verscheuchen.

»Ruhig! So ist es auch wieder nicht. Du wirst den Jaguar ja nicht ohne Lanze fangen! Jeder Mann wartet schließlich auf diesen Moment. Und du? Ist es nicht das, was du immer gewollt hast? Hast du es dir nicht seit langem gewünscht?«

Er lächelte und fuhr mit seiner Arbeit fort, vertrieb diese Gedanken. Aber es nutzte nichts. Ebenso hätte er versuchen können, einen Piranha von seiner Blutrünstigkeit abzubringen. Schon wieder ging es ihm im Kopf herum.

»Aber, Kuryala. Du wirst ja nicht vor der Zeit dein Leben lassen. Du hast noch eine ganze Woche vor dir, sieben Tage und sieben Nächte. Sieben Sonnen und sieben Nächte ... Das macht mich ja gerade verrückt. Wäre es doch morgen, das wäre besser.«

Er beschloß, alles stehen und liegen zu lassen und ins Dorf zurückzukehren, nahm den Aufstieg an der Anlegestelle der Kanus und betrat schließlich die Hütte seines Vaters.

»Mutter!«

Marixiro saß mit gekreuzten Beinen auf einer Matte. Um ihren Hals lagen unzählige Bastfasern, aus denen sie gerade eine neue Matte flocht.

Sie lächelte, und in ihren Augen lag Verwunderung angesichts des überraschenden Besuches von Kuryala.

»Ich dachte, mein Kury sei fischen am großen See.«

»Dort war ich auch. Aber der starke Wind bringt die Wasser durcheinander, und man kann nichts treffen mit dem Pfeil. Darum bin ich zurückgekehrt.«

Er trank Wasser aus einem Krug und setzte sich in die Nähe der Mutter. Eine Weile beobachtete er ihre geschickten kleinen Hände, die über das Flechtwerk glitten.

»Wird es eine große Matte?«

»Sie wird sehr groß. Es wird die schönste Matte sein, die ich je gemacht habe.«

Sie hielt in ihrer Arbeit inne. Diesmal sah sie ihren Sohn an und lächelte noch stärker.

»Sie ist für dich.«

Kuryala strich sich mit der Hand über die Stirnfransen, so als wolle er eine große Sorge von sich streifen. Er erhob sich, aber noch bevor er die Hütte verlassen hatte, hörte er Marixiro sagen: »Setz dich, Sohn.«

Er gehorchte.

»Was hast du nur? Nachts rollst du dich im Schlaf hin und her. Du redest und wimmerst, als hättest du Angst. Tagsüber willst du fast nichts essen. Du nimmst dir nie Zeit, hier in der Hütte vorbeizukommen. Es ist schon Tage her, seit ich zum letzten Mal deine Haare mit Palmöl eingerieben habe. Warum?«

»Alle sind doch so, wenn dieser Moment gekommen ist, nicht wahr, Mutter?«

»Ich weiß nicht. Ein bißchen schon. Aber es ist nicht nötig. Alles ist doch in bester Ordnung und so schön.«

»Aber es dauert so lange.«

»Du mußtest schon einmal länger warten. Als dein Vater mit Uadirema auf die Reise ging, um mit den Verwandten des Mädchens im fernen Cué-Berô zu sprechen, hat es länger gedauert. Und du wußtest nicht einmal, ob sie annehmen wird, war es nicht so?«

Trotz seiner Mutlosigkeit mußte Kuryala lächeln.

»Ich wußte, daß sie einverstanden war.«

»Dann war sie also einverstanden. Jetzt ist sie mit den Verwandten in Biton-irê und wird die Sachen vorbereiten, die sie mitbringt. Sie wird ein Geschenk für mich und deinen Vater anfertigen. Sicher will sie noch schöner sein als sonst. Sie wird zusammen mit den anderen Mädchen die Spitzen ihrer Haare schneiden, die noch hervorstehen, und ihre abgebrochenen Nägel feilen. Die anderen Mädchen werden ihr dabei helfen, ihre Nägel mit dem Staub der Strandmuscheln zu behandeln, damit sie schöner werden. Sie wird von den ältesten Frauen des Dorfes lernen, was einen Mann dazu bringt, eine Frau noch mehr zu mögen. Alle diese Dinge brauchen viel Zeit.«

»War es bei dir auch so?«

»Ja, auch bei mir war es so. Bei Akurriro werden die Vorbereitungen noch länger dauern, denn sie wird einen Dorfhäuptling heiraten. Hast du Angst davor, bald der Häuptling deines Dorfes zu sein?«

»Davor habe ich keine Angst. Als Häuptling werde ich das Sagen über die Männer haben und sie in allen Dingen beraten. So haben sie es mich gelehrt.«

Marixiro lächelte.

»Sie wird dir keine Befehle erteilen. Wenn eine Frau den Mann liebt, den sie ausgewählt hat, wird sie ihm nie sagen, was er zu tun hat. Du wirst es selber spüren und richtig machen. Wenn man jemanden sehr mag, ist das schöner als alles andere.«

Er sah seine Mutter mit wachsender Bewunderung an.

»Du kannst sehr schön reden, wie alle Frauen, die uns Geschichten über das Volk der Karajás erzählen.«

Ihm war auf einmal wohl zumute, und seine Ängste waren plötzlich verflogen.

»Jetzt erkenne ich meinen Sohn wieder. Doch ich werde dir noch ein paar Dinge sagen.«

Sie suchte mit den Fingern nach ihrer Zigarre. Kuryala erlaubte ihr nicht, sich zu erheben, um sich Feuer von dem kleinen Steinöfchen zu holen. Er zündete einen der Bastzipfel an und gab ihn seiner Mutter. Dann wartete er, bis sie tiefe Züge gemacht und ihre Zigarre zum Brennen gebracht hatte. Erst dann nahm er wieder an ihrer Seite Platz.

»Du hast mir gesagt, daß du noch kein anderes Mädchen vor ihr gemocht hast.«

»Ja.«
»Und daß du nur Akurriro heiraten würdest.«
»Auch das habe ich gesagt.«
»Dafür hast du auch das Haus gebaut, nicht wahr?«
»Mein Vater hat mehr als ich daran gearbeitet.«
»Das ist nicht wichtig. Du hast ein Haus gebaut. Dorthin wirst du ein Mädchen bringen. Du wirst dieses Mädchen gegen das Haus deines Vaters und deiner Mutter eintauschen. Du wirst das Mädchen mehr als dein Kanu lieben. Du wirst das Mädchen mehr als deinen Vater und deine Mutter lieben. Warum hast du dann solche Angst?«
»Weil ich sie nicht mehr lieben werde als meinen Vater und meine Mutter. Mehr als mein Kanu schon, das ja.«
»Hör mal, mein Sohn. So ist das Leben. Auch ich habe die Hütte meiner Eltern verlassen, als ich mit Belerriro fortging. Mein Vater und meine Mutter waren weder böse mit mir, noch haben sie geweint. Und so will ich es auch. Du bist in meinem Bauch herangewachsen. Du hast in meinem Herzen gelebt. Du hast in meinen Armen geweint. Nun wirst du mit jemandem gehen, der dich noch mehr liebt. Und mein Bauch, meine Arme und mein Herz werden zufrieden sein, denn du wirst tun, was du tun mußt. Wie ein guter Junge. Wie ein guter Mann. Und vor allem wie der Häuptling der Karajás, der du bald sein wirst.«
Marixiro blieb ruhig, und zu keinem Augenblick verriet ihre Stimme, wie bewegt sie war.
Ihre Finger hatten sich wieder der Flechtarbeit zugewandt.
»Was hast du in der Hütte holen wollen?«
»Die Axt.«
»Was wirst du mit ihr machen? Sie liegt dort, hinter dem Busch.«
»Etwas vorbereiten. Ich hatte es schon vor, als wir dieses Gespräch noch nicht geführt hatten. Nun mache ich es erst recht.«
»Was ist es?«
»Ich werde jede Menge Holz in die Nähe des kleinen Strandes bringen. Es muß ganz trocken und hart sein. Ich schneide

es in leichte Stücke, an denen man sich nicht verletzten kann. Davon werde ich einen hohen Haufen hacken. Es ist noch früh genug, und ich habe viel Zeit.«

»Wozu das?«

»Dieses Holz wird für dich sein. Ich werde es mit Palmenblättern zudecken. Dann mußt du nicht mit den anderen Frauen im Wald nach Holz suchen. Zu dieser kalten Jahreszeit wärmt sich die giftige Schlange am Wegrand in der Sonne auf. Es wird so leichter für dich sein.«

»Du solltest das nicht tun. Wir Frauen haben diese Arbeit schon immer getan.«

»Aber das ist nicht richtig. Es ist eine sehr harte Arbeit. Ich will nicht, daß meine Mutter schnell alt wird und später keine Kraft mehr hat, um ihre Enkel zu halten.«

Sie lachte. Aber sie war nicht einverstanden.

»Ich werde es aber tun. Wenn die anderen Söhne es nicht können oder wollen, dann, weil sie nicht die Mutter haben, die ich habe.«

»Trotzdem . . .«

»Mutter! Wenn ich bald der mächtigste Häuptling über das Dorf der Karajás sein werde, warum kann ich dann nicht machen, was ich will?«

Er schlug sich auf die starke Brust und nahm eine stolze Haltung ein.

Sie schüttelte lächelnd den Kopf und sah ihrem Sohn nach, der mit der Axt auf der Schulter die Hütte verließ.

Es kam die Zeit der Hochzeitsvorbereitungen. Das ganze Dorf war von überschwenglicher Vorfreude auf das große Ereignis erfaßt. Das Kanu der Jungfrau hatte schon die runde Insel umfahren. Einer der Fischer unter den Karajás fuhr an der Spitze des Zuges, lehnte sein Kanu ans Ufer und lief durch den Wald. Nicht einen Moment verlangsamte er seinen Lauf. Als der Bote schließlich das Dorf erreichte, öffnete er die Arme und teilte den Bewohnern mit letzter Kraft mit:

»Das Kanu von Akurriro kommt den Fluß herauf.«

Die schon sehnlichst erwartete Nachricht machte im ganzen Dorf die Runde. Jede Hütte wurde von der gleichen überschäumenden Freude ergriffen. Doch jemand fragte gleich:

»Wo ist Kuryala?«

»Er ist auf die Rodung gegangen.«

»Dann ist es gut.«

»Er kann nicht eher ins Dorf zurückkehren, bis das Kanu hier eingetroffen ist und wir seine Braut versteckt haben.«

Sie wählten zwei Männer aus, die sich auf den Weg zur Rodung machten. Für den Fall, daß Belerriro und Kuryala früher zurückkehren wollten, würden sie den beiden die Nachricht mitteilen und ihre Ankunft verzögern.

Der Bräutigam durfte seine Braut nicht treffen, bevor die Hochzeitsfeierlichkeiten begonnen hatten.

Alle Dorfbewohner lebten jetzt nur noch in Erwartung auf das Fest. Es sollte nur eine große Feier geben, auf das zweite Fest hatte Kuryala nicht gedrängt. Sie hatten versprochen, ihm die Häuptlingswürde mit schlichter Feierlichkeit zu übertragen. Worauf es allen ankam, war die Hochzeitsfeier.

Einbäume teilten die Wasser des Bêérokan in allen Richtungen. Es mußten sehr viele Fische gefangen werden. Viele von den Pintados, viele Tucunarés. Zu dieser Stunde lag der unfehlbare Pfeil des großen Uatau fest in seinen muskulösen Armen. Er hatte eine gespannte Haltung eingenommen, und die Augen in seinem gebräunten Gesicht waren fest auf die Stelle gerichtet, an der ein schläfriger Pirarucu[66] in der Sonne faulenzte. Da! Der aufgespießte Fisch! Ein Satz, und das Kanu wurde mit Gewalt gegen das Ufergebüsch gestoßen. Uatau lachte. Seine großen, weißen Zähne blitzten auf, und sein Gesicht hatte einen wilden Ausdruck angenommen. Er ließ etwas Leine, um den Fisch nicht noch mehr zu verärgern. Später mußte er den riesigen, müden Fisch nur noch in das Kanu ziehen. Danach galt es, weitere Fische zu fangen, so viele er fand. Es stand die Hochzeit eines Häuptlings bevor. Eines guten und noch sehr jungen Häuptlings, der ein reiches Mahl zu sich nehmen sollte.

Indios durchkämmten die Wälder auf der Suche nach Nabelschweinen. Auf einem solchen Fest durfte das gedörrte Fleisch des Pekarischweines nicht fehlen, das mit Schildkrötenöl, doch ohne Salz zubereitet wurde.

Von der Rodung holten sie Bananen und Papayas, Maniokwurzeln und ganz süße Kartoffeln von der Sorte, wie sie die alten Indios mit ihren zahnlosen und kraftlosen Kiefern aßen. Die Alten drückten sie gegen ihre vertrockneten Gaumen und ließen dabei den gelblichen Saft der Erdfrüchte auf Brust und Beine tropfen.

Frauen mit Brüsten, die bis auf ihre Bäuche hingen, bereiteten Kalugi aus Reis und Mais vor. Dieses Getränk sollte ein wenig säuerlicher schmecken als sonst und besser gären. Wer es so nicht mochte, konnte von dem gewöhnlichen, frischen Kalugisaft trinken.

Sie tauchten Maniokwurzeln in wassergefüllte Kanus, um sie zu säuern und Maniokmehl daraus zu machen. Das Mehl eignete sich gut zur Herstellung des Pirão[67], in dem die Fische in den Pfannen brutzelten.

Alle Mitglieder des Stammes sollten in den Genuß dieses fröhlichen Treibens, dieser Überfülle an Speisen und Getränken kommen. Männer, Frauen, Alte und Kinder.

Die Brautleute jedoch, deren Hochzeit der eigentliche Anlaß für all das war, würden vielleicht nicht einmal von einer dieser Speisen kosten.

Am späten Nachmittag begannen die Feierlichkeiten des ersten Hochzeitstages von Kuryala und Akurriro. Es ging alles sehr schlicht vor sich. Die Verwandtschaft der Braut bewegte sich würdevoll auf die Hütte des Bräutigams Kuryala zu und trug seine ganze Habe, alle seine Besitztümer in seine neue Hütte. Da der Bräutigam nicht arm war und es sich um den zukünftigen Häuptling der Karajás handelte, gab es viel zu schleppen. Die Bogen für die Jagd, die Schlagstöcke, die Lanzen, den Staken, die Ruder, die Matten, den brandneuen Wasserkrug, der noch nach frischem Ton roch, Decken, Körbe, deren wertvoller Inhalt unter den Federn des Roten Arara versteckt lag. Da waren sein Kopfschmuck und die Lóri-Lóri, die er auf den großen Festen trug, Töpfe mit Wachs, um die Pfeilspitzen hineinzustecken, Töpfe mit Andirobaöl zur Heilung von Halsschmerzen und zum Vertreiben von Moskitos. Palmöl zum Einschmieren der Haare und des Körpers, ein Schutz vor der Sonne, der die Indios beim Fischfang ständig ausgesetzt waren. Kuryala war Herr über viele Reichtümer.

In dieser Nacht sollte das Brautpaar zusammen schlafen.

Sobald die Dämmerung einfiel, fanden auf dem Platz vor dem Haus der Masken Kampfveranstaltungen statt. Kämpfer, die aus den Dörfern flußabwärts gekommen waren, traten gegen hiesige Herausforderer an. Es wurden lustige, schön anzusehende Duelle dargeboten. Alles fand mit großer Sportlichkeit und Fairneß statt. Der Applaus galt immer den Siegern. Aber er bedeutete keine Herabsetzung für die Geschlagenen.

Die Bodus und Diurés liefen unermüdlich zwischen dem Dorf und den Festplätzen hin und her. Mit ausgestreckten Armen trugen sie Töpfe und tiefe Schüsseln voller Speisen auf den Köpfen. Dazu gehörten die unterschiedlichsten Fische, die entweder gekocht, gedünstet oder gebraten wurden. Sie trugen Fleisch, das noch blutig auf den Spießen hing und bereits fleischfressende Ameisen anlockte. Sie schleppten Körbe voller Papayas, Bananen und geschältem Zuckerrohr, Teller mit Süßkartoffeln, Maniok[68] und rotem, gekochtem Kürbis, Krüge mit Kalugisaft und Körbe mit duftendem, körnigem Mehl.

Zu fortgeschrittener Nacht führten sie die Brautleute zusammen und geleiteten sie in das Dunkel der Hütte. Dort gab es kein Feuer und kein Licht. Es sollte ihre erste Liebesnacht sein.

Nun brach das ganze Dorf in noch größeren Festjubel aus. Die Frauen sahen im Sitzen und aus einiger Entfernung den heiligen Tänzen des Aruanã zu. Sie aßen von den gleichen Speisen wie die Männer aus dem Haus der Masken. Blutjunge Mädchen tanzten völlig nackt vor, nur ihre Geschlechtsteile waren mit einem schmalen Gurt aus den Fasern des wilden Feigenbaumes bedeckt. Sie bewegten sich mit langsamen, rhythmischen Schritten vorwärts und boten den Tänzern des Debó, Diaré-

Renim und Yuê-Rodí ihre Gaben dar. Ihre Bewegungen betonten die schwarze Bemalung auf ihren gänzlich rotgefärbten Körpern, die sie mit dem Saft der Urucupflanze bepinselt hatten.

Der kleine Trupp vom Indioposten näherte sich ängstlich dem festlichen Treiben, blieb aber nicht lange. Die Fremden standen allem mißtrauisch gegenüber, und wenn einer von ihnen etwas annahm, dann nur eine Banane oder Stück gekochte Maniokwurzel. Sie rümpften die Nasen, als sie die blutigen Schildkröten sahen, die in ihren Panzern gekocht wurden. Ihnen wurde ganz übel bei der Vorstellung, daß die Indios die Fische essen, ohne vorher Eingeweide und Galle auszunehmen. Und so blieb jeder auf seinem Platz. Sie zogen es jedoch vor, wieder auf den Posten zurückzukehren, nachdem ihre Neugier gestillt war.

Ins Dunkel der Hütte getaucht, vernahmen die Brautleute den festlichen Trubel und die Fröhlichkeit der Dorfbewohner, die von allen Seiten zu ihnen herüberklang.

Kurz vor dem einbrechenden Morgen, als die Gesänge und Tänze langsam erstarben, kamen ein Verwandter der Braut und ein Verwandter des Bräutigams, um Kuryala noch in der Dunkelheit zu holen. Sie trugen ihn an den Fluß und warteten, bis er gebadet hatte. Dann brachten sie ihn an einen entfernten Ort. Es war jetzt an ihm, an der Seite von zwei erwachsenen, harten und unnachgiebigen Männern zu fischen. Er war den ganzen Tag der Sonne ausgesetzt und verbrachte Stunde um Stunde in seinem Kanu, an den Stränden und Seen. Jetzt mußte er zeigen, daß er die Fische nach allen Regeln der Kunst zu fangen wußte, die auch seine beiden Begleiter beherrschten. Er sollte beweisen, daß er seine Frau ohne fremde Hilfe ernähren konnte.

Sie kehrten erst am Nachmittag zurück. Kuryala war von tiefer Zufriedenheit erfüllt. Er hatte keine Angst davor gehabt, seine Fähigkeiten beim Fischen mit denen der beiden Männer zu messen. Sein Vater Belerriro hatte ihn gut vorbereitet. Er war zufrieden mit sich, denn er war nicht gerade ein Meister darin, Feuer zu machen, einen Stab zwischen den Händen zu drehen, dessen spitzes Ende in das Brennholz gesteckt wurde, in das Holz, das als erstes Feuer fangen sollte. Wie gut, daß Kanansiuê ihm dabei geholfen hatte. Es hatte gleich beim ersten Mal geklappt.

Da erhielt er eine scharfe Zurechtweisung.

»Senke deinen Kopf. Laß deine Haare über das Gesicht fallen.«

Nun erinnerte er sich wieder daran, daß er als Bräutigam niemanden aus dem Dorf ansehen durfte. Vor allem nicht Akurriro.

Er gehorchte, aber bevor er der Aufforderung nachkam, sah er noch, daß sich alle an der Anhöhe zum Dorf versammelt hatten und auf seine Ankunft warteten.

Er spürte, wie das Kanu an Land stieß, aber er sah nicht auf. Da kam Uadirema die Anhöhe hinunter, um ihm zu helfen, aus dem Kanu zu steigen. Kuryala stand immer noch mit dem Rücken zum Steilhang des Dorfes.

Uadirema näherte sich, steckte seinen Kopf durch Kuryalas Schenkel und hielt ihm seine Hände hin, damit dieser Halt hatte. Dann setzte er ihn auf seine Schultern.

»Du kannst die Füße gegen meine Brust drücken. Halte dich fest. Aber hebe nicht den Kopf.«

Es war ein eigenartiges Gefühl für ihn, wie ein erlegtes Tier den Hang hinaufgetragen zu werden.

Als sie oben angelangt waren, hörte Kuryala ein allgemeines bewunderndes »Oh« durch die Menge gehen, ein Zeichen der Anerkennung für seinen völlig nackten Körper, der von dicken Schichten der Urucumfarbe[69] bedeckt war. Er glich einer Figur, die man aus einem blutigen See gezogen hatte.

Die Rundungen seiner Muskeln auf Hinterbacken, Brust und Bizeps waren mit großzügigen schwarzen Strichen aus dem Extrakt des Jenipapeiro und mit Pfannenruß nachgezogen. Seinen Rücken zierten kunstvolle Zeichnungen, die an die kleinen, schwarzen Pfotenabdrücke der Wildkatze aus dem Buschwald erinnerten.

Eine Vielfalt von Halsketten aus weißen und roten Glasperlen zierte seinen Hals und seine starke Brust und schlingerten von einer Seite auf die andere. Um die Handgelenke trug er rotgefärbte Armbänder aus den Fasern der Tucumpalme[70], die seine Gelenke noch kräftiger erscheinen ließen.

Seine schwarzglänzenden Haare, die mit Palmöl eingerieben worden waren, fielen ihm bis auf die Schultern und schimmerten in den letzten Sonnenstrahlen, die sich über die Hütten und die beiden Männer ergossen.

Kuryala war schön!

Schweigend machte ihm die Menge Platz. Niemand sagte ein Wort. Nichts sollte die völlige Unbeweglichkeit seiner Erscheinung stören. Er konnte nur die Füße von Uadirema sehen, die über den Boden des Dorfes liefen.

Dann hielten sie an. Er wußte, wo sie nun waren. Sie standen wieder vor der Hütte, die er mit seiner Arme Kraft und, mehr noch, mit Hilfe der Arbeitskraft seines Vaters gebaut hatte.

Uadirema war außer Atem. Der Aufstieg hatte ihn große Kraft gekostet. Er kniete sich auf eine Matte und stellte den Bräutigam auf den Boden. Dieser durfte seinen Blick immer noch nicht aufrichten oder den Kopf heben. Da spürte er, wie ihn zwei Hände faßten und ihn zwangen, sich zu setzen. Es kam eine alte Frau herbei und steckte zuerst seine Finger und dann seine beiden Hände in ein Tongefäß. Dabei sang sie ein Lied, das ihm eine glückliche Zukunft bescheren sollte, während sie ausgiebig seine Handflächen rieb.

Als sie damit fertig war, ließ sie von den Handflächen ab und fuhr fort, über seine Hände zu streichen, wobei ihr eintöniges Lied erklang.

Sie bat darum, daß seine Hände fischen mögen.

Daß sie immer einer Arbeit nachgehen mögen.

Daß sie niemals Leid zufügen mögen.

Daß sie nur Gutes tun mögen.

Daß sie die Hand des Lebens geduldig halten mögen.

Als sie mit ihren alten, mageren Fingern innehielt, unterbrach sie ihren Bittgesang und trug ihm auf, die Augen zu öffnen.

Hinter der Alten stand die wunderschöne nackte Akurriro in ihrem natürlichen Brautkleid. Auch ihr Körper war mit Urucumfarbe und Zeichnungen aus dem Jenipapoextrakt bemalt. Akurriro lächelte ihn an, und in ihrem Gesicht stand das Versprechen von Verständnis, Freundschaft und Liebe geschrieben.

Es stand ihre zweite Hochzeitsnacht bevor.

Und wieder begannen die Feierlichkeiten, die Tänze wurden aufgenommen und das Festmahl serviert. Die Gesänge des Aruanã zogen sich aufs neue bis in die frühen Morgenstunden hin.

Als die ersten Sonnenstrahlen zu sehen waren, erwartete die Frischvermählten ein riesiger Geleitzug, der sie zu ihrem Bad im Fluß begleiten sollte.

Dies stellte den Abschluß der Hochzeitsfeierlichkeiten dar. Kuryala und Akurriro waren nun Mann und Frau.

Sie blieben noch eine Weile im Wasser, bis sich auch die letzten Neugierigen entfernt hatten.

Kuryala faßte Akurriro bei den Händen.

»Wenn alle eingeschlafen sind und müde vom Feiern, werde ich ein Kanu vorbereiten. Dann werden wir ganz langsam an die schönsten Strände des Bêêrokan fahren.«

Akurriro lag auf dem Bug des Kanus und warf bewundernde Blicke auf Kuryalas muskulösen Körper, der sich gegen das Licht und das ferne Blau des Himmels abzeichnete.

Ihr Herz klopfte glückselig. Jetzt war es anders. Anders als in der dunklen Hütte, in ihren ersten beiden Liebesnächten. Vielleicht hatte es an dem Lärm gelegen, dem Festtrubel, dem Geräusch der Rasseln, das die Schritte der Tänzer begleitet hatte. Vielleicht waren es die fröhlichen Schreie aus dem Dorf gewesen, die diese Momente zwischen ihnen gestört hatten. Ihre ersten Zärtlichkeiten und Berührungen waren ganz zaghaft und ängstlich gewesen, fast förmlich. Ihre erste Hingabe war eher von Schmerz als von Verlangen und Lust begleitet gewesen. Ja, sie hatte Angst gehabt. Angst vor der fremden Umgebung, vor diesem Lärm, der kein Ende zu nehmen schien. Ihre Hände waren so kalt gewesen, als habe sie zur kältesten Jahreszeit Wasser aus dem Fluß geschleppt. Sie hatte weinen wollen, schlafen, um den Verlust ihrer Jungfräulichkeit nicht wahrnehmen zu müssen. Mit klopfendem Herzen witterte sie jeden Zoll dieser drohenden Umzingelung. Jedoch Kuryala, von den gleichen Gefühlen ergriffen, war gut zu ihr gewesen. Er hatte sie sanft geliebt, ohne sie zu verletzen und zu erschrecken, ja, er hatte ihr nicht einmal weh getan.

»Hab keine Angst. Es muß sein. Es ist das Gesetz unseres Stammes. Sie wollen es so. Ich werde bald Häuptling meines Stammes sein und kann nicht davor fliehen. Wenn alles vorbei ist, wenn das Fest zu Ende ist, werden wir auf dem Fluß reisen. Dann wird alles ganz anders und sehr schön sein. Du wirst sehen.«

Sie hatte ja gesagt, ganz leise hatte sie es in sein Ohr geflüstert, als hätte sie befürchten müssen, jemand in der Nähe könnte ihre Angst mitbekommen.

Sie hatte sich sanft hingegeben, um die von allen so ersehnte Eheschließung nicht zu erschweren. So lange hatten alle darauf gewartet. Seine starken Hände hatten zart und behutsam ihren Rücken gestreichelt, die Festigkeit ihrer Brüste geprüft und waren immer wieder über ihren Rücken geglitten. Sein Gesicht fest an ihr Gesicht gepreßt, hatten sich seine Haare mit ihren Haaren vermischt. Sie hatte schreien wollen und ihn statt dessen zaghaft in die Schulter gebissen.

»Nur noch ein bißchen. Ein bißchen noch ... der Schmerz ist gleich vorbei.«

Jetzt stand er vor ihr im Kanu und handhabte kräftig den Staken. Jeder Muskel gehorchte seinem Willen. Das Kanu glitt behende auf den Strand, der das klare Flußwasser säumte. Sie konnte ihn nun nach Herzenslust ansehen, seinen Anblick genießen, sooft sie danach verlangte. Dies würde für immer ihr Mann sein. Jetzt gehörte er zu ihr. Er und sein Schutz, sein Haus, seine Freude, seine Erschöpfung und seine Liebe. Im Vergleich zu den anderen Karajás, die sie auf ihren zahlreichen Besuchen in den Nachbardörfern kennengelernt hatte, war er nicht sehr hochgewachsen, aber er gehörte zu den kräftigsten

Männern seines Stammes. Sein breites Gesicht mit dem aufrichtigen Lächeln war die Erfüllung ihrer schönsten Wunschträume.

Sie hatte sogar Glück gehabt. Andere junge Mädchen mußten die Männer heiraten, die von den Eltern ausgewählt worden waren. Sie heirateten oft, ohne den Bräutigam vorher zu sehen. Es war nicht selten, daß diese Männer dem zarten Alter dieser Mädchen nicht gerecht werden konnten. Aber ob ihre Zukünftigen nun alt und häßlich, mager oder fett waren, sie mußten den auserwählten Ehemann annehmen, alles mit ihm teilen und alle Rechte und Pflichten des Zusammenlebens übernehmen. Dazu gehörte, auf der Matte vor der Hütte zu sitzen und auf den Mann zu warten, der am späten Nachmittag vom Fischfang heimkehrte; ihm nicht nur die Fische, sondern auch seine Gerätschaften für den Fischfang abzunehmen. Die Frauen mußten die Haare ihrer Männer kämmen und im Wald Brennholz suchen, um ihnen die Fische, Kürbisse, Kartoffeln und das Wild zu kochen, das diese auf der Jagd erlegt hatten. Sie mußten neue Hängematten flechten, so wie sie es gelernt hatten, und wilde Maniokwurzeln zerreiben, um daraus das Mehl zu bereiten. Dies war das Leben aller Frauen des Stammes.

Mit ihm war es anders. Sie hatte großes Glück gehabt.

Er fragte mit unveränderter Stimme: »Schläfst du?«

»Nein.«

Er wandte seine bewundernden Blicke von Akurriros Körper ab und besah sich die Umgebung. Jetzt galt es, einen hochgelegenen Strand in der Mitte des Flusses zu entdecken, eine Sandbank, auf der viel Treibgut und Baumstümpfe von der letzten Flut lagen. Die gute Sonne und die Hitze des Tages würden daraus hartes, haltbares und trockenes Brennholz gemacht haben. Er suchte einen Strand, der sehr hoch gelegen war und sich dazu eignete, eine kleine Strohhütte zu ihrer beider Schutz zu bauen. Dort konnten sie sich ein paar Tage aufhalten. In der Mitte des Flusses, auf einer hochgelegenen Insel, würden sie vor Krokodilen, Xavantes oder irgendwelchen kriegerischen Caiapós sicher sein, die am rechten Flußufer lebten. Nachts hörten sie unter dem Licht eines überreichen Sternenhimmels die Schreie aller Vögel, die der Feuerschein zur Abschreckung der wilden Tiere aufscheuchte. Die Möwen und Camiás beschwerten sich mit stundenlangem Gekreisch über die beiden Fremden, bis sie sich an ihren Anblick gewöhnt hatten und verstanden, daß diese ihnen kein Leid zufügen würden. Die beiden Indios plünderten weder ihre Nester, noch raubten sie die nackten Vogelkinder. Zu fortgeschrittener Stunde würde der lustige Schweinsfisch[71] sich ihren Schlaf zunutze machen und Wasserfontänen in die Luft sprühen, bis er sicher war, daß niemand seine fröhlichen Wasserspiele bemerkte.

»Kury!«

»Hm.«

»Ich mag dich sehr.«

Er lachte.

»Ich weiß.«

Kuryala legte vorsichtig den Staken beiseite und setzte sich nach Steuerbord, um zu rudern. Er hatte beschlossen, sich vom Strand zu entfernen und die Strömung zu nutzen, die das Kanu vorantrieb, ohne daß es ihn Anstrengung kostete.

»Ich mag dich auch sehr.«

»Ich weiß.«

Sie empfand plötzlich das Bedürfnis, sich wie eine Wildkatze zu bewegen und ihren Kopf an seine Schulter zu lehnen, ihre Hand zu heben und über seine muskulöse Brust zu streichen. Aber der Zeitpunkt war noch nicht gekommen, und offenbar war er mit der Suche nach etwas Wichtigem beschäftigt. Sein Blick schweifte in die Ferne, und er schien besorgt zu sein.

Nach einigen Ruderschlägen tauchte wieder das Lächeln auf seinem Gesicht auf.

»Das ist es, was ich gesucht habe. Diesen Seitenarm. Wir werden ihn befahren. So etwas Schönes hast du sicher noch nie gesehen. Die Sonne ist gerade erst aufgegangen und wärmt alles auf. Alle Tiere kommen jetzt an die Ufer der Steilhänge und an die Strandzunge, um sich aufzuwärmen oder zu trinken.«

Er ruderte jetzt stärker, und Akurriro setzte sich mit dem Rücken zu ihm, um alles sehen zu können, was ihr Kuryala versprochen hatte.

Die starke Strömung drückte das Kanu flußabwärts. Es kam jetzt nur auf eine geschickte Handhabung des Ruders an, um seine Fahrt zu lenken. Mal galt es, hohen Hindernisse aus Astwerk, mal einem größeren Baumstumpf auszuweichen, der sich aus dem Boden gelöst hatte und den Seitenarm versperrte.

»Der Fluß wird uns lautlos vorantragen. Die Tiere werden uns erst sehen, wenn wir mit dem Kanu ganz in ihrer Nähe sind.«

Es war ein wahres Vogelfest. Löffelreiher und Schmuckreiher liefen auf ihren langen Stelzbeinen umher und tauchten ihre Schnäbel ins Wasser auf der Suche nach Fischen. Knorrige alte Krokodile suchten die Wärme der ersten Sonnenstrahlen auf. Sie zeigten schon Anzeichen von Ungeduld und zappelten mit ihren kurzen Beinchen, da sie die Ankunft der Fremden zu ahnen schienen. Aufsässige Affen sprangen von Liane zu Liane und verschlangen gierig das weiße Fruchtfleisch der Ingás[72].

Akurriro gab Kuryala ein Zeichen mit der Hand, das ihn zum Schweigen anhielt. Dann lenkte sie seine Aufmerksamkeit auf etwas, das sie vor ihm bemerkt hatte.

Auf einem entfernteren Strand stand eine Tapirherde mit ihren Kälbern. Das Fell dieser Tiere war gestreift wie das der großen Cotias[73]. Nervös bewegten sie ihre winzigen Ohren und begannen, eins nach dem anderen, in den Fluß zu tauchen. Sie suchten die dunklen Schatten des anderen Flußufers auf, um den Uferhang hochzusteigen und im Wald zu verschwinden.

Die beiden lächelten beim Anblick der winzigen Tapirkälber, die ihren Müttern bei der Überquerung des Flusses folgten.

Wildgänse flogen in Sturzflügen über sie hinweg und stießen erschreckt in den Fluß, um wenig später mit ihren schlanken, beweglichen Hälsen wieder aufzutauchen und in die Richtung dieser neuen, sich fortbewegenden Gefahr zu spähen. Da erfaßte sie schon ein neuer Schreck, und wieder bereiteten sie ihre Startflüge aus dem Wasser vor. Sie hinterließen eine schmale Schaumspur auf dem Fluß, bevor sie auf einen der Bäume flogen. Sobald sie das Kanu wieder gewahrten, begann alles von neuem. Schließlich hatten auch ihre kleinen Köpfe endlich verstanden, daß sie dieser Gefahr nur entfliehen konnten, indem sie seitlich in das Uferdickicht stießen.

In noch weiterer Entfernung stand eine Storchenschar kreisförmig im Sand. Mit einem Mal beschlossen die Stelzvögel, sich in Bewegung zu setzen, und traten ihren gemeinsamen Marsch an. Dann hielten sie wieder inne, einem unsichtbaren Befehl gehorchend, bildeten neue Kreise, beratschlagten sich und machten sich wieder auf den Weg, den sie bereits gekommen waren, um anderswo haltzumachen.

Akurriro konnte nicht länger an sich halten:

»Sie sehen aus wie die Alten in Cué-Berô, wenn sie über den Fischfang oder eine Reise reden, die sie machen wollen.«

Kuryala lächelte.

»Mich erinnern sie an die Alten aus Raumaló-Dessé, wenn sie sich zusammentun, um die Leute für den Fischfang und die Kanus einzuteilen. Findest du das lustig? Gut, dann werde ich mich gleich unter sie mischen wie ein Storch und die Karajás für den Fischfang einteilen.«

Obwohl sie nur geflüstert hatten, begannen sich die Tiere zu erschrecken. Von weitem hielten sie die beiden Indios wohl für einen Baumstamm, der in der Strömung treibt. Doch dann fing dieser Baumstamm an zu reden. Das konnten nur Menschen sein, feindliche Menschen. Es war eine einzige Verzweiflung ringsumher. Die Störche setzen mit einem langen Strandlauf zum Flug an, um sich in der Weite des Himmels zu verlieren. Dort mußten sie vor nichts Angst haben. Von dort konnten sie alles beobachten und große Kreise ziehen, feststellen, wann die Gefahr verschwunden war und wieder der Frieden auf den Stränden einkehrte. Und schon flogen weiße und braune Reiher, Löffelreiher und andere Vögel fluchtartig in die Wipfel der großen Bäume, wo sie beinahe zusammenstießen. Einige der Vögel suchten die Flucht an den entfernteren, ruhigen Seen, weit weg von den beiden Menschen. Affen kreischten auf und verschwanden im dichten Blattwerk.

»Sie sind alle fort. Ich habe geredet.«

»Das macht nichts. Wir kommen gleich in das Uferdickicht. Der Lärm, den wir dort machen, wird alle Tiere erschrecken.«

Kaum hatte Kuryala das gesagt, sträubten schon Hunderte der hübschen Jacus-Ciganos[74] erbost ihr Kopfgefieder, stellten die Schwanzfedern auf und machten sich halb fliegend, halb laufend in das dichte Ufergebüsch auf. Ein ohrenbetäubendes Pfeifen war zu hören, das sich mit dem Geräusch schlagender Flügel und einem lauten Brummen vermischte. Die Vögel ergriffen ärgerlich die Flucht, so wie richtige Flußstelzen, und suchten etwas entlegeneres, dichteres Ufergestrüpp auf. Dort konnten sie ihre Früchte in Ruhe verspeisen.

»Da ist die Insel. Wir werden einige Tage dort zubringen. Sie hat einen hübschen Strand. Noch nie hat einer seinen Fuß auf diese Insel gesetzt und die Mücken mit seinem Indiogeruch angelockt.«

Sie verließen den Seitenarm und stießen wieder auf den Hauptfluß. Kuryala ließ das Kanu auflaufen und suchte nach einer geschützten Stelle, einem Platz an diesem Strand, an dem es tiefes Wasser gab und er das Kanu festmachen konnte. Er suchte eine saubere Wasserstelle, klares Wasser ohne Schlamm, das keine Feuerrochen anlockte. Es sollte ein Platz sein, der ihnen den Auf- und Abstieg zum Wasserholen leichtmachte.

Er steckte das Ruder in den festen Sand des Ufers und machte das Kanu fest. Es lag nun windgeschützt und konnte nicht fortgerissen werden.

Kuryala stieg den Strand hinauf und warf einen Blick auf die Gegend. Zufrieden stellte er fest, daß ihn seine Ahnung nicht getäuscht hatte. Der Strand lag voll mit trockenem Brennholz, das von weißem, dünnem Sand bedeckt war.

»Laß uns alles hierher bringen. Die Matten, die Töpfe, das Messer. Alles, was wir brauchen. Den Rest holen wir später aus dem Kanu.«

Schweigend trugen sie die Sachen an ihren Platz. Jetzt verlangte es ihre Körper nach einem Bad in diesem sauberen Wasser, das trotz der langen Nacht immer noch lauwarm war. Kuryala sah Akurriro an und fragte sie:

»Willst du baden?«

»Ja. Ich werde ein Bad nehmen.«

Sie tauchten gleichzeitig ins Wasser und wuschen sich ihre schweißgebadeten Körper. Doch sie spürten eine Hitze, die das schmeichelnde Flußwasser nicht zu kühlen vermochte. Akurriro strich zärtlich über Kuryalas nasse Haare.

Kuryala verstand, und auch seine Hände glitten nun sanft über ihre Haare. Dabei sah er ihr liebevoll in die Augen. Jetzt umgab sie keine nächtliche Dunkelheit, die ihr Wohlgefallen aneinander verborgen hätte.

Er ließ seine Hände über ihren Rücken gleiten und strich über ihre runden Hinterbacken.

Akurriro drückte sich gegen seine Brust, und diesmal biß sie ihn ohne Scheu in sein Kinn, küßte seine Ohren. Ihr ganzer Körper wurde von wollüstigen Schauern erfaßt.

»Kury . . .«

»Laß uns in die Hängematte gehen.«

Sie wimmerte beinahe vor Enttäuschung.

»Nein, Kury. Laß uns im flachen Wasser bleiben.«

Endlich nahm ihr Mann sie so in die Arme, wie sie es sich immer gewünscht hatte. Hier, im seichten Wasser, spürte sie ihn so, wie sie ihn hatte spüren wollen. Sie hatte nun keine Angst mehr. Sie waren allein, und es störte sie kein Fest, kein Lärm. Ihre Scheu war verflogen. Hier gab es nur den Himmel, die Wolken, die Natur, sie und ihn. Hier gab er ihr die Liebe, die er ihr im Dunkel der Hochzeitsnacht versprochen hatte.

Als sie in Ruhe ein zweites Bad genommen hatten, stiegen sie Hand in Hand zum Strand hinauf.

»Richte du die Hängematte. Ich werde trockenes Brennholz aus der Nähe holen. Wir brauchen es zum Kochen und um die kalte Nacht zu vertreiben.«

»Ich werde dir helfen.«

»Nein. Räume du die Sachen zusammen. Sie sind nicht schwer.«

Sie gehorchte. Das Klopfen ihres glücklichen Herzens schien die rhythmischen Axthiebe Kuryalas zu begleiten, der in einiger Entfernung Brennholz hackte. Es war ein ganz ruhiger Tag. Die Möwen mochten keine kleinen Strände so wie diesen, und so war die Insel vor ihnen sicher. Der Wind blies aus einem blauen, wolkenlosen Himmel und vertrieb alle Mückenschwärme.

Kuryala legte den Weg mehrmals zurück, um das Brennholz zu schleppen. Er stapelte es zu einem großen Haufen. Schließlich schien es ihm auszureichen. Selbst wenn am Morgen ein kaltes Lüftchen wehen sollte und sie dazu zwang, noch mehr Holz in den höheren Flammen zu verbrennen, es war mehr als genug. Er lächelte.

»Jetzt werde ich den Fluß überqueren und nach großen Palmblättern suchen. Wir brauchen ein Schutzdach gegen den Nachttau.«

»Kann ich mit dir kommen?«

»Nein. Du bleibst hier und paßt auf die Sachen auf. Bei der kleinsten Gefahr schreist du laut. Ich lasse dir das große Messer und die Lanze hier. Das Buschmesser, den Bogen und die Pfeile nehme ich mit. Es wird nicht lange dauern. Ich komme bald wieder.«

Er machte das Kanu los und setzte sich an das Steuerbord.

»Du kannst baden wie damals, als du ein kleines Mädchen warst.«

Er entfernte sich und mußte plötzlich sehnsüchtig an seine frühe Jugend zurückdenken. Er sah sich als kleiner Junge mit den anderen Dorfjungen die Trockenzeit mit den Eltern am Strand verbringen. Die Sonne hatte sie schwarzbraun gebrannt wie die Fischotter, so ausdauernd hatte sie gebadet. Jungen wie Mädchen.

Akurriro nahm die Lanze und machte eine Entdeckungsreise über den Strand. Vielleicht würde sie ja schlafende Cascudos auf dem flachen Sandboden finden und einige von ihnen auf die Lanze spießen. Sie waren köstlich; wenn man ihren Schuppenpanzer aufbrach, kam ihr wohlschmeckendes gelbes Fleisch zum Vorschein. Kuryala würde das gut schmecken.

Aber sie fand nichts. Sie stieß nur auf grünes Buschwerk und kam an die großen Steilufer in weiterer Entfernung zum Strand. Langsam kehrte sie an den kleinen Lagerplatz zurück.

Er brauchte so lange, um zurückzukommen. Warum hatte sie ihn nicht begleiten können? Sie hatte schließlich keine Angst. Wovor auch? Dort vorne verlief der ruhige Bêérokan, der gut war wie ein Vater. In allernächster Nähe konnte sie die Anwesenheit eines noch größeren Vaters spüren. Er war ihrer aller Vater: Kanansiuê. Doch sie wünschte sich nichts sehnlicher, als daß Kuryala zurückkehren möge. Es sollte nicht lange dauern.

Akurriro stieg an das Ufer hinunter und spürte, daß die Sonne ihren Rücken und ihre Haare verbrannt hatte. Sie setzte sich in den Fluß, nachdem sie sorgfältig ihren weichen Hüftriemen aus Pflanzenfasern gelöst hatte. Dann tauchte sie ins Wasser und verlor sich eine ganze Zeit lang in der Betrachtung ihres eigenen Körpers. Das Wasser glitt zwischen ihren prallen, aufgerichteten Brüsten hinab und bildete eine kleine Pfütze in ihrem Bauchnabel. Dann lief es noch weiter hinunter, netzte ihre glänzenden Schenkel und tropfte wieder in den Fluß. Sie legte sich ins Wasser und spürte, wie die gierigen, gefräßigen Miguelinhos und Odiúras sie zwickten. Diese Fischchen hatten wohl immer Hunger. Sie schlug die Handflächen gegeneinander, und die Fische flüchteten erschreckt, um gleich wieder zurückzukehren.

Sie setzte sich in seichteres Wasser, um nicht mehr belästigt zu werden. Zuerst strich sie fast wollüstig über ihre Brüste. »Dies hat früher nur mir gehört. Jetzt gehört es auch ihm.« Sie krümmte die Finger und kratzte leicht über ihre Schenkel, und eine Gänsehaut lief über ihren ganzen Körper. »Dies hat immer nur mir gehört. Jetzt gehört es auch ihm.« Schließlich streichelte sie mit einer entschiedenen Geste der Hingabe und des Besitzanspruchs ihr Geschlecht; ihre Bewegung hatte etwas beinahe Unschuldiges, Zärtliches. »Dies hat auch nur mir gehört. Jetzt gehört es ganz ihm.«

Das Ruder Kuryalas, das gegen das Kanu schlug, weckte sie aus ihren Träumen. Sie seufzte glücklich. Wie gut, daß er zurückgekehrt war. Sie kniete sich hin und schirmte ihre Augen mit der Hand gegen die grelle Sonne ab, um das sich nähernde Kanu besser sehen zu können. Es schien ihr, als rudere er zwischen den Palmen.

Er ließ das Kanu auf den Sand laufen.

»Ich habe viel mitgebracht. Auch Holz für die Stützen. Bald werden wir eine kleine Hütte haben. Auf dem Strand ist es leicht für uns, sie zu bauen.«

»Wirst du die Blätter brechen?«

»Nein. Das mache ich nur für eine richtige Hütte. Hier schützen sie uns vor der starken Sonne und halten die Tautropfen ab, die in der Morgenkälte fallen.«

»Ich helfe dir beim Tragen.«

»Nur die Palmblätter. Das Holz ist zu schwer.«

»Ich muß mich daran gewöhnen. Ich bin deine Frau. Ich muß bald lernen, im Wald Holz zu sammeln.«

»Ich werde das ändern. Meine Frau wird kein Holz im Wald sammeln.«

»Die anderen Frauen werden darüber reden. Sie werden sagen, daß ich es nicht machen muß, weil ich die Frau des Häuptlings bin.«

»Dann wirst du ihnen eben recht geben. Ich mache es nicht, weil ich die Frau des Häuptlings bin ... und er es nicht will.«

Sie lachten.

Als sie die kleine Hütte gebaut hatten, setzten sie sich und besahen sich ihr gelungenes Werk.

»Sie ist wirklich schön geworden.«

»Ja, sie ist schön.«

Sie erhoben sich und strichen den Sand von ihren Beinen und Hinterteilen.

»Jetzt werde ich ein Bad nehmen müssen.«

»Ja, laß uns baden.«

Sie liefen ins Wasser. Und da waren auch schon die sanften Arme von Akurriro, die sich um seinen Hals legten. Ihr herrliches Lächeln, als sie ihm in die Ohren blies.

»Wir sollten besser aufhören. Ich muß fischen.«

»Warum?«

Die Stimme der Indiofrau klang schmachtend und hingebungsvoll.

»Willst du denn keinen frischen Fisch essen?«

»Später.«

Es hatte keinen Sinn, jetzt an etwas anderes zu denken. Ihre jungen Körper riefen einander, zogen sich magnetisch an.

Seite an Seite betrachteten sie den Himmel, und Kuryala lachte.

»Was lachst du?«

»Ich denke daran, daß unser Kind als Fisch zur Welt kommen könnte und nicht als Mensch.«

»Du bist die Mutter und mußt es wissen.«

»Dann will ich aber eines, das nicht so groß ist wie ein Pirarucu[75] und auch nicht so klein wie eine Sardine. Ich will lieber einen Tucunaré, das ist der schönste Fisch.«

»Gut, dann will ich auch einen Tucunaré.«

Kuryala setzte sich auf.

»Wohin gehst du?«

»Das habe ich doch eben schon gesagt. Fischen.«

»Wozu?«

»Ich habe Hunger.«

»Wir haben etwas zu essen dabei, Mehl, Bananen und Süßkartoffeln. Das können wir essen. Dann werden wir uns von der Sonne auf der Matte in unserer Hütte ausruhen. Wenn der Nachmittag kommt, werden wir fischen gehen. Aber dann wirst du mich mitnehmen. Ich bleibe nicht allein an diesem Strand, denn es wird die Stunde der Toten Seele kommen.«

»Ist gut. Aber am Nachmittag müssen wir wirklich fischen. Ganz in der Nähe gibt es einen See mit klarem Wasser, dort kann man die Fische gut mit dem Pfeil treffen. Da werden wir fischen.«

Wie groß der Himmel zu sein schien! Alles wurde größer, sobald die Nacht sich über die Erde und die Menschen schlafen legte. Der Himmel war jetzt beinahe schwarz und vergnügte sich damit, seine Sterne in den Fluß zu streuen. Und sie waren allein. Allein mit dem kleinen Feuer, das ihre Angst und die Kälte vertrieb. Jetzt, mitten in der großen Trockenzeit, waren die Nächte so kalt, daß es weh tat, die Füße auf den eisigen Sand am Strand zu setzen. Es schien nicht der gleiche Sand zu sein, der am Tag in der gleißenden Feuersonne glühte. In einiger Ferne waren schimpfende Maguaris zu hören, die sich mit heiserem Gekreische über das Licht der Feuerstelle beschwerten. Weiter draußen spielte der Schweinsfisch im Wasser. Das Feuer, das im nächtlichen Dunkel ein verschwindend kleines Licht war, spiegelte sich auf der Oberfläche des Flusses. Es wirkte wie eine große, schimmernde Messerschneide. Die Hütte war ein guter Schutz gegen den feuchten Tau, der in der zweiten Nachthälfte von den Bäumen tropfte. Ganz früh am Morgen würde er seine Wassertropfen versprühen und auf das große Blätterdach tropfen.

Sie unterhielten sich flüsternd. Sie hätten auch laut sprechen können, denn niemand konnte ihre Gespräche belauschen. Aber es machte Spaß, zu flüstern, so als habe man ein Geheimnis zu hüten. Sie tauschten leise Worte aus, die sie sich zuwisperten.

»Kury!«

»Hm.«

»Werden wir noch lange umherreisen?«

»Reisen, nein. Spazierenfahren.«

»Ja, richtig. Spazierenfahren, ja?«

»Es gibt noch viele schöne Plätze, die ich dir zeigen kann. Plätze, die ich kenne. Sie werden dir gefallen.«

»Werden wir nicht lange in dieser Gegend bleiben können?«

»Nein. Ich kann noch längere Zeit mit dir im Kanu fahren, auf den Stränden ausruhen und eine kleine Hütte bauen. Dann werden wir an einen anderen Strand reisen und eine neue kleine Hütte bauen. Danach werden wir noch einmal einen Strand aufsuchen, und ich werde noch einmal eine Hütte bauen. Dieses Mal werden wir uns länger dort aufhalten, denn es wird das letzte Mal sein.«

»Und danach?«

»Danach müssen wir zurückkehren.«

Akurriro schwieg eine Weile und ließ sich von seinen kräftigen Armen drücken. Sie wollte den Moment noch stärker spüren.

»Wird es kalt werden, Kury?«

»Nein. Die unterste Matte ist sehr grob, und der Sand ist noch warm von der starken Sonne, die auf den Strand geschienen hat. Und diese große Matte, mit der wir uns einwickeln werden, ist ganz dick. Mutter hat sie gemacht, damit wir nicht frieren. Und dann ...«

»Was denn?«

»Dein Körper nah an meinem Körper, das wärmt sehr.«

»Ja, dein Körper ist so heiß wie das Feuer von der Feuerstelle.«

Sie schwiegen eine Weile, aber dann lebte die Unterhaltung wieder auf wie eine Flamme, die der Wind zum Auflodern gebracht hatte.

»Du wirst Häuptling sein ...«

»Ich weiß ...«

»Du wirst mit den anderen Karajás reisen.«

»Ich weiß.«

»Wirst du mich mitnehmen?«

»Nein. Du kannst nicht mitkommen. Wenn alle Frauen mitkommen, dann gibt das Streit an den Lagerplätzen. Die Frauen kommen nicht mit zum Fischen. Aber die Reisen der Karajás dauern nicht lange. Wir fahren nur bis zum Rio das Mortes und fangen dort Schildkröten oder Tracajás. Dann kehren wir gleich zurück. Keiner bleibt lange dort, aus Angst vor den Xavantes.«

»Ich werde traurig sein.«

»Nein. Meine Mutter ist eine gute Frau, und sie wird bei dir sein.«

»Aber ganz allein in der Matte werde ich frieren.«

Er drückte sie fest an sich.

»Nein. Niemals. Solange ich lebe, wirst du nicht frieren. Das lasse ich nicht zu. Bis wir alt sind, werde ich dich immer gut an meinem Körper wärmen. Mein ganzes Leben.«

Akurriro lachte.

»Was ist?«

»Dann laß uns nie alt werden, Kury!«

Auch er mußte lachen, als er sich der Wirklichkeit ihrer beiden jungen, festen Körper bewußt wurde, die sich sanft und genüßlich aneinanderschmiegten.

»Bis dahin wird noch viel Zeit vergehen.«

»Kury!«

»Hum.«

»Ich werde gleich einschlafen.«

»Ist gut. Leg deinen Kopf ganz nah zu mir, auf meine Brust.«

Sie gehorchte. Kuryala strich mit seinen kräftigen Fingern durch die üppigen, weichen Haare von Akurriro. Auch er schloß die Augen. Dann öffnete er sie schnell wieder und stellte fest, daß das Feuer noch lange nicht erloschen war. Es würde noch lange dauern, bis er wieder eine Lage Brennholz auflegen mußte.

Zweites Kapitel

Das Licht

Sein verzweifeltes Herz vernahm deutlich die Stimme von Cheêrá, der Geschichten erzählte. Er erschauerte, denn er wußte, daß der alte Indio schon vor langer Zeit gestorben war und sein begrabener Körper nur noch ein Berg gelblicher Knochen sein konnte. Doch es war Cheêrá, der sprach. Seine Stimme hatte sich auf das Pferd der Zeit geschwungen und war zu ihm geritten. Sie sprach:

»Kanansiuê lag auf seiner Matte. Er erholte sich von den Mühen des Tages. Auch Kanansiuê mußte sich ausruhen. Er hatte das Leben geschaffen. Er hatte alles geschaffen, und mit jedem neuen Tag, der verging, sollte er etwas Neues vollenden. Einmal glättete er die Ufer des Flusses, die höher geraten waren, als er beabsichtigt hatte. Ein anderes Mal stutzte er die Blätter der Bäume und brachte alles zur Vollendung. Er setzte größere Blätter auf die größeren Bäume und kleinere Blätter auf die kleineren Bäume.

Dies hatte ihn ermüdet, und er legte sich schlafen. Er schlief im Dunkeln, denn zu dieser Zeit gab es noch kein Licht.

Seine Schwiegermutter, die eine geschwätzige Frau war und viele unterschiedliche Köpfe hatte, um sich zu streiten und für viele Frauen zu sprechen, suchte ihn auf.

Sie stolperte über den Panzer von Otoni, der Schildkröte, und fiel zu Boden. Dabei schnitt sie sich die Beine und Arme auf.

Sie begann mit nur einem Kopf zu reden und zu schimpfen, als sei sie nur eine Frau. Sie hatte sich über Kanansiuê geärgert, aber richtig böse war sie nicht.

Du, Kanansiuê, der die Flüsse, die Täler und die wunderschönen weichen Sandstrände am Bêérokan geschaffen hast, du, der die Flügel der Vögel, die Fische, das Wild gemacht hast ... Du, der alles gemacht hat, warum hast du vergessen, das Licht zu machen?

Kanansiuê schaukelte ärgerlich in seiner Hängematte hin und her.

Die Alte fuhr damit fort, aus nur einem Kopf und nur einem Mund zu klagen:

Ich bin alt. Ich kann nicht mehr richtig laufen. Ich muß langsam gehen. Ich falle immer hin und tue mir weh. Du mußt Licht machen!

Am nächsten Tag stand Kanansiuê in aller Frühe auf, denn er wollte sich neuen Ärger und die Gegenwart dieser häßlichen Alten ersparen. Auch hatte er genug von den Streitereien mit dieser Frau. Er ging also auf die Suche nach Licht. Nachdem er schon einen langen Weg gegangen war, begab er sich an den See, wo alle wilden Tiere fraßen und ruhten, um zu trinken.

Er beschloß, sich in einen Tapir zu verwandeln, und schon hatte er die Gestalt einer schwarzglänzenden Tapirkuh angenommen. Dann schnitt er den Tapir hinten auf und steckte sich den Blütenstengel eines Imbaúba[76] in den Hintern, um ungehindert atmen zu können, ohne daß es jemand bemerkte. Er legte sich auf den Boden und tat so, als sei er tot.

Da kamen die Moskitos und fragten:

Bist du tot, Tapir?

Als sie keine Antwort erhielten, beratschlagten sie sich untereinander.

Sollen wir ihn fressen?

Nein, sprach der Anführer der Moskitos. Laßt uns auf die Fliegen warten.

Da kamen die Fliegen, und eine von ihnen fragte:

Bist du tot, Tapir?

Sollen wir ihn fressen?

Nein. Laßt uns auf den Urubu warten.

Und es kamen die Urubus.

Bist du tot, Tapir?

Sollen wir ihn fressen?

Nein, sagte einer von ihnen, laßt uns auf die Ankunft des Urubukönigs warten.

Und da kam der König der Urubus. Er setzte auf dem Boden auf und sah sich Kanansiuê an, der sich in einen Tapir verwandelt hatte.

Er ist tot. Wir werden ihn fressen.

Er kam näher und setzte sich auf Kanansiuês Bauch.

Das war es, was Kanansiuê gewollt hatte. Er packte den Aasgeierkönig, der keine Feder am Körper hatte, sondern nur schwarze Haare wie die Karajás, und begann, ihm die Luft abzudrücken.

Ich werde dich töten, wenn du mir nicht sofort das Licht gibst!

Ich hab doch kein Licht, Kanansiuê. Ich habe es doch nicht. Töte mich nicht!

Dann werde ich dich töten. Gib mir das Licht.

Der König der Urubus spürte, daß er sterben würde, und öffnete die Federn über seiner Brust. Heraus sprang Tahiná-Kan, der Morgenstern, und machte sich eilig in den Himmel auf.

Kanansiuê spannte seinen Bogen, und ein Pfeil flog in die Luft. Er durchbohrte das Bein des Morgensterns, der nun am Nachthimmel gefangen war.

Doch Kanansiuê gab sich noch nicht damit zufrieden.

Das ist nicht das Licht, das ich gesucht habe. Dieses Licht ist viel zu klein.

Ich habe kein anderes Licht, wimmerte der König der Urubus.

Doch, du hast. Entweder, du gibst mir, was ich will, oder ich drücke dir den Hals zu.

Der Urubu wimmerte verzweifelt, machte einen Satz und öffnete wieder die Federn über seiner behaarten Brust. Ein strahlendes Licht kam zum Vorschein und suchte gleich das Himmelsfirmament auf.

Kanansiuê spannte wieder seinen Bogen, und der Pfeil flog schnurgerade auf sein Ziel zu. Randô, der Mond, spürte, wie ihn der Pfeil am Bein durchbohrte und ihn in den Himmelswolken gefangen hielt.

Doch Kanansiuê war auch jetzt noch nicht zufrieden.

Ich will das andere Licht. Das hellste Licht von allen. Diese Lichter hier werden in der Nacht leuchten.

Er drückte den Hals des Aasgeierkönigs noch fester zu.

Ich habe dir doch schon alles gegeben, was ich habe, Kanansiuê. Jetzt bin ich arm. Mir bleibt nichts mehr.

Du lügst. Aber du hast es nicht anders gewollt!

Er übte mit seinen Fingern noch einen stärkeren Druck auf den Hals des Urubukönigs aus.

Da sprang Tchu, die wunderbare Sonne, aus der behaarten Brust des Aasgeierkönigs und schwang sich in die Höhen des weiten Himmels.

Und wieder spannte Kanansiuê seinen Bogen und erwischte mit seinem Pfeil das Bein der Sonne, die nun am Tageshimmel gefangen war.

Dies ist bis heute so geblieben. Und es wird immer so sein. Von dieser Stunde an ist die Welt von Licht erfüllt.

Die Schultern und Körper aller Indios wurden nun von der Sonne gebräunt. Die Früchte reiften golden, und die Blumen zeigten sich in den schillernden Farben der wilden Natur. Der sonnenbeschienene Bêérokan offenbarte nun seinen Reichtum an Fischen.

Nun war die Schwiegermutter von Kanansiuê so versöhnt, daß sie sich nie mehr beklagte. Von ihren übrigen Köpfen fiel einer nach dem anderen ab, bis sie nur noch einen Kopf und einen Mund zurückbehielt, wie alle anderen Frauen auch. Aus diesem Mund kamen jetzt nur noch Lobreden, denn das Licht hatte Schönheit in diese Welt und das Leben aller Karajás gebracht.«

Kuryala erzitterte. Die Stimme von Chêerá erstarb in den Tiefen seiner Erinnerung. Er hatte alles so deutlich vernommen, als habe der Alte in einem Kanu an seiner Seite gesessen. Sein Innerstes wurde von einem Unbehagen ergriffen, und er verspürte einen bitteren Geschmack im Mund. Er verlangsamte seinen Ruderschlag und suchte fiebernd nach einem verlassenen Strand. Sicher waren die anderen Indios, die mit ihm zusammen zum Fischen herausgefahren waren, schon alle zufrieden mit ihrer Beute zurückgekehrt, die in ihren Kanus unter den Blättern wilder Bananenstauden lagen.

In diesem Augenblick mußte auch der letzte von ihnen die Biegung des Flusses erreicht haben, bevor das Dorf Raumaló-Dessé mit den ersten Feuerstellen vor den Hütten zu sehen war.

Er ließ sein Kanu auflaufen und befestigte es in einer Sanddüne, indem er das Ruder hinter dem Boot verkeilte. Dann stieg er langsam den weichen Sandstrand hinauf, der bald schon abkühlen sollte.

Er setzte sich mitten auf den Strand, an einen geschützten Ort, um nicht von einem Vorbeifahrenden gesehen und gehört zu werden.

Er kreuzte die Arme über der Brust, um der aufkommenden Angst Einhalt zu gebieten, und senkte den Kopf. Mit Ihm konnte er ganz leise sprechen, denn Er würde ihn auch dann hören, wenn aus seinem Mund kein einziges Wort kam.

»Kanansiuê, mein Vater!«

Ein verzweifelter Schluchzer machte sich Luft.

»Warum? Warum mußte mir das zustoßen?«

Kanansiuê hörte sein Rufen und sprach zu ihm über die unsichtbare Stimme des Windes.

»Du hast mich gerufen, mein Sohn?«

»Warum? Warum mußte mir das zustoßen?«

Der Wind widersprach ihm.

»Vielleicht ist es noch zu früh. Manchmal braucht es sehr lange, bis ein Kind zur Welt kommt. Manchmal kommen sie auch gar nicht. Man muß sehr viel Geduld haben.«

»Nein, Kanansiuê. Meine Mutter Marixiro sehnt sich nach einem Enkel, den sie in ihre Arme nehmen kann. Aber sie redet mit mir nicht darüber. Sie versteht es, zu warten. Mein Vater Belerriro ist ein bißchen traurig darüber, aber auch er kann warten. Meine Frau wünscht sich so sehr ein Kind wie ich, aber wenn es noch nicht gekommen ist, dann, weil seine Stunde noch nicht gekommen ist. Nein. Das ist es nicht, Kanansiuê.«

Der Wind fragte ängstlich:

»Aber was ist es dann, mein Sohn? Ist das Leben nicht gut zu dir gewesen? Alle Karajás im Dorf lieben dich und gehorchen dir. Alle sind stolz auf dich, denn du bist ein junger Häuptling, der gut und gerecht ist. Alle Dörfer am Bêêrokan beneiden Raumaló-Dessé um seinen großartigen Häuptling Kuryala. Deine Frau ist ruhig, eine gute und geduldige Begleiterin. Dein Haus ist sauber, und dein Essen schmeckt immer gut.«

»Ich weiß, Kanansiuê. Es ist schon drei Trockenzeiten her, seit sie mich zum Häuptling gemacht haben. Ich habe mich bemüht, meiner Verpflichtung, die ich aus den Lehren meines Vaters und der Dorfältesten kenne, nachzukommen. Ich bin glücklich mit meiner Frau, meinem Vater und meinem Volk.«

Er war nun den Tränen nahe.

»Aber was ist nur mit meinen Augen, Kanansiuê? Sage mir, was ist mit meinen Augen geschehen?«

»Ich weiß nicht. Laß mich sehen.«

Seine Windfinger hoben Kuryalas Kinn und nutzten die letzten Sonnenstrahlen des späten Nachmittags.

Kanansiuê wurde nachdenklich und schwieg.

»Weißt du, mein Vater Kanansiuê, es ist noch nicht lange her, da fuhr ich flußaufwärts und hörte die Stimme des Todes. Die Stimme sprach zu mir durch den toten Cheêrá. Es war so, als sei ich wieder ein kleiner Junge und hörte ihn Geschichten erzählen, so wie früher. Es war eine Geschichte über das Licht. Wie du, weiser Kanansiuê, das Licht auf unserer Erde geschaffen hast. Er gab mir einen traurigen Rat. Er wollte mir etwas sagen, das bisher noch keiner im Dorf bemerkt hat, denn ich lasse es sie nicht merken. Als du das Licht geschaffen hast, begannst du mit dem schwachen Licht von Tahiná-Kan, dann hast du ihm das strahlende Licht von Randô, dem Mond, an die Seite gestellt. Zuletzt hast du das Licht noch strahlender werden lassen, bis es die Sonne war. War es nicht so?«

»So war es. Es ist schon so lange her . . .«

»Nun gut. Meine Augen, die du gerade angesehen hast, erleben die Geschichte des Lichtes in umgekehrter Reihenfolge. Das Sonnenlicht meiner Augen verwandelt sich langsam in Mondlicht. Und ich habe Angst. Ich habe große Angst. Ein Häuptling, der sich um das Wohl seines Stammes kümmert, muß sehr gut sehen können. Er muß alles sehr gut erkennen können. Warum sagst du nichts?«

Die Stimme des Windes sprach wieder.

»Ich kann wohl zu dir sprechen. Aber etwas zu tun, wird schwieriger sein. Du hast eine Augenkrankheit, die nicht von den Indios kommt. In der ganzen Zeit, in der ich meine Indios schon liebe, in all den langen Jahren der vielen Trockenzeiten habe ich ganz selten jemanden gesehen, der solche Augen hatte wie deine. Denn du hast keine Indiokrankheit. Und da es keine Indiokrankheit ist und der Gott der Indios ein armer, kleiner Gott ist, kann er dir nicht helfen. Die Krankheit deiner Augen kommt nur bei den Weißen vor. Vielleicht kann sie nur der Gott der Weißen heilen.«

Kuryala rang noch verzweifelter mit den Händen.

»Also ist alles, was ich gesagt habe, alles, was ich geahnt habe, die Wahrheit?«

»Es ist die Wahrheit. Bei dieser Krankheit, die du hast, hat es keinen Sinn, dich anzulügen. Kanansiuê ist zwar ein armer, kleiner Gott, aber er kann nicht lügen.«

»Und, mein Vater, werden meine Augen noch lange ihr Mondlicht behalten?«

»Wenn du Glück hast, wird es noch eine Weile dauern. Aber viel Zeit hast du nicht.«

»Was kann ich tun, Kanansiuê?«

»Dein Herz ist gerecht, es wird dich lehren, was zu tun ist. Zuerst mußt du dich daran gewöhnen, daß von diesem Augenblick an alles anders ist, bis «

»Bis meine Augen in das Licht von Tahiná-Kan übergehen?«

Kanansiuê lächelte traurig über die Stimme des Windes und hätte am liebsten gar nicht geantwortet.

»Bis deine Augen nur noch dieses kleine Licht haben, wirst du schon alle Entscheidungen getroffen haben.«

»Und wenn auch dieses Licht ausgeht und meine Augen in die behaarte und dunkle Brust des Urubukönigs eintreten? Dann werde ich der traurigste aller Karajás und zu nichts mehr wert sein.«

»Ich habe dir gesagt, daß du sehr viel Geduld und Ruhe bewahren mußt. Du hast eine gute Frau. Sie wird dir ihre Augen leihen. Aber es ist noch zu früh, daran zu denken. Vom Sonnenuntergang bis zum Mondaufgang vergeht noch viel Zeit. Dein Herz wird sich daran gewöhnen. Vom Monduntergang bis zum Aufgang von Tahiná-Kan, dem großen Stern, wird es noch lange dauern. Deine Geduld wird immer größer werden. Und dann . . .«

»Und dann?«

»Dann, mein Sohn, werde ich dir mit meinen Augen leuchten . . .«

Er strich mit seinen langen, weichen Windfingern über Kuryalas Gesicht. Diese Geste linderte in ihrer unermeßlichen Güte das Brennen in den feuchten Augen von Kuryala.

»Und nun mußt du gehen. Ich werde andere Rufe erhören müssen. Außerdem ist dieser Strand sehr gefährlich. Du bist auf der Seite der Xavantes und hast keine gute Waffe bei dir. Zu dieser Jahreszeit halten sie sich ganz in der Nähe auf, um zu jagen. Gegen Morgen habe ich den Rauch ihrer Feuer gesehen, der ihre Nähe verriet. Leb wohl, mein Sohn!«

»Leb wohl, Kanansiuê!«

Es ging ihm nun etwas besser, als er wieder zu seinem Kanu zurückkehrte. Er mußte sich mit der Wirklichkeit auseinandersetzen. So wie Kanansiuê konnte auch er als der große Häuptling seines Dorfes nicht lügen. Er war beeindruckt von der Offenheit Kanansiuês. Der hatte ihm nicht nur die Wahrheit über seine Krankheit gesagt. Er hatte ihm auch seine Ohnmacht gestanden, eine Krankheit heilen zu können, die keine Indiokrankheit war. Er hatte ihm gesagt, daß nur der Gott der Weißen eine Krankheit heilen konnte, die von den Toris kam! Warum hatte ihn nur eine Krankheit befallen, die so anders war als die Krankheiten der Indios? Die Toris. Weit, so weit weg, waren sie das winzige Fünkchen Hoffnung. Die Weißen kamen in der letzten Zeit immer hierher. Sie würden immer zahlreicher sein. Vielleicht würde ja einer kommen, der ein großer Medizinmann war und die Nacht seiner Augen heilen konnte.

Er ruderte nun kräftiger. Noch stand ihm nur die Nacht bevor, die alle Karajás am Ende dieses Tages erleben sollten. Es war noch nicht die drohende Nacht seiner Augen. Er mußte schnell ins Dorf zurück. Akurriro hatte sich sicher schon Sorgen gemacht über sein Fortbleiben. Zu dieser Stunde würde sie schon zwischen allen Kanus umherlaufen, die vom Fischen zurückgekehrt waren, und fragen, ob ihn jemand gesehen hatte.

Es war eine gewöhnliche Nacht. Über dem Dorf lag Frieden. Auch auf der Behörde war niemand mehr auf den Beinen. Kein Hundegebell war zu hören. Es herrschte die übliche nächtliche Kälte, und der Himmel war sternenübersät. Von Zeit zu Zeit drang der Schein eines Sternes durch die lichtdurchlässigen Strohdächer der Hütten. Alle diese kleinen Himmelskörper waren wie Blutstropfen aus dem durchbohrten Bein von Tahiná-Kan geflossen, als Kanansiuê auf ihn geschossen hatte, um ihn an den Himmel zu fesseln und das erste Licht zu machen.

Kuryala war von einer großen Furcht erfaßt. Er war an den Ort zurückgekehrt, vor dem er geflohen war. Vielleicht sollte er den Ratschlägen von Kanansiuê schon bald folgen.

Akurriro machte sich große Sorgen um ihn.

»Was ist, Kury? Hast du Fieber? Hat dich das Malariafieber gepackt?«

»Nein. Ich spüre nichts.«

»Aber du zitterst am ganzen Körper, wie im Fieber.«

»Es ist nichts. Denke nicht an so etwas.«

Akurriro strich über seinen Rücken.

»Kury!«

»Hum.«

»Magst du mich noch?«

»Ich mag nur dich. Warum?«

»Du kommst jetzt immer so spät nach Hause. Es ist fast Nacht, wenn du von deiner harten Arbeit nach Hause kommst, um zu essen. Und dann hast du nie großen Hunger. Ich habe das Gefühl, du bist sehr traurig.«

»Ich habe eben keinen Hunger. Am Strand esse ich immer viel Fisch mit Maisbrei. Mein Bauch ist voll und will nichts.«

»Heute hast du noch weniger gegessen. Und jetzt zitterst du.

Da habe ich gedacht: Er mag mich nicht mehr und auch nicht das Essen, das ich ihm koche. Ist es so?«

Er drückte sie sanft an sich.

»Nein. Das ist es nicht.«

Er führte einen Kampf mit sich, denn er wußte nicht, ob er von seiner Krankheit erzählen sollte. Eines Tages mußte er davon sprechen. Und Akurriro war sicher die erste, die es erfahren sollte. Schließlich war sie seine Frau und eine gute Begleiterin. Er dachte an Kanansiuê und seinen Mut, die Wahrheit zu sagen. Dann faßte er sich ein Herz.

»Ich bin immer sehr spät nach Hause gekommen, nicht wahr?«

»Ja. Du gehst zum Fischen und kommst erst spät wieder zurück. Du bist immer der letzte, der kommt. Du gehst auf das Feld und kommst erst mitten in der Nacht nach Hause. Ich habe jetzt immer so große Angst. Vor dem Jaguar und vor Kunin.«

»Und warum glaubst du, komme ich so spät zurück, mitten in der Nacht?«

»Weil du viel arbeitest. Mehr als die anderen.«

»Nein. Das ist nicht der Grund. Dahinter steckt etwas sehr Trauriges.«

»Was denn?«

»Ich habe dich nie mehr mit an den Strand genommen, um mit dir zu baden und den Tag zu verbringen, war es nicht so?«

»Ja.«

»Und du magst das sehr, habe ich recht?«

»Ja.«

»Und warum nimmt Kuryala seine Akurriro nicht mehr mit auf eine Spazierfahrt, auch wenn Akurriro es so sehr mag? Warum denkst du, ist das so?«

»Ich habe gedacht, weil du jetzt der Häuptling des Dorfes bist. Du hast viel Arbeit und keine Zeit mehr, mit mir zu spielen.«

»Es ist mehr als das.«

Da begann Akurriro zu klagen. Mit weinerlicher Stimme jammerte sie:

»Dann weiß ich, was es ist. Es ist, weil in meinem Bauch kein Kind wächst. Und der Häuptling eines Dorfes muß ein Kind haben.«

»Nein. Nein. Sprich nicht so.«

Er drückte sie mit aller Zärtlichkeit an sich.

»Sage nie mehr so etwas. Es kann sein, daß ich es bin, der dir kein Kind machen kann. Und das hat auch Zeit. Es dauert eben. Manchmal dauert es sehr lange. Es gibt Indios, die haben mehr als fünf Jahre gewartet, bis sie ihr erstes Kind bekamen. Nein, das ist es nicht. Das wäre nicht so schlimm. Es ist etwas so Trauriges, über das ich noch mit keinem gesprochen habe. Ich werde es zuerst dir sagen, und dann meinem Vater.«

Seine Gefühle überwältigten ihn, und er verlor die Beherrschung. Er vergrub sein Gesicht zwischen den Händen und weinte bitterlich.

Die erschreckte Akurriro tröstete ihn. Sie fühlte eine große Unsicherheit, denn es geschah selten, daß ein Karajá, gleich ob Mann oder Frau, Tränen vergoß. Eigentlich weinten die Karajás nur singend.

»Hör auf, Kury. Das geht nicht. Keiner darf es hören. Ein Häuptling darf so nicht weinen, keiner darf so weinen.«

Er beruhigte sich etwas.

»Warte ein wenig und erzähle es mir dann. Wenn du willst, sage ich niemandem etwas.«

»Heute kann ich dir nicht alles sagen. Ich will dir nur sagen, daß ich sehr krank bin. Sehr krank.«

Er hatte sich gefangen, und seine Stimme klang jetzt deutlicher, ausgeglichener.

»Morgen früh werde ich mit dir in meinem Kanu eine kleine Fahrt machen. Weit weg vom Dorf und von den anderen werde ich es dir sagen können.«

»Gut, dann sage es mir morgen. Und jetzt schlafe. Schlafe tief.«

Akurriro war so erschüttert, daß sie keinen Schlaf fand. Sie setzte sich auf und legte den Kopf ihres Mannes auf ihren Schoß. Leise singend strich sie mit den Fingern durch seine Haare. Er schlief, aber selbst im Schlaf wurde er von diesen starken Schauern erfaßt, die sie vorher so erschreckt hatten. Es schien, als habe er sich an den Seen eines von diesen verderblichen Fiebern zugezogen.

»Erinnerst du dich an diesen Strand?«

Wie hätte Akurriro diesen Strand vergessen können! Hier hatten sie ihre erste kleine Hütte gebaut, das erste Lager auf ihrer Hochzeitsreise.

»Der Strand hat sich ein bißchen verändert, nicht, Kury?«

»Das ist es nicht. Die Hauptströmung hat sich etwas mehr auf die Seite der Steilhänge verlagert, und der Strand wurde größer, als der Fluß sein Wasser verlor. Deshalb sieht er jetzt anders aus.«

Akurriro schlenderte über den Strand und hatte das Gefühl, als habe sich alles erst gestern ereignet. Die Erinnerung an ihre Zärtlichkeiten war sehr stark, und sie hatte alles in einem Winkel ihres Herzens bewahrt.

»Hier haben wir das erste Mal gebadet.«

»Ja, und wir werden alles noch einmal machen, wie beim ersten Mal.«

»Alles?«

Er lachte.

»Ja. Gleich.«

Er vermied es, seine Frau anzusehen, wenn er mit ihr sprach.

»Ich werde diesmal auch nicht fischen wie am ersten Tag. Diesmal habe ich etwas zu essen mitgebracht. Heute werden wir nur spazierengehen.«

Er machte Anstalten, noch einmal zum Kanu zurückzukehren.

»Was ist denn?«

»Ich habe etwas im Kanu vergessen.«

Er beugte sich über das Boot und nahm den Bogen, einige Pfeile und eine noch unreife Wassermelone heraus.

»Hast du nicht gesagt, du wolltest nicht fischen?«

»Ich werde nicht fischen.«

»Dann wirst du jagen wollen?«

»Nein. Warte ein bißchen, und du wirst verstehen. Komm mit mir.«

Er ging voraus und hielt den Bogen und die Pfeile in der einen und die Wassermelone in der anderen Hand.

»Und jetzt warte hier.«

Er warf den Bogen und die Pfeile in den Sand und entfernte sich ein Stück mit der Wassermelone. Dann schaufelte er einen Sandhaufen auf und setzte die Frucht obendrauf. Schließlich stellte er sich wieder neben seine Frau.

Er nahm den Bogen und einen Pfeil und bereitete sich darauf vor, auf dieses provisorische Ziel zu schießen.

»Wirst du auf die Melone zielen?«

»Ja, das werde ich.«

Er spannte die Sehne, und der Pfeil flog ab. Ein Zischen ging durch die Luft, und die Melone rollte vom Sandhügel, durchbohrt von Kuryalas Pfeil.

»Habe ich es nicht gesagt?«

»Ja. Und jetzt warte.«

Er ging wieder auf seine Zielscheibe zu, entfernte diese um etwa fünf Meter, häufte einen neuen Sandhügel auf und setzte die Melone darauf.

Dann kehrte er wieder an den Ausgangspunkt zurück.

»Und jetzt?«

»Du wirst sie treffen.«

»Ich weiß nicht.«

Er spannte seinen Bogen und sah angestrengt nach seinem Ziel. Das Sonnenlicht schmerzte ein bißchen, wenn er seine Augen so anstrengte.

Dann schoß er den ersten Pfeil ab, der nicht traf. Akurriro lachte. Sie dachte, er mache sich über sie lustig. Er schoß noch weitere vier Pfeile ab, und nur einer erreichte sein Ziel.

Kuryala blieb gleichmütig. Akurriro wurde von einem leichten Unbehagen erfaßt.

Er vergrößerte nun die Entfernung zu seiner Zeilscheibe um weitere zehn Meter.

»Und jetzt?«

»Du wirst mit allen Pfeilen treffen.«

Er peilte sein Ziel lange und genau an. Nur Kanansiuê kannte die ganze Wahrheit. Die übermenschliche Anstrengung, die es ihn kostete, diese einfache Wassermelone auszumachen, die ihm früher so nah erschienen war, als seine Augen noch gut sehen konnten.

»Kury, jetzt hast du wirklich danebengeschossen. Du wolltest nicht treffen.«

»Doch. Ich wollte treffen. Aber ich habe es nicht geschafft. Ich werde nie mehr richtig treffen können.«

Sie wurde von großer Traurigkeit ergriffen und kehrte ihm den Rücken zu, als erahne sie die bevorstehende Tragödie.

»So ist es. Setz dich. Hierher. Sieh mich nicht an – ich habe dir gesagt, ich werde es dir heute erzählen. Ich werde nun damit anfangen. Du sollst nicht so leiden. Ich habe sehr gelitten. Aber jetzt werde ich mich daran gewöhnen. Mein Herz hat mit Kanansiuê gesprochen. Er hat mich sehr beruhigt.«

Er schwieg, und es gelang ihm, seine innere Erregung zu überspielen.

»Ich weiß es schon lange, aber ich habe es niemandem gesagt. Ich bin sehr krank, Aku. Sehr krank. Das war der Grund, warum ich immer so spät nach Hause gekommen bin. Das war der Grund, warum ich erst mitten in der Nacht in das Haus der Masken gegangen bin. Das war der Grund, warum ich bei den Versammlungen immer mit gesenktem Kopf gesprochen habe und den Boden ansah. Warum hast du denn gedacht, daß ich beim Sprechen immer auf den Boden gesehen habe, oder mitten in der Nacht das Haus verlassen habe und erst zurückkam, wenn es draußen schon dunkel war?«

»Alle sagen immer, wie schön es ist, wenn du sprichst und ihnen etwas aufträgst, ohne den Blick zu heben. Die Karajás sagen, es ist der Respekt, den du gegenüber den Ältesten des Dorfes hast. Sie sagen, du willst nicht, daß sie traurig sind, wenn sie von einem jungen Mann Befehle empfangen.«

»Das ist es nicht. Es hört sich alles sehr schön an, aber es ist nicht die Wahrheit. Ich habe immer Respekt für sie empfunden, wenn ich ihnen in die Augen sah. Doch ich habe es getan, damit sie nichts merken. Damit mich niemand genau ansieht. Verstehst du nicht? Damit keiner in meine Augen sieht.«

Akurriro drehte sich abrupt um.

»Was ist denn mit deinen Augen?«

»Sieh her.«

Sie kniete sich hin und näherte sich seinem Gesicht. Er hob das Kinn an. Das Sonnenlicht sollte genau auf den Krankheitsherd scheinen.

»Kury! Was ist das?«

Sie war entsetzt.

»Was siehst du?«

»Ich weiß nicht, was es ist. Etwas Weißes, so wie die Feder des weißen Reihers. Etwas Weißes, das wie Milch aus deinen Augen läuft.«

»Ja, so ist es. Am Anfang habe ich es fast gar nicht bemerkt. Jetzt wird es immer schlimmer. Das ist der Grund, warum ich so oft an der Melone vorbeigezielt habe. Von nahem kann ich immer noch etwas sehen. Aber in der Ferne verschwimmt alles.«

»Was wirst du tun?«

»Es gibt nichts, was ich tun kann.«

»Du, der alle Heilmittel kennt und gelernt hat, alle Krankheiten zu heilen?«

»Das ist keine Krankheit der Karajás. Ich habe noch nie von dieser Krankheit gehört. Das ist eine Krankheit der Weißen, und nur die Toris können sie heilen. Sie wird jeden Tag schlimmer.«

Sie fragte wieder aufgebracht: »Aber was wirst du jetzt machen, Kury?«

»Ich habe schon viel darüber nachgedacht. Ich kann nicht länger der Häuptling von Raumaló-Mandô-Dessé bleiben.«

»Das kannst du nicht tun. Du bist für dieses Amt erzogen worden. Von klein auf warst du zum Häuptling deines Dorfes bestimmt. Alle mögen dich. Das kannst du nicht tun. Es geht nicht.«

»Ich kann nicht länger Häuptling sein, wenn ich nicht mehr richtig sehen kann. Und vor allem jetzt, seit dieses Weiße in meinen Augen immer schneller wächst. Bald werde ich nichts mehr sehen können.«

Akurriro begann zu weinen.

»Jetzt bist du es, die weint. Komm her. Weine nicht. Ich brauche deinen Mut. So hilfst du mir nicht. Laß uns gehen.«

Sie liefen Arm in Arm zum Fluß.

»Laß uns wie früher ein Bad nehmen. Wie beim ersten Mal. Ich will nicht, daß du traurig bist. Dieser Ort soll uns immer an alles erinnern, was schön ist und uns froh macht. So schön wie das erste Mal, als wir aus der dunklen Hütte hierherkamen, nachdem wir uns das erste Mal geliebt haben. Komm!«

Die Sonne schien mit voller Kraft. Es war heiß, und der Wind kräuselte das Wasser zu kleinen Wellen, die wie glänzende Schuppen auf dem Fluß tanzten.

Sie tauchten ins Wasser und versuchten, ihre Traurigkeit wegzuspülen, die sie beide gleichermaßen erfaßt hatte.

Akurriro lächelte und bemühte sich, ihren Schmerz zu verbergen. Von nun an mußte sie sehr stark sein, um sich mit der neuen Situation abzufinden. Wenn das Weiße in Kuryalas Augen größer würde, kam eine neue Aufgabe auf sie zu: Ihre Augen mußten dann für vier Augen sehen. Für Kuryala würde es noch schmerzlicher sein. Er mußte seine Stellung als Häuptling aufgeben, nachdem er sich sein ganzes Leben so sehr darauf vorbereitet hatte. Und warum nur? Warum das alles? Hatte ihm jemand sein Leben geneidet? Hatte jemand einen Zauber aus Wachs und Federn vor Kuryalas Hütte vergraben, um dieses Unglück heraufzubeschwören? Das konnte sie nicht glauben. Aber es gab keine andere Erklärung. Obwohl Kuryala so gut und gerecht war, hatte sein hohes Amt, das er gegenüber den Jungen seines Dorfes eingenommen hatte, sicher jemanden verärgert. Das konnte jemand aus Raumaló-Dessé oder auch aus einem anderen Dorf flußabwärts sein. Sie würde sorgfältig danach suchen und den bösen Zauber ausgraben, noch bevor seine verderblichen Kräfte die Augen von Kuryala weiter angreifen konnten.

Sie badete ohne große Begeisterung, bemühte sich aber, den gegenteiligen Eindruck zu erwecken. Mit einem Lächeln auf den Lippen lief sie auf den Strand, obwohl ihr eher danach war, sich in den Sand zu schmeißen, sich die Haare zu raufen und ihre Verzweiflung in den Himmel herauszuschreien.

Der Strand schien plötzlich leer. Nicht einmal die Erinnerung an frühere Zeiten erschien ihr noch wirklich. Die Störche zogen wie immer ihre großen Kreise in der Luft, vom Wind getragen. Bunte Löffelreiher setzten mit ihren rosafarbenen Flügeln Farbtupfer in den blauen Himmel. Aus dem Wald am anderen Ufer des Flusses war das brummelnde Gurren der Manguaris zu hören. Aufgeregte Ciganas liefen in ganzen Trupps durch den Busch, so als wollten sie die ungebetenen Gäste vertreiben.

Die Sandbänke in der Mitte des Flusses wurden immer höher und trockener. Der Wind brachte Unordnung in ihren weißen Sand und wirbelte kleine Vorhänge aus goldenem Staub auf, die sich der Indiofrau trotzig in den Weg stellten und gegen ihre Beine schlugen. Auch die Miguelinhos und Odiúras im Fluß waren so hungrig und angriffslustig wie immer und versuchten mit allen Mitteln, ihre Freßgier zu befriedigen.

Alles an diesem Ort war wie beim ersten Mal. Aber sobald sie etwas an diesem Strand genauer besah, hatte sie den Eindruck, der Strand, die Sonne und das Leben um sie herum seien erloschen. Sie lächelte. Sie zeigte ihr strahlendstes Lächeln. Sie würde immer lächeln. Nie sollte Kuryala Tränen in ihren Augen, nie das geringste Zeichen von Mitleid sehen. Sie würde kein Mitleid mit ihm zeigen. Der mächtigste Häuptling der Karajás sollte niemals das Erbarmen auf einem menschlichen Gesicht wahrnehmen. Sie würde lächeln, bis die Nacht in seine Augen eingekehrt war. Bis der König der Aasgeier seine behaarte Brust geöffnet hatte und, zufrieden über seine gelungene Rache, auch die letzten Lichtstrahlen von Tahiná-Kan wieder eingefangen hatte.

Alle kamen auf seinen Wunsch zusammen, um seinen Rücktritt entgegenzunehmen. Er saß in der Mitte, ihm gegenüber hatten die Ältesten und Verantwortlichen des Dorfes Platz genommen.

Der Anfang fiel ihm schwer. Aber seine Stimme sollte stark klingen, entschlossen und frei von Gefühlsregungen. Er hielt eine kurze, deutliche Ansprache.

»Ihr habt mir euer Vertrauen geschenkt. Ihr habt aus mir einen jungen Mann gemacht, der Häuptling des Dorfes Raumaló-Dessé sein sollte. Ich habe allen gehorcht und alles gemacht, was ihr mich gelehrt habt. Aber jetzt bin ich nicht mehr in der Lage, dieses Amt weiter auszuüben. Ich hoffe, daß ich in meiner Zeit als euer Häuptling ehrlich und arbeitsam war. Ich habe versucht, alle zufriedenzustellen und allen ein Leben in Frieden zu geben. Ich glaube, das ist mir gelungen. Jetzt ist der Augenblick gekommen, um mein Häuptlingsmesser an einen zu übergeben, der das Dorf besser leiten kann als ich. Hier ist es. Ich bedauere, daß meine Gesundheit mich daran hindert, euch weiter zu führen, denn das würde ich am liebsten tun. Aber meine Augen lassen es nicht zu. Es wird einer das Dorf leiten, der kräftiger und vollkommener ist als ich.«

Er legte das große Holzmesser mit dem hübschen verzierten Schaft und dem rotbemalten Blatt auf seine Matte. Ein kurzes Schweigen entstand, dann ertönten die ersten Lobreden:

»Du bist immer gut und fleißig gewesen!«

»Du hast die Fische immer gerecht verteilt!«

»Jedes Kanu hatte immer gleich viel Männer und Arme zum Rudern!«

»Du hast immer dafür gesorgt, daß die Karajás die Felder der anderen achten!«

»Du hast alle großen Feste wie den Retô-rekan immer zu den besten Tagen des Jahres und zum richtigen Zeitpunkt gefeiert.«

»Deine Feste waren die schönsten!«

»Nie hat das Haus des Aruanã schönere Masken besessen!«

»Du hast die Männer gelehrt, den Frauen bei den schweren Arbeiten zu helfen!«

»Du hast uns bewiesen, daß es keine Schande ist, wenn ein Mann im Wald Brennholz sucht, solange seine Frau einen dikken Bauch hat!«

»In deiner Zeit als der jüngste und größte Häuptling der Karajás hat es uns an nichts gefehlt!«

Arueci ergriff das Stammesmesser des Häuptlings und fügte hinzu:

»Wir haben lange nachgedacht und uns entschlossen, dieses Messer in die Hand unseres letzten Häuptlings Kurumaré zu legen. Er wird an deine Stelle treten, bis wir in aller Eile einen jüngeren Häuptling vorbereitet haben. Aber du, Kuryala, wirst für die Karajás von Raumaló-Dessé immer ein Häuptling bleiben. Ein großer Ehrenhäuptling, den wir immer um Rat fragen werden und zu unseren Versammlungen einladen werden.«

Es war schon erstaunlich, daß ein reifer Indio wie Arueci, der an das harte Leben im Buschwald gewöhnt war, so sehr von seinen Gefühlen ergriffen wurde.

»Zum Schluß danken wir dir alle für das, was du in diesen Jahren getan hast, und bitten Kanansiuê, er möge Kuryala noch lange Zeit die Sehkraft bewahren, die er noch hat. Diese Augen, die nur sahen, was gut und richtig war.«

Kuryala erhob sich. Keine seiner Gesichtsmuskeln verriet seine Rührung.

»Ich werde jetzt gehen. Tiotoitika und Arakre!«

»Danke und auf Wiedersehen!«

Er mied das grelle Sonnenlicht des Tages, denn er dachte, er könne so das Unheil hinauszögern, doch sein Augenlicht wurde immer schlechter.

Jetzt ging er nur noch nachts fischen, manchmal im Schein einer Fackel. Aber bald störte und ermüdete auch dieses Licht seine Augen.

Alles, was verging, war die Zeit. Mit jedem Tag ein wenig mehr. Es fehlte nicht mehr viel – und die große Nacht würde ihn umgeben. Er schob die Angst von sich und ergab sich widerstandslos seinem Schicksal.

Und während die Tage so vergingen, nahm ein neuer Kummer Gestalt an. Sie luden ihn nicht mehr zu allem ein. Über seine Stellung als Häuptling hatte sich der Sand des Vergessens gelegt. Nicht einmal Kurumaré dachte mehr daran, ihn einzuladen, wenn er die Kanus für den großen Fischfang am Rio das Mortes einteilte. Er war ihnen nicht böse, obwohl es ihn schmerzte. Er sah ein, daß er zwar mit seinen schlechten Augen noch beim Rudern helfen konnte, aber auf den Streifzügen und bei der Suche nach Schildkröteneiern am Strand gestört hätte.

Der Chef des Indiopostens hatte ihm ein wenig Draht gegeben, und solange er noch etwas sehen konnte, hatte er den Grund und Boden um seine Hütte eingezäunt. Dort errichtete er mit Akurriros Hilfe eine kleine Pflanzung. Sein eigenes Feld. Er schaffte es nicht mehr, die anderen Indios auf die drei Léguas Fußmarsch bis zu den großen Plantagen hinter dem Dorf zu begleiten. Zwar beschenkten sie ihn reichlich mit Bananen, Maniok, Zuckerrohr und vielen anderen Dingen. Aber er wollte niemandem zur Last fallen. Sein Vater versuchte, ihm Mut zu machen. Armer Vater Belerriro: Er hatte kein Glück mit ihm als Häuptling gehabt, und auch als Sohn hatte er den Vater enttäuscht, denn er hatte ihm nicht einen Enkel schenken können.

Währenddessen ereigneten sich die seltsamsten Dinge in den Flußniederungen des Araguaia. Die Xavantes waren dem Fluß sehr nahe gekommen. Schließlich hatten sie ihn sogar überquert und ein altes Ehepaar an der Sperre von São Pedro getötet, dort, wo ein Weißer mit Namen Ubaldino sich darauf versteift hatte, seine eigene Fazenda zu bauen und durch nichts davon abzubringen war. Viele, die sich auf den Araguaia gewagt hatten, waren von den Xavantes hinterhältig erschlagen worden. Diese wilden Indios hatten sogar zwei Padres getötet.

Doch die Toris hatten vor nichts Angst. Das waren vielleicht seltsame Menschen. Es kam jetzt oft vor, daß die großen Kähne der Diamantensucher in Richtung Norden vorbeifuhren, auf der Suche nach den Diamantenminen. Es schien, als liebten die

Toris die Gefahr. Auf dem Indioposten sagte man sich, daß immer mehr Weiße gekommen seien, weil ihre Stadt zu klein sei für so viele Menschen. Das sei der Grund, warum sie hierherkämen und sich hier niederließen.

Abgesehen von diesen Kähnen bekamen die Indios nun eine andere Neuheit zu Gesicht: ein Boot, das von einem Motor angetrieben wurde. So etwas! Diese Boote ersetzten fünfzig Kanus mit den besten Ruderern vom Stamm der Karajás, die Tag und Nacht in der Strömung ruderten. Die Toris hielten ihre Motorboote an, um Früchte zu kaufen. Sie tauschten alles gegen Tabakwaren und Zuckerrohr. Gute Sachen. Sie sahen sich alles an, vor allem die nackten Indios. Sie lachten über die Zigarrenpenisse der Männer, und ihre Augen klebten lange auf den straffen Brüsten der Frauen und jungen Mädchen. Genauso wie die Leute vom Posten, als sie zum ersten Mal hierhergekommen waren. Die hatten sich jetzt daran gewöhnt.

Es brach großer Jubel aus, sobald ein Motorengeräusch zu hören war. Das ganze Dorf geriet in Aufruhr, und alle liefen schnell an den Steilhang, um sich die besten Plätze zu sichern. Es war schön, das große Tier anlegen zu sehen, wenn es mit seinem Maul gegen die Böschung stieß. Und die Toris hatten feuerrote Gesichter, denn sie waren soviel Sonne nicht gewöhnt. Überall hatten sie Bärte, nur nicht über den Augen. Haare in allen Farben: schwarze, gelbe, rote, orangefarbene. Einige hatte sogar weiße Fäden in den Haaren.

Und sie alle kamen und glotzten auf die nackten Karajás. Kuryala bemerkte bald, daß sein Volk sich zu schämen begann, weil es nichts hatte, um seine Nacktheit zu verdecken. Hatte ihnen ein Pay einmal Kleidung gegeben, und das geschah nicht oft, dann hatten sie diese nur getragen, um sich beim Fischfang oder bei der Feldarbeit gegen die Moskitostiche auf dem Rükken zu schützen. Sonst wären die Sachen schnell verschlissen und nicht mehr zu gebrauchen gewesen. Dann hatten sie wieder ohne Kleidung gearbeitet, und niemand hatte sich daran gestört. Aber die Toris sind schlaue Füchse. Sie wissen verdammt viel. Verflucht schlau! Gut waren ihre Schachteln mit den Strölzern, und man hatte Glück, wenn sie einem einen Angelhaken und eine feine, harte Leine zum Angeln tauschten. Die konnte nicht einmal ein wütender Piranha zerbeißen.

Je mehr Kuryala an Augenlicht einbüßte, um so mehr schienen sich die Nachrichten über die Weißen zu häufen. Sie waren dabei, an einem Steilhang flußaufwärts ihre Hütten zu bauen. Immer mehr Weiße lebten nun in Saõ Felix. Aus den vier Hütten, die anfangs dort gestanden hatten, war ein riesengroßes Dorf geworden. Man konnte ihre Hütten fast nicht mehr zählen.

Immer mehr Leute kamen zum Indioposten. Die mußten wohl kommen. Sie brauchten mehr Hände für die Arbeit auf der Fazenda. Ja, die waren nötig. Schlaue Füchse, diese Toris! Einige von ihnen waren verrückt auf die Tonpüppchen der Karajás. Sie mochten die Figürchen, aber beschwerten sich darüber, daß sie so schnell zerbrachen. Beim ersten Schlag zerstäubten sie gleich, als seien sie aus Mehl. Es mußte ein Weg gefunden werden, sie zu brennen. Die Sonne allein reichte nicht aus. Und die Karajás überlegten und überlegten. Probierten dieses und jenes, bis es ihnen gelang, die Figuren härter zu machen. Sie stellten sie nahe ans Feuer, nicht zu nah, damit sie nicht rissen. Härter und »niedlicher«. Man konnte jetzt mit dem Finger dranklopfen und sie brachen nicht und machten »Tuiim!« So klangen nicht mal die Tonkrüge, mit denen Wasser aus dem Fluß geholt wurde.

Armer Kuryala, um dich steht es schlecht! Du mußt jetzt sehr nahe an jemanden herangehen, um ihn zu erkennen. Die Jahre gehen vorbei. Wenn er sich dir nicht nähert, kannst du ihn nur an der Stimme erkennen, nicht wahr?

»Die Zeiten haben sich geändert«, sagte Kuryala. »Seht ihr nicht, daß immer mehr Weiße kommen? Das ist gut. Die Toris sind schlaue Füchse. Das Land hier war sehr groß für uns. Viel zuwenig Indios für soviel Land. Wie es jetzt ist, ist es besser. Die Karajás machen jetzt größere Reisen und stoßen immer öfter auf die Dörfer der Weißen. Geh mal dahin. Tausche was ein. Gib ihnen Bananen, Papayas, Süßkartoffeln. Trink dieses lekkere, schwarze Getränk mit ihnen. Kaffee. Zuerst habe ich gesagt: Gaffee. Und sie: Nicht Gaffee, Kuryala – KAFFEE. Da konnte ich es. Die Toris sind schlaue Füchse. Verdammt schlau!

Es ist schon lange her, seit ein Mann vom Indioposten den sprechenden Kasten hierher holte. Das Ding kann pfeifen und macht Fiu-fiu. Am Anfang war es schwer. Aber die Toris sind schlaue Füchse. Sie haben es versucht und versucht. Haben ihre Ohren fest an diese kleinen Muscheln geklebt, bis sie die Stimme von einem anderen Weißen aus ihrer Stadt hörten. Heiliger Kanansiuê, was hatten die Indios Angst! Die dummen Karajás glaubten, der Tori habe mit Kunin gesprochen!

Dieser Kasten brachte dann auch die Neuigkeit. Er redete und redete, immer das gleiche, dreimal hintereinander. Sorrodire! Nati! Natã![77] Keiner konnte verstehen, was der sagte. Kein Karajá. Aber alle hier wollten es unbedingt wissen. Der Mann, dem das Fiu-fiu gehörte, fing sogar an zu zittern, als habe er schlimmes Fieber.

Warum denn?

Einer der Karajás, der mehr wußte als die anderen und schon viel von der Sprache der Christen verstand, sagte:

Es ist der Große Papa.

Wer ist der Große Papa?

Der Indio kratzte sich am Kopf. Er wußte nicht, was er den anderen sagen sollte.

Er heißt eben so. Der Große Papa ist der mächtigste Häuptling der Toris, versteht ihr? Ein großer, mächtiger Häuptling.

Einer von den dummen Karajás stellte eine dumme Frage:

So groß? und zeigte auf den Stamm einer Kokospalme.

Der andere lachte.

Nein. Ein Mann wie du und ich. Aber er ist der Häuptling, der alles herumkommandiert, was Tori ist.

Und was will er hier?

Der Große Papa läßt sagen, daß ein großes Boot über den Fluß kommen wird. Es wird viele Toris mitbringen. Viele Toris werden ein Haus bauen, größer als das Haus der Masken. So groß wie zehn Häuser von Aruanã. Sie sollen eine Flugzeugbahn bauen, hat er gesagt. Weißt du, was ein Flugzeug ist? Guck!

Der schlaue Indio hob die Arme und machte einen Vogel nach.

Ein Storch?

Nein. Ein Flugzeug spricht und grunzt wie diese kleinen Tiere, die nach da oben geflogen sind und die wir Birreauti genannt haben.

Birreauti.

Genau. Es wird sich hier auf den Boden setzen.

Aber Karajás sind neugieriger als alte Weiber.

Wie heißt der Große Papa?

Getúlio.[78]

Der Indio sagte noch ein langes Stück Namen vor dem Namen Großer Papa, aber das konnte ein Karajá nicht behalten.

Also nur Getúlio. Mal sehen, wer das behalten hat. GETULIO !

Alle haben es behalten.«

Und eine neue Angst schlich sich in Kuryalas Seele. Seit seine Augen in das Licht von Tahiná-Kan getreten waren, waren sie immer schlechter geworden.

Ängstlich hatte er Kanansiuê um Hilfe gebeten. Er wollte noch so lange sein Augenlicht behalten, bis der Große Papa Getúlio kam.

Diesmal strengte sich Kanansiuê über alle Maßen an und kam ihm zu Hilfe.

Eines Tages fuhren Männer in einem großen Boot den Fluß hinunter und begannen mit dem Bau der großen Hütte.

Vor dem Eintreffen der Männer hatte der Indioposten einen neuen Chef bekommen. Er war sehr gut und nannte sich Alberico. Er sah überall nach dem Rechten, um dem Präsidenten des Landes bei seinem Besuch Eindruck zu machen. Stellt euch das vor! Ein Präsident, der den Mut hatte, sich in eine solche Wildnis am Ende der Welt zu begeben! Das mußte ein Held sein! Ein Gott. Sicher würde er ihnen helfen und das ganze Elend erkennen, das es hier gab. Wenn er kam.

Dann befahl Alberico den Männern, die Mangobäume[79] im Süden des Dorfes abzuhacken. Er säuberte, durchbohrte und zerstörte die Termitenhügel und glättete den Boden. Er vollbrachte Wunder wie der Größte aller Heiligen. Es entstand eine Flugzeugbahn aus fester Erde. Alle waren stolz auf ihn. Was für ein Mann!

Eines Tages kam dann der Große Papa. Das war ein Fest. Von überall her tauchten Menschen auf. Sie töteten einen fetten Bullen, um zartes Fleisch für das Fest zu haben. Weiße, die noch nie ihre Nasen ins Dorf gesteckt hatten, zeigten sich plötzlich in ihrer ganzen Häßlichkeit.

Kuryala sah den Großen Papa in die große Hütte gehen. Vorher hatte er bei ihnen vorbeigesehen. Er hatte eine große Kiste mit Geschenken in den Händen gehalten.

Kuryala hatte seine Augen angestrengt, so gut er konnte.

Das sollte also der Große Papa sein? Groß? Dieses Männchen? Mit diesem Bauch, den er vor sich herschob? Das mußte ein besonders schlauer Fuchs sein, der so zum Großen Papa geworden war. Er schien ein guter Mensch zu sein, denn er hatte immer ein Lächeln auf dem Gesicht. Dann hatte er die Kiste geöffnet. Darin war eine Sammlung mit den schönsten Messern in allen Größen.

Der Große Papa fragte Alberico:

»Wer ist hier der Chef?«

Alberico wand sich wie eine Schlange.

»Er ist auf Reisen.«

Doch der Große Papa mußte von dem Brummen des Flugzeugs und der langen Reise taub sein. Er hatte die Antwort wohl nicht gehört, denn er lachte noch mehr. Dann sah er um sich und erblickte die nackte, muskulöse und beeindruckende Gestalt von Uataú, der ihn mit seinen perfekten Zähnen stolz anlachte.

»Komm her, mein Häuptling. Ich habe dir diese Messer mitgebracht.«

Uataú nahm die Messer an sich, drückte die freundschaftliche Hand und stammelte überglücklich:

»Tiotoitika! Danke!«

In diesem Augenblick fühlte sich Kuryala sterben. Er war gerade gestorben, aber er war sich sicher, daß er für das Volk der

Karajás schon lange tot war. Keiner von ihnen trat vor und sagte:

»Nein, Großer Papa. Nein, Getúlio. Der Häuptling ist auf Reisen. Aber hier ist der Ehrenhäuptling, Kuryala.«

Hätten doch alle im Chor gesungen:

»Ja. Das ist Kuryala, Häuptling und Karajá!«

Doch niemand sagte etwas.

Es war ein ruhiger, sehr heißer Tag. Kuryala und Akurriro saßen unter dem Mangobaum, der in die Höhe geschossen war. Kuryala versuchte, den Fluß zu erkennen.

»Aku?«

»Hm.«

»Ist es schon dunkel?«

Sie sah in den Himmel, und ihr Herz begann heftig zu klopfen.

»Ja, Kury. Es wird schon dunkel.«

»Aber es ist noch so heiß.«

Er sah auf seine Füße. Seine Füße waren nicht mehr da. Er richtete seine Augen wieder auf den Fluß, doch es gab keinen Fluß mehr.

Er schluckte.

»Aku?«

Er öffnete seine Arme und schlang sie um die Gestalt, die nah an ihn heranrückte. Er drückte sie fest an sich und sprach, ohne zu weinen. Er wußte, daß er von nun an nie mehr weinen würde.

»Aku?«

»Ja, Kury?«

»Die Nacht ist gekommen.«

Dritter Teil

Die Kanus

Erstes Kapitel

Die große Nächstenliebe

Sarmento kam aus dem Zimmer, in dem der Telegraph stand. Er hielt einen Zettel in der Hand, auf den er eine Nachricht gekritzelt hatte. Sein rundes Gesicht unter dem leicht krausen Haarschopf, den er ständig kämmte und der von der Sonne einen rötlichen Ton bekommen hatte, zeigte eine gewisse Zufriedenheit. Die starken Brillengläser ließen seine freudig strahlenden Augen noch größer erscheinen.

Er verließ die Baracke und schritt in seinen ehemals schwarzen Stiefeln, die jetzt mit weißem Staub und Lehm bedeckt und völlig verkratzt waren, auf das Haus des Hauptverwalters der Indiobehörde zu.

Ohne große Förmlichkeiten trat er auf die Terrasse vor dem großen Haus und verkündete die Nachricht.

»Chef, wir bekommen Besuch. Es wird ein großes Flugzeug von der FAB[80] kommen und Leute mitbringen, die sich den Posten ansehen wollen.«

Er übergab die Botschaft seinem Vorgesetzten. Sein fetter, schwitzender Chef mit dem kurzen Hals griff nach dem Schreiben und las es begierig.

»Steht da nicht, wer kommt?«

»Doch. Moment mal. Ein Hauptmann, ein Leutnant, ein Telegraphist und ein Soldat. Soweit die Besatzung. Ich hab mir bald ein Bein ausgefreut, darum hab ich's nicht aufgeschrieben. Aber ich erinnere mich dran.«

»Sonst noch was?«

»Ach, ja. Es kommen noch zwei Offiziere von der Armee und zwei Ärzte.«

Der Chef kratzte sich leicht verärgert den Kopf und dachte

an die Hennen, die er mit soviel Mühe heranzog. Er würde sie nun zwangsläufig zur Aufstockung der Essensvorräte schlachten müssen.

Er drehte und wendete das Papier zwischen den Fingern und beschwerte sich mit säuerlicher Miene:

»Sarmento, immer vergißt du was! Wann, zum Teufel, kommt dieses verdammte Flugzeug?«

»Ich hab nicht dran gedacht, mir's aufzuschreiben, aber ich erinnere mich dran. Es kommt genau am Freitag.«

»Was für ein Tag ist das?«

»Übermorgen.«

»Hm! Dann haben wir zwei Tage, um das Haus aufzuräumen. Haben sie gesagt, um wieviel Uhr?«

»Wie, um wieviel Uhr?«

»Um wieviel Uhr das Flugzeug kommt!«

»Ah! Jetzt weiß ich. Ich dachte, Sie meinten, wann wir das Haus aufräumen. Also, sie kommen gegen Nachmittag. Zwischen zwei und drei Uhr. Aber Sie können sicher sein, daß die nicht vor fünf hier sind.«

»Das ist doch ein Mist! Die kommen gerade richtig, um mir mein Wochenende zu versauen. Ich hatte mir schon ein schönes Kanu besorgt, um mit Arutana herauszufahren und an der Mündung von der runden Insel Rabenfische[81] zu fangen. Jetzt kann ich das abblasen.«

Nervös kratzte er sich wieder am Kopf. Er steigerte sich langsam in seinen Ärger hinein, und bald kratzte er sich die Brust und unter den Achseln, wo sein schmutziges Hemd große Schweißflecken aufwies. Als seine Finger zwischen den Beinen angelangt waren, hielt er mit dem wütenden Gekratze inne.

Insgeheim mußte Sarmento über die Wut seines Chefs lachen. Der war auch nicht anders als die vielen anderen, die hierhergekommen waren und begriffen hatten, was das Ende der Welt ist. Und am Arsch der Welt war nicht viel los. Was hätten sie auch schon groß machen können mit ihrem Lohn, der sechs bis acht Monate zu spät eintraf? Und dann die Hitze, die einen fertigmachte. Der Fluß sagte: Sei nicht verrückt, komm fischen, das Beste, was du tun kannst. Und so war's auch. Es gab nicht viel zu tun. Die Flugbahn roden lassen, ein Auge auf die Häuser werfen, die Löcher zustopfen, die der Wind und der Regen in die Dächer geschlagen hatten, auf der Fazenda nach dem Rechten sehen und sich bloß nicht aufregen, wenn der Pächter von der Fazenda sich klammheimlich ein Stück Vieh unter den Nagel riß. Heimlich, versteht sich, um sich ein paar Groschen zu verdienen oder ein Tauschgeschäft in den Läden von Saõ Felix zu machen. Schließlich waren zu Hause viele Mäuler zu stopfen, und seine Frau, Dona Joana, so eine Kleine, Willige, die hatte immer einen dicken Bauch. Da war immer zunehmender Mond.

Sein Chef hatte sich wieder etwas gefangen, und Sarmento fragte:

»Brauchen Sie etwas?«

»Ja.«

Der Dicke griff mit der Hand an seinen Gürtel und holte einen Bund alter, rasselnder Schlüssel hervor.

»Nimm diesen langen Schlüssel hier und mach mir das Materiallager auf. Auf dem Regal mit dem Reis, hinter den Bananen, die noch unreif sind, liegt eine Kiste. Mach die Kiste auf und sieh nach, ob die Motten die Rolle mit dem Klopapier angefressen haben. Wenn nicht, bring sie mir. Die Leute von außerhalb haben die reinsten Kinderärsche, denen kannst du noch lange nicht alles anbieten. Tu aber die Rolle erst dran, wenn das Flugzeug aufgesetzt hat. Du kannst gehen.«

Sarmento machte auf den Fersen kehrt. Insgeheim genoß er die Bedrängnis, in der sich sein Chef befand. Jetzt würde eine wahnwitzige Rennerei beginnen. Sie würden die Mutter von Gentil rufen. Die hatte die Schlacht in der Küche zu schlagen. Sie konnte sogar ganz lecker kochen, wenn sie es auch manchmal mit dem Würzen übertrieb. Dann würde der Dicke die Indiomädchen holen, zum Säubern des großen Hauses. Die fingen Fledermäuse, verbrannten ein bißchen Gras, um die Moskitos in die Flucht zu schlagen, die vor der nächtlichen Kälte ins Haus geflohen waren, und fegten den Staub weg, den der Wind vom Hof und den Sandstränden des alten Araguaia hereinwehte.

Doch dann kam erst das härteste Stück Arbeit. Dieses verfluchte Klo! Nur das große Haus hatte eine Toilette und ein Bad. Die Dusche bestand aus einer zurechtgebogenen Öldose, an die der Brausekopf angeschweißt war. Die Dose war an einer Schnur befestigt und auf und ab zu bewegen, wenn sie mit Wasser gefüllt werden mußte. Man konnte sogar ein richtig schönes Bad nehmen. Allerdings zog hier alle Welt das angenehme Wasser des Flusses vor. Wer von außerhalb kam, hörte bald auf, sich darüber zu beschweren, fand sich schließlich damit ab und gewöhnte sich zu guter Letzt an den Fluß. Auch wenn alle Welt immer wieder Horrorgeschichten von den Piranhas zu melden hatte und einige sogar behaupteten, ein Bad sei viel zu gefährlich, denn man ginge als Mann ins Wasser und käme mit einem Weiberstimmchen wieder raus.

Sarmento betrat das Lager. Der Geruch von Schimmel und Fledermausdreck stach ihm in die Nase. Er suchte nach der Rolle Toilettenpapier und ging dabei so vor, wie man es ihm aufgetragen hatte. Er liebäugelte mit den aufgehängten Bananen. Aber die verdammten Dinger waren noch nicht soweit.

Dann zog er die Rolle Papier ans Licht und lachte genüßlich. Es war die letzte, und sie war gelblicher als die Gesichtsfarbe eines von Malaria befallenen Halbblutes. Etwas war daraufgetropft, denn das Papier war an den Rändern aufgequollen. Auf alle Fälle konnte es noch seine Dienste leisten. Besser so was, als Blätter aus dem Wald. Noch dazu zu dieser Jahreszeit, wenn überall die kleinen Kletten hingen, und, was noch schlimmer war, Milben alles heimsuchten.

Er verließ das Lager, jedoch nicht ohne vorher noch einmal einen gierigen Blick auf die hübschen Bananen zu werfen, die langsam gelblich wurden. Sein Appetit ließ einen Plan in ihm reifen. Sobald sich die Bananen von den Büscheln lösen ließen, würde es ein leichtes sein, zu fortgeschrittener Stunde, wenn niemand ihn stören konnte, über diese Wand zu klettern und sich mit einem Sack über die Dachsparren wieder davonzumachen. Wenn sich dann später einer beschweren sollte, tcha, diese verteufelten kleinen Karajás! Er würde bestätigend mit dem Kopf nicken: Das sind mir ein paar Früchtchen!

Da fiel ihm wieder das große Haus ein. Er mußte an alle Einzelheiten denken: an die Hängematten, die sie aufhängen würden, an die angeschmutzten Bettlaken, mit denen sie einige der Betten überziehen würden, an die mit Stroh gefüllten Matratzen voller Knubbel, auf denen einige der Besucher, die nicht an die schaukelnden Hängematten gewöhnt waren, es vorzogen, ihren Schlaf zu finden. Eine gute Seite hatte das Ganze. Eine sehr gute Seite. Der Chef hatte sicher schon den Befehl gegeben, ein fettes Stück Vieh zu schlachten. Das würde sehr viel Fleisch für die paar Leute sein. Also würden alle auf dem Posten ihren Anteil bekommen.

Er malte sich schon aus, wie sie alle in dem Saal mit den brennenden Lampions saßen und nach Herzenslust aßen, denn der Buschwald machte einen Wolfshunger. Er sah schon die Indios, die von draußen alles beobachteten, ganz heiß darauf, ein Stückchen von dem Fleisch, ein paar Überreste abzubekommen. Aber klar doch, das würden sie schon.

Die Rolle Toilettenpapier in seiner Hand erinnerte ihn wieder an das Klo und die Dusche. Das würde hart werden! Ein richtig hartes Stück Arbeit. Das Örtchen befand sich nicht im Haus, sondern im Innenhof des Verwaltergrundstückes und wurde von allen benutzt. Keiner gab weiter darauf acht. Keiner kümmerte sich groß um Sauberkeit. Und dann wurde der Abort immer heimlich besucht. In den ruhigen Nachtstunden herrschte dort das Regiment der Scheiße. Die Toilette war so verstopft, daß die Leute hier sie aufgegeben hatten. Der Boden sah aus wie eine ganze Siedlung stinkender Ameisenhügel. Und jetzt mußte das alles geputzt werden! Hübsch und wohlriechend sollte es sein! Es mußte Wasser in Krügen aus dem Fluß geholt werden und – schwuppdiwupp! Ein Krug, zwei, fünfzig, tausend. Alle sollten es schön haben. So war es doch!

Er kehrte auf das Grundstück vor der großen Baracke zurück und traf dort auf Dóttie. Sie saß auf einer Bank, hatte ihre spindeldürren Beine von sich gestreckt und sah noch schrecklicher aus als gewöhnlich. Ihr ganzes Gesicht war mit der Hälfte einer in Jenipapoextrakt getauchten Kokosschale bemalt worden. Das sah aus, als seien Wildkatzen über die Falten ihres eckigen und mageren Gesichtes gelaufen und hätten dort ihre Pfotenabdrücke hinterlassen. Ihre grauen Augen hinter den starken Brillengläsern beobachteten beklommen alle Bewegungen, die Sarmento vollführte.

Er hielt ihr die Rolle Toilettenpapier hin, und sie verstand seine stumme Botschaft.

»Kommt jemand?«

»Ja, meine Dame.«

Ihr Gesicht zuckte vor Schmerz, Verachtung legte sich auf ihre Züge.

»Ich werde mich aus dem Staub machen.«

»Das sollten Sie nicht, Dona Dóttie. Vielleicht ist es sogar gut. Es werden auch zwei Ärzte kommen. Auf die Leute hier hat schon lange kein Arzt mehr einen Blick geworfen.«

Dóttie verschränkte die Arme und versteckte ihre verunstalteten Finger mit den brandnarbigen schwarzen Nägeln unter der flachen, freudlosen Brust.

Die Männer setzten sich auf die rohen Holzbänke auf der Terrasse. In einiger Entfernung hatten die beiden Ärzte die leicht schaukelnden Hängematten im Halbschatten aufgesucht, um sich auszuruhen.

Im Saal waren sie dabei, die Reste des Abendessens abzuräumen. Einige Indios, in der Mehrzahl Frauen, sammelten Küchenabfälle in Kürbisflaschen und Tonpfannen, um sie mit in ihre Hütten zu nehmen. Eine abgemagerte, hungrige Hundeschar streifte ungeduldig um das Grundstück und wartete auf einen Knochen oder ein paar Überreste. Manchmal rauften sie miteinander, bellten und bissen sich im Kampf um ihre Beute. Wenig später war dann ein Winseln zu hören, wenn ein Knüppel auf ihre Rücken einschlug und sie zum Schweigen brachte.

Der Chef trug ein frisches Hemd, hatte sich rasiert, die widerspenstigen Haare gekämmt und kam aus der Küche, um die Besucher zu empfangen. Das Knarren seiner spröden Stiefel war schon von weitem zu hören.

Er wurde gelobt und lächelte.

»Was für ein leckeres Abendessen! Ein richtiges Bankett!«

»Man tut, was man kann. Wie schade, daß wir Ihnen keine Süßspeise zum Nachtisch anbieten können. Aber es ist mehr als schwierig, hier an so was zu kommen.«

»Kein Mensch denkt an Nachtisch. Ich für meine Person habe gerade eine so süße, wohlriechende Banane wie nie zuvor in meinem Leben gegessen. Aber ein Kaffeechen, da würde ich jetzt nicht nein sagen.«

Der Chef kratzte sich besorgt am Kopf und brachte wieder sein Haar in Unordnung, das er mit soviel Mühe gebändigt hatte.

»Also, damit sieht's hier noch schlechter aus. Ist schon ungefähr zwei Monate her, daß wir hier keinen Kaffee mehr gesehen haben. In der letzten Zeit ist kaum ein Motorboot vorbeigekommen, und wenn die sich in diese Gefilde wagen, dann bringen sie uns weder gemahlenen Kaffee noch Kaffeebohnen. Es ist ein Elend.«

Der Hauptmann fragte den Polizisten:

»Haben sie nicht ein wenig Kaffeemehl an Bord?«

»Es ist nichts mehr da. Ich muß etwas kaufen, sobald wir in Belém[82] sind. Auch die Besatzung will alle Augenblicke Kaffee trinken. Wir brachten drei volle Thermoskannen im Flugzeug mit. Die sind alle leer.«

»Na dann gute Nacht, Freunde! Das wird ein Aufstehen morgen, in aller Frühe.«

Der Chef setzte seine freundlichste Miene auf.

»Morgen gibt es Milch von der Fazenda, die schmeckt köstlich. Ich lasse ein paar Sagokuchen machen, und für den, der will, gibt es gesüßten Tee vom Essigbaum, mit gemahlenem Lompenzucker[83].«

»Was ist das denn?«

»Das ist ein Tee, den wir hier in der Gegend trinken. Wir machen ihn aus den Blättern eines kleinen Baumes. Er schmeckt gut und säuerlich. Ich muß Sie daran erinnern, daß es hier in der Gegend auch keinen Zucker gibt. Und wenn es welchen gibt, dann nur zu Freudenhauspreisen.«

Sie schwiegen eine ganze Weile. Vielleicht stellten sie sich gerade den Tee und das morgige Frühstück vor.

Einer der Ärzte fragte: »Was sind das für Lichter da hinten im Dunkeln?«

Der Chef erklärte: »Das sind die Karajás. Sie ruhen sich am Strand aus.«

»Haben sie dort ihre Hütten?«

»Nein. Sie schlafen im Sand. Nehmen ihre Matten mit. Es ist eine wahre Wonne, am Strand zu schlafen und diesen weiten Sternenhimmel anzusehen. Die Strände werden jetzt immer höher und trockener. In den Nächten wird es abkühlen, die Moskitos ziehen ab und das Vergnügen kann beginnen. Alles, was Karajá heißt, verläßt dann die Hütten und Dörfer und läßt sich an den Ufern des Flusses nieder. Sie bauen provisorische leichte Hütten, die in der Regenzeit und mit steigendem Wasser zusammen mit den Stränden verschwinden. Es ist jedes Jahr das gleiche.«

»Leben Sie allein hier, Chef? Wie heißen Sie noch gleich?«

»José Jonas Abadia. Aber alle Welt hier nennt mich nur den Chef. Ich glaube, den, der vor mir da war, den nannten sie auch Chef, und mit dem, der nach mir kommt, wird es nicht anders sein.«

Der Chef überlegte eine Weile, ob er es ihnen erzählen sollte, oder nicht. Dann entschied er sich dafür. Diese Leute waren nur auf der Durchreise. Zwei Tage später würden sie schon in die Stadt fliegen und vergessen, daß es Leute wie ihn gab, die am Arsch von Brasilien in dieser Abgeschiedenheit lebten.

»Ich lebe mit 'ner Schwarzen zusammen. Habe zwei Kinder mit ihr. Einen Jungen und ein Mädchen. Sie kommt da aus der Gegend von Tucuruí[84]. Aus dem tiefsten Sertão[85] von Pará. Wollte erst gar nicht kommen. Hatte vor allem Angst, was Indio ist. Für sie waren das alles hinterhältige Wilde. Damals ist sie in Xarqueada geblieben. Wissen Sie, wo Xarqueada ist?«

Keiner wußte es.

»Das liegt flußabwärts, fast zwei Léguas mit dem Kanu von hier, anderthalb Léguas mit dem Pferd oder drei Léguas zu Fuß von Santa Maria aus.«

Die Piloten wurden mißtrauisch.

»Wir verstehen nicht richtig, Herr Jonas. Hat nicht jede Légua das gleiche Maß?«

»Was denn! Mit dem Pferd ist eine Légua doch nichts, da läuft schließlich das Pferd. Mit dem Kanu sind wir es und das Boot, die laufen, aber die Kraft muß aus den Armen kommen. Und probieren Sie es mal zu Fuß, dann sehen Sie, wie lang eine Légua sein kann!«

Sie amüsierten sich über die Logik seiner Ausführungen.

»Ist schon gut. Aber wo ist jetzt dieses Santa Maria, das wir nicht kennen?«

»Sie kennen es sicher. Das liegt daran, daß Sie noch nie in diese Gegend geflogen sind. Sie haben Santa Maria in Araguacema umbenannt. Das machen sie mit allen Städten um den Araguaia. Da oben, flußaufwärts, gab's ein Dorf mit dem Namen Leopoldina, das heißt heute Aruanã. Alles bekommt jetzt die Anfangsbuchstaben von diesem Fluß. Leute, die älter sind als ich, sehen das nicht besonders gerne.«

Der Hauptmann erinnerte sich an etwas anderes und lenkte die Unterhaltung in andere Bahnen.

»Chef, da wir hier schon nichts zu tun haben, könnten sie für morgen nicht einen Fischfang arrangieren? Ich sage das, weil die Herren Doktoren doch ein Auge auf die Nacktärsche werfen müssen. Davon gibt es hier ja mehr als genug.«

Er lachte über den Scherz.

»Geht in Ordnung. Ich hab das schon mit ein paar Indios abgesprochen. Ein Riesenkanu, weiß Bescheid. Und sie sind gut im Rudern.«

»Oje! Rudern?«

»Geht nicht anders, Herr Hauptmann. Das Motorboot, das wir hatten, ist vor mehr als sieben Monaten auf den Grund des Flusses gesunken. Hat es sowieso nur getan, wenn es wollte. Sie werden sehen, das Kling-Klong von dem Ruder, das ist 'ne bombensichere Sache.«

Unter den Besuchern war auch ein Offizier der Luftwaffe. Er hatte seinen Spaß an der Unterhaltung, denn er kannte alle diese Orte und einige der hiesigen Gewohnheiten. Er machte sich insgeheim lustig über das abwechselnde Erstaunen und die Verzweiflung der anderen.

»Was sagt denn unser Major Souto dazu, den man in der Stadt für einen Kenner des Sertão hält? Bis jetzt hat er noch nichts dazu gesagt.«

Souto brach in lautes Lachen aus.

»Ich bin eben schon müde. Werd mich bald aufs Ohr hauen. Er hat schon recht. Es ist so, wie er sagt.«

Ihre Aufmerksamkeit wurde nun von einer Gestalt in Anspruch genommen, die sich schwankend auf das große Haus zubewegte.

Der Chef bemerkte:

»Das ist nichts Neues. Er war der erste, der sich einen Schnaps zur Brust nahm. Es ist Deridu. Ein guter Indio. Fleißig. Stark wie ein Stier. Er kommt vom Fischen nach Hause, verkauft seinen Fang in São Felix und vertrinkt alles.«

»Ist es nicht verboten, den Indios alkoholische Getränke zu verkaufen?«

»Sicher, verboten ist es. Hängen doch überall die Tafeln aus, da steht's schwarz auf weiß. Aber versuchen Sie mal rauszufinden, wer denen das Zeug verkauft hat. Es gab da so eine Type vom SPI[86], Irineu hieß der. Der war wirklich gut. Ist 'ner ganzen Reihe von krummen Dingern auf die Schliche gekommen. Hat unser Augenmerk auf die Leute gelenkt, die gegen das Gesetz Alkohol verkauften. Und wissen Sie, was passiert ist?«

Er machte eine Pause, um die Spannung noch zu steigern.

»Erraten. Es hat Streit gegeben, ein Wort gab das andere, und einer, den niemand kannte, hat den Jungen mit einem Schuß aus 'ner Achtunddreißiger erledigt. Alles klar?«

»Gibt es noch andere Indios hier im Dorf, die sich betrinken?«

»Um die Wahrheit zu sagen, noch drei. Der vierte von ihnen, so'n unaussprechlicher Name, der war nachts betrunken, ist mit dem Kanu umgekippt und in den Fluß gefallen. Man hat ihn nie wieder gesehen. Wenn's keine Piranhas waren, dann kann's nur eine Buiúna[87] gewesen sein, die ihn gefressen hat.«

Einer der Besucher machte eine tragisch-komische Bemerkung: »Sie sagen, die Leute aus Ceará[88] sind immer die ersten, die sich breitmachen, für mich ist's der Schnaps, der immer gleich zur Stelle ist.«

Der Chef überspielte ein gewisses Unbehagen.

»Nur, daß Deridu niemals ersaufen wird. Selbst, wenn er wie eine Sau gesoffen hat, der schlingt sich immer sein Ankerseil um die Hüfte, bevor er ins Kanu steigt. Wenn der Kahn kippt, treibt er mit obenauf.«

Souto zündete sich eine Zigarette an und verfolgte mit den Augen die Zickzackbewegungen des betrunkenen Indios, der den Weg zu seinem Dorf suchte. Dabei wankte er an der vorderen Türe des großen Hauses vorbei, hielt einen Augenblick inne, hörte der Unterhaltung zu und setzte seinen unsicheren Marsch fort. Er hatte nicht einmal in die Richtung gesehen, aus der die Stimmen gekommen waren.

»Jetzt fällt mir was ein.«

»Erzählen Sie es uns, Souto?«

»Es hat etwas mit diesem Ort zu tun. Vielleicht kann Herr Jonas es mir beantworten. Wo ist dieser Junge, dieser Schönling mit den blauen Augen, der immer so freundlich war, braungebrannt und stark wie ein Stier? Ist der noch hier in der Gegend?«

»Also, ihrer Beschreibung nach kann das nur der Viehhirte Canário sein. Ja, sicher, der ist noch hier. Ist gerade unterwegs, eine Ladung Vieh da aus der Gegend von São Pedro zu holen, von der Fazenda von Ubaldino. Er und noch ein anderer Viehtreiber.«

»Sie machen wohl Scherze, Souto? Was sucht ein Mann wie der hier in der Gegend?«

»Was weiß ich, was der hier sucht. Ein verdammt gutaussehender Bursche. Aber, was der hier verloren hat und warum der hier ist, das weiß ich auch nicht.«

»Ich glaub, das weiß hier niemand so genau. Aber eins weiß ich, alles, was 'nen Rock anhat, ist hinter ihm her. Und das Beste ist, der läßt keine aus. Wenn's hier 'ne Frau gibt, die allein über den Strand läuft, dann, weil sie weiß, daß er kommen wird. Sie lächeln ihn an und säuseln ihm was vor, suhlen sich im Dreck und verstecken sich im Gebüsch. Dann schütteln sie sich ein bißchen, streifen die paar Sandkörner ab und kratzen sich ein paar Moskitostiche auf dem Rücken.«

»Und diese alte Krankenschwester?«

»Dona Dóttie? Die ist auch hier, ja. Aber die will nur mit dem Teufel zu tun haben. Weiße kann sie nicht ausstehen. Morgen muß sie mit den Schlüsseln von der Apotheke hierherkommen. Eigentlich ist die gar nicht so alt. Das Leben hat ihr nur übel mitgespielt, hat wohl im Krieg ziemlich was mitgemacht. Sie ist ganz verrückt nach Canário und tötet jede Frau mit Blicken, die mit ihm spricht.«

Souto fragte verwundert: »Sogar Dóttie?«

»Und warum nicht? Hat sie nicht, was die anderen auch haben? Und außerdem, hier, am Arsch der Welt, da ist so was manchmal immer noch besser als 'nen Brasilianer im Handbetrieb zu töten.«

Sie hielten sich die Bäuche vor Lachen. Souto empfand Mitleid mit der Frau: »Sie tut mir leid. Ihr kennt ihre Geschichte nicht, sonst würdet ihr nicht so lachen. Wenn ich daran denke, dieser Jüdin haben sie beide Töchter ermordet ... den Mann umgebracht ... und ihre Finger so verbrannt, bis sie keine Nägel mehr hatte. Ich weiß, daß sie in einem Konzentrationslager auf jede nur erdenkliche Art gefoltert worden ist. Wenn ich daran denke, daß sie mit Hunderten von Männern und Frauen zusammen verschleppt wurde. Sie waren alle nackt, und man hat sie in Baderäume gestoßen, wo sie die Brausen sahen, aus denen normalerweise heißes oder kaltes Wasser kommt, oder aber Gas. Wißt ihr denn, was das heißt? Ich bewundere diese Frau, wie sie versucht, sich für andere einzusetzen. Sich so dieser gottverlassenen Indios anzunehmen, die keine Hoffnung mehr haben.«

Er schwieg, und einer der Ärzte nutzte die Gelegenheit, um das Thema zu wechseln.

»Ob wir auch am Xingu[89] so heruntergekommene Indios antreffen werden?«

»Nein. Dort ist es besser. Da kann eben nicht alle Welt hin.

Nur die Privilegierten. Nur die Leute, auf die es ankommt. Die Indios dort sind stark, schön und werden gut behandelt. Sie können nackt leben und haben gute Zähne. Es ist ein ziemlich entlegenes Ausflugsziel für Touristen. Mir kommt das vor wie ein Zoo, in dem gewisse, wohlhabende Zivilisierte ihre Neugier befriedigen.«

Souto stand auf und rekelte sich. Er verließ die Terrasse und suchte ein dunkles Plätzchen auf, um Wasser zu lassen. Er sah in den Himmel voller Sterne und erblickte Tahiná-Kan in seiner ganzen Größe und Schönheit. Fast hatte es den Anschein, als sei er ein Stern wie jeder andere.

Das war also die Apotheke! Ein recht großes Zimmer, aber ärmlich ausgestattet. Halbgeöffnete Schränke gaben den Blick auf beinahe leerstehende Regale frei. Neben vereinzelten Fläschchen mit Medizin gab es noch Watte, Wasserstoffsuperoxyd, Quecksilberchrom und Injektionsnadeln.

Die Ärzte kratzten sich hilflos die Köpfe. Sie starrten die Krankenschwester an, die betrübt und beklommen dreinsah. Auf ihr häßliches, zerquältes Gesicht waren mit schwarzer Farbe Jaguarpfoten gemalt, wodurch die Falten in ihrem Gesicht und die gelbliche, sonnengegerbte Haut noch betont wurden.

»Und das soll die beste Station in dieser Gegend sein, Schwester?«

»Ja, mein Herr. Der Einheimischenposten Gétulio Vargas. Der größte von allen.«

»In diesem erbärmlichen Zustand?«

»Ja, mein Herr. In diesem erbärmlichen Zustand.«

»Und wie sollen wir hier arbeiten? Alle diese Leute, die da draußen in der Schlange stehen, brauchen doch Arznei.«

»Hier haben sie nur Anspruch auf die Arznei, die da ist. Wir können keine Wunder vollbringen.«

Aus ihren Worten sprach unendliche Trauer, und zum ersten Mal sah der Arzt in das zerquälte Gesicht dieser Frau. Er mußte daran denken, daß sie den schönen Rinderhirten liebte und mit ihm geschlafen hatte. Was für ein gottverlassenes Fleckchen Erde, Herr im Himmel!

Dóttie versuchte zu lächeln, aber ihr Lächeln war traurig und gequält.

»In dieser Schublade da unten heben wir unseren Schatz auf.«

Einer der Ärzte zog fest an der Schublade.

»Sie müssen schon entschuldigen. Die Lade ist verschlossen. Wir schließen sie immer ab. Jemand könnte von oben hereinkommen ... durchs Dach.«

Sie zog einen Schlüssel aus ihrer Tasche und schloß die Schublade auf. Dort lagen, fein säuberlich voneinander getrennt und aufgeräumt, einige Tabletten wie Aralén, Aspirin, Sulfattabletten, einige Fläschchen Sirup, ein paar Tabletten gegen Bauchschmerzen und andere Hausmittelchen dieser Art.

Dóttie zeigte auf einige Päckchen mit Penicillin.

»Es sind fünf Stück. Wir haben Angst, daß sie in der Hitze verderben. Aber Ampullen mit destilliertem Wasser gibt es in Hülle und Fülle, sehen Sie?«

Einer der Ärzte richtete jetzt das Wort an seinen Kollegen, um gegen die Mutlosigkeit anzukämpfen, die von ihm Besitz ergriff.

»Leão, du bist jünger als ich, tue mir einen Gefallen.«

»Ich weiß schon. Du willst, daß ich die beiden Fellkoffer mit den Arzneimitteln aus unserem Zimmer hole. Ich habe auch schon daran gedacht und nur auf deine Aufforderung gewartet.«

Als der jüngere der beiden Ärzte mit den Arzneimitteln zurückkehrte, beschlossen sie, sich mit zwei Hockern auf die Terrasse zu setzen und das Geländer als Tisch zu benutzen. Jeder saß an einem Ende, und um schneller mit ihrer Arbeit voranzukommen, teilten sie sich die Behandlung der Patienten, die sich in einer langen Schlange aufgestellt hatten. Die Ärzte gaben nicht auf, obwohl ihnen die Glut der Mittagssonne und die stickige Hitze arg zusetzten.

Man hatte vereinbart, erst dann zu Mittag zu essen, wenn die anderen von ihrem Fischfang zurückgekommen waren. Dóttie saß zwischen den beiden Ärzten und händigte die verschriebene Arznei an die Kranken aus, wobei sie diesen die Handhabung entweder auf Portugiesisch oder in der Sprache der Karajás erklärte.

Die Schlange hatte plötzlich ein Ende, und sie atmeten erleichtert auf. Langsam knurrten ihnen die Mägen vor Hunger.

Dr. Leão bemerkte zu Dóttie hin: »Schade, daß wir keinen Zahnarzt mitgenommen haben. Wir könnten ihn gut gebrauchen.«

»Wir könnten noch etwas anderes gut gebrauchen. Aber ich zweifle daran, daß jemand es mit an dieses Ende der Welt bringen wird.«

Erstaunt sahen sie Dóttie an.

»Ein Röntgengerät! Dann könnten wir sehen, was die Leute hier für verseuchte Lungen haben.«

Dóttie lehnte sich an die Wand und nahm ihre Brille ab, um die Gläser mit einem Zipfel ihrer Bluse zu putzen. Die Hitze des Tages trieb ihr den Schweiß auf das Gesicht, und ihre dicken Brillengläser beschlugen.

In dieser Stellung, und ohne die Brille wieder aufzusetzen und die Männer anzusehen, sagte sie fast flehend: »Könnte einer von ihnen einen Freund von mir untersuchen? Es ist ein alter Mann. Er war einmal der größte Häuptling seines Stammes. Er war so weise, daß die Weißen ihn den Indiodoktor nannten. Er kannte sich mit Heilkräutern aus und konnte alles heilen. Damals, als die Krankheiten noch einfacher waren als heute.«

»Dann bringen Sie den Alten doch einmal zu mir, Dona Dóttie.«

»Ich komme gleich wieder.«

Sie ging in die Küche und kam mit langsamen Schritten über den Korridor der Baracke zurück. In ihrer Begleitung war ein altes Ehepaar. Die alte Frau stützte sich auf Dotties Arm, der Alte hielt sich an der Hand seiner Frau fest.

»Das hier ist Kuryala. Der größte Häuptling aller Karajás.«

Der Arzt faßte Kuryala bei der Hand und führte ihn ans Tageslicht.

»Leão, du verstehst mehr von diesen Dingen als ich. Sieh ihn dir einmal an.«

»Laß mal sehen. Heb schön den Kopf, mein Alter.«

Kuryala gehorchte.

»Grauer Star. Beide Augen sind davon befallen. Weiß er, wann es angefangen hat?«

»Ich weiß es. Ich habe viele Indios danach gefragt. Nach meiner Rechnung muß es so 17 bis 18 Jahre her sein.«

»Herr im Himmel! So lange schon!«

»Gibt es Hoffnung, Doktor?«

»Wer weiß? Ich müßte ihn besser untersuchen, mit Spezialgeräten. Hier kann ich das nicht sagen. Nur eine Operation kann da Gewißheit bringen. Und das nur bei einem guten Spezialisten.«

»Er lebt in der Hoffnung, eines Tages wieder sehen zu können. Gibt es keinen anderen Weg, Doktor?«

»Wir müßten es versuchen. Bringen Sie ihn in die Stadt. Nach Rio. Oder São Paulo. Vielleicht könnte man eines seiner Augen retten, und mit starken Gläsern könnte er dann wieder etwas sehen. Aber das sind alles nur Hypothesen.«

Dóttie flehte ihn an: »Warum nehmen Sie ihn nicht mit, Doktor? Es wäre eine so große, menschliche Geste, da könnten sogar wir hier wieder an die Menschheit glauben, wer weiß.«

Dr. Leão lächelte.

»Das hängt nicht von mir ab. Wir müssen das mit dem Kommandanten des Flugzeugs besprechen.«

»Werden Sie mit ihm reden?«

»Ich verspreche es.«

Dóttie bat Akurriro in der Sprache der Karajás, Kuryala mit ins Dorf zu nehmen. Sie sah den beiden Alten nach, die sich langsam entfernten und mit den anderen Schatten gegen die Feuersonne verschmolzen.

Die erste Enttäuschung erwartete sie gegen Abend. Dóttie zitterte am ganzen Körper.

»Es geht nicht, gute Frau.«

»Aber das Flugzeug ist doch ganz leer, Kommandant.«

»Das denken Sie, meine Liebe. Am Xingu und in Garotire[90] müssen wir noch Fracht laden, und in Belém müssen wir noch Passagiere an Bord nehmen. Wenn wir direkt nach Rio oder São Paulo fliegen würden, dann gäb's noch eine Möglichkeit, aber so . . .«

Sie wußte nicht, was sie darauf sagen sollte, und ging mutlos auf die Baracke zu. In ihrer Verzweiflung hatte sie nur noch den Wunsch, sich für immer im Dunkel der Nacht zu verlieren.

Dr. Leão sah den Kommandanten betrübt an.

»Geht es denn wirklich nicht, Kommandant?«

In dem feuerroten, von der Sonne verbrannten Gesicht des Kommandanten schimmerten die schönen, schneeweißen Zähne: »Sie sind ja verrückt!«

»Haben wir denn so viel Fracht und Leute an Bord zu nehmen?«

»Also wirklich, Doktor! Indios! Einen schlimmeren Klotz können sie sich nicht ans Bein hängen. Glauben Sie mir.«

»Aber damit nehmen Sie einem Menschen die Chance, sein Augenlicht wiederzuerlangen!«

»In diesem Alter? Das ist doch verlorene Zeit. Und dann denken Sie einmal an Ihre Verantwortung. Wenn Sie den Alten mitnehmen, dann muß auch die alte Frau mitfliegen. Die trennen sich doch nicht. Und nach der Entlassung aus dem Krankenhaus müßten Sie die beiden zu sich nach Hause nehmen. Sie sind aber nicht an unser Leben gewöhnt. Die sind dazu doch viel zu dreckig. Vorausgesetzt, das Ganze hat überhaupt Erfolg. Und dann? Wie werden sie die beiden wieder zurückschicken? Bis ein Flugzeug in diese Gegend fliegt, vergeht ein halbes Jahrhundert, eine Ewigkeit. Wie werden Sie die beiden in ihre Heimat bringen? Nein.«

Dr. Leão war verärgert. »Schon gut. Es ist Ihr Flugzeug.«

»Regen Sie sich nicht auf, mein Freund. Wie stellen Sie sich das vor? Zwei solche Hemmschuhe mitzunehmen auf die halbe Weltreise, die wir vor uns haben ...«

Es war beinahe Morgen, als Dóttie die beiden so gut wie eben möglich zurechtgemacht hatte. Sie brachte sie an den Flughafen und wartete mit ihnen in der kleinen Strohhütte. Sicher würden die Piloten und die Ärzte dort vorbeikommen.

Und sie kamen. Keiner von ihnen beachtete die ängstliche Erwartung auf Dótties Gesicht. Dr. Leão winkte ihnen nur von weitem zum Abschied zu.

Das Flugzeug startete ratternd. Es lief auf der Startbahn an, wirbelte den üblichen Staub auf, hob sich in die Lüfte und war wenig später schon nicht mehr zu sehen. Bald war es in diesem Himmel verschwunden, der wieder einmal großzügig und mitleidlos einen Morgen voller prächtiger Farben bot. Dieser Himmel gehörte niemandem. Vielleicht nicht einmal Gott. Nur die kleinen und großen Vögel zogen an diesem friedlichen Morgen gleichmütig ihre Kreise.

Zweites Kapitel
Die Schatten

Es war schon viel Zeit vergangen, seit jenes Flugzeug den Ort verlassen hatte. Wie lange war es her, Dóttie? Nicht einmal der Fluß hätte eine Antwort darauf gehabt. Der Fluß schluckte die Zeit, er verschlang Weihnachten, Karneval und sogar den Regen. Er verdaute alle Strände. Doch er mußte wissen, wie lange es her war.

Dóttie setzte sich auf die Mauer vor dem Haus. Dort saß sie jeden Morgen, denn es war ihre Ecke. Von dieser Ecke aus konnte sie den Roten Arara des Morgens beobachten, wie die Indios den Sonnenaufgang zu nennen pflegten. Er kam im Feuer zur Welt und streute sein goldenes Licht in die Wasser des Flusses. Von hier aus konnte sie auch die verspäteten Fischer sehen, die zum Fischen aufbrachen. An diesem Platz wartete sie auf den Tag und auf das Kanu mit der Milch von der Fazenda, das ihr ihren Anteil brachte. Alles würde unter die kleinen hübschen Karajákinder verteilt werden, die so fröhlich und nackt herumsprangen. Es war so schön, mit den Händen über ihre glänzenden schwarzen Haarschöpfe zu streichen. Was war nur das Geheimnis dieser Indios? Sie konnten ein hohes Alter erreichen. Ihre Gesichter wurden faltig wie reife Jenipapos[91], doch wenn sie starben, hatten sie kein einziges weißes Haar auf dem Kopf. Sie hatte Indios vom Stamm der Xerentes gesehen, die schon in der dritten Generation unter Weißen lebten und deren Probleme und Schwierigkeiten angenommen hatten. Ihre vollen, schwarzen Haare waren mit den Jahren weiß geworden.

Wie viele Jahre, Dóttie? Vier. Beinahe fünf, dreißig, dreihunderttausend? Was bedeutete schon die Zeit, die vergangen war, seit es sie hierher verschlagen hatte? Das Leben bestand doch nur aus Atmen, Schlafen und Aufwachen. Tag und Nacht. Nacht und Tag. Das einzige, was zählte, war, daß sie jetzt in ihrer Ecke saß, die schon ein Teil von ihr geworden war. Wenn sie sich gegen die Wand lehnte, schien es, als habe sie den Mut, alles zu vergessen. Dann war ihr, als könne sie die Vergangenheit mit dem Schlamm des Vergessens bedecken, als habe sie alle Kraft dieser Welt, um den alltäglichen Wahnsinn zu bewältigen und die zähen Stunden wiederzukäuen. Hier hatte auch Canário gerne gesessen. Hier hatte sie ihn zum ersten Mal gesehen. Er war fast nackt gewesen. Wunderbar nackt. Nur ein Badehandtuch hatte seinen Körper bedeckt und seine starken Arme und seine gewaltige Brust freigegeben. Er hatte mit den Beinen gebaumelt in der Gewißheit, daß die Schönheit seines gebräunten Körpers Bewunderung hervorrief. Ein selbstsicherer, überzeugter Schürzenjäger, der darauf wartete, daß sich ihm die Frauen anboten. Seine blauen Augen und die blonden, gelockten Haare taten das ihrige. Hier hatte sie seine Gegenwart am stärksten gespürt. Obwohl er überall war. Wie viele Nächte war sie ängstlich aus dem Schlaf hochgefahren, so als habe sie in ihrem Zimmer die quietschenden Haken seiner Hängematte gehört? Vielleicht war es auch nur die Seele von Mariaualê gewesen, die auf einer imaginären Hängematte geschaukelt hatte. Das Zimmer von Canário war nämlich leer und verlassen. Oft, wenn sie im Schatten der großen Mangueira[92] saß, hatte sie die Augen geschlossen, um nicht sein fröhliches, natürliches Lachen zu hören, wenn er mit den kleinen Karajás spielte. Die Kinder waren auf seine Arme gesprungen und hatten in seinen Haaren gewühlt. Glücklicherweise mußte sie nun nicht mehr die Geräusche mitanhören, wenn der unverbrauchte, jungfräuliche Körper von Mariaualê sich an der starken Brust von Canário gerieben hatte. Sie hatte sogar das Stöhnen des Mannes wahrgenommen bei seiner Anstrengung, das Mädchen nicht zu entjungfern. Zu anderen Zeiten hatte sie auch mit offenen Augen von den fernen Hügeln der Fazenda aus einem Versteck heraus Canários Eintreffen auf der Fazenda beobachtet, dem Regen und den Moskitos ausgeliefert, die ihr Gesicht zerstachen. Es war immer ein so schöner Anblick gewesen. Die naßglänzende Viehherde, diese Tiere mit ihren glatten Rücken, die im Regen dahinzogen. Und er, halbnackt, auf dem rotbraunen Fuchs, ohne sich um die Moskitos zu scheren. Nur seine blauen, harten Augen waren starr und voller Verantwortung auf die Viehherde gerichtet, die in den durchnäßten Stall gebracht werden mußte, wo sich der schlammige Boden mit den Exkrementen der Tiere vermischte und den vertrauten Geruch nach Vieh verströmte. Dann hatte der Regen seine widerspenstigen Haare geglättet und war über seine breite Brust gelaufen, als habe er diesen Körper schon immer gestreichelt.

»Träumst du oder schläfst du, Dóttie?«

Das leichte, traumverlorene Lächeln auf ihrem Gesicht erstarb, und sie nahm die Indiofrau Xireréia an ihrer Seite wahr.

»Weder das eine, noch das andere. Ich habe auf das Kanu mit der Milch gewartet.«

»Lüge. Du hast mich nicht kommen hören.«

»Der Sonnenaufgang hat mich abgelenkt. Er ist immer wieder schön und jeden Tag anders.«

»Dóttie lügt ganz viel!«

Sie lachte ein breites Lachen.

»Vielleicht.«

»Dóttie sitzt auf dem Lieblingsplatz von Canário. Du guckst wie Kuryala. Seine Augen sehen nichts. An Canário hast du gedacht, hat Xireréia recht?«

»Du hast recht.«

»Und warum denkst du so viel an ihn, Dóttie?«

Sie spürte, wie sich ihr Herz schmerzhaft zusammenzog. Es waren diese feinen Stiche, die in der Seele weh taten.

»Ich denke doch gar nicht mehr an ihn.«

»Aber gerade hast du gesagt, du denkst an ihn!«

»Das ist was anderes.«

In einem plötzlichen Gefühlsausbruch brachte sie hervor:

»Wir können uns nur an etwas erinnern, wenn wir es vergessen haben . . .«

Sie preßte die verunstalteten Hände gegeneinander und

rieb ihre verkrüppelten Finger, um eine innere Erregung zu bewältigen.

»Aber Dóttie. Canário ist schon über ein Jahr tot.«

»Für die anderen. Nicht für mich.«

»Aber du mußt vergessen. Sonst tut es sehr weh.«

»Warum? Glaubst du, nur die Karajás können ein Leben lang weinen und leiden?«

Xireréia schüttelte verneinend den Kopf.

»Heute ist nicht mehr wie früher, weißt du? Nur alte Karajás, nur alte Frauen weinen viel. In alten Zeiten haben alle Karajás sehr viel Unsinn geglaubt. Sie haben gedacht, wenn sie sterben, leben sie weiter in Tahiná-Kan. Heute nicht mehr. Wir sterben und werden wieder Erde. Ja, und weil wir alle sterben müssen, weinen wir nur ein bißchen, wenn einer von der Familie nicht mehr lebt.«

Sie schwiegen eine ganze Weile. In diesem Augenblick verspürte Dóttie noch größeren Schmerz. Damals hatte sie geglaubt, ihren Augen nicht zu trauen. Ein paar Indios waren in einem Kanu gekommen, das sie mit Hilfe ihrer Staken angetrieben hatten. In der Mitte des Kanus hatte der leblose Körper von Canário gelegen. Sie hatte den dunklen Fleck auf seiner Brust gesehen. Eine Kugel hatte ihn mitten ins Herz getroffen. Canário konnte doch gar nicht tot sein. Er war wie ein Gott und konnte einfach nicht sterben. Aber seine blauen Augen waren geschlossen gewesen, so als schlafe er, und auf seinen Lippen hatte ein Lächeln gelegen. Mit diesem Lächeln hatte er sich vom Leben verabschiedet.

Die Indios hatten ihn sehr gerne gehabt und weinten sehr. Dann waren die anderen Rinderhirten gekommen und hatten die Totenwache abgehalten. Es war Dóttie alles so traurig, so grausam und verloren erschienen. Sie hatte nicht einmal eine Blume gehabt, die sie auf den ärmlichen Sarg hätte legen können, den Doca, der Schreiner der Fazenda, gezimmert hatte. Sie selbst hatte den Toten gewaschen und bekleidet. Sie hatte sanft über seine blonden Haare gestrichen. Sie hatte ihm ein rotes Hemd angezogen, so wie er es geliebt hätte. Ein Hemd, das alle verspäteten Blutstropfen verdeckte. So mußte er nun für immer schlafen. Am frühen Morgen hatten viele Kanus seinen Körper fortgebracht, mit vorsichtigen Ruderschlägen waren sie davongezogen. Bis zum Tageseinbruch hatte kein Wind geweht, und der Fluß war zu einem Spiegel geworden, der die Schönheit Canários reflektiert hatte. Es sollte seine letzte Reise sein.

Und Dóttie hatte sich an den Stamm eines Amarelão[93] gelehnt und dem Trauerzug hinterhergesehen. Ihre Augen waren trocken gewesen, ihr Blick hart. Sie hatte innerlich geweint, was viel tiefer schmerzte, und sie mußte an die Ermahnungen denken, die der junge Mann von vielen zu hören bekommen hatte:

»Du machst zuviel mit den Frauen der anderen herum. Eines Tages werden sie es dir heimzahlen. Einmal werden sie dich ausradieren!«

Xireréia faßte Dótties verunstaltete Hände.

»Ist ja gut, Dóttie. Heute bist du noch trauriger als sonst immer. Ich mag dich sehr, weißt du? Ich bin deine Freundin. Ich will nicht, daß du so bist. Guck, ich zeige dir etwas.«

Dóttie streifte den Mantel der Traurigkeit ab und begann die Wirklichkeit um sich herum wieder wahrzunehmen. Sie sah in das zutrauliche und freundliche Gesicht der jungen Indiofrau.

»Willst du es sehen? Willst du?«

Dóttie lächelte.

»Ist gut. Zeig es mir.«

»Guck mal.«

Xireréia hob ihr Kleid hoch. Unter dem Kleid trug sie nur den Tanga aus gepreßten Fasern, den Schweifriemen, wie man ihn hier nannte, der nur das Geschlechtsteil bedeckte. Der Bauch der jungen Frau begann sich zu wölben.

»Ein Kleines?«

»Ein Kleines, Dóttie. Es wird mein erstes Kind sein. Er soll ein starker und schöner Junge werden. Wird er das, Dóttie?«

Sie sah in das Gesicht der Indiofrau. Xireréia war nicht wie die anderen. Sie war viel größer als die Indios aus dem Dorf. Im Gegensatz zu den anderen Frauen redete sie gerne. Sie hatte eine leichte Adlernase und ein kleines, längliches Gesicht. Ihr

Lächeln war breit und schön anzusehen, obwohl die Karies auch ihre Zähne schon befallen hatte. Sie war eine fröhliche, sympathische Frau mit einem außergewöhnlich gelassenen Gang.

»Er wird schön sein, Xireréia. Ist der Vater wirklich Maluaré?«

»Und warum nicht?«

»Weil Maluaré der schönste Indio im Dorf ist, und sein Vater Maluá ist zwar schon ein alter Mann, aber auch sehr schön. Wenn die ganze Familie so aussieht, dann wird dein Sohn auch sehr schön werden.«

»Das ist gut. Maluaré hat seine Söhne mit Erecoixaro gemacht. Einer ist schöner als der andere. Dann soll meiner auch so schön sein wie die anderen Söhne von Maluaré.«

»Du bist mutig und weißt genau, was du willst.«

»Warum, Dóttie? Weil ich den Ehemann von Erecoixaro genommen habe?«

»Du bist nicht mit ihm verheiratet, wie es das Gesetz deines Stammes verlangt.«

»Aber Dóttie, was hast du denn! Den Karajás ist das doch egal. Heute sind die Karajás anders: sich lieben, heiraten, sich lieben, den Ehemann tauschen, die Frau tauschen. Du weißt alles, hat Xireréia recht?«

»Ich weiß nur das wenige, das sie mir erzählt haben.«

»Wir haben dafür bezahlt. Mit der Strafe des Schmerzes. Das Gesetz von Corroté, der Schlagstock, du weißt schon! Erst haben sie mich geschnappt. Alle meine Verwandten. Dann haben sie mich gefragt, ob ich wirklich mit ihm leben will. Ich habe ja gesagt. Da habe ich den Corroté zu spüren bekommen. Sie haben mich geschlagen, bis mein Gesicht geschwollen war und meine Augen zu. Mein Kopf hat sehr weh getan, weil die Frauen mich an meinen Haaren gezogen haben. Ich blieb auf der Matte liegen und habe leise vor Schmerz gewimmert, damit es keiner hört. Zwei Tage lief Wasser beim Trinken wie Knochensplitter durch meine Kehle in den Bauch. Dann war es gut. Diese alten Cousinen und die alten Tanten, verdammte Weiber alle zusammen! Sie haben mich beschimpft und mir manchmal

Fußtritte verpaßt, wenn ich in der Hängematte lag. Dann haben sie gesagt, ich sei nichts als eine Konã, eine Hure. Das hat weh getan, Dóttie. Aber ich habe es ja so gewollt.«

Dóttie lächelte.

»Du lachst, Dóttie?«

»Sei mir nicht böse. Ich dachte daran, ob er wohl nach dieser ganzen Tortur zurückgegangen ist und seinen Verwandten zu Hause gesagt hat, daß er dich nicht will.«

»Er ist doch nicht dumm. Ich hätte ihn mir doch geschnappt. Der ist nicht so verrückt, so was zu tun. Ich hätte ihn mit dem Corroté getötet oder ihm seine Eier abgebissen, wenn ich kein Messer zum Schneiden gehabt hätte.«

Sie beruhigte sich und strich wieder über den gewölbten Bauch.

»Geh mal mit der Hand darüber, Dóttie. Du bist ja eine gute Krankenschwester. Kannst du das Kleine schon fühlen?«

Sie tat ihr den Gefallen und tastete ihren Bauch ab.

»Es ist noch zu früh, Xireréia. In einigen Monaten können wir vielleicht etwas fühlen. Die Trockenzeit hat gerade angefangen. Wenn die Regenzeit kommt, dann ja.«

Xireréia zog ihr Kleid wieder herunter.

»Jetzt darf ich dir nichts mehr erzählen.«

»Gibt es denn noch was?«

»Über mich nicht. Aber Dóttie hat nicht gesehen, wie sie ihn geschlagen haben. Sie sind hinter ihm her. Er war beim Fischen. Eine ganze Bande von Kanus. Alles Verwandte, nur Männer. Schlagstöcke, so lang, bis hier zur Brust. Er hat sie gesehen und ist weg. Die Kanus hinter ihm her. Er mußte in den See springen. Dann gab es keinen Ausweg mehr. Sie haben ihn umzingelt. Kanus auf allen Seiten. Und der Vater von Erecoixaro hat ihn nach der Wahrheit gefragt. Er hat gesagt, es stimmt. Da haben sie sein Kanu ans Seeufer gezogen und den Stock auf ihm tanzen lassen, bis er ohnmächtig wurde. Dann haben sie ihn im Kanu bis an einen Strand am Fluß gezogen und haben dort ein Bad genommen. Als er aufwachte, hat er wieder den Stock bekommen. Dann haben sie ihn ins Dorf getragen, und da hat er nachts noch mehr Prügel bekommen. Sie wollten es ihm austreiben. Aber das war dumm von ihnen. Es hat nicht mehr viel gefehlt. Er konnte nicht mehr aushalten, als er schon bekommen hatte. Dann hat ihn Maluá, der Medizinmann, mit Waldgras behandelt. Er hat ihm geraspeltes Ipê-roxo[94] auf die Wunden gelegt, da, wo die Knochen geschwollen waren. Als alles vorbei war, waren wir frei.«

»Wo wohnst du jetzt?«

»Weißt du, wo der kleine Strand ist? Unter einem Pequibaum hat er eine kleine Hütte gebaut. Zuerst wohnen wir da. In der Zeit der Wasser wird die Flut alles überschwemmen. Wenn sich alle beruhigt haben, bauen wir eine große Hütte im Dorf. Das ist alles.«

»Und Erecoixaro?«

»Erecoixaro?«

»Aber ja! Du hast ihr den Mann weggenommen, stimmt das etwa nicht? Sie ist jetzt allein mit vier Kindern.«

»Na und? So ist das. Sie ist so viel älter als Maluaré. Und sie hat schon zwei Söhne, die allein fischen können. Das kleine Mädchen kann schon Tonpüppchen machen, die können sie in São Felix verkaufen, oder an die Toris, die hier vorbeikommen. Wenn ich's nicht gewesen wäre, hätte eine andere Frau sich ihn geschnappt.«

»Ja und?«

»Aber Dóttie! Er hat ihr vier Kinder gemacht, die nicht gestorben sind und noch zwei, die nicht überlebt haben. Reicht das nicht? Jetzt bin ich an der Reihe. Ich will auch meinen Anteil haben.«

Sie strich wieder über ihren Bauch unter dem Kleid, als versuche sie damit ihren Entschluß zu festigen.

»Wenn ich alt bin und er noch ganz jung, dann wird er mit einer anderen Frau gehen. Dann wird niemand ihn oder seine Frau schlagen. Aber jetzt bin ich an der Reihe, jetzt bin ich dran!«

Xireréia runzelte ihre Stirn und versank in Gedanken. Sie hatte noch nicht alles erzählt.

»Weißt du was, Dóttie? Erecoixaro ist eine gute Frau. Früher, wenn wir uns Angelhaken und Leinen besorgt haben, haben wir im gleichen Kanu geangelt bis in die Nacht. Dann habe ich die Fische geteilt und ihr und den Kindern den größeren Anteil gegeben. Bald werden wir wieder Freundinnen sein, du wirst sehen. Und vielleicht fischen wir wieder im gleichen Kanu.«

Xireréia hob den rechten Arm und zeigte mit dem Finger in die Ferne.

»Wenn du auf das Kanu mit der Milch gewartet hast, da kommt es, an der Uferböschung.«

Trotz ihrer starken Brillengläser konnte Dóttie nichts erkennen. Sie würde das Boot erst aus nächster Nähe sehen können.

»Guck nicht da hin. Guck da zum Hafen, zum ersten Hafen vom Dorf, da kannst du was sehen.«

Dóttie folgte der angegebenen Richtung.

»Kuryala. Er schöpft das Wasser von der Nacht aus seinem Kanu und fährt mit Akurriro, seiner Alten, nach São Felix.«

»Was machen sie da?«

»Hanna besuchen. Er ist jetzt jeden Morgen da und wartet.«

Dóttie war völlig überrascht.

»Warten, auf was denn, Xireréia?«

»Hanna hat gesagt, er wird wieder sehen. Mit beiden Augen. Er wird Gott sehen.«

»Sie ist verrückt! Sie macht ihm Hoffnungen, die sie nicht erfüllen kann.«

»Ich glaube auch, sie kann das nicht. Neulich war ich in São Felix, und ich habe gesehen, was sie macht.«

»Und was macht sie?«

»Sie setzt die beiden vor sich hin. Da hocken sie stundenlang. Zuerst gibt sie ihnen ein bißchen zu essen. Das ist ja gut. Dann nimmt sie ein Buch, einen Roman. Ein schwarzes Buch.«

»Das ist kein Roman, Xireréia. Es nennt sich Bibel.«

»Ich dachte, das ist ein Roman. Da stehen viele Geschichten drin. Dann liest sie mit dieser Stimme vor, die keiner versteht. Ich glaube, auch Akurriro und Kuryala verstehen nichts von dem Ganzen. Ich habe auch nur wenig verstanden. Und sie verstehen die Sprache der Toris fast nicht. Dann hat Hanna gesagt, in einer Woche wird er schon besser sehen. Da habe ich darauf gewartet, bis die beiden Alten wiederkamen. Ich habe so getan, als nehme ich ein Bad. Ich habe ihnen sogar dabei geholfen, das Kanu an Land zu schieben, nur weil ich ihn sehen wollte. Seine Augen waren wie immer. Die werden immer weißer, immer weißer.«

»Wie kann Kuryala denn rudern, wenn er nichts sehen kann?«

»Ganz leicht. Er sitzt am Steuer als Lotse. Akurriro sitzt vorne. Sie lenkt das Kanu mit der Stimme.«

»Ah ja.«

»Dóttie, Hanna ist sehr dumm, hat Xireréia recht?«

»Warum?«

»Du lebst auch hier und sprichst die Sprache der Toris. Dann hast du die Sprache der Karajás gelernt. Sie lebt schon lange hier und spricht nicht unsere Sprache. Warum?«

»Was weiß ich, warum. Vielleicht, weil ich eine Jüdin bin. Wir lernen andere Sprachen mit großer Leichtigkeit.«

Dóttie erhob sich. Sie wollte der Ankunft des Milchkanus vom Steilhang aus zusehen.

»Geh noch nicht, Dóttie.«

Xireréias Gesicht nahm jetzt einen furchtsamen Ausdruck an.

»Du mußt mir helfen.«

Es war seltsam. Das Gesicht des jungen Mädchens verwandelte sich in diesem Augenblick in das einer reifen Frau. In Sekundenschnelle hatte es jeden Ausdruck von Gelassenheit und jugendlicher Fröhlichkeit verloren.

»Dann gibt es also noch etwas, Xireréia?«

»Ich will dich um etwas bitten. Es geht um mein Kleines.«

»Was ist denn?«

»Es ist, na, du weißt schon. Wenn es auf die Welt kommt und diese Alten sind immer noch wütend auf mich, habe ich nur meine Mutter, die mir hilft.«

»Du hast nicht nur deine Mutter. Ich werde dir auch helfen. War es das, was du wolltest?«

Die ganze Jugendlichkeit kehrte wieder auf das Gesicht des Mädchens zurück. Sie lächelte dankbar.

»Danke, Dóttie. Du bist sehr gut. Ich werde nie mehr über

was reden, das dich traurig macht, ist gut? Ich werde nie mehr über Canário reden.«

Dóttie begab sich allein zum Steilhang. Der Sonne preisgegeben, war ihr häßliches Gesicht ein Spiegel ihres ganzen öden Lebens. Ja, es zeigte die Schatten des Totenreiches, in dem sie einsam und mutlos lebte.

Drittes Kapitel

Letzte Wegstrecke der Hoffnung

Dóttie setzte sich an den höchsten Punkt des Steilhanges. Der Schatten eines Ipê-roxo, dessen letzte weiße Blüten von einem gleichmütigen Wind abgerissen wurden, gab ihr Schutz vor der Sonne. Die Blüten fielen in den Fluß, in die Kanus, auf den Abstieg zum Ufer und vor ihre Füße.

Sie putzte ihre dicken Brillengläser und lenkte ihren Blick auf eine Spur roter Ameisen, die auf der Suche nach etwas Eßbarem zum Ufer des Flusses herunterkrabbelten. Sie ernährten sich von den Resten der ausgenommenen Fische oder von den Häufchen Maniokmehl, die aus den undichten Körben gelaufen waren, und gingen ruhig und diszipliniert ihres Weges. Eine aus dieser starken Truppe, die sich an den Abstieg gemacht hatte, hielt an und schien sich mit einer anderen Ameise aus der aufsteigenden Truppe zu unterhalten. Doch ihre Unterhaltung war nur kurz; scheinbar wollten sie ihre Arbeit nicht allzu lange unterbrechen. Diese Insekten schienen immer einem höheren Befehl zu folgen. Sicher beschafften sie Nahrung für das Ameisennest. Wozu nur? Es war noch viel zu früh. Die große Regenzeit ließ noch auf sich warten. Doch was scherte sie das Geheimnis der roten Ameisen?

Regen! Wie schön wäre es, wenn es in ihrem Inneren regnete! Vielleicht würde sie dann nicht so unter der Spröde und Verhärtung ihrer Seele leiden. Würde ihr Herz schneller schlagen, dann hätte es sicher den Staub dieser Seelendürre in ihre Lungen, Nieren und Eingeweide geweht. Es heißt, im menschlichen Körper befinden sich vierzehn Meter Gedärm, die alle schön zusammengefaltet an ihrem Platz liegen, bis sie der Krebs befällt und völlig zerstört. Was für eine Lüge! Was für ein Unsinn! Niemand konnte seine vierzehn Meter langen Därme spüren. Für ein Hundeleben war das viel zuviel.

Sie sah auf den klaren Fluß. Das helle Licht schmerzte in ihren grauen Augen. Das Kanu von Kuryala, ihrem alten Häuptling, kämpfte sich vom Rio das Mortes her flußaufwärts durch die Strömung. Es war ein beschwerlicher, verzweifelter Kampf, den der Alte führte. Dieser arme, verrückte alte Mann! Wie schön er war! Dieser Idiot, den sie so liebte. Warum leben! Warum sterben! So war das Leben. Sie begann wieder, in ihrem Innersten zu wühlen. Es hatte keinen Sinn, den Tod herbeizusehnen. Das hatte sie schon aufgegeben. Wenn sie hätte sterben sollen, dann wäre das schon in den Konzentrationslagern passiert. Sie lachte und sah ihre Finger an. Ja, Canários Vater hatte ihr gesagt, während er ihre verbrannten Spinnenfinger drückte: »Du hast die schönsten Hände der Welt!« Er hatte sterben müssen. Genau wie Mariaualê. Wie hübsch sie gewesen war: fünfzehn Jahre alt. Ihre mädchenhaften Brüste hatten den Duft der Jungfräulichkeit verströmt. Dieses perfekte Lächeln ihres breiten Mundes und die schwarzen, mit Palmöl eingeschmierten Haare! Sie war durch das Fenster in Canários Zimmer geklettert. Und dann ihr Lachen, das Geflüster und das Stöhnen des Mannes! Und vor allem die Boshaftigkeit des Mädchens, das immer auf ihre Hände gezeigt hatte: »Dóttie hat Hände wie Krebsspinne.« Dann war Mariaualê an der Pest gestorben. Sie hatte eine gelbliche Haut bekommen, ihr Körper hatte nur noch aus Haut und Knochen bestanden. Ihre perfekten Zähne hatten sich seltsam von ihrem Totengesicht abgehoben. Ein Geruch von Verwesung war ihrer sterbenden Stimme entströmt. Mariaualê hatte in ihren Armen gelegen und »Mutter« zu ihr gesagt, bevor sie starb.

Dóttie sah wieder in die intensive Lichtspiegelung auf dem Fluß. Kuryalas Kanu wurde immer kleiner und kleiner. Sie verspürte Erleichterung. Er stand aufrecht im Boot und handhabte den Staken. Akurriro gab ihm Anweisungen, wo er den Staken eintauchen sollte.

Sie wandte ihren Blick wieder den roten Ameisen zu, die unbeirrt ihrer Schwerstarbeit nachgingen. Eine Welle der Wut packte sie.

»Ihr verdammten Biester!«

Der Wind ließ nach und die Moskitos kamen. Sie versetzten ihr schmerzhafte Stiche. Aber es lenkte sie von diesen dummen Ameisen ab.

»Sei ehrlich, Dóttie. Du hast manchmal daran gedacht, dich umzubringen. War es nicht so?«

Sie lächelte albern. Es war ein häßliches Lächeln.

»Und was hätte ich davon? Wer sich umbringt, hat Angst vor dem Tod, und den fürchte ich nicht. Ha, ha, ha! Ich benehme mich wie eine Betrunkene. Aber ich bin nicht betrunken, damit ihr's wißt! Es hört mir nur keiner zu. Niemand sieht mich. Nur ich kann mich sehen. Das ja. Ich bin wie dieser Narziß. Er konnte sein Bild auch nicht sehen. So wie ich. Eines ist sicher: Die Menschen sterben nicht nur einmal. Ich bin damals gestorben« – und sie drückte ihre beinahe gefühllosen Fingerspitzen –, »und danach bin ich dort hinten gestorben«, und sie zeigte auf den Friedhof der Karajás.

In diesem Augenblick verschwand das Kanu von Kuryala, ihrem Häuptling, hinter der Flußbiegung.

»Bald wird er in São Felix ankommen. Sie werden das alte Kanu an einem Baum festmachen. Hand in Hand werden sie die letzte Kraft aus ihren erschöpften Herzen pressen und atemlos vor Hoffnung das Haus von Schwester Hanna aufsuchen.«

Der Gedanke an die Ordensschwester ließ sie verächtlich lächeln. Nur gut, daß diese vergilbte Gottespute nicht versucht hatte, auch ihre Seele zu retten. Diese Betschwester hatte es aufgegeben, mit ihren langen Röcken über den Strand zu laufen, die der Wind um ihre Beine flattern ließ. Ihre großen Füße waren tief im Sand versunken. In der einen Hand hatte sie die Sandalen gehalten, mit der anderen Hand hatte sie versucht, den ausgebleichten Sonnenschirm festzuhalten, auf den der erbarmungslose Wind des Buschwaldes einschlug. Was einem den Rest gab, war ihr verzweifelter, flehender Gesichtsausdruck, dieses »Ich muß jemanden retten.« Sie schien immer weinen zu wollen und tat es doch nicht. Statt dessen verströmte sie einen säuerlichen, modrigen Geruch.

»Hanna und ich, wir sind wohl die schrecklichsten Frauen

auf der Welt. Häßliche Frauen, nicht besser als ein WC. Aber wenigstens stinke ich nicht so entsetzlich. Der Fluß ist mein Freund, und ich bin seine Freundin. Aber sie geht nicht in den Fluß, denn das wäre ja Sünde. Dieser faulige, heiligmachende Geruch!«

»Dóttie! Du willst deine Seele nicht retten.«

Ganz gelb war sie. Sie hatte eine stumpfe Haut, einen gelblichen Mund, gelbliche Zähne, blutleere, gelbliche Hände. Und dann diese Sprache, ein Haufen vergilbter Worte, dieses Englisch, das aus ihrer Kehle kam. Nur gut, daß diese heilige Hure aus ihrem Leben verschwunden war. Ein Glück.

Mit einem Mal preßte Dóttie ihre faltigen Hände gegen die vertrocknete Brust. Ergriffen mußte sie an etwas denken.

»Hanna! ... Hanna! ... Es gibt jetzt nur noch dich. Du, die jemanden retten will. Du, die ihren Glauben hat. Hanna, vollbringe das Wunder. Du bist die letzte Hoffnung für diesen unglücklichen Alten.«

Obwohl ihre Augen hinter den dicken Brillengläsern nicht weinten, spürte sie die Schluchzer in ihrer Brust. Eine seltsame Demut hatte ihr Herz ergriffen, und sie flüsterte ohne jeden Haß:

»Ja, Hanna. Tu es! Ein Wunder. Hanna, vielleicht ist das deine Gelegenheit. Mach es, Hanna, und ich werde auf meine Knie fallen, dir zu Füßen, ich schwöre es. Ich werde um Verzeihung bitten für all das Böse, das ich dir gewünscht habe. Ich werde dein Gesicht, deine Hände, deine Füße küssen. Ich werde nicht zulassen, daß du mich Schwester nennst, wie du es dir immer gewünscht hast, nein, ich werde dich Schwester nennen. Vollbringe das Wunder, Hanna.«

Sie senkte ihre Hände und lehnte sich gegen den Stamm des Ipê-roxo. Ihre geschlossenen Augen mieden den Fluß und die fetten roten Ameisen.

Hätte sie die Geräusche aus dem Dorf hören wollen, dann wäre ihr das jetzt nicht gelungen. Die Schreie der Möwen und der aufgeschreckten Camiás am Strand waren verstummt. Chico-preto[95], der sich zu dieser Stunde gerne in der großen Mangueira herumtrieb, war plötzlich still. Kein Laut war zu hören. Nur ihre Gedanken drangen zu ihr. Auch wenn sie sich die Ohren fest zugehalten hätte, diese Stimme brachte sie nicht zum Schweigen. Das ging schon lange so. Seit wann nur? Seit vier Jahren? Vier Regenzeiten? Drei Jahren? Drei Regenzeiten? Es war so schwierig, Ordnung in die Zeit zu bringen.

Immer wieder diese Stimme. Diese schreckliche Stimme.

»Herr im Himmel! So lange schon!«

»Gibt es Hoffnung, Doktor?«

»Wer weiß? Ich müßte ihn mit Spezialgeräten untersuchen ... nur eine Operation kann da Gewißheit geben ...«

»Warum nehmen sie ihn nicht mit, Doktor?«

»Das hängt nicht von mir ab. Ich muß mit dem Kommandanten reden.«

Und dann, später, in der Gegenwart des Kommandanten:

»Es geht nicht, gute Frau.«

»Aber das Flugzeug ist doch ganz leer, Kommandant.«

»Das denken Sie, meine Dame.«

Und schließlich, vor der Baracke, das Drängen von Dr. Leão:

»Geht es wirklich nicht, Kommandant?«

»Sie sind ja verrückt.«

»Aber damit nehmen Sie einem Menschen die Chance, sein Augenlicht wiederzubekommen!«

»In diesem Alter. Das geht nicht ... Dreckige Indios ... Probleme, dreckige Indios ... Sie müssen beide mitnehmen. Dreckige Indios ... Und später müssen Sie die beiden mit zu sich nehmen ... dreckige Indios ... Es wird schwierig sein, ein Flugzeug zu finden, das hierher zurückfliegt, dreckige Indios, dreckig ... dreckig ... dreckig.«

Und trotzdem hatte sie die beiden am frühen Morgen zum Flughafen gebracht. Um drei Uhr waren die Männer dann vorbeigekommen. Niemand hatte ihre ängstliche Erwartung bemerkt. Dr. Leão hatte nur von weitem mit dieser langen Hand gewunken. Mit dieser langen Hand. Dieser weißen, acht Meter langen Hand. Mit dieser tausend Kilometer langen Hand ... Dreckige Indios, dreckig ... dreck ...«

Das Flugzeug war ratternd über ihren Kopf hinweggeflogen und hatte diese ärmlichen Indios, diese dreckigen, elenden Indios mit noch mehr Staub bedeckt.

Von diesem Augenblick an war ihre Wut auf die Weißen und alle Zivilisierten noch gewachsen. Sie hatte einen Schwur getan und den bitteren Speichel zwischen den Lippen hervorgepreßt:

»Ich arbeite hier als Krankenschwester. Aber von heute an werde ich nur noch die Krankenschwester dieser Station sein. Ich behandle nur noch Weiße, die auf diesem Posten arbeiten. Jeder weiße Hurensohn, der nicht von hier ist, kann vor meinen Augen verrecken, und ich werde noch auf ihn spucken.«

»Dóttie! . . . Dóttie!«

Sie öffnete verwundert die Augen. Alle Geräusche hatten wieder ihren ursprünglichen Klang. Das Dorf verströmte pulsierendes Leben. Der Wind war wie durch einen Zauber zurückgekehrt, und die Möwen stießen wieder ihre grellen Schreie aus, sobald jemand ihre Bruthöhlen an den Stränden bedrohte.

»Was ist, Dóttie? Bist du krank?«

Vor ihr stand ein Junge und lächelte sie liebevoll an. Seine Haare waren kurzgeschnitten. Er hatte seine Haut mit Genipapextrakt eingeschmiert. Auf den ersten Blick fiel es ihr schwer, den kleinen Karajá von einst wiederzuerkennen, der herangewachsen war.

»Ich bin es, Dóttie, Aratuma.«

»Ich weiß, mein Sohn, ich weiß. Helf mir hoch.«

Der Bodu streckte ihr freundlich seine Hand hin. Dóttie streifte den Sand von ihren Kleidern und schüttelte das Kribbeln ab, das ihren Körper durchlief.

»Was willst du denn, Aratuma?«

»Weißt du, Dóttie. Großer Schmerz in meinem Kopf. Gibst du mir Heilmittel?«

»Ja. Laß uns in die Apotheke gehen. Dóttie hat viel nachgedacht. Hatte große Gedanken im Kopf und hat alles andere vergessen. Laß uns gehen.«

Sie ging in die Küche im hinteren Teil der Baracke. Resigniert lief sie durch das ehemalige Zimmer von Canário und versuchte wie jeden Morgen, sich an nichts zu erinnern. Die riesige Baracke war alt. Mit jeder Regenperiode wurde sie baufälliger. Zu jeder Trockenperiode mußten sie Pfeffersträucher sammeln und verbrennen, um die Fledermäuse zu vertreiben, die das Haus heimsuchten. Die großen Zinkbleche auf dem Dach mußten jedes Jahr wieder befestigt werden, sobald die Zeit der steigenden Wasser und der verrückten Winde vorüber war. Die Baracke des Großen Papa hatte löchrige Wände und verschimmelte an den Fenstern und Türen. Sie flickten alles, so gut sie konnten. Die Küche sah am verheerendsten aus. Es waren viele, die ihr Mahl auf dem großen Herd zubereiteten und ihren Dreck überall verteilten. Überall standen zersprungene Töpfe, an jeder Ecke hielt ein Stützpfeiler das altersschwache Bauwerk zusammen. Das Zink auf dem Dach und die Wände hatten anstelle des ursprünglich hellgelben Farbtons ein glänzendes Schwarz angenommen. Nur die Sonne war wunderbar und heiß. Eigentlich sogar zu heiß. Sie drang durch Spalten, Ritzen und Löcher und fiel schließlich ungehindert und erbarmungslos durch das schiefe, halbgeöffnete Fenster und die obere Hälfte der verzogenen Tür.

Dóttie machte sich mit einem Topf verlesenen Reises am Herd zu schaffen. Vom Vorabend war noch ein wenig gebratener Fisch übriggeblieben, ein Geschenk von Ibrobedó. Es war mehr als genug für das Mittag- und Abendessen. Sie würde ein wenig davon für die beiden Alten aufheben, bis sie aus São Felix zurück waren. Sicher hatten sie von dem gegessen, was Hanna im Haus hatte. Die Ordensschwester hatte lange nicht so viele Entbehrungen zu erleiden wie alle, die hier im Dorf lebten, vor allem die Weißen. Ihr Orden sorgte für einen gewissen Unterhalt. Bisher hatte niemand ihren langweiligen Worten gelauscht. Jetzt war sie in ihrem missionarischen Bemühen, jemanden zu retten, sicher glücklich, endlich zwei Zuhörer gefunden zu haben.

Während ihrer Arbeit in der Küche gab sich Dóttie noch stärker ihren Gedanken hin. Sie zweifelte daran, ob es angemessen war, die beiden als alte Leute zu bezeichnen. Schließlich war Kuryala gar nicht so schrecklich alt. Als sie die beiden Indios zum ersten Mal hierherbrachte, machten sie einen stärkeren, entschlosseneren Eindruck. Dann kamen die Enttäuschungen, der Hunger ... Die Demütigungen und der Hunger. Und schließlich blieb ihnen nichts als dieser Hunger und diese milchigweißen Augen, für die man niemanden anklagen konnte. Der Hunger und das Lächeln auf den Lippen. Nie hörte man sie über etwas klagen. Ihr alter Häuptling Kuryala lächelte seinem Hunger würdig ins Gesicht.

Sie schüttete den Reis in den Topf und hörte, wie das sprudelnde Geräusch des kochenden Wassers nachließ. Doch ihre Gedanken ließen ihr keine Ruhe.

Warum trugen alle Blinden, die sie in ihrem Leben kennengelernt hatte, ein Lächeln auf den Lippen? Man sah doch kaum einen von ihnen, ob er nun schlechte oder gute Zähne hatte, der mit geschlossenen Lippen umherlief. In Wahrheit verbargen sie wohl alle ihre Blindheit hinter diesem ewigen Lächeln.

Zu dieser Stunde saßen Kury und Aku sicher geduldig vor Hanna und hörten sich ihr langatmiges Geschwafel an. Geschichten aus dem schwarzen Roman mit dem speckigen Dekkel, wie sie die Bibel nannten. Verstehen würden sie nichts. Das Portugiesisch von Hanna war schlimmer anzuhören als das Geschwätz eines der Papageien der Karajás, die das erboste Gezeter einer Frau nachahmten. Die redeten doch für zehn Weiber und konnten einem Teufel ein Ohr wegschwatzen mit ihren flinken Zungen!

Bei dieser Vorstellung mußte sie lächeln. Aber ihr Lächeln verwandelte sich bald in Beklommenheit. Mit einbrechender Nacht würden die Kanus von den Fischfängen zurückkehren. Dagegen war ja nichts zu sagen. Aber die anderen, die aus São Felix eintrafen, brachten sicher wieder mindestens zwei betrunkene Indios mit und damit sehr viel Unruhe ins Dorf. Die Betrunkenen schlugen ihre Frauen und zettelten Streit mit den Verwandten an. Der schreckliche Weiße Arara war der Schlimmste von allen. Es war der Weiße Arara aus Berixás Geschichte, die Berixá ihr damals erzählt hatte:

»Bunankre, setz dich, Dóttie.«

Dóttie setzte sich auf die Matte, die Berixá ihr angeboten hatte. Die Indiofrau knetete Ton und formte daraus kleine Püppchen.

»Du spazieren, Dóttie?«

»Ja. Ich hab die Affenhitze in dem großen Haus nicht mehr ausgehalten.«

Sie bemerkte das gutmütige Lächeln der Indiofrau, ihre glatten, glänzenden Haare. Ihr Körper war in ein dreckiges Tuch gewickelt und gab ihre alternden Brüste frei.

»Deine Puppen sind hübsch, Berixá.«

»Ja. Morgen trocknen mit Sonne. Am Abend brennen mit Holz. Ich schon Stöcke im Wald gesammelt. Dann malen an. Dann geht Mann Atauzinho nach São Felix, verkaufen. Davon kaufe Tuch. Dann ich arbeite noch mehr und Atauzinho bringt mich mit Kanu nach São Felix. Da kaufe ich Decke. So ist immer. Immer so. Er macht auch Cáua-Cáua, Holzpuppe, hilft mir. Bestimmt.«

»Ein Glück, daß Atauzinho nicht trinkt und dir alles bringt.«

»Atauzinho nicht trinkt. Aber viele Karajás gerne Krukrujé, Schnaps. Du hast gesehen. Uassabédo, ein Kind, geht und trinkt Krukrujé. Kommt alleine krank in Kanu zurück. Fällt in Fluß. Bêérokan trägt fort. Ist immer so.«

Sie sah Dóttie mit ihren gutmütigen Augen an und lächelte. Dann knetete sie wieder den Ton, und ihre geschickten Finger gaben der Masse eine Gestalt.

»Warum muß es denn immer so sein, Berixá?«

»Darum.«

»Aber früher war es nicht so.«

»Nein, anders. Früher Karajás gestorben, wenn ganz alt, und nur an Schlangenbiß, in Kampf mit Jaguar, böses Fieber. Alles gehörte Karajás.«

Sie zeigte auf den Himmel, den Fluß und den Wald.

»Jetzt siehst du Karajá vielleicht in Cuê-Beró, schon möglich. Kann sein auch in Grisosti, Jabotá und hier, in Raumaló-Mandô-Dessé. Karajás gehört nur kleines Stück Land. Von Fazenda bis Feld und da hinten noch Sandstrand. Weiße kommen, immer mehr Weiße. Viele Toris, mehr Toris als Sand am Strand. Toris muß immer viele sein. Weiße nehmen immer mehr Indioland, noch ein Stück und noch ein Stück. Tori braucht viel Platz, viel Boden, viel Boden. Ist immer so.«

Sie nahm eins von den Tonpüppchen zwischen die Handflächen und lächelte. Ihre Augen strahlten immer noch in der gewohnten Gutmütigkeit.

»Gefällt dir, Dóttie?«

Dann wandte sie sich aufs neue ihrer Arbeit zu und nahm die Erzählung wieder auf.

»Krukrujé, ja, aber gibt auch Feuerwasser Orrã. Karajás lieber Orrã als Krukrujé. Mein Sohn ist Bodu. Ja, ist Bodu, Dóttie, glaubst du? Hat Orrã getrunken. Mein Sohn Maloíre. Schlafen wie Toter in Hängematte. Atauzinho und ich, wir seine Arme halten ganze Nacht. Hat gespuckt. Hat geweint und am Morgen große Schmerzen in Kopf. Sein Vater ihn gebadet. Wie wieder besser, ich mit Sohn im Guten gesprochen:

Dô-ú, Söhnchen, warum du Krukrujé getrunken?

Es war Orrã, Mutter.

Warum?

Schmeckt gut, schön süß. Und macht ganz warm, kannst du fliegen wie Vögelchen.«

Sie sah Dóttie an und lächelte.

»Sagen alle. Ist schön süß. Ist lecker. Und kommen immer mehr Toris. Ja, kommen. Jeden Tag kommen mehr. Gibt immer mehr Leute auf dem Posten, bestimmt. Jetzt noch mehr Leute von der FAB. Kommen viele Briquêcauti, Flugzeug. Pilot allen Benzin geben, die Feuerzeug haben, damit machst du Feuer auf Reise. Toris immer sehr gut, sehr gut, ist gut, bestimmt. Wenn keine Toris mehr, ich keine Puppen mehr für Stoff und Dekken. So ist immer.«

»Aber in São Felix zahlen sie euch doch schlecht für eure Arbeit.«

»Ja. Aber besser als Geschäfte mit fliegenden Handelmann, wenn kommt nach Raumaló-Mandô-Dessé. Handelmann viel mehr Sachen, viel besser, aber mußt du drei Benzindosen mit

Puppen für ein Brot geben. São Felix besser, viel besser. So ist immer, war immer so.«

Dóttie blickte die Frau völlig verdattert an. Ihre Worte ließen keinerlei Revolte oder Empörung spüren.

»Magst du die Toris, Berixá?«

»Ja. Toris nicht böse, bestimmt.«

»Selbst wenn die Weißen deinem Sohn Maloíre dieses Orrã zu trinken geben und er eines Tages auf den Grund des Bêérokan fallen wird? Die Toris taugen nichts, Berixá! Die Toris sind schlecht.«

Die Hände der Indiofrau ruhten einen Augenblick lang auf der Tonmasse. Sie dachte ein wenig nach. Dann sagte sie zum ersten Mal etwas, ohne ihr Gesicht zu einem gutmütigen Lächeln zu verziehen: »Tori ist gut. Hat Volk von Karajás viel geholfen, bestimmt. Uns alles hier gehört, aber Leben war sehr schlecht. In alten Zeiten Karajás ohne Deckmatte geschlafen. Bei Kälte Karajás auf jeder Seite von der Hängematte Feuer gemacht, eins hier, eins da, uns aufwärmen uns, bestimmt. Mit Toris ganz anders. Wenn mein Bauch weh, mein Kopf weh, du gibst Tabletten, hat Berixá recht?«

»Das stimmt. Aber das ist sehr wenig für alles, was sie euch antun.«

»Ich gedacht wie du. Aber dann ich viel gedacht. Viel und viel. Der Pater aus dem roten Haus von Gott von Tori erzählt. Gott von Weißen kann auch Gott von Karajás sein, er sagt. Der Pater gelogen. Indiokarajá hat Gott von Weißen und darf nicht Stadt besuchen und in Haus von Weißen gehen? Muß Karajá ganzes Leben hier gefangen sein, muß er? Also ich gesehen, der weiße Padre nicht die Wahrheit gesagt. Karajá hat Kanansiuê. Nur Kanansiuê. Aber Gott von Weißen ist sehr groß, sehr stark. Er zeigt Toris, wie Boot, Flugzeug, Büchse und alles Schöne machen. Kanansiuê ist gut. Er liebt Karajás, aber er ist kleiner Gott. Darum macht Mann von Karajá Kanu, Ruder, Bogen und Pfeile. Und Karajáfrau macht Puppen, Matten und Essen. Aber Tori immer besser, bestimmt.«

»Auch wenn sie euch das Land wegnehmen, wie du es erzählt hast?«

»Ja.«

»Sie bringen euch Unglück, Berixá. Wenn sie den Fluß anhalten könnten, würden sie ihn euch auch noch wegnehmen.«

Da lachte Berixá und stellte sich zum ersten Mal vor, wie es wäre, wenn der Fluß anhielte.

»Der Fluß immer fließen, Dóttie, ist immer so.«

Dóttie seufzte mutlos.

»Also, ich bin weiß, weiß wie der Strand. Und obwohl ich eine Weiße bin, hasse ich diese Rasse, denn sie taugt nichts. Die Weißen taugen nichts. Ich hasse sie für das Schlechte, das sie mir angetan haben. Ich hasse sie noch mehr für das Unheil, das sie über euer Leben gebracht haben. Das habt ihr nicht verdient.«

Berixá lächelte Dóttie an. Sie wollte ihr über den Rücken streichen, aber unterließ diese Geste, denn ihre Hand war ganz lehmverschmiert.

»Nicht böse sein, Dóttie. Wenn du willst, Berixá erzählt dir Geschichte von Großvater, willst du?«

Die Sanftheit dieser Stimme ließ die Jüdin nachgeben.

»So ist besser.«

Die Indiofrau unterbrach ihre Arbeit und säuberte ihre Hände an dem Tuch, das sie um ihren Körper gewickelt hatte.

»Ich alte Karajá, Dóttie. Heute alles anders. Aber Volk von Karajás ist heute so, weil nicht auf Kanansiuê gehört, bestimmt. Zuerst, Karajá darf nicht aus Boden vom Fluß aufsteigen, aber tut er doch. Kanansiuê gewarnt. Niemand auf Kanansiuê gehört. Dann haben Karajás erfahren, eines Tages sie müssen sterben. Weil den Fluß verlassen. Jetzt muß Karajá Schmerzen spüren, Schmerzen bei Geburt, bei allem. So war's. Krukrujé ist neuer Tod von Kanansiuê, zur Strafe, bestimmt. Hier Geschichte von Großvater, hab ich nie vergessen nie. Als Toris hier in unser großes Land kommen, auf unseren großen Fluß, Kanansiuê zu allen großen Häuptlingen im Dorf gesprochen. Er sie gewarnt:

Tori kommen. Aber Vorsicht, Vorsicht! Große Vorsicht! Toris werden Karajás schönen Uêriri, schönen Korb schenken. Gut verschlossen. Geschenk. Karajás können Geschenk annehmen, aber nicht Korb öffnen. Niemals. Wenn den Korb öffnet, ihr seid verloren!

Und Tori kommen. Sie rufen alle Häuptlinge und schenken ihnen Korb. Da tanzen Karajás viel und singen viel und ist großes Fest. Toris gegangen und bald schon bald wieder da. Lange Zeit bleibt Korb in großer Hütte, gut bewacht. Bestimmt. Dann einer sagt: Was ist da drin, was? Aber dann viele Monde und keiner genug Mut. Keiner öffnet. Dann ein Junge den Korb genommen und geschüttelt. Hat gesehen, wie was in Korb bewegt. Da haben alle Korb geschüttelt. Ein anderer in Korb gehört, und da war Stimme von Tier, ja. Da wollen alle noch mehr in Korb sehen. Der alte Larrori sagt: Und wenn wir Loch machen? Nur kleines Loch, ganz klein, zum Gucken? Mit Pfeilspitze haben sie Loch gebohrt. Da denkt einer, was Kanansiuê gesagt: Keiner an den Korb gehen, ist nicht gut, mit Pfeilspitze in Korb bohren. Und Larrori klebt mit Auge an Korb. Will nicht mehr weg da, nicht mehr. Dann Auge wieder aus dem Korb und sein Gesicht glücklich, ganz glücklich. Er sagt, hat das Schönste gesehen, noch nie hat Schöneres gesehen.

Noch ein Karajá klebt mit Auge an Korb. Und sagt zufrieden: Kanansiuê gibt Karajás schönstes Geschenk, gibt nicht schöner.

Alte Frau setzt sich an Loch.

In Korb vier Arara. Jeder schöner als anderer.

Kinder wollen in Korb sehen.

Arara für mich.

Wieder einer und wieder einer.

Einer rot, ganz rot, wie Farbe von Urucum. Einer grün wie grünes Blatt von Babaçupalme, wenn geregnet. Ein anderer noch gelber und schöner als Sonne. Und letzter ist Schönster von allen. Ganz weiß. Hat Federn wie Sternenlicht. Wie Licht von weißer Stern.

Alle Karajás gewußt jetzt, was drin in Korb. Aber große Angst vor Strafe von Kanansiuê.

Nach langer Sonne kommt Angst und wohnt in Volk von Karajás. Kommen Indios aus jedem Dorf. Alle sehen in Loch. Alle sehen Araras. Immer Weißer Arara schöner als andere Araras. Immer.

Eine alte Frau sagt: Kanansiuê hat Volk von Karajás nicht Geschenk gemacht, damit Geschenk immer in Korb.

Und wenn Geschenk da drin, wird verhungern.

Geschenk kein Wasser, wird verdursten.

Wir holen Arara aus Korb, binden Vogel fest, dann fliegt nicht weg.

Ja. Bis Vogel ganz zahm, zahmer geht nicht.

Da öffnet Volk von Karajás den Korb. Aber muß Araras nicht festbinden. Schon zahm, ganz zahm. Araras halten Kopf hin, zum Streicheln. Essen Mais, trinken Kalugi aus Hand. Und Araras werden größer, immer größer. Bald so groß wie große Hunde. Jeder mit Federn schöner als Licht am Tag. Fliegen immer nah am Fluß, aber bleiben nah. Schöne Araras, niemand nie Schöneres gesehen. Weißer Arara Liebling von Karajás. Jedes Dorf bekommt anderen Arara. Und Freude, eine Freude. Alle wollen Araras umarmen. Alle wollen am liebsten Weißen Arara umarmen. Und Männer lieben verfluchten weißen Vogel mehr als Rote, Gelbe und Grüne Araras.

Dann Reise von Karajá zu Ende. Machen Ruhepause unter großen Pequibaum. Da kommt Regen. Dann Sonne, dann Strand. Eines Tages blaue Wolke, und da drin Kanansiuê.

Alle zittern und er fragt nicht mal nichts. Weiß alles, bestimmt.

Kanansiuê sitzt auf eine Matte. Sieht in Gesicht von Volk von Karajás und schüttelt Kopf.

Verrückte! Jetzt kommt Tod noch schneller zu Volk von Karajás!

Dann Kanansiuê sagt schon ohne Wut:

So lange Araras gefangen, so lange leben Karajás in Frieden. Verrückte! Weißer Arara, Geschenk von Weißen, ist Schnaps. Er euch im Fluß töten. Ist Grund für Streit und Mord. Grüner Arara, Geschenk von Weißen, ist Tuberkulose. Husten euch Körper, Kehlen und Fleisch fressen. Roter Arara, Geschenk von Weißen, ist Blut an ihren Händen und in ihrem Herz. Folgt ihnen, wohin sie gehen. Blut ist von Indios, die sie getötet, Blut von Weißen, die sie getötet, Blut von Tieren im Wald. Blut von Fischen im Fluß. Gelber Arara Schwäche von euch. Schwäche wird euch nie verlassen. Ihr könnt nichts machen, nichts. Ihr wißt, Toris kommen, immer mehr, immer mehr. Ihr immer sterben. Flügelschlag von Gelbem Arara für immer über Volk von Karajás.

Dann ist Kanansiuê ganz still und sieht Volk von Karajás mit Mitleid an. Gott von Indios ist traurig, trauriger geht nicht.

Karajá wird Araras gleich töten.

Jetzt ist zu spät. Araras schon weg. Karajás können nichts mehr machen, nichts. Gucken hinter Maske von Araras, Araras schon weg. Araras suchen jetzt in weiter Ferne andere zu töten.

Dann Kanansiuê steht auf, streckt sich. Er öffnet Arme und ist weit weg, bis von blauen Himmel geschluckt.«

Dóttie sah beeindruckt in das Gesicht der Indiofrau. Ihre Hände wandten sich wieder gemächlich ihrer Arbeit zu. Wie hatte Berixá in ihrem dürftigen Portugiesisch nur eine so bedeutungsvolle Geschichte erzählen können?

Und Berixá hob nicht einmal ihre Augen, als sie Dóttie fragte:

»Gefällt dir, Dóttie?«

»Ja. Wie schade, daß die Araras nicht gestorben sind, bevor sie den Korb verlassen haben.«

»So ist immer. Du nicht gewußt, Berixá kann Geschichte erzählen?«

»Nein.«

»In jedem Dorf immer eine aus Zeit von früher. Frau oder Mann. Lernt, wie man Geschichte erzählt. In Raumaló-Mandô-Dessé Berixá diese Frau. Ich schon alt.«

»Du bist noch nicht alt, Berixá.«

Die Indiofrau lachte fröhlich.

»Wenn mit Puppen arbeiten, wir vergessen rauchen. Keine Zeit, Zigarre anzumzünden.«

Dann unterbrach Berixá eine Weile ihre Arbeit und blickte unverwandt in Dótties Gesicht, wie jemand, der vom anderen völlige Aufrichtigkeit bei der Beantwortung einer Frage erwartet:

»Du glaubst, ich Lügner, Dóttie?«

»Nein, warum?«

»Weil jetzt ich habe gelogen.«

»Was war gelogen?«

»Geschichte von Araras. Berixá viel alte Leute gehört Geschichte erzählen und gelernt. Berixá auch gelernt, Geschichte erzählen. Geschichte ausdenken. Nie Kanansiuê nicht so was gesagt. Kein Korb mit Araras gegeben. Alles Lüge. Du bist böse?«

»Das heißt, Kanansiuê hat den Indios gar keinen Korb mit einem Roten, Grünen, Weißen und Gelben Arara mitgebracht?«

»Nein. Ist Lüge.«

»Vielleicht hat er ihnen keinen Korb geschenkt. Aber ich habe noch nie eine so schöne und wahrhaftige Geschichte gehört.«

»Dóttie hat gutes Herz, bestimmt.«

Berixá hob eines der modellierten Figürchen in die Luft.

»Ist schönste Puppe von allen. Ich werde für dich fertig machen. Morgen, wenn Sonne wieder da und ganz heiß, ich Puppe trocknen.«

Dóttie lächelte.

»Du meinst, wenn die Sonne wiederauftaucht wie ein großer, Gelber Arara? Ist es nicht so?«

Berixá nickte bejahend:

»Ja, war immer so.«

Viertes Kapitel

Der Rote Arara

Uá Konãn
Uá Konãn
Uriterê Ixiquierrê anrrá-idê
Uá Konãn
Konãn ararine.

Kaú bidi Tabô uitirrê
Inã-rréa-manrré
Quiá remantarré
Iamarã Ruberi ridiroirê

Rrân
Rerrân . . .

Dóttie schaukelte in ihrer Hängematte. Die Gesänge des Aruanã weckten sie aus ihren sorgenvollen Träumen. Die Nacht war zu einem letzten Spaziergang zwischen den Morgensternen aufgebrochen, und ein kalter Wind pfiff durch die Löcher der Baracke. Sie kannte dieses Lied. Es war sehr schön. Andeciuala hatte es heimlich für sie aufgeschrieben. Er hatte ihr nicht die ganze Bedeutung des Liedes übersetzt, denn das war verboten. Zwar gaben die Indios nichts mehr um ihre alten Stammesriten, aber ihre geheimen Kulte fürchteten sie immer noch, und sie begegneten ihnen mit großer Ehrfurcht. Jetzt tanzten sie nach einem Gesang, der für die Masken des Ueru gedacht war. Was »Uá Konãn« bedeutete, wußte Dóttie genau: »Meine Hure«. In Verbindung mit den anderen Worten und dem »ararine« des Kehrreims fand sie nach und nach heraus, daß der Verfasser des Liedes einen Lobgesang auf seine Hure zum besten gab, die zurückgekehrt war. Sie lächelte.

Dann stieß sie sich mit einem Fuß leicht an der Wand ab und brachte ihre Hängematte wieder zum Schaukeln. Die Gesänge des Aruanã gefielen ihr gut. Sie unterschieden sich alle in Rhythmus und Melodie, und doch hörte nicht jeder diese Unterschiede heraus. Dóttie mußte wieder an die zwei Lehrerinnen denken, die eine Zeitlang in Santa Isabel[96] unterrichtet hatten. Sie hatten versucht, den Indios das Lesen beizubringen. Die nächtlichen Gesänge, die nicht abbrechen wollten, hatten die beiden fast zur Verzweiflung gebracht. Für sie hörte sich alles gleich an. Alles gleich. Diese spitzen Töne in den Höhen! . . . Ja, der Aruanã hatte die Frauen vor Ablauf der Zeit vertrieben, was im Grunde keiner bedauerte. Er vertrug sich eben nicht mit dem Schlaf.

In Dótties tiefsten Ängsten schlugen die bedrohlichen Araras aus Berixás Geschichte mit den Flügeln. Nie zuvor hatte sie ein so anschauliches Bild vom Elend und der Machtgier der Menschen gehört. Sobald sie an die Geschichte dachte, bekam sie eine trockene Kehle, aber sie konnte sich nicht dazu entschließen, einen Becher Wasser aus dem großen Krug zu holen. Sie wandte ihre Aufmerksamkeit wieder dem Lied von der Hure zu, das Hunderte Male wiederholt wurde. Dabei stellte sie sich die Tanzschritte und das Rascheln der Bastmasken vor, wenn sich die Tänzer in wilden Wirbeln drehten. Was sie jedoch am meisten beunruhigte, war, daß Kuryala und Akurirro sie nicht vor Einbruch der Nacht aufgesucht hatten. Vielleicht hatte ihnen Hanna irgendeinen Winkel in ihrem Haus zum Schlafen angeboten.

Dort gab es sehr viel Platz. Zumindest waren sie dort besser vor der Kälte geschützt als in ihrer Hütte. Im Geist machte Dóttie sich über ihre eigene Dummheit lustig. Wie hatte sie nur glauben können, Hanna werde ein Wunder vollbringen! Sie suchte Trost in ihrem Herzen und vergewisserte sich, daß ihre Bitte und ihr Gelöbnis einem Anflug wahrhaftiger Gefühle entsprungen waren. Nach der Geschichte von den Araras hatte sie jedoch wieder den Glauben an alles verloren. Die Weißen brachten Unheil, ganz gleich, was sie taten, sie verkörperten einfach die Schlechtigkeit.

Sie versuchte, mit dem Fuß ihre Hängematte im Rhythmus des Uerutanzes zu schaukeln, doch nach einigen Versuchen stellte sie fest, daß es unmöglich war. Im Grunde suchte sie nach einem Mittel, ihren unendlich müden Augen den Schlaf zu bringen.

Vielleicht hatten die beiden Alten über dem Besuch von Verwandten in São Felix, von denen sie sich alte Kleidung oder sogar etwas zu essen versprochen hatten, die Zeit vergessen. So waren sie wahrscheinlich von der einbrechenden Nacht überrascht worden. Zu dieser späten Stunde konnte immer eine Strömung auf dem Fluß entstehen, die für jedes Kanu gefährlich war, um so mehr für eines, das von einem Blinden gerudert wurde.

»Weißt du, Dóttie, früher war nicht so häßlich . . .«

Wie oft hatte sie diese Dinge von Kuryala gehört. Nicht immer waren seine Erzählungen ihr verständlich gewesen, aber sie hatte es genossen, ihm zuzuhören.

»Bêérokan früher schön, am Himmel Wolke von Jaburu[97]. Möwen füllten Strände. Krokodile mehr als Haare auf dem Kopf, soviel schwammen um Kanu. Schildkröte macht Eierberg. Tracajá auch. Große Eier, und Karajás immer Bauchschmerzen von Essen. Dann Tracajá Ruhe. Immer mit vielen Männern auf die Rodung, viele zusammen. Da kommt Aloé, gefleckte Unze. Großer Schreck. Wo Birreauti[98] sich setzt. Da wo sie gemacht Feld für Birreauti landen und fliegen, da früher viel wildes Schwein. Wir sie töten mit Stock. Viele und viele. Tiere wild und angreifen, und wir mit Stock auf sie geschlagen. Alle viel Schwein getötet. Schönes Leben. Heute gibt nichts mehr. Kaum nichts mehr. Weißer Felljäger. Weißer Tourist alles kaputtgemacht.«

Dóttie gab sich ihren Gedanken hin, denn der Schlaf wollte sich nicht einstellen.

»Ich weiß, mein alter Häuptling Kuryala. Ich selbst sehe schon den Unterschied, wenn ich daran denke, wie die Dinge waren, als ich hierherkam, und wie sie in der letzten Zeit geworden sind. Auch ich sehe, daß der Weiße, der Zivilisierte, wie Unkraut wächst. Daß euer Roter Arara nichts gegen diese Eindringlinge machen kann.«

»Weißt du, Dóttie, einmal ganz lustig, sehr lustig. Als kommt der fette Pay, rot, mit Bart ganz viel weiß. Zivilisierte sagen Padre Hipólito. Als São Felix nicht mehr als fünfzig Wohner. Als noch nicht so viele Menschen wie heute. Da hat fetter Pay Leute in São Felix vergeheiratet. Dann hier gekommen und hat alle ohne Kleider gesehen. Sagt er zu Volk von Karajá, Gott will nicht. Erst hat mit Uataú geredet. Uataú versteht Sprache von Toris. Sagt er Indio, der heiratet, bekommt eine Axt, eine Hose, zwei Hemden, ein Kochtopf aus Eisen und zwei Schachtel Strölzer. Da ruft Maluá, Häuptling von unserem Stamm, Karajás und fragt, wer will. Wir haben Angst, wollen nicht annehmen. Wir denken, er kann Zauber machen. Karajás denken, auch Tori kann bösen Zauber machen. Dóttie weiß, wie Karajá ist, wenn er Ware sieht und nicht kennt. Aber Canário hat Karajá Mut gemacht.«

»Canário? War er denn damals schon hier?«

»Ja, war schon hier. Damals noch klein, noch klein als Andeciuala, als zum ersten Mal gekommen. Erst arbeitet im Posten von Tapirapé. Aber da hat ihm nicht gefallen und ist er gleich weg da.«

»Und, war er damals schon schön?«

»Viel, schön viel! Und Gesicht nackt, kein Bart.«

An dieser Stelle mußte Kuryala lachen:

»Ist nicht gut, Dóttie. Du mußt Canário vergessen. Ist gegangen vor langer Zeit. Er schon in Tahiná-Kan und hat keine Schmerzen mehr.«

»Schon gut. Und was hat Canário also getan?«

Sie hatte sich unter Kontrolle, aber sie fühlte trotz allem den Ruck in ihrer Seele und die Tränen, die in ihren Augen standen.

»Da hat Canário wie Freund gesprochen. Alle Karajás sollen heiraten. Geschenke nehmen, aber Heirat nichts wert, nur für Weiße. Für Karajás Heirat nur wert, wenn Karajás Hochzeit gemacht. Also sagt Canário, ihr alle heiraten. Da bringt fetter Pay mit weißem Bart alle uns zwei zu zwei zusammen, hat vergeheiratet und gibt Geschenk. Decke nicht allerbeste, aber gut bei Kälte. Hose viel zu groß, und Karajás müssen Bein von Hose hochwickeln. Aber gut. Am Abend kommt Canário vor Haus von Aruanã und lacht viel über Hochzeitsgeschichte. Aber noch nicht alles. Canário springt auf einmal auf wie Karajá, wenn gebissen von Coturutu-Spinne. Karajá denkt, Canário hat Kopf verloren, ist verrückt.

Ich weiß was! Wer will noch mal alle Geschenke bekommen?

Wie sollen Karajás alles noch mal bekommen?

Noch mal heiraten.

Pay sieht Karajá und macht er nicht noch mal.

Doch. Ich zeig euch.

Aber Padre hat Namen auf Papier geschrieben. Wie heißt du? Kuryala und Akurriro. Dann wird auf Papier sehen und nicht vergeheiraten und nicht Geschenk geben.

Doch, ihr heiraten. Karajás tun nur, was ich sage. Klar? Gut. Padre Hipólito ist gebuffte alte Mann! Kauft Karajás für Gott, und das ist falsch. Fährt morgen abend nach Biton-irê. Bleibt da ein paar Tage, so wie hier. Heute, wenn Lorobto schläft, sind noch drei Stunden bis zum Morgen. Alle Karajá fahren raus mit Kanu und Frauen mitnehmen. Lange reisen und nicht anhalten in Biton-irê. Bis nach Krerrã-Auá fahren. Da malen alle Karajá Gesicht mit Genipap und mit Urucum. Einer bindet Haare hinten zusammen. Anderer macht Zeichen in Gesicht mit viel Streifen, Haar immer anders. Wie Karajás wenn vorbereiten auf großes Fest, auf Fest von Retô-rekan.

Und wenn er fragt nach Namen?

Ich hab gesagt: Heirat von Toris ist kein böser Zauber, ohne Wert für Karajás. Ich hab gesagt, Pay ist gebuffte alte Mann. Jeder bekommt neuen Namen, aber Name ohne Wert. Alle Männer von Stamm von Karajás nehmen Name von Fisch. Du Feuerrochen. Du Tucunaré. Du Piranha, und so geht das.

Und Frauen?

Karajás sollen Namen erfinden, wie wollen, hat Canário gesagt. Laus, Zecke, Hintern, Kacken, Kopulieren und fertig.

Karajás hat ausgebuffte Idee von Canário gefallen. Karajás haben gelacht, sie setzen auf die Matte, so gelacht. Wir dahin gefahren, Dóttie, und Canário hat Wahrheit gesagt. Der Pay hat kein nichts gemerkt. Alle haben neue Geschenke bekommen.«

»Und welche Namen haben Akurriro und du angegeben?«

Kuryala zögerte eine Weile, bis er antwortete.

»Sage mir nicht, daß du diesem Padre auch so einen Unsinn erzählt hast . . .«

»Doch, Unsinn. Später hat Canário viel gelacht. Pay hat gefragt, wie heißt du? Akurriro hat gesagt: Noiriça.«

Dóttie unterbrach ihn:

»Wie hübsch. Noiriça, die Blume. Und du?«

»Als Pay gekommen und meinen Name gefragt, ich sage: Kacken.«

»Also wirklich! Wie hübsch! Eine Blume, die ein Stück Scheiße heiratet! Und das Kuryala, dem größten Häuptling der Karajás für alle Zeiten!«

Sie bemerkte, daß der blinde Indio etwas verdutzt dreinsah, und wurde von einer seltsamen Zärtlichkeit ergriffen.

»Das ist ja nicht so wichtig. Der Padre hat es verdient. Und Canário hat gut daran gedacht, euch alles beizubringen. Ich glaube, auch ich wäre in der Lage, mir so etwas auszudenken.«

Canário, Canário. Sie brachte die Hängematte wieder zum Schaukeln, denn die Nacht würde noch lang sein, und der verflixte Schlaf wollte einfach nicht kommen. Sie hatte oft an die Geschichte von Kuryalas Heirat denken müssen. Dieses Mal hatten sie den Padre getäuscht. Eine burleske Geschichte! Aber dieser andere Padre . . . sie erinnerte sich noch gut:

»Da kommt jemand, Dóttie! Guck mal!«

Xireréia stand aufgeregt am Eingang zur Apotheke.

»Komm gucken, Dóttie. Guck mal, wer da kommt!«

Sie lief an die Tür der Baracke. Von der Terrasse aus sah sie den Grund für die Aufregung des Indiomädchens.

Ein magerer, spindeldürrer Padre von erbärmlicher Häßlichkeit kam den Aufstieg von der Anlegestelle des Indiopostens herauf. Sein schweißnasses Haar klebte ihm am Kopf, und sein Gesicht war hochrot. Ebenso rot war auch sein struppiger, schlecht gepflegter Bart, der abstoßend wirkte. Doch der Padre war nicht der Grund für die Erregung des Mädchens; es waren die zwei Indios vom Stamm der Xavantes, die ihn begleiteten. Sie trugen khakifarbene Hosen und Hemden und schwarze Stiefel. Ihre gutgekämmten Haare fielen ihnen gerade bis auf die Schultern, die Stirnfransen waren sorgfältig geschnitten. Jeder der Indios trug mit auffallender Eleganz und Leichtigkeit einen Koffer, so als habe dieses Gepäck kein Gewicht.

»Krixá, Dóttie!«

»Ja, es sind Xavantes, Xireréia. Und wie zivilisiert sie sind.«

Dóttie rückte ihre Brille zurecht, um die Gestalten besser mit den Augen verfolgen zu können. Diese kehrten ihr schon den Rücken zu und bewegten sich auf das große Haus des Indiopostens zu.

»Wer hätte das gedacht! Ausgerechnet diese Indios, der Schrecken des Buschwaldes!«

»Ob sie bleiben, Dóttie?«

»So, wie die aussehen, und mit diesen Koffern, hat es ganz den Anschein. Aber dem Chef wird das nicht gefallen. Er kann den Padre nicht ausstehen.«

Ein ganzer Trupp von Karajás kam aus dem Indiodorf herbeigelaufen. Das Eintreffen der Neuankömmlinge hatte sie angelockt. Wie immer wollten sie gleich Freundschaft schließen und hatten sich schon vor den Fenstern aufgestellt.

»Ist gut, Xireréia. Ich habe eine Menge zu tun. Ich werde jetzt Spritzen auskochen und ins Dorf gehen. Dort muß ich sechs Frauen eine Injektion geben. Sie sind alle an Tuberkulose erkrankt.«

»Sind aber mehr als sechs.«

Dóttie, die schon auf dem Sprung war, drehte sich interessiert um.

»Was hast du gesagt, Xireréia?«

»Sieben. Beluá hat die letzten beiden Nächte und die Nacht davor gehustet. Keiner konnte schlafen in den Nachbarhütten.«

Dóttie bemerkte mutlos: »Sie muß sich angesteckt haben.«

»Ja.«

»Xireréia, warum bringst du den Frauen nicht bei, es so zu

machen wie du? Sie sollen doch nicht aus den Bechern trinken und das Wasser aus dem Krug nehmen, aus dem die Tuberkulosekranken trinken!«

»Ich habe schon geredet und geredet, viele Male. Aber Dóttie, die Karajás sind so. Karajás glauben lieber an bösen Zauber. Sie glauben nicht an die Krankheit, die aus dem Krug kommt.«

»Aber du trinkst doch nicht davon?«

»Ich nicht. Die anderen ja. Später, wenn viele sterben und auf den Friedhof reisen, dann glauben sie vielleicht. So ist das.«

»Dann werde ich auch für Beluá Tabletten und eine Spritze mitnehmen.«

Zwei Tage lang beherrschte die Ankunft der Xavantes das Leben im Dorf. Aber bald wurde ihre Anwesenheit den nachgiebigen, freundlichen Karajás zur Qual. Der Geistliche, der Bruder Joaquim hieß und aus einer Missionsstation in der Nähe des Rio das Mortes gekommen war, hatte den Xavantes verboten, mit den Karajás zu sprechen oder auf ihre Fragen zu antworten. Sobald einer der Karajás auch nur in die Nähe der Xavantes kam, drehten diese ihm den Rücken zu, gingen in den Speisesaal oder versteckten sich in ihren Zimmern. Sie nahmen nicht einmal ein Bad in den lauen Wassern des Araguaia, benutzten die Handtücher und die Seife, die ihnen der Padre gegeben hatte, und zogen die Intimität der Dusche im Haus des Verwalters vor.

Dona Joaninha dagegen hatte ein Funkeln in den Augen, und ihre knochigen Finger sprachen eine zärtliche Sprache, wenn sie von Bruder Joaquim erzählte.

»Er ist ein Heiliger, Dona Dóttie. Arme Karajás. Die armen Teufel haben keinen Heiligen, der sich um sie kümmert. Meine Liebe, Sie kennen den Unterschied. Die Karajás sind doch alle zerlumpt und dreckig. Und diese beiden? Wie schön die aussehen. Sauberer als Prinzen aus dem Märchen! Bruder Joaquim macht seine Messe alle sechs Tage, morgens, da bei der Grotte von Unserer Frau von Lourdes, wo mal der alte Friedhof der Karajás war. Diese wunderhübsche Grotte, die der Ehemalige vom Posten, Herr Dorival, hat herrichten lassen, der jetzige Chef gibt ja nichts drum. Läßt alles verkommen, überall wächst Gras, lose Steine, die einem fast aufs Haupt fallen und auf die Lichtkrone unserer Jungfrau. Eine Schande ist das!«

Als sie sah, daß Dóttie ihren Ausführungen folgte, ohne ihre Krankenpflege zu unterbrechen, fuhr sie fort:

»Sie haben noch nie mit ihm gesprochen, stimmt's, Dona Dóttie?«

»Das habe ich auch nicht vor.«

»Ach, wie schade. Sie müßten seine Augen sehen, Dona Dóttie, wenn er die Messe hält. Wie die glänzen! Als wenn er Gott sieht und direkt mit unserem Herrn spricht! Als wenn sie bei der Messe zusammen reden, die ganze Zeit!«

Dóttie, die mit ihren Gedanken abgeschweift war, wurde bei diesen letzten Worten aufmerksam.

»Wer denn, Dona Joaninha? Wer unterhält sich während der Messe? Die Xavantes?«

»Aber ich habe doch nicht von den Xavantes gesprochen!«

»Nun, wer sind dann die beiden, die während der Messe reden?«

»Also wirklich, Dona Dóttie! Als wenn ich gegen eine Wand rede. Ich habe von Bruder Joaquim und dem Heiligen Herrn erzählt!«

»Ach so.«

»Die beiden Xavantes sind wie Meßdiener gekleidet, und bei der Messe, da geben sie die richtigen Antworten, ganz wie es sich gehört. Was für adrette Burschen, man könnte meinen, die sind aus zwei Holzschnitten mit São Luís Gonzaga drauf. Ich weiß, Sie glauben mir nicht, Dona Dóttie, aber ich hab's mit eigenen Augen gesehen. Xavantes, das war doch eine so mordlustige Rasse, der Schrecken hier in der Gegend. Und jetzt sind die so anders. Also, sagen Sie, wer kann so was fertigbringen? Doch nur ein Heiliger!«

»Was für ein Heiliger? São Luís Gonzaga?«

»Nein, Dona Dóttie. Sie bringen alles durcheinander. São Luís Gonzaga, von dem hatte ich es doch eben schon!«

»Ist ja gut. Entschuldigen Sie mich. Aber schließlich wende ich Ihnen den Rücken zu. Außerdem muß ich diesem verflixten Karajá einen Wundverband anlegen, und das verlangt meine ganze Aufmerksamkeit. Ich will ihm ja nicht weh tun.«

»Ich meine, das muß ja nicht unbedingt stimmen. Aber daß *er* ein Heiliger ist, darauf könnte ich schwören. Als ich und noch der João da in Piabanha gewohnt haben, vierhundertachtzig Léguas von hier, vom Araguaia, da bei der Talsohle, am Rio das Mortes, da hab ich seine Messe in Santa Teresinha[99] besucht. Damals bin ich da hin und habe Bruder Joaquim Dinge machen sehen, daß sich einem die Haare sträuben. Wirklich, Dona Dóttie, das muß man gesehen haben. Hat 'nem Ochsen die Hand auf entzündete Insektenstiche gelegt, und das Vieh kam doch gleich wieder auf die Beine! Leute, die Rheuma in den Knochen hatten, kaum haben die sich versehen, strich der mit den Fingern über den Schmerz, und der Knochen war wieder heil. Augenschmerzen, alle Schmerzen, die man sich denken kann. Und dann diese Alte, die alte Sidônia, von der sie sagen, der Schmerz in ihrem Bauch, das war ein Blinddarm, also die wurde auch geheilt, von dem Moment, als der Bruder Joaquim sie gesegnet hat . . .«

An dieser Stelle konnte Dona Beróca-Pega-Febre nicht mehr an sich halten: »Nun halte mal die Luft an, binde mir bloß keinen Bären auf!«

Dona Joaninha schlug ein Kreuz über ihren Mund und ein weiteres über der Brust.

»Ich will auf der Stelle tot umfallen, wenn dieser Mund lügt.«

Dona Beróca-Pega-Febre seufzte: »Werd nicht zulassen, daß der einfach abfährt, ohne daß ich mit ihm gesprochen hab. Wer weiß, wenn der meine Milz segnet, werd ich noch erlöst von dem Fieber, das mich jedes Jahr quält.«

»Um Gottes willen, meine Liebe, gehen Sie, gehen Sie nur hin. Probieren geht über Krepieren! Aber daß Bruder Joaquim ein Heiliger ist, also da leg ich meine Hand ins Feuer! Ganz bestimmt! Häßlich ist er ja! So ein vertrocknetes Kerlchen, spindeldürr, aber Augen und Hände hat er wie ein heiliger Wundertäter!«

Dóttie machte den Wundverband fertig, gab dem jungen Indio einen Klaps auf die Schultern und sagte zärtlich: »Uedérri, daß du mir heute und morgen keinen Fuß in den Fluß setzt! Bis es wieder gut ist.«

Sie sagte dies in der Gewißheit, daß der Kleine schon am nächsten Tag weinend und mit nassen Füßen wiederkommen würde, den Schnitt voller Schlamm vom Strand. Sie zuckte mit den Achseln. Na, und wenn schon!

Dann wandte sie sich Dona Beróca zu, die auf einer Bank saß. Es war eine Weiße, eine Weiße hier aus der Gegend. Gelb. Das ewige Gelb des Fiebers. Ihr Gesicht und ihre Beine waren geschwollen. Sie hatte traurige Augen und sah ebenso elend und ärmlich aus wie die Indios hier.

»Und was wünschen Sie?«

»Die Blagen zu Hause haben die große Scheißerei. Es ist so schlimm, daß mir meine Finger schon weh tun von der ganzen Unterwäsche, Bettwäsche und den alten Hängematten, die ich alle waschen muß. Kann sie nur noch im Hemdchen herumlaufen lassen, mit nackten Hinterteilen.«

»Lassen Sie mich mal sehen, wollen doch mal sehen.«

Dóttie kramte im Schrank und entdeckte ein Fläschchen mit Medizin. Sie nahm noch einen ganzen Stoß Tabletten heraus und gab alles der Frau.

»Geben Sie jedem einen Löffel davon nach jeder Mahlzeit.«

Dona Beróca schaute Dóttie ganz verdutzt, ja beinahe einfältig an, was ihren körperlichen Verfall noch augenfälliger machte.

»Haben Sie mich nicht verstanden?«

Dóttie sprach jetzt langsam und voller Geduld: »Geben Sie jedem Kind gleich nach den Mahlzeiten einen Löffel von dieser Arznei. Nach dem Frühstück, dem Mittagessen und dem Abendessen. Haben Sie verstanden?«

Dona Beróca senkte den Blick, und als sie Dóttie wieder ansah, wirkten ihre Augen noch entzündeter als vorher, denn sie standen voller Tränen.

»Das wird schwierig sein, Dona. Wir bekommen hier nur ein ziemlich kümmerliches Mittagessen.«

Dóttie schluckte. Canário hatte recht gehabt, wenn er so hemmungslos über diese Dinge geredet hatte: Hundeleben, verdammtes!

»Ist gut. Dann warten Sie, bis ich hier fertig bin. Ich werde Ihnen ein bißchen Reis von meinem Anteil abgeben. Und kommen Sie jeden Morgen mit einem Krug hier vorbei, daß ich Ihnen ein bißchen Milch von der Fazenda geben kann. Wenn viel da ist, bekommen Sie auch mehr von mir, wenn wenig da ist, muß ich Ihnen die Ration kürzen.«

»Danke, Dona Dóttie. Gott wird's Ihnen vergelten. Und mit den Pillen, was mache ich da?«

»Morgens, zum Mittagessen und nach dem Abendessen.«

Da erstrahlte das häßliche Gesicht von Dona Beróca-Pega-Febre in einem Lächeln.

»Jetzt wird's sicher reichen.«

Die Frau ging bis an die große Mangueira. Dort setzte sie sich auf die Wurzeln des Baumes und wartete darauf, daß Dóttie ihre Arbeit beenden möge.

Nun war Dona Joaninha an der Reihe. Dóttie wandte sich der Patientin zu. Noch eine Weiße. In so elender Verfassung wie die andere. Aber glücklich. Sie beobachtete eine Weile das Gesicht der Frau, das immer Zufriedenheit ausstrahlte. Die Welt war seltsam und abstoßend. Es gab Menschen, die sich etwas vormachten und einfach an alles glaubten. Und es gab die anderen – und dazu zählte sie sich –, die sich etwas vormachten und an nichts glaubten.

»Nun gut, Dona Joaninha. Sie wollen also sagen, daß dieser Mann ein Heiliger ist?«

»Aber ja, ja.«

»Also, wenn das so ist, dann wünschte ich mir einen solchen Heiligen, der meine Kranken heilt. Bei diesem Mangel an Medikamenten wäre das ein wahres Glück. Aber reden wir von Ihnen. Was kann ich für Sie tun, Dona Joaninha?«

Zum ersten Mal zögerte die Frau einen Moment, bevor sie zu reden begann, und in diesen wenigen Sekunden begriff Dóttie das ganze Ausmaß ihres Elends. Sie sah im Geiste die Hütte dieser Frau hinter der Stiftung »Brasil Central«[100], eine Hütte voller blinzelnder Kinder ohne Kleider, denen es an allem fehlte. Diese Kinder, die Zeugnis davon ablegten, daß João, ihr Ehemann, hier vor kurzem noch existiert hatte. Daß er gegangen war. Einige Leute sagten, er sei zu den Diamantenminen im Norden aufgebrochen. Andere sagten, er habe das ärmliche Leben satt gehabt und sich wohl gedacht, daß ein Armer allein besser lebt als zusammen mit seinesgleichen.

Dóttie wartete ruhig, bis die andere wieder zu sprechen begann.

»Sie wissen ja, wie das ist, Dona Dóttie. Ist auch nicht der Rede wert. So ein kleines Zipperlein, wenn ich arbeite und mich über meine Handnähmaschine beuge, ich meine, wenn ich was für die Leute da draußen nähe, dann zwackt's mich.«

Sie hielt inne und wollte nicht heraus mit der Sprache. Dóttie wurde etwas ungeduldig.

»Aber was für ein Zipperlein ist es denn?«

»Ist im Grunde nicht der Rede wert. Das heißt, für die Senhora vielleicht nicht, aber mir macht's schon zu schaffen. Ich wollt Sie bitten, mir den Rachen auszupinseln. Mit Jod, wenn's recht ist.«

»Also haben Sie Halsschmerzen? Dagegen habe ich ein wirksameres Mittel als Jod.«

»Nein, ich hab gar keine Schmerzen. Nur so eine kleine Unpäßlichkeit ganz unten in der Gurgel. Zwei Fingerbreit unter dem Adam. Es stört mich arg, hab in den letzten Tagen kaum sprechen können.«

Dóttie lächelte. Du hast recht, mein geliebter Canário. Elendes Hundeleben, verdammtes! Und wo bist du, mein Kuryala, Häuptling und Karajá? Wo hast du deine taglosen Augen, deinen Körper schlafengelegt, du, für den immer Nacht ist?

Und dann dieser Padre. Ach was, nicht Padre, Bruder Joaquim. Bringe die Hängematte zum Schaukeln, stärker, noch stärker. Der Schlaf will einfach nicht kommen, weil es den Körper nicht danach verlangt. Jammern? Warum? Zurückschauen? Wozu? Wippe, wohlige Hängematte. Sing mir das haarsträubende Lied deiner rostigen Haken. Dein häßliches, monotones und armseliges Lied. Du hast nicht den herrlichen Rhythmus des Ueru, der von der Zufriedenheit eines Mannes bei der Heimkehr seiner Hure erzählt. Sie trällerte: »Uá Konãn . . .«

Der Padre, ach nein, Bruder Joaquim. Dann riß der Rachen von Dona Joaninha mehr als drei Klafter auf, schluckte das ganze Dorf, die FAB und hatte erst genug, als er sich alle Bewohner der Stiftung »Brasil Central« einverleibt hatte.

»Er ist ein Heiliger.«

»Was Sie nicht sagen, gute Frau.«

»Ich schwöre es. Es gibt Hände, die alles heilen.«

»Heilen?«

»Ja, heilen.«

»Auch die gesenkte Rippe[101]?«

»Ja.«

»Auch Augenschmerzen?«

»Ja.«

»Auch die Scheißeritis der Indios?«

»Wenn es die gleiche Scheißeritis ist, die auch die Weißen bekommen, dann ja.«

»Heilt er auch den Tripper, den sich die Indiofrauen bei den Soldaten der FAB holen?«

»Aber Senhora! Über diese häßlichen Dinge redet man doch nicht mit einem Heiligen!«

»Heilt er sie nun davon oder nicht? Ja oder nein?«

»Ja, er heilt sie, er heilt alles, alles. Meine Herrschaften gehen auch zu ihm.«

Wer Schmerzen verspürte, ging zu ihm. Die Terrasse vor dem großen Verwalterhaus des Indioschutzpostens verwandelte sich in eine Stätte der Wundertaten. Weiße, Mulatten, Schwarze, Indios und auch Kuryala suchten den Pater auf.

Zu Anfang packte Bruder Joaquim da Santidade das Mitleid angesichts der Schwäche und Blindheit von Kuryala. Er sprach Gebete und segnete die Augen des Indios mit seinen Sternenlichtfingern. Er erzählte von so wunderbaren Dingen, daß Kuryala nicht einmal den Schweißgeruch, diese Mischung aus Zecken- und Ameisengeruch wahrnahm, der dem Körper des Geistlichen entströmte.

Dóttie nahm großen Anteil, und ihr Herz war von Hoffnung erfüllt.

Am dritten Tag trug Kuryala einen Ausdruck von Glückseligkeit auf dem Gesicht, als er des Morgens zu ihr kam, um sich seine Milch zu holen.

»Weißt du, Dóttie, Zuaquim hat ein gutes Herz, bestimmt. Redet nur von guten Dingen. Sagt, Kuryala wird sehen. Und nur der sieht nicht, der nicht sehen will.«

»Was hat er dir noch gesagt?«

Während sie ihm diese Frage stellte, fühlte sie einen bitteren Geschmack im Mund.

»Hat Sachen von Gott erzählt. Gott von Toris ist gleicher Gott von allen. Kuryala wird auch Gott von Weißen sehen. Muß nur wollen. Hat er alles erzählt, was Gott Schönes macht. Hat er erzählt, Gott lebt in Biú-é-teki[102] zusammen mit allen. Biú-é-teki gehört schwarzen Mann, Toris und Karajás. Da gibt nicht Musik von Aruanã, nein. Aber Musik viel schöner. Viele Menschen in Biú-é-teki werden Vogel und fliegt mit Flügel, und Vogel will nur helfen, helfen . . .«

»Er hat dir von Menschen erzählt, die sich in Vögel verwandeln?«

»Ja. Wird Vogel, aber Vogel kann laufen wie Mensch. Kennst du, Dóttie?«

»Ja, ich glaube, ich kenne diese Vögel. Hat er keine Namen genannt?«

»Ja, hat Name gesagt. Aber ich vergessen. Wenn ich versuche erinnern, kommt Wort wie Bengel.«

Dóttie lächelte. »Hat er nicht Engel gesagt?«

»Ja, Dóttie: Engel, Engel, Engel.«

Er wiederholte das Wort, um es nicht mehr zu vergessen.

»Du bist so schlau, Dóttie. Du weißt alles.«

Sie sah Kuryala an. Sein Gesichtsausdruck war der eines fröhlichen, alten Kindes. Ihr war nun sogar die Lust vergangen, auf den Padre zu schimpfen. Schließlich war es dem Geistlichen gelungen, dem Herzen des alten Mannes eine Freude zu bereiten. Schade nur, daß im nachhinein alles nur noch schlimmer für ihn sein würde.

»Hier, nimm. Trink deine Milch.«

Kuryalas Hände glitten forschend über das Gefäß.

»Es ist mein Glas. Du bist glücklich, und schon deshalb sollst du aus meinem Glas trinken.«

Der Alte ließ jeden Schluck auf der Zunge zergehen und genoß in aller Ruhe die frische, reine Kuhmilch. Als er das Glas halb leer getrunken hatte, hielt er inne.

»Er hat gefragt, und ich sage, ich werde mit dir sprechen. Da hat viel geredet, damit ich nicht alles vergessen. Hat gefragt, ob Akurriro und ich getauft. Dann erklärt er getauft. Hat gesagt, ohne getauft eines Tag nie wird Kuryala Gott sehen. Besser getauft.«

»Du solltest das nicht tun, sonst kommst du nachher noch in diesen Himmel von Bruder Joaquim und findest nie mehr den Weg zu Tahiná-Kan. Dann wirst du nie mehr so viele Karajás finden, die mit dir als deine Freunde zu diesem Stern reisen.«

Kuryala wurde nachdenklich.

»So er kann nie Weiß in meinem Auge heilen.«

Schlagfertig wandte Dóttie ein: »Na, dann weiß ich, was wir tun. Erkläre es ihm so: Richte ihm aus, Dóttie hätte dir gesagt, wenn du getauft wirst, dann muß er auch deine Augen heilen. Dann ja. Ich glaube, dafür lohnt es sich.«

Kuryala lächelte wieder.

»Dóttie, ich geschlafen und geträumt von Auge viel besser, weißt du? Machst du was für Kuryala, machst du, Dóttie? Bring Kuryala an Fenster.«

Dóttie führte ihn an der Hand zum Fenster. Kuryalas Gesicht suchte den Gelben Arara, die Sonne.

»Aah da, gut. Die Sonne ist stark. Nimm Hand und mach mein Auge auf, Dóttie.«

Dóttie bebte vor innerer Erschütterung.

»Und jetzt guck und sag, ob ich viel besser.«

Dótties Stimme versagte.

»Sag besser, Dóttie.«

»Ich gucke es mir genau an.«

Aber was sie sah, war ein einziges Weiß. Das Weiß der

Milch in seinem Glas, für das der Blinde noch keinen Abstellplatz gefunden hatte.

»Besser?«

»Ich kann nicht viel erkennen. War ja auch kaum zu sehen, wie es gewachsen ist. Es wird noch was dauern, bis das Weiß weggeht. Es ist noch nicht genug Zeit vergangen. Dóttie kann dir jetzt noch nichts sagen. Laß uns aus der Sonne gehen.«

Sie führte den Indio fort und setzte ihn auf die rohe Holzbank, die für ihre Patienten bestimmt war.

»Hör mal, Kuryala, ich kann auch nicht gut sehen. Ich trage eine Brille. Durch das starke Sonnenlicht auf dem Araguaia werden meine Augen immer schlechter. Wenn ich in der großen Stadt der Toris bin, muß ich mir alle zwei Jahre eine neue Brille anfertigen lassen. Meine Gläser sind alt und zu schwach. Seit ich hier lebe, hab ich sie noch nicht einmal ausgewechselt.«

Als die Enttäuschung auf dem Gesicht des Indios nicht weichen wollte, ließ sie sich weitere Ausreden einfallen.

»Auch Dóttie wird langsam alt. Das ist nicht mehr wie früher, als du ein Junge warst und gut sehen konntest, so gut, daß du kleine Zecken auf der Haut mit bloßem Auge erkennen konntest. Trink deine Milch. Du hast sie ganz vergessen.«

Er trank.

»Die Milch ist dieses Jahr sehr gut. Es hat viel geregnet. Das Gras war saftig und es gab fette Kühe.«

Kuryala stimmte ihr zu: »Saftig Gras, und Kuh ist fett.«

»Wo ist Akurriro?«

»Holz sammeln in Wald. Brennholz für Feuer. Später kommt hierher. Dann ist Zeit für uns, bei Zuaquim beten gehen. Weißt du, Dóttie, er hat feine Hand, fein, ganz fein, wie Hand von Mädchen, wenn meine Augen betet.«

Vom Dorf klang ein Hahnenschrei herüber. Die fischenden Indios hatten sich bereits auf den Weg gemacht und waren singend in ihren Kanus aufgebrochen. Jetzt umfuhren sie den Sandstrand. Der Morgen brach an, und immer noch wollte sich bei Dóttie der Schlaf nicht einstellen. Bald würde es sich nicht mehr lohnen, zu schlafen.

Eines Tages kam Bruder Joaquim völlig aufgebracht in das Zimmer der Krankenschwester gelaufen, wie ein Hahn, der zum Kampf in den Ring stürmt.

»Sind Sie Dona Dóttie?«

Dóttie stand vor dem Tisch, an dem die Wundverbände angelegt wurden, ließ alles stehen und liegen und sagte zu der Indiofrau, die sie gerade verarztete:

»Warte, ich komme gleich wieder.«

Sie rang nach Fassung.

»Sie dringen einfach in mein Behandlungszimmer ein. Es ist ein ärmliches Zimmer, aber es ist das einzige Zimmer, das wir haben, um die Kranken zu behandeln.«

Er wich auf die Terrasse zurück, und Dóttie folgte ihm gelassen.

»Entschuldigen Sie.«

Der Ordensbruder setzte sich auf das Terrassenmäuerchen.

Die Krankenschwester versteckte ihre Hände unter den verschränkten Armen.

»Was wünschen Sie?«

Ihre Stimme klang zaghaft und ängstlich.

»Es geht um den blinden Indio.«

»Ach nein!«

»Ich weiß nicht mehr, was ich tun soll. Ich werde noch verrückt und verliere die Geduld. Wer hat ihm nur weisgemacht, daß ich ihn wieder sehend machen kann? Jetzt verfolgt er mich Tag und Nacht: ›Bete meine Augen, bete meine Augen.‹ Ob es ihm wohl einer hier aus dem Dorf in den Kopf gesetzt hat? Wer es auch immer gewesen ist, ob von hier oder aus Honolulu, ich kann diesen dreckigen, bettelnden Indio nicht mehr alle Augenblicke an meinem Rockzipfel ertragen. Er verfolgt mich zu jeder Stunde, alle paar Minuten kommt er angelaufen. Das geht den ganzen Tag so.«

Dóttie schluckte einen neuen, sich anbahnenden Wutanfall herunter. Es hatte keinen Sinn. Der hier konnte nur mit aller Ruhe zur Strecke gebracht werden. Er war ein Weißer, und für ihn benötigte sie die Gelassenheit einer ehemals Zivilisierten.

»Darf ich Sie etwas fragen?«

Bruder Joaquim sah sie überrascht an.

»Warum sind Sie hierhergekommen?«

»Nun, ich warte auf das Postflugzeug, das einmal im Monat hier landet. Ich bin einige Tage früher gekommen, um mir einen Platz zu sichern, und habe nicht damit gerechnet, daß es soviel Verspätung haben würde. Warum?«

»Weil Sie sich den falschen Platz zum Warten ausgesucht haben. Vielleicht wäre es besser, an einem gepflegteren Ort auf das Flugzeug zu warten. Wie Sie bereits schon selber gesagt haben – und ich kann Ihnen das bestätigen –, hier gibt es nur drekkige, arme, betrunkene Indios ohne Kleider und Zähne. Sie sind tuberkulosekrank und voller Geschlechtskrankheiten, die sie sich bei den Weißen geholt haben.«

Der Ordensbruder wurde blaß. Er versuchte sich zu entschuldigen.

»Ich wollte niemanden beleidigen.«

»Natürlich, wer will schon jemanden beleidigen! Aber es wäre gut, wenn Sie den Unterschied des Lebens hier begreifen könnten. Das hier sind Indios, denen wir helfen müssen. Wir sind nicht hier, um mit Puppen zu spielen. Haben Sie mich verstanden?«

Er rang verzweifelt die Hände.

»Ich weiß. Sie reden von meinen Xavantes.«

»Ja und nein. Ich finde es sehr schön, *was* Sie für diese Indios machen. Es ist schön, dafür zu sorgen und ihnen dabei zu helfen, daß sie sich nicht in Bettler verwandeln. Ich persönlich bewundere die Unabhängigkeit und den Mut dieser Indios bei der Verteidigung ihrer Rechte. Ich bewundere ihr neues Bewußtsein von dem Land, das ihnen gehören wird. Das ist sehr schön. Nur eines kann ich nicht hinnehmen, nämlich, daß diese Indios sich den Karajás überlegen fühlen. Das ist auch nicht auf deren Mist gewachsen, da bin ich mir sicher. Krankheit und Armut kommen nicht so einfach über einen. Sie verstehen mich doch, nicht wahr?«

»Vielleicht haben Sie recht. Die Xavantes sind eben zurückhaltend und mißtrauisch.«

»Mehr als das. Sie sind schrecklich überheblich.«

Der Padre sah in das häßliche, harte und entschlossene Gesicht der Frau, die ihn ruhig anblickte. Er wußte nicht, welche Position er beziehen sollte.

Aber Dóttie kam ihm zuvor.

»Lassen Sie uns über den Blinden reden. Über diesen dreckigen, bettelarmen Blinden, der einmal der größte und beliebteste Häuptling der Karajás war. Die Zivilisation hat ihn zu dem gemacht, was er heute ist. Und jetzt wollen Sie, daß ich Ihnen aus Ihrem Dilemma helfe, nicht wahr?«

»Bitte.«

»Das kann ich nicht. Ich nähme ihm damit seine Hoffnung. Er würde denken, daß ich ihm seine Heilung nicht erlauben will. Daß ich seine Heilung verboten habe. Sie selbst werden ihm die Wahrheit sagen müssen. Das ist ihre Pflicht. Schließlich waren Sie es, der ihm Hoffnungen gemacht hat.«

»Ich?«

»Ja. Er hat mir erzählt, daß sie ihm versprochen haben, er werde Gott sehen. Daß er Gott in einem schönen Himmel voller Engel treffen würde, die wie die Vögelchen dort herumschwirren ... war es nicht so?«

»Ach das. Das habe ich doch im übertragenen Sinn gemeint. Ich habe davon geredet, daß er in seinem Innersten, in der Reinheit seiner Seele würde sehen können.«

»All das hat er bereits hinter sich. Sie hätten nicht hierherkommen müssen, um ihm das beizubringen. Von so weit her, und das für nichts und wieder nichts ...«

»Teufel noch mal! Ich bin nicht gekommen, um jemandem etwas beizubringen. Ich bin nur ein friedfertiger Mann in einem Ordenskleid, der nichts weiter will, als auf ein Flugzeug warten, das nicht zu kommen scheint.«

Er schluckte verdrießlich, als bereue er bereits seinen voreiligen Gefühlsausbruch.

»Ich habe mit keinem Wort gesagt, daß ich ein Heiliger bin, der Wunder vollbringen kann. Alles, wozu ich den beiden geraten habe, ist, zu unserem barmherzigen Herrn und Unserer Frau vom Rosenkranz zu beten, die ihnen in ihrer Bedrängnis oder Not helfen. Das und ein Mittel gegen die Schmerzen, nichts weiter.«

Er schwieg.

Dóttie ging bis zur Terrassentür und kam wieder zurück. Sie machte zwei Meter vor dem Geistlichen halt und musterte ihn in seiner ganzen menschlichen Schwäche. Fast fühlte sie so etwas wie Mitleid mit ihm, und es war dieses Gefühl, das sie lächeln machte. Aber sie beherrschte sich und zog es vor, nach innen zu lachen. Eine Sekunde lang kehrte sie in einen entlegenen Winkel der Vergangenheit zurück. Sie mußte an ein einfaches Vorkommnis denken, lustig und doch recht traurig.

Zwei Jahre, nachdem sie den Konzentrationslagern entkommen war, war sie als ein menschliches Wrack in Rio eingetroffen, in Begleitung einer deutschen Jüdin mit Namen Louise. Auch Louise war verstört wie sie von den Leiden, die viele Juden ausgehalten und überstanden hatten. Sie befand sich damals in einer schlimmeren Verfassung. Ihr Herzschlag setzte mitunter aus. Dóttie wohnte mit ihr zusammen bei Verwandten. Louises Nächte waren voller Alpträume, aus denen sie oft hochschreckte. Später geriet sie dann in einen Erschöpfungszustand, der sie für den Rest des Tages bewegungsunfähig machte.

Ihre Verwandten führten einen Herzspezialisten zu ihr. Sie sagten ihr, daß es sich bei diesem Arzt um eine überragende Größe handele. Dóttie war im Krankenzimmer geblieben und nicht von Louises Seite gewichen. Sie trennten sich nie, das hatten sie sich geschworen. Schließlich übersteht ein Haufen Bettler besser einen Sturm als ein einsamer Lump.

Der Arzt kam und untersuchte Louise, ohne etwas zu sagen. Das kleine Männchen verschwand fast in seinen Kleidern, die ihm viel zu groß waren. Er hatte ein dünnes Hälschen und knochige Hände. Sein Brillengestell wirkte riesig auf seiner dünnen, spitzen Nase. Er setzte sich an ein Schreibpult, zog sein Rezeptbuch hervor und schrieb etwas in einer wunderschönen, klaren Schrift, die nicht von einem Arzt zu sein schien.

Als er das Zimmer verließ, faßte Dóttie die Hände ihrer Freundin:

»Er ist ein großartiger Arzt. Du wirst sehen.«

In diesem Augenblick begann Louise herzhaft zu lachen und meinte auf deutsch: »Als Arzt mag er gut sein; als Mensch ist er eine Scheiße!«

Jetzt stand Dóttie hier und blickte auf dieses menschliche Totenhemd, das kleinlaut vor ihr saß. Und sie dachte wie Louise, nur drückte sie sich ein wenig krasser als ihre Freundin aus. Ihr Holländisch verstand hier sowieso keiner: »Mensch oder Heiliger, du bist ein Stück Scheiße!«

Sie stellte sich wieder neben den Geistlichen.

»Also gut, welche Entscheidung haben Sie getroffen?«

»Wir müssen ihm die Wahrheit sagen.«

»Ja. Die Wirklichkeit ist grausam. Sie gehen fort, und er bleibt mir erhalten in seinen Lumpen, völlig blind, wenn er an seinem Strand auf Knien sein Sandschloß baut, seine Ruine. Und diesmal hat es der Wind sehr weit fortgeweht.«

Er erhob sich.

»Können Sie es nicht tun? Bitte.«

»Nein, auf keinen Fall.«

»Aber warum nicht?«

»Sehen Sie mich genau an: Ich bin häßlich, alt, mager, ein schreckliches, schlechtgekleidetes Weib. Schauen Sie mal! Ich besitze nicht einmal ein Paar Schuhe. Nur diese alten Stiefel. Und sehen Sie noch besser hin: auf meine Hände. Sind das nicht die schönsten Hände der Welt?«

Sie versteckte ihre Hände wieder unter den verschränkten Armen. Angesichts der verdatterten Miene des Geistlichen schüttelte sie beinahe mutlos den Kopf.

»Meine Sandschlösser sind in alle Winde verweht, und ich habe nicht einmal mehr Hände, um die Schatten meiner Schlösser wiederaufzubauen.«

Dann wurde sie wieder hart. Sie haßte es, anderen Menschen ihre Schwäche zu offenbaren, um so mehr, wenn es sich bei ihrem Gegenüber um einen Weißen handelte.

»Hören Sie, mein Herr! Sie haben mit dem Ganzen angefangen, und jetzt werden Sie die Wahrheit sagen. Nichts als die Wahrheit. Und sagen Sie mir nicht, daß das für einen Geistlichen schwierig ist!«

»Warum, Dona?«

»Weil . . .«

Sie dehnte die Worte grausam in die Länge:

»Weil Sie ein *Heiliger* sind!«

Fassungslos trottete der Ordensbruder von dannen. Ein Indio, der ihn von weitem sah, mußte denken, er habe Krukrujé getrunken. Nach einiger Zeit beruhigte er sich wieder. Und erst jetzt bauschte der starke Wind, der vom Strand herüberwehte, die Soutane zwischen seinen Beinen.

Dóttie lehnte sich gegen einen Pfeiler auf der Terrasse. Ihre Augen trübten sich, und langsam beschlugen die Gläser ihrer Brille.

Sie begann eine Unterhaltung mit ihrem mutlosen Herzen.

»Die Wahrheit ist, daß ich ihn beneide. Ja, ich beneide ihn. Ich hätte so gerne, daß alle meine Karajás hübsch, sauber und so schön anzusehen sind wie seine Xavantes. Wie sehr wünschte ich mir das. Nur daß ich dir das nie sagen werde, du heiliges Stück Scheiße!«

Sie klopften gegen ihre Zimmertür. Dann war die Stimme von Taxirimani zu hören, die vorwurfsvoll rief:

»Dóttie, hallo, Dóttie! Schläfst du noch?«

Sie öffnete rasch die Tür und zog ihren Rock wieder in die Taille.

»He, Dóttie, der Milchmann von Fazenda ist schon da. Milch ist da. Ich hab Topf mitgebringt. Hilf mir. Verdammte Topf ist schwer.«

Es war hübsch anzusehen, wie die weiße Milch aus dem übervollen Krug auf den dunklen Körper des Jungen spritzte.

»So. Stellen wir sie da hin auf ihren Platz.«

»Warum schläfst du so viel, Dóttie?«

»Weil ich die ganze Nacht den Aruanã getanzt habe. Ich hab etwas aus den Gesängen des Debó gesungen, das Lied geht so: Uá Konãn ararine . . .«

Taxirimani lachte.

»Dóttie Lüge. Frau tanzt nicht Tanz von Aruanã. Frau geht nicht in große Hütte. Und Torifrau tanzt nicht Tanz von Aruanã.«

»Ich habe aber im Haus von Aruanã schon Frauen gesehen, Taxirimani.«

Sie wollte den Jungen necken.

»Lüge. Hast du nicht. Frau, die da geht, ist Konãn für jeden Mann. Aber ist nicht gut, davon reden.«

»Schon gut, dann laß uns gehen. Laß uns die zwei Kanister Milch vom Flußufer holen.«

Gesagt, getan. Sie begann ihren neuen Tag. Es versprach ein schöner, heißer, sonniger Tag zu werden. Diese Temperatur sollte nun vier oder fünf Monate anhalten. Dann würde es heißer und heißer werden, bis eine wahre Bruthitze erreicht war. Oktober, November. Die ersten Regenperioden. Die Zeit der Cajus, der Mangos, der Muricis[103] und der Pequis. Der Fluß würde die Strände schmälern und reich an Wasser sein. Jedes Strandtier mußte dann eine neue Wohnstätte aufsuchen. Von den seltenen Krokodilen angefangen bis zu den Schildkröten, von denen es hier immer weniger gab. Die Reiher, Löffelreiher, Manguaris und Socós, die Marabus und die Marrecãos[104] würden alle eine sichere, entferntere Welt aufsuchen. Die Welt der Seen. Dann würde der Fluß seinen Lauf verlassen und Steilhänge, Felder und Buschsteppen überschwemmen. Er würde sich mit den Seen verbinden, ihre Wasser ansteigen lassen und ihren Reichtum an Fischen und Laich vergrößern. Die alten Krokodile suchten dann eilig jene ruhigeren und sicheren Plätze auf. Das Federvieh, das in Angst und Schrecken vor der immer stärker werdenden Gegenwart der Menschen und der Karabiner 22 lebte, würde sich auch in diese entlegeneren Winkel zurückziehen. Sechs Monate lang sollte es ein wenig Frieden haben, um schließlich wieder verfolgt und getötet zu werden. Die Übeltäter waren sowohl unter den unerbittlichen Krokodilfängern als auch unter den Scharen von Touristen, die jedes Jahr in größerer Zahl eintrafen. Das Federvieh lebte in großer Angst. Ein Händeklatschen, das dem typischen Geräusch des Karabiners 22 gleichkam, schreckte es auf und ließ es kopflos in alle Richtungen davonstieben. Es war der weiße Mann, Dóttie. Dein »großartiger und geliebter« weißer Mann.

»Ich will jetzt nicht daran denken. Ich habe schon eine lange Nacht an so viele traurige Dinge gedacht, daß ich mir nicht auch noch meinen Tag mit düsteren Gedanken verderben will. Schließlich wird es nicht mehr lange dauern, und all das Unheil beginnt von neuem!«

Und da ging Dóttie mit ihren alten Stiefeln, die nicht einmal für einen Soldaten getaugt hätten, und trug einen Benzinkanister voll mit Milch. Taxirimani, der sie begleitete, schleppte den anderen Kanister mit der gleichen Kraftanstrengung.

Sie mußte die Milch in größere und kleinere Portionen aufteilen. An erster Stelle standen die Indiokinder, dann kamen die Kinder der Weißen, danach erst die armen weißen Mütter oder auch arg notleidende Indiofrauen. Sie behielt ein wenig Milch für sich. Oft verschenkte sie sogar noch ihren eigenen knapp bemessenen Anteil.

»Taxirimani!«

»Weiß schon.«

»Gehst du für mich?«

»Was gibst du?«

»Du Halunke, willst du jeden Tag etwas? Ich dachte, du seist mein Freund?«

Er lachte und zeigte seine jugendlichen Zähne. Ja, er war fast noch ein Kind. Seine Zähne sollten eines Tages auch dem Zukker und dem Schnaps zum Opfer fallen.

»Ich bin Freund, ja. Aber du gibst was, hat Taxirimani recht?«

Sie lachte über die Schlichtheit dieser Unterhaltung.

»Ich habe nichts mehr. Gestern hast du dieses Stückchen Lompenzucker aus dem Schrank genommen. Das war alles, was ich noch hatte.«

»Du gehst São Felix, wenn Geld kommt, kaufst du süße Kekse für mich?«

»Ja, du Gauner. Aber das kann noch mehr als vierzehn Tage dauern.«

»Macht nichts. Ich warten.«

Er streckte ihr seine Hand auf eine Art hin, die er nur bei den Weißen gesehen haben konnte.

Sie drückte seine Hand und lachte. Wo hatte dieser kleine Teufel das nun wieder gelernt? Wahrscheinlich von den Leuten auf der Station oder auf der Stiftung. Diese kleinen Teufel lernten alles mit großer Leichtigkeit.

Sie sah dem Indio zu, wie er den Krug umdrehte und das abgestandene Wasser aus dem Gefäß schüttete. Dann nahm er, mit einem Ruder bewaffnet, den Abstieg am Steilhang und war wenig später nur noch als ein kleines Pünktchen zu erkennen, das gegen die Strömung des Araguaia ankämpfte. Er wollte sich Wasser beim Rio das Mortes holen, der am anderen Flußufer einmündete. Seine Wasser waren sauber und hellgrün wie Zukkerrohrsaft.

Nach der Verteilung der Milchportionen würde sie Akurriro und Kuryala behandeln. Doch wie? Die beiden waren seit gestern nicht wieder aufgetaucht. Sie wußte nicht einmal, ob sie von Hanna zurückgekehrt waren. Als sie ins Dorf ging, um Injektionen zu verabreichen, machte sie einen Abstecher zur Hütte der beiden Alten. In jedem Fall war es besser, ihren Anteil Milch zu verstecken.

Da gewahrte sie eine fröhliche, sonnenüberflutete Gestalt. Es war Xireréia. Sie führte ihren Sohn an der Hand. Den Sohn, den sie mit Maluaré bekommen hatte. Er versprach ein hochgewachsener Indio zu werden wie seine Mutter. Zwar war er ein wenig kränklich, aber mit der Zeit würde er schon zu Kräften kommen. Bis diese Tierchen flügge waren, war es ein hartes Stück Arbeit!

In der anderen Hand hielt Xireréia eine Axt.

»Dóttie. . .«

»Hm.«

»Ich habe unseren Sohn mitgebracht.«

»Ich weiß schon. Ich weiß schon. Nur, daß er im Augenblick eher mein Sohn ist, stimmt's?«

»Puh! Dóttie, du bist so böse geworden, so schlimm böse.«

Dóttie mußte laut lachen, als sie Xireréias Gesichtsausdruck sah.

»Ich? Zumindest laufe ich nicht mit einem Beil in der Hand herum. . .«

Die Indiofrau lachte. Ihre Schneidezähne, die ehemals so schön gewesen waren, fielen ihr bereits aus.

»Das nicht, Dóttie. Weißt du, was ich damit mache? Ich muß über den Bêêrokan. Da hole ich gutes Brennholz in der Nähe vom See. Ich lasse Culherête bei dir. Er ist noch schwach auf den Beinen. Der kleine Frosch kann noch nicht durch den Schlamm da waten. Bei dir geht es ihm gut, und er leidet nicht. Ich muß Kleider kaufen und Decken. Brennholz ist, um meine Itxokós[105] zu brennen.«

»Willst du die Püppchen in São Felix verkaufen?«

»Ja.«

»Es ist alles so schön, was du machst. Nur du bringst diese großen, schönen Figuren zustande. Wie nennst du sie?«

»Der Puppenmann heißt Konoí. Die Frau heißt Mariaualê.«

Dóttie wurde nachdenklich. Die Mariaualê, die sie gekannt hatte, war hübsch gewesen. Vielleicht hatte Xireréia an sie gedacht, als sie ihren Puppen diese Namen gab.

Xireréia erahnte ihre Gedanken.

»Konoí ist der Name von einem alten Indio aus einem Dorf da unten. Mariaualê auch. Dóttie, die Leute reden. Sie sagen, Kuanadiki macht schönere Itxokós als ich. Findest du?«

Dóttie ließ sich Zeit mit ihrer Antwort.

»Nein, das finde ich nicht. Ihr beide macht sehr schöne Puppen. Kuanadiki macht sie auf ihre Art und du auf die deine. Aber wenn ich es mir genau überlege, dann gefallen mir persönlich deine Puppen besser.«

»Um so besser. Sonst setzt ich dir meine Axt ins Bein.«

Sie lachten über den Scherz.

»Kann ich Culherête bei dir lassen?«

»Du weißt doch, daß du das kannst. Wo ist Maluaré?«

»Puh! Dóttie, die Männer von heute sind eine Krankheit. Er schläft in der Hängematte. Kommt gestern mit einem Korb voll Sachen und ist fast tot und so müde! Jetzt schläft er wie ein Stein.«

»Sag so was nicht mal im Scherz. Bei dieser Sonne und dieser

Hitze möchte ich keinen von diesen schweren Körben vom Feld auf den Schultern und dem Kopf tragen, verflucht!«

»Ich weiß. Ist nur ein Spiel. Dóttie, laß Culherête nicht ans Ufer, bitte. Dieser Regenwurm kann noch nicht schwimmen.«

»Du kannst in Ruhe gehen, ich laß ihn schon nicht da hin. Er wird mit leeren Schachteln spielen, bis du wiederkommst.«

»Das ist gut. Das mag er sehr.«

Sie lehnte die Axt in eine Ecke, säuberte mit den Spitzen ihrer schlanken Finger die Augenwinkel des Kleinen und sprach zu ihm mit einer Sanftheit, zu der nur Indios fähig sind:

»Dê-ú, Söhnchen, Nadí kommt gleich wieder.«

Dann strich sie mit der Hand über seine großzügig eingefetteten Haare und verließ den Raum mit der Axt auf der Schulter, hochgewachsen wie sie war, immer zufrieden und glücklich.

Als Dóttie nach kurzer Zeit ihren Blick hob und auf den Fluß sah, ruderte Xireréia schon in weiter Ferne. Ihr Kanu glitt in Richtung auf das andere Ufer und war nur noch ein langer, dünner Strich gegen das Sonnenlicht.

Es war nur ein Schuß. Ein lauter, mächtiger Schuß, der den Frieden im Dorf und im Herzen seiner Bewohner durchbrach. Woher war er gekommen? Es mußte ganz in der Nähe gewesen sein. Alle liefen wie aufgeregte Hühner durcheinander. Einen Augenblick lang herrschte eine schreckliche Stille. Dann waren laute Schreie und Wehklagen zu hören.

Teuarrure kam aufgeregt zu Dóttie gerannt. Er erzählte ihr alles, während er sie begleitete.

»Es war Maluaré. Er hat Iroá getötet.«

»Iroá? Diesen gutmütigen Kerl?«

»Iroá vollgesoffen mit Schnaps Orrã. Maluaré schläft, müde von der Arbeit auf Feld. Iroá ihn gereizt. Maluaré sagt, er soll gehen. Sagt, er will keinen Streit. Iroá hat noch mehr gereizt. Maluaré sagt, du voll von Orrã, geh. Will nur ausruhen. Da hat Iroá ein Corroté genommen und hat angefangen mit Schlägen. Maluaré wild, springt auf, nimmt eine Waffe, die hängt an Wand, Waffe 44, und hat nur ein Schuß hier gemacht.« Er zeigte auf die Brust. »Iroá ganz geplatzt und auf die Matte gefallen.«

»Laß uns schneller gehen, Teuarrure.«

»Dóttie kann nichts mehr machen.«

Jetzt kamen von allen Seiten Leute herbeigelaufen, Soldaten von der FAB, Personal von der Station, von der Stiftung und immer mehr Indios, die von den Feldern und den Fischzügen zurückgekehrt waren.

Teuarrure bahnte sich einen Weg durch diese Menschen, und Dóttie betrat die Hütte. Ihr bot sich ein einziges Blutbad. Die Augen von Iroá waren halbgeöffnet, und auf seinem Gesicht stand noch eine Mischung aus Schmerz und Verwunderung. In seine Brust war ein Loch gerissen, dessen Ränder verbrannt und blaurot verfärbt waren. Aus der Wunde liefen immer noch kleine Blutrinnsale. Rippensplitter vermischten sich mit dem Blut, das auf die Matte tropfte. Die Kugel hatte Schulter und Schulterblatt durchschlagen und den rechten Arm gebrochen, der in einem offenen, blutverschmierten Bruch vom Körper abstand.

Dóttie kniete sich hin. Ihr Rock färbte sich blutrot. Es war nichts mehr zu machen. Mit einer Handbewegung schloß sie die Lider des toten Indios. Sie setzte sich auf das äußerste Ende der Matte, ohne zu wissen, was sie tun oder sagen sollte, und vermied es, jemanden anzusehen oder durch eine Geste ihre schreckliche Beklommenheit zu verraten.

Erst als Temacuíra, der Sohn von Iroá und Colhêrêde, zu ihr sprach, schreckte sie auf:

»Er hat meinen Vater getötet. Ich werde ihn töten. Der einzige Bruder von Iroá hat mit seinen Verwandten geredet. Wir werden Maluaré töten.«

Der alte Maluá verließ jetzt eilig die Hütte, um seinen Sohn Maluaré zu suchen und ihn zur Flucht anzuhalten.

Ibobredu reichte Dóttie seine Hand und führte sie aus der Hütte heraus.

»Komm, Dóttie. Du bist weiß wie toter Mensch. Laß uns gehen. Bis an Ende von Dorf. Komm mit mir.«

Sie folgte dem Jungen.

»Aber warum nur? Iroá war doch ein so guter Kerl! Und Maluaré, ein so anständiger, fleißiger Indio! Jetzt werden sie ihn töten.«

»Sie ihn nicht bekommen. Ich weiß genau.«

Ohne zu wissen, wie sie dorthin gelangt war, stand sie plötzlich vor der Hütte Berixás. Die Indiofrau modellierte heute jedoch keine Tonfigürchen, sondern war mit dem Flechten eines Lóri-Lóri beschäftigt.

»Setz, Dóttie, setz.«

Sie wandte sich an Ibobredu.

»Geh und holen Wasser. Sie soll trinken. Dann wird ihr bessergehen.«

In langsamen Schlucken trank Dóttie von dem Wasser. Dann sah sie eine ganze Weile der arbeitenden Berixá zu, die mit erstaunlicher Gelassenheit und Geschicklichkeit die Vogelfedern ineinanderflocht und sie in kleine Blumen verwandelte.

»Hast du es gewußt, Berixá?«

Die Indiofrau nickte nur bestätigend mit dem Kopf.

Dóttie mußte wieder an den Körper von Iroá denken, der über und über mit Blut verschmiert gewesen war, an die herausstehenden Knochen seines gebrochenen Armes.

»Du hast recht gehabt, Berixá. Alle Araras fliegen jetzt sehr tief. Deine Geschichte ist eine durch und durch wahre Geschichte. Es ist alles wahr. Alle Araras sind schon erschienen. Es fehlte nur noch dieser eine: der Rote Arara.«

»Ich weiß. Aber jetzt wird Roter Arara immer kommen. Immer kommen.«

Fünftes Kapitel
Die Kanus

»Diesmal bin ich nicht zu Scherzen aufgelegt, diesmal nicht!«

Die Jungen sahen in Dótties Gesicht. Niemals zuvor hatte sie so ernst und streng mit ihnen gesprochen. So sah sie aus, wenn sie mit einem Tori stritt.

»Einer von euch wird mich auf die andere Seite des Flusses bringen. Und er wird so lange auf mich warten, bis ich zurückkomme.«

Sie blickte Andeciuala, Ibobredo, Taxirimani, Teuarrure und Idioraro der Reihe nach an, die alle unentschlossen waren. Dóttie wußte, daß es nur eines Lächelns bedurfte, mehr nicht, und jeder dieser Jungen hätte ihr seine Hilfe angeboten. Aber ihre Nerven waren angespannt und ihre Gesichtsmuskeln verhärtet.

Schließlich war es Andeciuala, der sich ein Herz faßte.

»Ich nehme dich mit, Dóttie.«

»Dann laß uns gleich aufbrechen.«

Sie liefen zur Anlegestelle der Kanus, und Andeciuala fragte sanft:

»Dóttie hat böse?«

»Nein, ich bin nicht böse.«

Auf der Höhe des Steilhanges machten sie halt.

»Na, dann los, Andeciuala! Was ist denn? Hast du das Ruder vergessen?«

»Ruder liegt in Kanu.«

»Na und?«

»So du kannst nicht gehen, geht nicht. Sonne sehr heiß. Dein Kopf braucht ein Hut. Deine Füße braucht Stiefel. Fuß von Dóttie sehr weich, wird in Muschelschale schneiden.«

»Mich kann nichts mehr erschüttern. Laß uns aufbrechen!«

Sie setzten sich ins Kanu, und Andeciuala stieß das Boot mit dem Fuß vom Ufer ab, um so schnell wie möglich in den Sog der Strömung zu gelangen. Er ruderte kräftig, aber vorsichtig, aus Angst, jeder falsche Ruderschlag könne Dótties Verärgerung nur noch steigern.

Als sie die Mitte des Flusses erreicht hatten und er den Widerstand der Flußströmung überwunden hatte, konnte er sich nicht mehr beherrschen und fragte zaghaft:

»Dóttie will baden, ja?«

Ihre Stimme klang hart, aber diesmal sprach sie so zu ihm, daß seine innere Unruhe mit einem Schlag verflog.

»Nein, ich werde nicht baden. Ich bin auf keinen von euch böse, mein Sohn. Ich bin nur so, weil mir etwas sehr Trauriges bevorsteht. Aber ich mag es, wenn du so kräftig für mich ruderst. Und jetzt werde ich nichts mehr sagen.«

»Ist gut.«

Dóttie sprach zu ihm genauso, wie es ein Karajá getan hätte. Sie wandte ihm während der ganzen Unterhaltung den Rücken zu und drehte nicht einmal ihr Gesicht in seine Richtung. Er lächelte. Es war besser, schweigend zu rudern. Schließlich ließ er das Kanu auflaufen und suchte einen Strand, der schön trokken war. Er wollte es der Krankenschwester ersparen, durch den fauligen Schlamm zu laufen, der noch von der letzten Regenzeit geblieben war.

»Hier ist gut, Dóttie?«

Sie richtete sich im Kanu auf, das fest im Sandboden verkeilt war. Mit der Hand schützte sie die Augen gegen die gleißende Mittagssonne.

»Hier ist es gut.«

»Du kannst kommen. Steig aus und tu Fuß in sauberes Wasser. Hier gibt kein Feuerrochen. Dann zieh ich Kanu hoch und warte auf Dóttie ganzes Leben.«

»Arakre[106] Andeciaula!«

»Arerine[107] Dóttie!«

»Ich danke dir!«

»Dê-ssõ!«[108]

Dóttie lief über den weißen, glühenden Sandstrand. In gewisser Weise hatte der Kleine recht gehabt, aber ihre Sorgen hatten ihre körperlichen Empfindungen betäubt. Kein Lüftchen brachte die Oberfläche des Flusses durcheinander, der um die Ufer dieses Sandstrandes spülte. Miguelinhos und Odiúras tauchten in Schwärmen auf, angelockt durch das Geräusch von Dótties Schritten im Wasser, die, ohne es recht wahrzunehmen, gezwungen war, den höhergelegenen Strand zu verlassen und durch den Fluß zu laufen. Ihre Bluse klebte an ihren mageren Brüsten. Sie hielt an, um zu trinken, und ließ Wasser über ihr erhitztes Gesicht und die schweißverklebten Haare laufen. Mit schnellen, fahrigen Bewegungen benetzte sie auch ihren Körper. Ihren Beobachtungen nach zu urteilen stand sie noch ganz am Anfang des bevorstehenden Fußmarsches. Es nutzte nichts, sich umzudrehen und das Kanu von Andeciuala auszumachen. Sicher würde der Einbaum hinter einer jener zahlreichen Flußbiegungen verschwunden sein, die sie schon bewältigt hatte.

Die Erschöpfung und eine gewisse Schwäche brachten ihren Herzschlag aus dem Takt, doch sie gab nicht auf. Sie mußte nur Hanna finden, Hanna mit ihrem ausgebleichten Regenschirm, die in ihre Gebete vertieft über die Strände lief und sie dazu einladen würde, im Schatten ihrer Mildtätigkeit Schutz zu suchen. Diese dumme Pute! Eher verwandelte sie sich in Trockenmist in der Sonne, als eine derartige Einladung anzunehmen! Dóttie setzte sich für einen Augenblick in den Fluß und benetzte ihren ganzen Körper mit seinem Wasser. Wahrscheinlich war es sinnlos, denn in wenigen Minuten würde die Sonnenglut sie wieder so austrocknen, als habe sie das Wasser nie betreten. Sie hätte dieser Versuchung nicht einmal nachgeben sollen, denn jetzt suchte sie alle zwanzig Minuten verzweifelt das Wasser auf. Ihre Kehle, ihr ganzer Körper, ihr ganzes elendes Sein verlangte danach.

In weiterer Ferne sah sie einen länglichen Schatten, der den Strand mit dem Fluß verband. Das konnte ein Kanu sein. Doch so sehr sie ihre schwachen Augen hinter den dicken Brillengläsern auch anstrengte, es half wenig. Sie beschleunigte ihren

Schritt. Die Hoffnung gab ihr neuen Auftrieb. Fast im Laufschritt gelangte sie schließlich an den abgestorbenen, schwarzen Baumstumpf einer Palme, den die Flut hierhergespült hatte und der eingeklemmt zwischen Fluß und Strand im Wasser lag.

Sie verschaffte sich rundum Kühlung. Der Baum diente ihr als ein willkommener Sitzplatz. Eine ganze Weile lang kühlte sie ihre Füße im kalten Naß und schöpfte Hände voll Wasser über ihren erschöpften Körper.

Mit doppeltem Eifer setzte sie ihren Fußmarsch fort. Jetzt würde sie das Ufer des Flusses nicht mehr verlassen, denn ihre Füße ertrugen die Berührung mit dem glühenden Sand nicht länger. Sie würde jetzt keine Abkürzungen mehr nehmen. An ihren Fußspitzen und Fersen bildeten sich nach und nach Blasen.

»Mach zu, Dóttie! Das alles hat keine Bedeutung. Was ist das schon! Du wirst sie finden.«

Sie mußte mehr als zwei Stunden gelaufen sein. Die Sonne brannte lange nicht mehr so wie zu Beginn. Ab und zu wehte sogar eine Brise von der Buschsteppe des Mato Grosso[109] herüber. Ja, die Kraft der Sonne hatte nachgelassen. Aber Dóttie schwitzte immer stärker, und ihr Schweiß zog die unvermeidlichen lästigen Moskitos an.

»Mach zu, Dóttie!«

Es war viel angenehmer, am Flußufer entlangzulaufen und sich damit zu zerstreuen, die Fischchen aufzuscheuchen, die sich im warmen Uferwasser aufwärmten. Sie beobachtete, wie sie erschreckt flohen und mit aufgeregten Schwimmstößen die Wasseroberfläche durcheinanderbrachten. Von Zeit zu Zeit schweifte ihr Blick in die Ferne auf der Suche nach ihrem Ziel. Und wieder erblickte sie eine Palme, die halb im Fluß und halb auf dem Strand lag. Diesmal verspürte sie nicht einmal das Bedürfnis, ihren Schritt zu beschleunigen. Der Baum kam ihr gerade recht. Sie würde sich in den Fluß setzen und ihren Körper, ihre Haare unter Wasser tauchen, ihre Fußknöchel reiben, die von der Anstrengung ganz geschwollen waren. Ein anderes Bedürfnis hatte sie nicht.

Als ihre Augen jedoch den Baumstumpf genauer ausmachen

konnten, sprang ihr das Herz beinahe aus der Brust. Das Kanu! Da war das verfluchte Kanu, für das sie fast ihr Leben gelassen hätte!

Sie glitt neben dem Kanu zu Boden und strich sanft über den Einbaum. Das war ihr Kanu, kein Zweifel! Ihr elendes Kanu! Ihr verflixtes Kanu!

Sie nahm noch ein letztes Bad im Fluß und fühlte eine Gänsehaut über ihren Körper laufen, so als krabbelten die tausend Finger des Wechselfiebers ihre Wirbelsäule entlang.

Dóttie sah nach dem Stand der Sonne, die langsam zu sinken begann. Es mußte so gegen drei Uhr nachmittags sein. In vollendeter Eleganz zogen die Marabus immer höhere Kreise am Himmel. Sie waren bestens mit jeder Luftströmung vertraut.

Der Sand brannte jetzt nicht mehr so unter den Füßen, und auch ihre Blasen machten ihr nicht mehr so zu schaffen. Wenn das Kanu hier war, dann mußte auch ...

Da erblickte sie die Gestalten der beiden Alten. Sie lehnten gegen den Stamm eines Imburan[110], den die Flut hierhergeschwemmt haben mußte und der auf groteske Weise wie ein Baum im Sand steckte.

Die beiden mußten sich in diesem Halbschatten gerade flüsternd unterhalten haben, denn sie hatten ihr Näherkommen nicht einmal bemerkt. Genausogut hätte sie ein Tier, ein wildes Tier sein können. Vielleicht waren sie eben deshalb hier, eben aus diesem Grund, gleichgültig gegenüber ihrer Umwelt.

Erschreckt fuhren sie hoch. Akurriro stammelte:

»Dóttie!«

Kuryala öffnete seine milchigen Augen, und sein Mund verzog sich zu einer mißvergnügten Grimasse.

»Ja, ich bin's, Dóttie. Idiarrure hat mir gesagt, daß er euer Kanu hier in der Gegend gesehen hat.«

Sie verharrten in ängstlichem Schweigen.

»Ich habe mir Sorgen gemacht. Drei Tage und drei Nächte habe ich auf eure Rückkehr gewartet. Das macht man doch nicht mit seinen Freunden.«

Die beiden Alten schienen von völliger Apathie erfaßt zu sein.

»Ich bin gekommen, um euch zu holen.«
Kuryala antwortete verdrießlich:
»Ich werde nie mehr nach Raumaló-Dessé gehen. Nie mehr.«
»Warum nicht?«
»Ich gehe nie mehr da hin.«
Dóttie zwang sich zur Ruhe. Zumindest hatte sich Kuryala jetzt in ein Gespräch eingelassen.
»Aber wenn ihr am Strand bleiben wollt, dann müßt ihr euch einen besseren Platz suchen. Das hier ist kein guter Platz.«
»Hier ist gut.«
»Was denn, hier? Ihr sitzt genau vor einem Seitenarm des Flusses, der in den See mündet. Ein gefährlicher Ort. Hier können Krokodile, Sucuri[111] und sogar Jaguare auftauchen.«
»Nachts wir machen Feuer.«
»Aber hier ist es sehr kalt.«
»Im Dorf auch kalt.«
»Und was eßt ihr hier?«
»Hanna hat Kanãdé-Diró[112] und ein Stück Bororena-dé[113] gegeben. Akurriro hat Angelhaken bekommen und Leine von Bento da Luz. Wir nachts fischen, wenn Kuturá[114] ganz zahm.«
»Wie schade. Im Dorf gibt es jetzt eine so leckere, fette Milch. Ganz viel Milch! Und dann haben sie einen großen Ochsen geschlachtet, jetzt gibt es dort jede Menge Fleisch.«
»Ja . . .«
Die beiden Alten waren tief getroffen, gekränkt und traurig. Sie mußte ihre Taktik ändern. Da kam ihr ein glücklicher Einfall. Ihr mußte es gelingen, die Anteilnahme der beiden zu wekken.
»Habt ihr gewußt, daß Iroá tot ist?«
Die beiden rutschten unruhig hin und her.
»Häßlicher Tod. Wirklich. Iroá ist gestorben.«
»Wer Iroá getötet? Guter Junge. Fleißiger Junge!«
»Maluaré.«
Die beiden sprangen fast auf.
»Maluaré? Maluaré ist ein guter Junge und fleißig.«
Dóttie schwieg jetzt und hoffte auf eine weitere Reaktion, die nicht lange auf sich warten ließ.

»Rede, Dóttie. Iroá tot. Maluaré hat getötet. Rede . . .«

»Ich wollte eigentlich nicht soviel darüber reden, du willst ja nichts mehr von Raumaló-Dessé wissen. Aber wenn du es hören willst, kann ich es ja erzählen.«

Und sie berichtete ihnen von dem tragischen Vorfall. Auf welche erschreckende Weise ihr alles noch vor Augen stand! Sie hatte wieder den bitteren Geschmack im Mund, den sie immer verspürte, wenn sie sich an diese Geschichte erinnerte.

»Und Iroá?«

»Sie haben seinen Arm wieder an der Schulter befestigt und haben seine Brust mit einem groben Tuch umwickelt, nachdem das ganze Blut getrocknet war. Dann haben sie ihn bemalt und auf dem Uabdé[115] der Karajás begraben.«

»Und Maluaré?«

»Er ist verschwunden. Die Verwandten von Iroá sind hinter ihm her. Sie werden ihn töten. Da ist er untergetaucht.«

Nach diesen Worten vernahm sie Kuryalas traurige, bewegte Frage:

»Und Maluá? Maluá, Vater von Maluaré, was macht guter Freund Maluá? Freund aus Zeit, als ich noch kleiner Junge?«

»Maluá ist immer noch dein Freund, Kuryala. Und du, Kuryala, bist der Freund von Maluá. Er ist sehr traurig. Er weint viel. Er braucht die Worte eines Freundes. Heute gibt es in Raumaló-Dessé nicht viele Indios aus der alten Zeit. Und du bist einer davon, Kury.«

»Ja. Ich muß mit Maluá reden.«

Sie schwiegen. Noch waren sie nicht zur Rückkehr entschlossen, aber sie begannen sich mit der Idee anzufreunden. Dóttie machte sich einen weiteren Umstand zunutze:

»Kuryala, fahre mal mit der Hand über meine Füße.«

Er gehorchte.

»Arme Dóttie!«

»Arme Dóttie!« bekräftigte auch Akurriro.

»Hat dich Tier gebissen?«

»Nein. Es war der heiße Sand. Dóttie hat keine Schuhe angezogen. Sie hat sich die Füße verbrannt, um hierherzukommen.«

»Und jetzt? Apotheke ist weit, Dóttie.«

»Ich weiß. Sie ist auf der anderen Seite vom Fluß. Ich habe Andeciuala ganz weit da hinten am Strand zurückgelassen. Er wartet dort auf mich. Aber mit diesen Füßen werde ich jetzt nicht mehr dahin kommen.«

»Arme Dóttie!«

Eine Windböe, die aus der Buschsteppe herüberwehte, verscheuchte die Moskitos und machte die Hitze erträglicher.

»Was für ein feines Lüftchen hier. Kury?«

»Hm.«

»Bist du wegen Hanna hierhergegangen?«

Auf Kuryalas Gesicht war großer Schmerz und Widerwillen zu sehen.

»Ich weiß, daß du deswegen hier bist. Du mußt nichts sagen. Ich werde alles sagen. Ich bin immer deine Freundin gewesen. Glaubst du, ich hätte meine Füße so strapaziert, wenn ich nicht deine Freundin wäre?«

»Du bist Freundin.«

»Na gut. Du hast Hanna aufgesucht, weil du dachtest, sie könnte dir dein Augenlicht wiedergeben, war es nicht so?«

»Corré.«[116]

»Ich weiß doch. Sie haben dir erzählt, daß sie dir mit ihren Gebeten helfen können.«

»Corré.«

»Hast du denn schon ganz diesen Padre vergessen? Wie hieß er noch gleich, dieser Unglücksrabe?«

»Zuaquim.«

»Ach ja, Bruder Joaquim, nicht wahr?«

»Du verstehst nicht, Dóttie. Wenn du einmal Licht gesehen und dann Licht weg und willst du Licht wiedersehen, idiôma[117].«

»Ich weiß. Darum glaubst du daran, daß sie ein Wunder vollbringen kann.«

»Was ist Wunder?«

»Das ist eins. Wenn Joaquim deine Augen heilt, ist das ein Wunder. Wenn Hanna deine Augen heilt, ist das ein Wunder. Aber kein Tori kann ein Wunder vollbringen. Nur ein Arzt kann das, wenn er Zeit hat und operieren kann.«

Sie sah in das Gesicht von Kuryala und dachte an das Flugzeug, das über das Dorf hinweggebraust war und die einzig wirkliche Hoffnung mit sich genommen hatte.

»Ja, Dóttie hat recht.«

Der Alte wurde von seinen Gefühlen überwältigt. Sicher würde er jetzt seinem Herzen Luft machen.

»Ja, ich war da. Sie hat lange Geschichte gelesen, lange Geschichte aus schwarzem Buch. Erzählt von Gott. Von Sachen, die Karajás nicht gut verstehen. Von Mann, der hat mit Stock getötet. Und dann erzählt von ganz häßliche Sache. Hat viel davon erzählt, bis ich begreife. Hölle.«

»Sie hat dir von der Hölle erzählt? Sie ist ja verrückt!«

»Sie von Hölle erzählt, da lebt Haufen böse Tiere schlimmer als Lateni Kinderschreck. Aber Lateni spielt nur böse. Da nicht, in Hölle schneiden und verbrennen Toris, spießen Toris auf. Ist ganz schlimm. Und sie von Gott erzählt, hat gesagt, Gott schickt schlechte Mensch dahin. Dann hat noch mehr gelesen. Redet von Flut riesig groß, nur großes Kanu kann noch auf Berg klettern. So viel schwierige Geschichte. Und redet mit wirre Zunge. Alles schwer. Und ich gefragt:

Und meine Augen, Hanna?

Was ist mit deinen Augen?

Alles wie früher. Du redest, redest, und ich will sehen.

Aber ich dir gezeigt, wie du in Kuryala gucken und in Herz von Gott gucken.«

Dóttie lachte traurig.

»Das hat auch schon Bruder Joaquim versucht.«

»Ja. Gleiche falsche Zunge von Zuaquim.«

Er machte eine Pause und schluckte schwer an seinen Gefühlen.

»Weißt du, was ich gemacht, Dóttie? Ich gesagt, gib mir bißchen Mehl und bißchen Fleisch. Sie hat gegeben. Sie mich bis zu Kanu gebracht und gefragt, kommst du morgen. Und ich sage, Hanna, aus deinem Mund kommt nur Lüge, ich komme nicht mehr. Kuryala nimmt sein Kanu und fährt weg. Akurriro sagt, Hanna viel geweint und Nase mit Hemd geputzt.«

»Und dann seid ihr also hierhergekommen?«

»Ja.«

»Ich habe das alles gewußt. Aber ich konnte dir nicht sagen, daß Hanna dir dein Augenlicht nicht wiedergeben kann. Weder Hanna noch Joaquim. Doch wir dürfen den anderen nicht ihre Hoffnung nehmen.«

»Hanna nicht wert.«

»Es ist nicht nur Hanna, die nichts taugt. Alle Toris taugen nichts. Weder Hanna noch Joaquim noch sonst einer von ihnen.«

»Aber du bist auch Tori.«

»Das bin ich nicht. Die Toris haben auch meine Töchter und meinen Mann getötet. Die Toris haben meine Finger verbrannt. Du hast ja schon einmal meine Finger angefaßt und es gefühlt. Die Toris haben mir mein Haus genommen, meinen Garten, meine Hühner und mein Vieh. Und so ein Tori wird euch auch eure Berge, eure Fische und euer Wild wegnehmen. Wenn du immer noch glaubst, ich bin ein Tori, dann bin ich dir nicht böse. Nur, daß ich deine Freundin bin.«

Sie schwieg. Akurriro sprach flüsternd zu Kuryala:

»Sie weint ein bißchen.«

Der Alte war gerührt.

»Dóttie?«

»Was ist?«

»Du bist Tori, aber du bist Freundin und guter Mensch.«

»Ist schon gut. Ich werde jetzt den niedrigen Stand der Sonne ausnutzen und ganz langsam zum Flußufer zurückgehen, bis ich auf das Kanu von Andeciuala treffe.«

»Warte.«

Es war tatsächlich ein Wunder geschehen.

»Ich bringe Dóttie in meinem Kanu.«

Sie lachte.

»Ist gut.«

Als sie sich im Kanu eingerichtet hatten und Akurriro das Boot mit ihrer Sehkraft und Stimme lenkte, spielte Dóttie ihre letzte Karte aus.

»Es gibt jetzt jede Menge Milch und Fleisch in Raumaló-Dessé. Gute Milch. Gutes Fleisch. Ich finde, du solltest mit mir ins Dorf zurückkommen, Kuryala. Kein Karajá wird sich über dich lustig machen. Alle dort denken nur an den Tod von Iroá. Sie singen nur ihre Totenlieder für Iroá. Und dann mußt du unbedingt mit dem alten Maluá reden ... Der alte Maluá ist traurig und weint Tag und Nacht.«

Kuryala blieb eine Weile nachdenklich, bevor er eine endgültige Entscheidung traf.

»Ja, ich muß mit Freund Maluá sprechen ...«

Da sagte Akurriro leise zu Dóttie:

»Akurriro froh. Gute Dóttie uns geholt. Akurriro vor Angst fast gestorben, nachts hat vor Angst und vor Kälte nicht geschlafen. Wir haben Tod schon gesehen, bis gute Dóttie uns geholt.«

Dóttie befestigte eine Hängematte auf der Terrasse der Holzbaracke. Sie hatte immer noch Blasen an den Füßen. Der leichte Abendwind linderte die körperlichen Strapazen des Tages. Sie empfand einen inneren Frieden. Endlich war es ihr gelungen, ihren geliebten Häuptling und Karajá, Kuryala, zurückzuholen. Jetzt brauchte sie sich nur noch ein wenig in der Hängematte zu schaukeln, und bald schon würde die schneidende Kälte der Nacht ihre Verbrennungen kühlen, die sie sich an diesem anstrengenden Tag geholt hatte. Sie schloß die Augen, um sich zu entspannen, doch gleich befiel sie eine neue Sorge. Wo trieb sich nur diese verrückte Xireréia herum? Sie hatte ihr nämlich eine Neuigkeit mitzuteilen. Ein höchst wichtiges Geheimnis. Ausgerechnet jetzt hatte sie mit ihrem Sohn untertauchen müssen. Vielleicht versuchte sie das Versteck von Maluaré zu finden. Ob sie ihn in einer Hütte auf den Rodungen suchte? Oder vielleicht in einem Zimmer auf der Fazenda? Wahrscheinlich überall dort, wo dieses kleine, verrückte Köpfchen ihn vermutete.

Dóttie schlief ein. Wie lange sie geschlafen hatte, wußte sie nicht. Die Hängematte war jetzt eiskalt. Ebenso ihr Körper, ihr Gesicht und ihre Haare. Sie hatte Schritte gehört, die sich auf die Baracke zubewegten, und war davon aufgewacht.

Der Schein einer Lampe durchzuckte die ruhige, dunkle

Nacht wie ein torkelnder Stern. Der Ankömmling schien den Weg nicht zu kennen und leuchtete mit der Lampe auf den Boden, aus Angst vor Steinen oder giftigen Schlangen. In weiter Ferne war das Bellen der Dorfhunde zu hören, die sich über das Licht wunderten.

Es waren ein Weißer und ein unbekannter Karajá.

»Guten Abend.«

»Guten Abend.«

»Sind Sie die Krankenschwester von der Station?«

»Ja.«

»Also, wir sind eine Gruppe von Krokodilfängern. Ich hab da einen Verletzten im Boot, und ein paar von uns haben das wilde Fieber. Wir sind gekommen, damit sie unsere Leute behandeln.«

»Was für ein Verletzung hat er?«

»Von ‚nem Messer. Sie wissen ja, wie das ist. Nach so 'nem verdammt harten Tag in der Sonne und mit den Moskitos, und das für die paar Kröten, da brauchen die Jungs die Nacht, um die Kälte und Einsamkeit zu vertreiben. Sie trinken immer mal was über den Durst. Keilen sich, und einer kriegt dann eben mal was härter gewechselt.«

Dóttie wandte sich an den Karajá.

»Woher kommst du?«

»Aus Krerran-auá.«

»Ist noch ein Karajá mit dir gekommen?«

»Noch zwei. Uricy und Andedura.«

»Hat er euch Orrã gegeben?«

»Am Tag beim Fangen und abends im Lager.«

Der Mann wunderte sich nicht schlecht, als er hörte, wie gut diese häßliche Frau die Sprache dieser Wilden beherrschte.

Sie wandte sich wieder dem Mann zu.

»Ich werde einen Deubel tun. Ihr seid Krokodilfänger. Ihr gebt diesen Karajás Schnaps zu trinken. Das ist gegen das Gesetz. Ich werde einen Deubel tun. Ihr Fänger seid doch alle gleich. Schnappt euch die jungen Kerle, macht euch ihre Fertigkeit beim Fischen zunutze, und wenn die Fänge beendet sind, dann – häh? Dann füllt ihr die armen Teufel mit Schnaps ab, zahlt ihnen einen Hungerlohn, gebt ihnen ein paar elende Kröten. Und sie kehren hungrig ins Dorf zurück, ohne Geld, mit hohem Fieber von der Arbeit im Sumpf und, damit nicht genug, auch noch alkoholsüchtig. Du kannst die Fliege machen, guter Mann, ich werde euch nicht helfen.«

»Aber gute Frau, der Mann verliert eine Menge Blut. Ist verdammt herzlos, uns um diese Scheißzeit so zu behandeln.«

»Dann verlieren Sie besser keine Zeit. Rudern Sie doch nach São Felix. Dort gibt es Apotheken, Medikamente und Leute, die Kranke behandeln. Meine Arzneimittel sind ziemlich knapp bemessen, und die werde ich bestimmt nicht für Saufbrüder vergeuden, die nur auftauchen, um Unheil zu stiften: Bald habt ihr doch alle Fischotter und Jaguare ausgerottet, und, was noch schlimmer ist, bald habt ihr das Leben der Leute hier kaputtgemacht.«

»Gut, dann gibt's nur noch eins: Ich werde in das Haus vom Chef da vorne gehen und ihm erzählen, daß Sie sich weigern, uns zu helfen, und uns auch noch beleidigen.«

»Gehen Sie nur. Aber vorher werde ich Ihnen noch etwas erklären. Der Chef und ich, wir verstehen uns ziemlich gut. Jeder von uns ist der eigene Herr auf seinem Gebiet. Er bleibt, wo er ist, und hat das Sagen über die Arbeiter auf dem Feld und auf den Fluglandebahnen. Dann sieht er noch auf der Fazenda nach dem Rechten. In meine Angelegenheiten mischt er sich nie ein. Meine Füße sind in einem miserablen Zustand, aber ich werde gleich mitkommen, um drei Dinge mitanzusehen: erstens, wenn er Sie fragt, ob Sie überhaupt eine Erlaubnis haben, diese Station zu betreten; zweitens, wenn er Sie fragt, ob Sie Schnaps an die Indios austeilen; drittens, wenn er einen Blick auf Ihren Kahn werfen sollte, vorausgesetzt, es ist nur *ein* Kahn. Und dann will ich sehen, wie er euch alle Felle und die Indios wegnimmt. Wollen Sie immer noch zu ihm gehen?«

Der Mann sah die Krankenschwester wutentbrannt an und setzte seinen Strohhut wieder auf. Seine Augen blitzten haßerfüllt.

»Eines Tages werden Sie dafür zahlen.«

Er spuckte seitlich aus und schleuderte ihr einen bösen Fluch entgegen.

»Eines Tages werden sie dafür im Fegefeuer braten!«

Dóttie lachte.

»Oje! Lieber Mann, da war ich schon! So heiß ist es da gar nicht!«

Der Weiße und der Indio machten sich davon. Bald schon taumelte das Licht seiner Lampe in Richtung Anlegeplatz. Der Wind wehte ihr fernes Geflüster und das Geräusch ihrer Ruder herüber, die ins Wasser schnitten und die Abfahrt der Kanus verrieten.

Dóttie war ganz ruhig. Diese verdammten weißen Hurensöhne! Sie hängte die Hängematte auf der Terrasse ab und suchte das Bett mit der alten strohgefüllten Matratze auf, die schon ganz klumpig war. In diesem Augenblick, als Körper und Seele miteinander im Wettstreit standen, wer wohl müder sei, wurde es weich wie ein Daunenbett.

Sie schlief gleich ein und träumte, sie sitze wieder im Kanu von Kuryala und Akurriro. Über den Fluß wehte eine angenehme Brise und brachte tiefen Frieden mit sich. Kuryala sprach ohne jede Verbitterung in der Stimme:

»Weißt du, Dóttie, so war es besser. Der Doktor hat meine Augen nicht sehen lassen. Zuaquim hat kein Wunder gemacht und wollte, daß ich Gott von innen sehe. Hanna hat auch so getan und eine große Geschichte von der Hölle mit dem bösen Lateni erzählt, der den weißen Mann verbrannt und aufgespießt hat. Der Doktor hat nicht geholfen, weil er nicht helfen wollte. Zuaquim hat nicht geholfen, er hat mich betrogen. Hanna hat auch nicht geholfen und wollte Kuryala den Gott der Toris zeigen, aber ich habe ihn nicht gesehen. Dann ist es besser, ich bleibe beim Gott der Karajás. Kanansiuê ist ein armer Gott, aber ein sehr guter Gott. Wenn ein Tori nicht taugt, taugt auch nicht der Gott der Toris. Kanansiuê hat nicht den Indio Karajá gemacht, um ihn später im Feuer zu verbrennen und mit Gabel und Spieß zu durchstoßen, stimmt's? Also taugt der Gott der Toris nicht, hat Kuryala recht, Dóttie?«

»Nein, er taugt nicht. Der Gott der Weißen ist ein großes

Stück Scheiße. Niemand kann ihn begreifen. Aber so ist es besser. Jetzt, wo du alles weißt, wirst du weniger leiden. Jetzt wird mein großer Häuptling Kuryala, der Karajá, ruhiger werden.«

Das Kanu glitt dahin, und Dóttie ließ sich von der wunderschönen Landschaft verzaubern. An den Flußufern wuchsen große Seerosen und dichte Büschel von Wassergräsern. Königsreiher und Löffelreiher setzten sich auf die Uferpflanzen und flogen nicht davon. Sie senkten ihre Köpfe, wenn man ihnen mit der Hand ihr seidiges Kopfgefieder streichelte.

»Kury, was glaubst du, macht Kanansiuê mit Iroá und Maluaré?«

»Nichts. Sie werden sich mit den anderen treffen. Sie werden zu den Sternen aufbrechen, wie alle Karajás. Toris haben Flinten ausgeliehen, damit Maluaré die Wildschweine tötet, die sein Feld zerstören, so war es doch, nicht? Maluaré hatte nicht so eine Waffe. Iroá hat Krukrujé getrunken, damit hat der Weiße ihn süchtig gemacht, stimmt es nicht? Wenn der Weiße keine Waffen gegeben hätte, wenn der Weiße keinen Schnaps gegeben hätte, lebte Iroá noch und ginge fischen, und Maluaré arbeitete noch auf dem Feld für seine Familie. Kanansiuê ist ein guter Gott.«

Dóttie lächelte über seine Logik. Die Indios, die sich nicht taufen ließen, würden in den großen Sternengefilden und großen Sternenwassern jagen und fischen, so erzählte man sich. Sie würden bei Kanansiuê bleiben. Es brachte also nur Nachteile, sich von den weißen Patern in diesen zweifelhaften Himmel und diese heiße Hölle locken zu lassen.

In der großen Flußbiegung war jetzt das Dorf zu sehen. Der Nachmittag klang langsam aus und schlüpfte unter rosa- und goldfarbene Wolkendecken. Die Marabus drehten ihre letzten Kreise am Himmel, Vorboten des hereinbrechenden Abends. Vor einigen Hütten glimmten schon zögernd die ersten Feuer auf.

»Dóttie, ich werde dir etwas erzählen, was du nicht weißt. Ich habe nie davon gesprochen. Ich wollte schlafen wie ein Baum, wie ein Stein, wie ein Kanu. Schlafen und nicht träumen. Dann müßte ich nicht mehr leiden. Weil träumen weh tut. Träumen davon, den Fluß zu sehen, wie du ihn siehst. Den zappelnden Fisch sehen, den du mit der Hand gefangen hast. Den grünen Wald in weiter Ferne sehen, wie er die Hand des Himmels drückt. An die Seen fahren und die Schwärme der Löffelreiher beobachten, die ihre rosa Flügel gegen das Himmelblau sehen lassen. All das will ich sehen. Auch die kleinen Miguelinhos und Odiúras, die gefräßigen Fischchen, wenn sie im klaren Wasser deine Füße verfolgen. Alles will ich in diesem Traum sehen, den du träumst, und wieder aufwachen und immer noch ... Nacht.«

Dóttie fuhr erschreckt hoch und setzte sich im Bett auf. Sie hatte geträumt. Sie strich mit der Hand über die schweißnasse Bettwäsche. Alles war nur ein Traum gewesen. Nur in einem Traum konnte der alte Indio so schön und fehlerfrei sprechen. Ohne sein verstümmeltes Portugiesisch mit der Sprache der Karajás zu vermischen, ohne diese schwerfälligen Pausen, in denen seine Zunge versuchte, die Gedanken einzuholen.

Sie mußte ihre trockene Kehle befeuchten und setzte einen Becher Wasser an den Mund, ohne sich darum zu scheren, daß das eiskalte Wasser über ihre magere Brust lief.

»Daran habe ich nie gedacht. Dieser Gedanke ist mir noch nie gekommen. Wenn ein Mensch nicht mehr sehen kann, sieht er dann im Traum alles so wie zuvor?«

Das war in der Tat eine erschreckende Vorstellung.

Sie hielt einen Augenblick inne und empfand das dringende Bedürfnis, alles genau anzusehen. Sie wollte Zufriedenheit darüber empfinden, daß sie sehen konnte. Sie wollte sich alles genau ansehen, bis sich ihre Augen für immer schlossen. Ihre kleine Welt ansehen, ihre unbedeutende und miserable Welt. Angefangen bei den Umrissen des Wasserkruges bis zu dem Kopfkissen auf ihrem Bett. Von der klumpigen Matratze bis zu der Fensterspalte, durch die das Licht des anbrechenden Tages drang.

»Du mußt um Insel fahren, Dóttie. Dann siehst du kleinen Flußarm, der an großen See führt. Am Ufer gibt dichtes Strüpp.«

Taxirimani und Ibrobedu hatten sich angeboten, Dóttie mitzunehmen. Schließlich lachte sie wieder, wie sie immer gelacht hatte. Wenn sie so war, tat es gut, in ihrer Nähe zu sein.

»Leise. Sie ist da. Mit Kanu und mit Sohn. Wartet schon zwei Tage da.«

Sie setzten das Kanu an den Strand und machten sich daran, den restlichen Weg zu Fuß fortzusetzen.

»Da vorne, siehst du, Dóttie?«

Das Kanu lag mitten im Uferdickicht, bedeckt mit abgebrochenen Ästen, die bereits zu trocknen begannen. Man konnte erkennen, daß dieses Kanu für einen Notfall bereitlag. Ein Kanu, das auf jemanden wartete, der fliehen mußte.

Sie gingen noch ein Stück näher. Da war sie. Sie saß vor einem Feuer und briet ein Stück aufgespießten Fisch in der Glut. Der Geruch drang in ihre Nasen. Der Kleine schlief auf einer kleinen Strohmatte im Schatten eines Pequibaumes. Ohne den Blick zu heben, sagte sie: »Was willst du, Dóttie?«

»Ich bin dich holen gekommen.«

»Du verlierst deine Zeit.«

»Vielleicht. Kann ich mich setzen?«

»Setz dich. Ich habe ein Ei von Tracajá. Es ist gekocht. Die Tracajás brüten dieses Jahr früher.«

»Verrückte! Weißt du nicht, daß der Jaguar und alle gottverdammten Raubtiere die Tracajás jagen, sobald sie sich auf dem Strand sehen lassen?«

»Ich weiß.«

»Und du bist hier mit diesem Kind, ohne eine Waffe! Hast nichts bei dir!«

»Wer hat das gesagt? Guck genau hin, da beim Pequistamm, dahinter. Da liegt ein großes Messer. Im Kanu habe ich einen Bogen und die Pfeile von Maluaré und noch eine große Lanze, die hat Maluaré mir mitgegeben. Nachts mache ich ein Feuer, und kein Tier kommt. Ich hacke alles klein, was kommt.«

Xireréias Augen sprühten Funken. Dóttie zweifelte keinen Augenblick daran, daß diese verrückte Frau zu allem fähig war.

»Trotzdem solltest du mit mir zurückkommen.«

»Nein.«

»Wartest du darauf, daß Maluaré dort herauskommt, wo er sich versteckt hält, um dich hier zu treffen? Ich weiß schon. Hier habt ihr euch immer getroffen, bevor ihr zusammengelebt habt.«

»Ja. Und er wird kommen. Und wir werden mit dem Kanu da runterfahren und nie wiederkommen.«

»Und ob ihr wiederkommen werdet! Kein Karajá, der in Raumaló-Dessé geboren ist, kann lange in der Ferne leben.«

»Xireréia würde gerne alle Häuser mit Karajá drin verbrennen, zusammmen mit dem Haus von Aruanã, den Bastmasken, alles. Ein großes Feuer.«

»Er kommt nicht, Xireréia.«

»Er muß kommen.«

»Er kommt nicht. Das ist die dritte Nacht, die du auf ihn wartest. Glaubst du nicht auch, er wäre schon längst gekommen, wenn er könnte? Er kommt nicht, nicht weil er nicht will. Er ist gefangen.«

Xireréia warf Dóttie einen harten Blick zu.

»Dóttie, du lügst. Du lügst, damit ich mit meinem Sohn zurückkomme.«

»Nein. Das würde ich niemals mit einem Karajá tun. Warum sollte ich es also mit dir machen, die Mutter unseres Sohnes ist? Maluaré kommt nicht mehr, weil er in der FAB gefangengehalten wird. Sie haben ihn dort versteckt, damit er nicht getötet wird.«

Alle Härte wich aus Xireréias Gesicht, und es nahm eine gräuliche Blässe an. Ihr Mund zitterte.

»Was werden sie mit ihm machen?«

»Hast du nicht das Flugzeug gesehen, das vor kurzem erst in Santa Isabel gelandet ist?«

»Ich habe nur das Geräusch von dem Briquêcauti gehört. Nein, ich habe nichts gesehen.«

»Es ist das Postflugzeug, das morgen in aller Frühe an den

Xingu fliegen wird. Sie werden Maluaré an den Xingu bringen. Herr Orlando Vilas Boas wird sich um ihn kümmern, bis hier Gras über die Sache gewachsen ist.«

Die Indiofrau fühlte sich mit einem Mal schrecklich verlassen und setzte sich neben ihren schlafenden Sohn. Sie nahm das Kind auf den Arm und drückte es sanft gegen ihre Brust.

»Ist es nicht besser, du kommst mit mir, jetzt, wo du alles weißt?«

Xireréia senkte den Blick und antwortete bewegt:

»Wozu? Keiner kann mit ihm reden, oder doch?«

»Nein, keiner. Und diese Jungen hier haben versprochen, daß sie nichts erzählen werden, bis das Flugzeug abgeflogen ist.«

»Ich bleibe hier. Ich kann das Flugzeug auch von hier fliegen sehen.«

Dann sah sie auf. Ihre Augen standen voller Tränen.

»Ich hätte ihn besser getötet.«

»Rede nicht so. Wenn alles vorbei ist, wird er zu dir zurückkommen.«

»Nein. Er wird dort bleiben. Ich habe Bilder gesehen von Xingufrauen. Alles schöne Indiofrauen, mit guten Zähne, schöner Brust. Maluaré wird nicht ohne Frau leben. Da kann ein Mann viele Frauen heiraten und mit Frauen in einer Hütte leben. Er wird so leben, ich weiß es.«

Sie schwieg eine Weile und sprach dann wieder. Diesmal war ihr Gesicht tränenüberströmt.

»Besser, ich verliere meinen Mann durch den Tod als durch eine andere Frau.«

Dóttie wußte nicht mehr, was sie noch sagen sollte. Alles, was sie hätte sagen können, hatte angesichts dieses grausamen Bekenntnisses keine Bedeutung mehr.

»Geh, Dóttie. Ich bin nicht böse mit dir. Ich werde meinen Fisch und mein Tracajáei essen und mit Culherête nach Biton-irê reisen. Da wohne ich im Haus von Pereira. Er ist der Häuptling in Biton-irê. Ein Verwandter von meiner Mutter. Sie ist schon tot. Da werde ich viel arbeiten für mich und meinen Sohn. Ich werde den Frauen da zeigen, wie man Püppchen macht und gegen Essen und andere Sachen tauschen.«

Dóttie blieb keine Wahl.

»Gut, ich werde gehen. Du wirst mir fehlen, Xireréia.«

»Dearã, Tulê.«[118]

»Paß gut auf unseren Sohn auf.«

»Ja.«

Doch etwas hielt Dóttie noch zurück.

»Du wirst bald wiederkommen, nicht wahr? Es gibt keinen schöneren Ort am Bêêrokan als Raumaló-Dessé.«

»Ich werde erst zurückkommen, Dóttie, wenn ich den Tod von Maluaré in meinem Körper spüre.«

»Ist gut. Ich will noch etwas von dir wissen.«

»Rede.«

»Wenn du nicht vor der Zeit der großen Wasser zurückkommst, kann ich dann Kuryala und Akurriro in deiner Hütte wohnen lassen?«

»Das kannst du schon heute. Aber nicht für immer. Wenn ich zurückkomme, werfe ich alle raus, die in meiner Hütte sind.«

»Danke. Leb wohl!«

»Arerine, Dóttie!«

Und wieder lag sie in ihrer alten Hängematte auf der Terrasse der großen Baracke, die einmal in einem guten Zustand gewesen war. Es versprach ein schöner und klarer Sonnentag zu werden, so schön wie der zum Empfang des Großen Papa Getúlio Vargas. Man sagte sich, er habe dort geschlafen, wo sie jetzt seine große Apotheke bauten.

Sie mußte innerlich lächeln. Großer Papa. Große Scheiße! Was hatte er schon für die Indios getan? Nichts. Sie lächelte. Er hatte dicke Zigarren geraucht, Versprechungen gegeben. Er hatte Cutaría, sein Patenkind vom Stamm der Karajás, Getulinho gerufen. Und das war alles. Das wenige, was sie wußte, hatte sie von Kuryala erfahren, der damals noch ein bißchen sehen konnte, aber nah an die Menschen und Dinge herangehen mußte, um sie zu erkennen.

Flugzeug. In der Sprache der Männer heißt Flugzeug Birreauti, in der Sprache der Frauen Briquêcauti. Dóttie mußte wieder lächeln. Warum sprachen die Frauen anders als die Männer? Warum machten sie eine Sprache, die schon schwierig genug war, noch komplizierter? Ja, so war es. Flugzeug brachte Maluaré an den Xingu. Das Kanu nahm Xireréia mit sich, die fröhliche Xireréia, nach Biton-irê. Das Flugzeug flog an den Rio das Mortes und an den Xingu. Maluaré blieb am Xingu, auf dem Posten Capitão Vasconcelos. Dann flog Maluaré bis nach Garotire[119], am Xicrin[120]. Dort tragen die Indios eine Jatobáscheibe[121] in der Oberlippe. Sie hatte das nie gesehen, aber sie wollte es gerne einmal aus der Nähe sehen. Dann flog Flugzeug den gleichen Weg zurück. Und schon landete es wieder auf der Piste von Santa Isabel, um frühmorgens nach Goiânia[122] zurückzukehren. Sie war weder traurig noch besonders fröhlich. Sie spielte nur mit den Worten wie die Karajás. Dachte in kurzen Sätzen. Sprach in knappen Sätzen, bildete im Geiste kurze Sätze. Es war schwierig, aber es machte Spaß. Schade, daß Xireréia gegangen war. Gut, daß Kuryala in einer Hütte wohnte, in der es nicht so kalt war. Dort kam in der Regenzeit kaum Wasser durch das Dach.

»Dóttie!«

Sie setzte sich in der Hängematte auf. Tief in ihre Gedanken versunken, hatte sie den Indio nicht kommen hören.

»Ah! Bist du es, Karovina?«

»Ja, ich bin's.«

Er sprach, wie Xireréia, korrektes Portugiesisch. Eines Tages hatte man ihn zu den Weißen gebracht. Dort hatte er einen Imkerlehrgang besucht. War zum Militär gegangen. Und wozu das? Er war genau so ein Indio wie die anderen auch. Der einzige Unterschied war, daß er perfekt Portugiesisch sprach und keinen Gedanken an Krukrujé verschwendete.

»Hast du nicht das Motorengeräusch gehört?«

»Ja, aber es war so weit weg. Ich dachte, ich hätte es im Traum gehört.«

»Nein, das war kein Traum. Ein Motorboot hat im Hafen angelegt. Und es ist ziemlich groß. Außerdem gibt es viele Neuigkeiten. Das Haus vom Chef ist erleuchtet, und es sind Leute vom Xingu gekommen, die nach Goiânia fahren werden. Bist du nicht dortgewesen?«

»Was soll ich da?«

»Sie haben sich darüber beschwert, daß du nicht kommst und mit ihnen redest. Daß du nicht mit den Leuten vom Posten am Xingu Bekanntschaft machst.«

»Ich habe nicht das geringste Interesse daran. Je weniger Weiße man im Leben trifft und kennt, um so besser ist es. Ich möchte nur eines von ihnen erfahren. Wie ist es Maluaré dort ergangen?«

»Sie haben gesagt, daß es ihm sehr gutgeht und sie schon eine Rodung beschafft haben, auf der er arbeiten kann.«

»Ja, dann weiß ich schon alles, was ich wissen wollte. Fertig.«

»Aber ich finde, du solltest da hingehen. Sie haben mir befohlen, dich zu rufen.«

»Auf keinen Fall gehe ich dorthin.«

»Ich finde, du solltest zu ihnen gehen, Dóttie. Es ist besser für dich.«

»Ich bin müde. Ich habe den ganzen Tag hart gearbeitet und werde nicht gehen. Was wollen die eigentlich von mir?«

»Eine ganze Menge. Es hat mit dem Motorboot zu tun, das gekommen ist. Es sind Leute, die da weiter südlich leben. Kommen von weit her. Einer von ihnen hat Wechselfieber, und da ist auch eine Frau, die bald ihr Kind bekommen wird. Auf dem Boot gibt es keinen, der helfen kann.«

»Ich habe damit nichts zu tun. Das sind keine Leute von hier. Es sind Weiße von außerhalb, und ich habe schon gesagt, daß ich nicht komme. Der Chef weiß, daß ich nicht komme. Also, warum hat er mich gerufen?«

Karovina bewegte sich nicht von der Stelle und behielt die Wut dieser Frau im Auge. Er wartete auf einen Augenblick der Ruhe und fragte schließlich:

»Was soll ich ihnen sagen, Dóttie?«

»Daß ich nicht komme. Daß ich niemanden behandeln werde. Daß meine Dienstzeit schon beendet ist und daß mich niemand gegen meinen Willen zu etwas zwingen kann.«

»Ist gut.«

Karovina machte auf dem Absatz kehrt und bewegte sich auf das hellerleuchtete Haus des Chefs zu. Die Antwort kam schneller, als sie erwartet hatte.

Der Chef erschien in Begleitung eines kleinwüchsigen bärtigen Mannes und eines Flugzeugpiloten.

Der Bärtige war sichtlich wütend. Er begrüßte die Krankenschwester nicht einmal und gellte gleich mit schriller Stimme, von offensichtlichem Zorn in höchste Höhen gepeitscht:

»Sie wissen, wer ich bin?«

»Ja.«

»Und warum führen Sie dann nicht meine Befehle aus?«

»Ich pflege hier keine Befehle zu empfangen.«

»Sie haben die Stirn, einer Frau ihre Hilfeleistung zu verweigern, die in Lebensgefahr schwebt? Wollen Sie zwei Leben riskieren?«

»Ich befinde mich nicht im Dienst. Das sind keine Leute, die meiner Station unterstehen. Ich habe den ganzen Tag gearbeitet. Ich verbringe meinen Tag nicht mit Spaziergängen, wie Sie vielleicht annehmen. Außerdem habe wir nur sehr wenige Hilfsmittel, um eine komplizierte Geburt durchzuführen.«

»Na gut. Hören Sie mir gut zu. Ich befehle Ihnen jetzt, augenblicklich jenes Boot aufzusuchen und den Bedürftigen zu helfen.«

Dóttie verlor ihre Beherrschung. Mit einem Mal war sie wieder jene willensstarke Frau, die das Konzentrationslager und Tausende Arten der Folter überlebt hatte.

»Und ich sage Ihnen, ich gehe nicht. Sie haben hier nichts zu befehlen.«

Er stotterte ein bißchen und knurrte, vor Wut kochend:

»Zu schade, daß wir nicht am Xingu sind.«

»Nehmen sie das Flugzeug, das auf der Piste steht. Bringen Sie die Frau an ihren Xingu und zwingen Sie die Krankenschwester dort dazu, ihre ›Befehle‹ auszuführen. Hier wird eine andere Sprache gesprochen. Wir befinden uns am Araguaia . . .«

Für einige Sekunden starrten sie sich haßerfüllt an.

»Also werden Sie nicht gehorchen?«

»Nein, das werde ich nicht. Und wissen Sie was: Gute Nacht!«

Die Stimme überschlug sich in schrillem Kreischen:

»Dafür werden Sie bezahlen. Morgen fahre ich nach Goiânia und von dort nach Rio . . .«

Sie lachte zynisch und herausfordernd.

»Dann wünsche ich Ihnen eine gute Reise und hoffe, Ihr Flugzeug stürzt nicht ab.«

Nach diesen Worte drehte Dóttie sich auf dem Absatz um und ging wieder in die Baracke. Sie suchte ihre zerklumpte Matratze auf, weich wie der Schaum des Flusses. Die Zartheit dieser Lagerstatt konnte sie mit allem versöhnen.

Nachdem sie sich hingelegt und ihr Herz sich wieder beruhigt hatte, begann sie mit sich selbst zu sprechen.

»Sei doch ehrlich, Dóttie, bald wärst du gegangen?«

»Bald ja. Schließlich bin ich auch einmal Mutter gewesen, und das Kind, das auf die Welt kommt, hat schließlich keine Schuld an der ganzen Sache.«

Sie atmete tief durch und fuhr mit ihren Selbstgesprächen fort:

»Wenn dieser Schwätzer mir nicht so dumm gekommen wäre!«

Sie lachte hämisch.

»Wenn er mich höflich darum gebeten hätte, wäre ich schließlich doch gegangen. Zuerst mit Wut im Bauch. Später hätte ich die Wut heruntergeschluckt und dem Kleinen auf die Welt geholfen.«

Sie kratzte sich am Kopf.

»Weißt du was, Dóttie?«

»Ich ahne es.«

»Du hast gerade dein eigenes Urteil gefällt.«

Sie lachte, und langsam fielen ihr die Augen zu. Diese weiche Matratze konnte wahre Wunder bewirken. Sie verjagte alle Vogelscheuchen wie diesen unangenehmen Bärtigen in weite Ferne, all jene ärgerlichen Alpträume.

Sie gähnte laut und fand kurz vor dem Einschlafen noch Zeit, ihr Herz zu beruhigen:

»Schlaf, dumme Gans. Es kann dir nichts Schlimmeres im Leben widerfahren, als dir schon widerfahren ist. Also summ ... summ ... summ ...«

Sechstes Kapitel

Die große Kälte, die große Reise und das kleine Kanu

Ja, die langen Nächte wurden immer kälter und kälter. Vielleicht auch, weil die Hitze dieser Sonnentage Akurriro und ihn nicht mehr aufwärmte. Den Alten macht die Kälte zu schaffen. Keiner konnte das beweisen. Nur Alte wie er wußten das. Immer wenn die Nacht sich auf den Weg zur Morgendämmerung machte, fegte ein eisiger Wind über den Boden der Hütte und tat ihnen weh. Er drang durch das Flechtwerk der alten Matte, die sie um ihre Körper wickelten. Sie schliefen eng beieinander, um mit der Wärme ihrer Körper die Kälte ein wenig zu mildern. Schwierig und sehr teuer, eine Decke von den Toris zu bekommen. Es gab Leute, die bis ins Dorf kamen und eine Decke eintauschten, nicht gerade eine von der besten Sorte. Dafür wollten sie drei Körbe mit Tonpuppen und viele Holzpuppen. Dann gingen diese Leute in die Stadt und verkauften das Ganze für viel Geld. Andere Indios, andere Frauen gingen auf diese Geschäfte ein. Sie wußten, sie wurden betrogen. Aber war das nicht besser, als unter dieser Kälte zu leiden, so wie sie? Akurriro war sehr alt geworden, und ihre alten Hände konnten keine Itxokós mehr machen. Ihre zitternden Finger formten krumme, schiefe, häßliche Püppchen. Alle machten sich darüber lustig. Und er, Kuryala, konnte nicht einmal mehr das Buschmesser richtig führen, um aus den Ästen am Flußufer eine von den Holzfiguren zu schneiden.

Darum zogen sie sich zurück, sobald das Dunkel der Nacht kam, und rollten sich ganz eng in die Matte ein. Im ersten Teil der Nacht war die Kälte noch nicht so streng.

Kuryala lächelte. Er erinnerte sich an das Versprechen, das er Akurriro bei ihrer Hochzeit gegeben hatte:

»Du wirst nie frieren müssen. Ich werde immer in deiner Nähe sein und deinen Körper in meine Arme nehmen.«

Damals sprach er aus einem großen Glücksgefühl heraus, das seine Brust erfüllt hatte. Zu dieser Zeit war seine Brust noch sehr stark und warm gewesen. Jetzt brauchte er in Wahrheit mehr Akurriros Wärme als sie die seine.

Da draußen, im Haus der Masken, feierten sie ein neuntägiges Fest. Der Festmeister war Andeciuala Rituéra, der Sohn von Idiarrina, einem außergewöhnlich kräftigen Karajá, der sein Leben durch die Tuberkulose der Weißen verloren hatte.

»Das ist Rítus Fest, nicht wahr, Kury?«

»Ja.«

»Er hat ein gutes Herz, nicht wahr, Kury?«

»Ja, das hat er.«

»Wie schade, daß er nicht mit uns verwandt ist.«

Er wußte, warum Akurriro so zu ihm sprach. Wäre Rítu ein Verwandter von ihnen gewesen, dann hätten sie auf das Fest der Masken gehen und sich satt essen können. Er wußte auch, daß Akurriro an die Töpfe mit Kalugi, an die Schüsseln mit den gekochten Maniokwurzeln, an die Teller mit den gebackenen Fischen und den gekochten, duftenden Süßkartoffeln und an die tiefen Töpfe mit dem gebratenen Fisch und dem Maniokbrei dachte. Der Hunger, der ihre Mägen geißelte, schien den Geruch all dieser guten Dinge wie ein Gespenst bis zu ihrer Strohmatte zu tragen. Tatsächlich hatte sie gegen Abend nur ein halbgrünes Stück weiße Melone gegessen, und das war nicht sehr nahrhaft. Mit Kindern wäre das jetzt anders, die hätten ihnen immer etwas geschenkt.

»Nein, das ist er nicht.«

»Wie gut sind die Feste von Kotu-rekan und Retô-rekan. Da können auch wir hingehen und uns satt essen. Und alle aus dem Dorf sind dazu eingeladen.«

Kuryala lächelte und dachte daran, daß diese Feste schon vorüber waren und erst wieder stattfinden sollten, wenn die Flut zurückging und die Trockenzeit wiederkehrte.

»Laß uns die Gesänge des Aruanã hören und schlafen. Morgen wird uns Dóttie Milch und Fleisch bringen.«

»Ja, das wird sie. Dóttie ist gut, und sie ist eine Freundin.«

Sie schwiegen jetzt beide und lauschten, aneinandergeklammert, der Festmusik und den Gesängen. Einige der Lieder waren ihnen sehr vertraut. Sie hatten diese Lieder ihr ganzes Leben gehört. Es waren aber auch neue Gesänge unbekannter Komponisten darunter.

Kuryala strich sanft mit der Hand über die eingeölten Haare von Akurriro. Dann fielen sie in einen tiefen und langen Schlaf.

Kuryala wachte auf. Der Lärm aus dem Dorf hatte ihn geweckt. Seine Strohmatte war halb geöffnet, und als er den Arm ausstreckte, fühlte er, daß die Morgensonne schon über den Boden der Hütte gewandert war und ihn ein wenig aufgewärmt hatte. Er öffnete und schloß seine Finger, ohne sich um die Zeit zu kümmern. Sicher hatte Aku seinen tiefen Schlaf genutzt, um aus der Matte zu kriechen und einen Rundgang an den Hütten vorbei zu unternehmen. Sie kam nie mit leeren Händen zurück. Entweder, sie brachte einen Bund Bananen, ein Stück Maniok oder, mit ein wenig Glück, auch einen Fisch mit, den ihr eine Nichte geschenkt hatte. Er blähte die Nasenlöcher. Aku hatte nicht einmal Feuer in dem kleinen Steinofen gemacht, bevor sie gegangen war, das konnte er riechen. Er blieb noch eine Weile so liegen, bis er schließlich seinem Körper unter einiger Anstrengung einen Ruck gab. Seltsamerweise hing das äußerste Ende seiner Strohmatte fest. Es mußte etwas Schweres auf ihr liegen. Er setzte sich schnell auf und tastete mit den Händen in Richtung des Gewichtes.

Das Herz blieb ihm vor Schreck stehen. Sein Atem versagte. Es war Aku. Er rollte seinen Körper ein wenig aus der Matte und lehnte sich gegen einen Holzpfeiler in der Hütte. Seine Finger konnten die Steifheit und Eiseskälte ihres Körpers fühlen.

»Aku! . . . Aku!«

Mit erstickter Stimme brachte er hervor:

»Sag etwas.«

Er tastete mit den Händen über ihren kalten Bauch, berührte ihre erstarrten Arme. Dann hielt er inne und preßte sein Ohr gegen ihren leblosen Körper. Kein Laut war zu hören.

Ein entsetzlicher Schrei entfuhr seinem zahnlosen Mund.

Kuryala saß mit gekreuzten Beinen auf einer großen Strohmatte, seine Hände ruhten bewegungslos auf seinen dürren Schenkeln. Entfernte Verwandte, darunter zwei junge Nichten von Akurriro und ein paar Alte aus dem Dorf, leisteten ihm schweigend Gesellschaft.

Seine weißen Augen sahen ins Nichts, regungslos wie ein Himmel ohne Wolken. Ein milder Trauerhimmel. Kuryala besang seinen Schmerz. Er weinte nach der Sitte der Karajás, ohne eine Träne zu vergießen, aber sein trauriger, verhaltener Gesang war voll von Schmerz.

»Du bist gegangen, meine Frau.
Du, die so gut war, meine Freundin.
Du, die immer an meiner Seite in meiner Hütte gelebt hat.
Du, die mich auf meinen Reisen in meinem Kanu
begleitet hat.
Du, die von meinem Fisch aus meinem Fang gegessen hat.
Du, die so gut war, meine Freundin.
Du bist gegangen, meine Frau.«

Er wiegte seinen Körper und seinen Kopf hin und her, schlug mit den Händen auf die Schenkel und atmete tief durch, um wieder sein Totenlied anzustimmen:

»Mögest du eine gute Reise haben.
Mögest du Freude in der Welt von Tahiná-Kan finden.
Möge Kanansiuê in weiter Ferne auf dich warten.
Mögest du auf deiner Reise keinen Hunger und
keine Kälte leiden und keine Angst fühlen.
Mögest du un erschrocken sein.«

Kuryala machte jetzt eine kleine Pause und senkte den Kopf, ohne seine Sitzhaltung zu verändern. Sie hatten ihn hierhergebracht, um den Leichnam von Akurriro auf die Reise ohne Wiederkehr vorzubereiten. Ihr magerer Körper sollte vollständig entkleidet und von den alten Frauen und ihren Verwandten gewaschen werden. Dies würde mit großem Respekt und in aller Ruhe geschehen. Sie führten alles mit großer Behutsamkeit aus, als wüschen sie den Körper des Todes in Person. Viele von ihnen dachten, der Toten mit rauheren Gesten Schmerz zuzufügen. Sie sprachen so gut wie gar nicht bei dieser Arbeit, und wenn sie doch einmal etwas sagten, dann flüsterten sie so leise wie möglich, um nicht Kunin, die Seele der Toten, zu wekken. Jemand hatte Akurriro als letzte Gabe einen neuen Hüftriemen aus der Faser der wilden Feige gefertigt. Damit bedeckten sie das entblößte Geschlecht der alten Frau. Sie rieben ihre Beine, ihren Bauch, ihre Brüste und ihre Schultern mit Palmöl ein.

Das Gesicht der Toten wurde nur leicht eingeölt. Sie zogen es vor, auf die geschlossenen Augenlider rote Urucumfarbe zu malen und einige schlichte Zeichnungen mit Jenipapotinte auf ihr Gesicht zu pinseln. Ihre Haare wurden mit Palmöl eingeschmiert und durchgekämmt.

Kuryala stimmte wieder sein Trauerlied an.

»Was für eine große Reise du machen wirst.
Zum ersten Mal wirst du in einem Kanu reisen,
das nicht mein Kanu ist.
Du wirst mir sehr fehlen.
Du warst so gut und eine gute Freundin.
Du, die mich durch ihre Augen sehen ließ.
Nie werde ich zu Tahiná-Kan dort oben im Himmel
aufblicken können, um zu sehen, ob du dort lebst.
Zusammen mit dir war meine Hütte klein.
Ohne dich wird sie sehr groß sein.«

Und wieder senkte er den Kopf und hielt inne. Sein spitzes Kinn berührte beinahe seine magere Brust. Jemand näherte sich

Kuryala wie ein Schatten, legte die Hände auf seine Schultern und sprach in sein Ohr:

»Mein Onkel. Die Stunde ist gekommen. Wir müssen dich an das Ufer des Flusses bringen. Wie möchtest du es machen? Viele von uns haben ein großes Kanu. Wir können den Körper auf den Friedhof bringen.«

Die Stimme von Kuryala nahm plötzlich einen harten Ton an:

»Nein. Ich will den Körper in meinem Kanu auf den Friedhof bringen. Einer von euch kann sich vorne in mein Kanu setzen, so wie sie es immer gemacht hat, und mir sagen, in welche Richtung ich rudern soll.«

»Ist gut, mein Onkel.«

»Es muß sein. Es ist die letzte Reise, die wir zusammen im gleichen Kanu machen werden.«

»Dann laß uns aufbrechen. Wir werden langsam gehen. Sei nicht aufgebracht. Jeder Karajá kommt einmal an diesen Punkt. Jeder muß einmal sterben. Laß dir Zeit. Ibobredu ist gerade in deine Hütte gekommen. Sie fangen jetzt damit an, den Körper in die Matte einzunähen.«

»Was ist das für eine Matte?«

»Sie ist neu und schön, und sie hat schwarze Muster. Sie ist ein Geschenk von der alten Rerakre. Ihre Matten sind die besten.«

Viele Kanus bildeten seine Gefolgschaft. Sanft und rhythmisch schlugen die Ruder gegen die Wände der Einbäume. Die Indios fuhren flußaufwärts, kreuzten die Strömung und näherten sich langsam dem Ufer auf der Seite des Mato Grosso, einem Gebiet, in dem die Xavantes und Caiapós früher einmal Angst und Schrecken verbreitet hatten.

Der verhüllte Leichnam war in der Mitte von Kuryalas Kanu aufgebahrt, das nicht sehr groß war. Zu seinen Füßen saß Dóttie, die Kuryala unbedingt mit auf diese Beerdigung hatte begleiten wollen. Am Bug saß der junge Idiarrure, der, nach den

Gesetzen der Karajás, bald ein erwachsener Mann sein sollte. Seine kräftigen, noch ein wenig rundlichen Muskeln begannen sich immer stärker abzuzeichnen. Bald würde sich sein Knabenalter für immer verabschieden.

Als der Abend einbrach, blies ein schwacher Wind. Was hatte es jetzt für einen Sinn, auf den bevorstehenden Sonnenuntergang aufmerksam zu machen, der die Wolken in die schönsten Farben tauchen würde! Nahm die Sonne eine rosa bis goldene Färbung an, so hieß es, die Löffelreiher seien aus den Lüften herabgestiegen, um an den Stränden zu schlafen. Nahm sie die herrliche, blutrote Färbung an, dann wußten alle, daß der Rote Arara gekommen war, um sich sein Nachtlager zu suchen und am nächsten Morgen in aller Frühe mit Kanansiuê zu jagen.

»Onkel, du kannst dich ein wenig vom Rudern erholen. Dort hinten ist eine Sandbank, und ich werde mit dem Staken arbeiten.«

»Ist gut, Idiarrure.«

Dóttie sah dem Indio dabei zu, wie er den Staken weit vor dem Boot einsteckte und das Kanu mit einem kräftigen Schwung nachzog. Und wenn sie tausend Jahre leben sollte, nie würde sie diesen wunderschönen Bewegungsablauf vergessen, der beinahe an einen Tanz erinnerte. Dann schaute sie wieder zu dem Alten hin. Er saß hart und unbeweglich da, und seine erloschenen weißen Augen blickten starr in die Ferne, als erahne er dort all jene Stellen im Fluß, durch die das Kanu sich seinen Weg bahnte.

Ihr Herz zog sich zusammen. Was würde aus dem alten Mann werden, der jetzt seine zweiten Augen verloren hatte? Was sollte aus ihm werden, ohne die Geduld dieser dürren Alten, die zuletzt wie eine ausgelutschte Stange Zuckerrohr ausgesehen hatte? Woran würde er sterben? An Altersschwäche? Vor Kälte? Vor Hunger? Sicher würde er in Entbehrung all dessen sterben, was man im Alter so dringend benötigte! Solange sie da war, würde sie sich um den blinden alten Mann kümmern. Aber wie lange konnte sie ihm noch ihre Hilfe zusagen? Man brauchte ja nur daran zu denken, wie sie die Krankenschwestern auf dem Indioschutzposten behandelten. Und außerdem wurde sie immer mehr daran erinnert, daß sie Ausländerin war. Sie konnte aus jedem beliebigen Grund von einem Tag auf den anderen fortgeschickt werden. Es brauchte nur eine Brasilianerin aufzutauchen und sich bereit erklären, ihren Posten zu übernehmen.

Glücklicherweise sahen viele diesen Ort, um mit den Landarbeitern zu sprechen, als ein Kaff am Arsch der Welt an. Das gab ihr eine gewisse Sicherheit.

Idiarrure bemerkte:

»Wir haben den See von der Fazenda schon weit hinter uns gelassen.«

Kuryala antwortete:

»Ich weiß. Jetzt siehst du sicher schon die Biegung von Raumaló. Bald kannst du den Staken beiseite legen. Dann werden wir wieder rudern. Der Friedhof der Karajás ist nicht mehr weit.«

Idiarrure setzte sich und zog vorsichtig den Staken ein, um nicht den Körper der Toten zu berühren, die in die Mitte des Kanus gebettet lag. Bei dieser Gelegenheit mußte er lächeln. Er hatte an etwas denken müssen und sah Dóttie an.

»Dóttie, bist du schon oft hier gewesen?«

»Ganz selten mal.«

Sie wußte, worauf der Indio hinauswollte. Er würde dieses Gespräch mit ihr fortsetzen, obwohl er ihr den Rücken zukehrte. Es handelt sich um eine alte Angewohnheit der Karajás, an die sie sich zunächst hatte gewöhnen müssen. Solange der Indio nicht erfahren hatte, was er wissen wollte, würde er das Fragen nicht lassen.

»Dóttie, bist du wirklich nur mitgekommen, um den Körper von Akurriro auf seiner letzten Reise zu begleiten?«

»Diesmal ja.«

»Hast du viele Freunde auf dem Friedhof der Karajás?«

»Das weißt du doch. Als damals die Pest um sich griff, sind viele Freunde hier begraben worden. Und ich bin oft hier gewesen. Tut schließlich keinem weh, oder?«

»Nein, tut nicht weh.«

»Wenn du nach São Felix zum Einkaufen fährst, machst du dann nicht zwischendurch halt am Strand und läufst bis zum Friedhof?«

»Doch. Die paar Male, die ich nach São Felix gefahren bin, schon. Es ist doch nicht verboten, oder?«

»Ich weiß, ich weiß.«

Er ruderte ein Stück und versank eine Weile in Nachdenklichkeit. Dóttie wußte, daß er seinen Angriff nicht aufgegeben hatte. Sie ahnte, worauf Idiarrure hinauswollte, und konnte dem Jungen nicht einmal böse sein. Er war von reiner Neugier getrieben und wollte sie sicher nicht verletzen.

»Dóttie? Keiner weiß etwas.«

»Wenn ich etwas weiß, dann sage ich es dir.«

»Ja. Du weißt es. Der Friedhof der Karajás ist hier vorne. Da hinten, wo du fast nie hingehst, ist der Friedhof der Toris, hat Idiarrure recht?«

Dóttie lächelte.

»Ja.«

»Also, warum wurde Canário, ein richtiger Tori, auf dem Friedhof der Karajás vergraben?«

Dóttie empfand eine gewisse Beklemmung, aber sie hatte sich im Griff. Was hatte all das vor dem Hintergrund dieser verlorenen Welt auch für einen Sinn?

»Wahrscheinlich hat Canário zu jemandem gesagt, daß sie ihn bei seinem Tod hier begraben sollen.«

»Aber warum?«

»Alle wußten, daß er die Indios viel lieber hatte als die Weißen. Wenn er seine Rasse bevorzugt hätte, hätte er dann sein ganzes Leben im Buschwald um den Bêérokan zugebracht?«

»Ja. Das stimmt. Du magst die Toris auch nicht, hat Idiarrure recht?«

»Nein, ich mag sie nicht. Und wenn du es wissen willst, auch ich werde darum bitten, genau wie Canário. Ich werde darum bitten, auf dem Friedhof der Karajás begraben zu werden.«

Idiarrure schwieg und behielt die vorausfahrenden Kanus im Auge, die vor der großen Anhöhe haltmachten. Ein Aufgang führte zu dem verborgenen Friedhof der Karajás.

»Onkel, wir sind da.«

Dóttie beobachtete Kuryala und sah, daß er am ganzen Körper zitterte. Aber er verlor zu keinem Augenblick seine Würde als großer Häuptling Kuryala, Häuptling der Karajás. Er sprach mit fester Stimme:

»Vorsicht mit dem Körper. Ich nehme den Bund mit den reifen Bananen und den Teller mit dem gebratenen Fisch und dem Mehl. Auf dieser großen Reise wird sie keinen Hunger haben. Kein bißchen Hunger. Sie wird jetzt nie mehr Hunger leiden.«

Drei Tage und drei Nächte verbrachte er so, als habe er mit allem abgeschlossen. Ohne einen Funken Lebenswillen lag er auf seiner Matte. Es schien, als habe sich seine Blindheit auch auf sein Gehör übertragen. Er schien das Interesse verloren zu haben, die Welt um sich herum wahrzunehmen. Es schien, als wolle aus seiner Kehle nie mehr ein Laut kommen. Wäre nicht sein rhythmisches Atmen gewesen, hätten ihn alle für tot gehalten.

Am Morgen des vierten Tages erschien Obedo.

»Du bist noch nicht tot, Kury. Also mußt du leben. Gib mir deine Hand.«

Die Stimme von Obedo schien aus den Tiefen des Bêérokan zu kommen.

»Ich bin dein Freund und alt wie du, Kury. Und auch ich habe meine Frau sterben sehen. Gib mir deine Hand.«

Er spürte, daß ihn Obedo am Handgelenk faßte.

»Du kommst mit mir. Wir werden baden, dann wird es dir bald bessergehen. Komm.«

Er wußte nicht einmal, warum er dem Freund gehorchte. Arm in Arm gingen sie langsam den Weg über den großen Steilhang zum Fluß hinunter.

»Laß uns jetzt ins Wasser gehen. Das Wasser des Bêérokan heilt alle Wunden, denn er ist auch unsere Mutter. Kanansiuê hat das gesagt.«

Kuryala tauchte seinen Körper unter Wasser, ohne daß Obedo sein Handgelenk losließ.

»Noch ein bißchen tiefer. Noch einmal. Du wirst dich wie neugeboren fühlen.«

Sie kehrten langsam an den Steilhang zurück, und Obedo spürte, wie geschwächt der alte Freund war.

Sie setzten sich Seite an Seite auf eine Matte.

»Ich habe reife Bananen, einen gebratenen Pacu und noch ein wenig Mehl mitgebracht. Komm, iß mit mir.«

Er stellte die Kürbishälfte zwischen Kuryalas Schenkel. Sie war bis oben hin mit Eßbarem gefüllt. Als er sah, daß die Hände des alten Freundes nach dem Essen suchten, lächelte er vor Freude.

»Morgen wirst du schon mehr Kraft haben. Und am Tag darauf wird alles gut sein. Wir müssen mit allem weitermachen, wie unsere Eltern. Ich weiß, du wirst mir sagen, die jungen Leute glauben nicht mehr an diese Dinge. Aber wir sind die letzten Alten hier im Dorf, die noch leben.«

Obedo sagte dies ein wenig schmerzerfüllt. Alles hatte sich verändert. Niemand legte mehr Wert darauf, ein ganzes Leben lang verheiratet zu sein. Die Jungen fertigten immer noch gerne die Tanzmasken an und tanzten den Aruanã. Doch nur noch wenige trugen den Omarira unter den Augen, das kreisrunde Zeichen ihres Stammes. Keiner von ihnen mochte den Noôn so tragen, wie es früher einmal Stammesbrauch gewesen war, eingebunden in Pflanzenfasern, wie eine Zigarre.

»Kury, du mußt stark sein, damit du weinen kannst. Du mußt den Tod deiner Frau besingen.«

Erst jetzt sprach Kuryala voller Verzweiflung in der Stimme:

»Ich kann nicht, Obedo, mein Freund.«

»Ein Mann kann erst dann nicht mehr, wenn er gestorben ist. Du bist noch nicht tot.«

»Ich bin gestorben.«

»Hast du Akurriro sehr gern gehabt, Kury?«

»Ja.«

»Und auch sie hat dich sehr gern gehabt?«

»Ja.«

»Du sagst ja, ja. Aber du willst das Lied auf ihren Tod nicht singen. Wenn du gestorben wärst, würde dann Akurriro nicht deinen Tod besingen?«

»Doch. Die Frauen sind härter und stärker als die Männer. Darum bekommen sie die Kinder und nicht die Männer.«

»Gut, dann komme ich heute abend zu dir und helfe dir beim Weinen. Und ich werde noch zwei Tage zum Weinen kommen. Jetzt gehe ich, denn Dóttie will dir eine Injektion geben, damit du wieder Kraft bekommst. Arakre, bis bald!«

»Arerine, bis bald! Tiotoitika, danke!«

Gebückt betrat Texibré Kuryalas Hütte.

»Du hast mich rufen lassen, Kury?«

Er erkannte die Stimme des Alten wieder. Noch einer von den Freunden.

»Ja. Ich brauche deine Hilfe.«

Kuryala rieb sich die Hände, ohne zu wissen, wie er beginnen sollte.

Texibré nahm ihm die Befangenheit.

»Obedo hat es mir schon gesagt.«

»Alles?«

»Nein, alles nicht.«

»Höre, Texibré. Obedo hat mir drei Nächte geholfen, mein Trauerlied zu singen. Jetzt habe ich keine Kraft mehr. Mein Herz ist zu traurig. Es läßt meine Stimme nicht mehr singen.«

»Ich weiß. Ich habe das auch schon erlebt. Auch ich habe meine Frau verloren. Hast du das vergessen?«

»Nein, das habe ich nicht. Aber deine Frau hat dir nicht ihre Augen geliehen.«

Sie schwiegen bewegt.

»Ich werde dich dafür bezahlen, daß du mein Lied auf ihren Tod singst. Du kannst das besser als ich. Das war schon immer so.«

Texibré dachte eine Weile nach, bevor er eine Entscheidung traf. Schließlich fragte er:

»Aber wie willst du mich bezahlen, Kury?«

»Ich habe zwei Dinge, die mir gehören. Da ist die alte Hütte am Fluß. Aber sie taugt nicht viel. Sie ist alt, und in der Regenzeit ist viel Wasser durch das Dach gekommen. Jeder muß sich einen Platz zum Schlafen suchen. Und ich brauche einen Ort, an dem ich wohnen kann, denn ich habe keine Verwandten hier im Dorf. Keiner von meinen Verwandten flußabwärts will sich um einen alten Blinden kümmern. Also kann ich dir die Hütte nicht geben.«

»Und was ist das andere?«

»Uá Râuó, mein Kanu.«

»Du kannst doch nicht ohne Kanu leben, Kury!«

»Denke gut nach. Ich kann. Wozu ein Kanu? Ich brauche jeden Tag jemanden, der mich bis an den Fluß bringt. Und einen, der mein Kanu lenkt. Einen, der den Köder auf den Angelhaken spießt. Und noch einen, der den Fisch fängt. Ich bin sehr alt. Die Jungen haben recht, wenn sie mich nicht mehr auf ihre Fischfänge oben am Iaou-Beró[123] mitnehmen. Ich bin bis zum Friedhof von Raumaló gerudert. Da habe ich gefühlt, daß ich am Ruder nichts mehr tauge.«

Texibré empfand Mitleid.

»Sprichst du die Wahrheit, Kury?«

»Hast du schon einmal eine Lüge aus meinem Mund gehört?«

»Nein. Mein Kanu ist gut, sicher und läßt kein Wasser durch. Es ist leicht und gut für lange Reisen.«

»Ich weiß.«

»Nimmst du an? Wenn nicht, dann muß ich den kleinen Uataú rufen lassen. Er singt nicht so gut wie du, aber er singt auch.«

»Wie lange werde ich weinen müssen?«

»Weine und singe schöne Lieder für den Rest meiner Trauerzeit. Dann singe während der drei kommenden Monde in jeder Mondzeit drei Nächte lang. Danach ist es genug. Wenn es später noch einmal nötig ist und mein Herz sehr weh tut, werde ich wieder weinen.«

»Ist das alles, um das du mich bittest?«

»Ja, Texibré. Wir sind die letzten Alten unseres Stammes. Und alle haben mich einmal einen großen Häuptling genannt.«

»Das werde ich nie vergessen, Kury. Du warst ein großer, guter und gerechter Häuptling.«

»Also wirst du heute beginnen?«

»Ja, ich beginne heute.«

»Mein Kanu liegt am Hafen von Telorroni, oben am Fluß. Du wirst ihm ein besserer Freund sein, als ich es war.«

Texibré legte eine Hand auf die Schulter des Blinden.

»Und vergiß nicht, noch etwas mitzunehmen, bevor du gehst, Texibré, mein Freund.«

»Was denn?«

»Das Ruder. Es lehnt gleich neben dem Eingang der Hütte.«

Vierter Teil

Die Rückkehr zum Morgenstern Guten Tag, Tahiná-Kan!

Erstes Kapitel

Ohne Haß im Herzen

An keinem Platz war sie dem Tod näher als auf jenem alten, verdreckten Sofa. Es war mit Flecken übersät und hatte eine undefinierbare Farbe. Wie war es hierhergekommen? Keiner wußte es. Jemand hatte es achtlos in die hinterste Ecke des Schuppens geschafft, und sie hatte es gefunden. Es war mit Staub und Lehm bedeckt und trug Spritzer von Regenwasser und Fledermausdreck. Der Stoffbezug war in einem guten Zustand, und auch das Holz war noch stark. In drei Tage hatte sie es abgescheuert, und es konnte in der Sonne trocknen. Das Sofa sollte ihr noch gute Dienste leisten. Die ursprüngliche Farbe seines Stoffes war jetzt nicht mehr zu erkennen, aber was machte das schon? Seine Bestimmung war es, von ihr nach Dienstschluß unter die beschnittene Mangueira transportiert zu werden. Bei der Betrachtung der herrlichen Sonnenuntergänge und dem Lauschen nach den Ruderschlägen der heimkehrenden Fischer konnte Dóttie jetzt die Augen schließen und noch ein bißchen mehr vergessen. Sie streckte ihre mageren Arme aus und ließ sich von dem blinden Wind streicheln, den die Häßlichkeit ihres Gesichtes nicht störte. Mit geschlossenen Augen konnte sie das Sterben lernen, und so erlaubte sie sich an den ruhigen Nachmittagen kleine, wohltuende Nickerchen. In diesen Augenblicken war das Leben in Ordnung. Das Dorf strahlte Frieden aus. Sollte einer der heimkehrenden Indios betrunken sein, und es waren sicher mehr als einer, so brachte das diese Stimmung nicht aus dem Gleichgewicht. Nur ein paar Hunde bellten aufgebracht. Etwas mußte sie aufgeschreckt haben. Frieden. Schlaf. Tod. Der Schlaf half allen Menschen, sich auf den Tod vorzubereiten. Es heißt: »Er ist entschlafen.« »Er hat sich zur Ruhe gelegt und leidet nicht mehr.« Vielleicht war es gut, daß die Menschen diese Angewohnheit pflegten, denn hätten sie nie den Schlaf kennengelernt, würde sie der Gedanke an den Tod sicher zur Verzweiflung bringen. Es war gut zu wissen, daß der Tod nur bedeutete, für immer zu schlafen. Unter diesem Gesichtspunkt war das Leben gar nicht so ein Hundeleben, wie Canário immer zu sagen pflegte. Sie lächelte, während sie sich ihrem todesähnlichen Schlaf hingab.

»Dóttie!«

Ein Zittern durchfuhr sie. Warum mußten einen aber auch zu dieser Tageszeit Alpträume heimsuchen?

Atauzinhos Worte hallten ihr in den Ohren. An diesem Nachmittag hatte sie ihren Zug in den Tod verpaßt.

»Dóttie!«

Sie sah von ihrem Wundverband auf und schaute zum Fenster der Apotheke.

»Atauzinho!«

Nie hatte sich dieser Indio ihrem Haus oder ihrer Arbeitsstelle genähert. Sie wunderte sich darüber.

»Bist du krank, Atauzinho? Brauchst du Tabletten?«

»Nein, danke.«

»Wie geht es Berixá?«

»Gut. Sie ist im Dorf, arbeitet Puppen.«

»Warum bist du gekommen? Ist Maloíre voll mit Krukrujé?«

»Ein bissen ... ein bissen. Hat schon geschlaft auf Matte.«

Wenige Indios waren so gut erzogen und sprachen so sanft und höflich mit ihr. Er gehörte zu einer Familie, die sich nie über etwas beklagte und jedes Mißgeschick hinnahm. Seine Fügsamkeit hatte schon beinahe etwas Krankhaftes.

Sie wandte sich wieder ihrem Wundverband zu und hoffte, der Indio würde ihr sein Kommen erklären. Er sah Dóttie interessiert bei der Arbeit zu, und als er merkte, daß er nicht störte, redete er sie wieder an.

»Dóttie!«

»Ja, Atauzinho?«

»Ich bin gekommen, dir was erzählen.«

In einem Kauderwelsch aus Karajá und Portugiesisch brachte er dann seine Neuigkeit vor. Hanna war fortgegangen. Hanna, die alle nur als die häßliche gelbe Frau mit dem alten Regenschirm kannten, hatte sich auf den Weg gemacht. Er erzählte, daß er alles vom Laden des Quiriba aus verfolgt habe, wo er von dem Geld aus dem Verkauf der Puppen Stoff erstanden hatte. Hanna sei in der Mittagshitze aus ihrem Haus gekommen und habe versucht, einen großen Koffer in der einen und einen Quersack in der anderen Hand zu tragen. Sie habe alle paar Augenblicke angehalten, keuchend von der Anstrengung, und habe versucht, Kräfte für den Fußmarsch hinunter an den Hafen zu sammeln. Dort, so hatte sie gehofft, würde sich sicher einer finden, der ihr beim Tragen half. Er erzählte, daß sich auf dem langen Weg von ihrem Haus bis zur Ansiedlung niemand, keine Frau und auch kein Mann, ja, nicht einmal einer von den Jungen, angeboten habe, ihr zu helfen. Niemand habe Mitleid angesichts ihrer Mühsal empfunden. Im Gegenteil, es mußte ein sadistisches Vergnügen in ihrer aller Augen zu lesen gewesen sein, die diesen Fußmarsch haßerfüllt verfolgt hatten. Einige hatten an den Fenstern und Türen gestanden und über Hannas Niederlage gelacht. Das schweißnasse Gesicht und die klebrigen Haare der Nonne hatten ihre häßlichen Züge und ihre verzweifelte Angst nur noch unterstrichen. Immer wieder hatte sie angehalten. Sie hatte den Quersack einmal in der rechten, dann wieder in der linken Hand getragen und auch den großen Koffer von einer Hand in die andere gewechselt. Dann war sie wieder ein Stückchen gelaufen und hatte mit jedem Schritt mehr an Fassung verloren. In ihren Ohren hatte es gerauscht, nicht so sehr von der Anstrengung, sondern von dem immer lauter werdenden unverhohlenen Gelächter. Sie hatte nicht alles verstanden, was hinter ihrem Rücken geredet wurde. Aber es war die Sprache des Hasses, die sich hier Luft gemacht hatte.

»Hast du nicht geholfen, Atauzinho?«

»Erst nein, erst nicht. Aber dann ich hin. Die Frau hat geglotzt wie Totenseele Kunin. Laß mich vorbei, Herr im Himmel! Gib mir, ich trag das. Sie wollte nicht. Dann sie mir großen

Koffer gegeben. Weißt du, Dóttie, Frau geheult wie kleines Kind.«

Dóttie hatte einen Kloß im Hals. So schlimm die menschliche Kreatur auch sein mochte, es tat weh, eine solche Demütigung mitanzusehen. Selbst sie mit ihren verstümmelten Händen, die Hanna nie hatte leiden können, hätte der Nonne dabei geholfen, den großen Koffer zu tragen. Zumindest hätte sie ihr angeboten, die Sachen abwechselnd bis zum Hafen zu schleppen. Die Weißen taugten wirklich nichts. Nicht einmal im Umgang mit ihresgleichen, geschweige denn mit den armen Indios. Es mußte ein alter Indio kommen, um dieser Frau zu helfen.

»Sie wollte mir Geld geben.«

»Hast du es angenommen?«

»Nein. Ich nicht mit ihr geredet. Auch nicht gewartet, bis sie Danke sagen.«

Dóttie ahnte den Grund für diese Weigerung. Atauzinho war ein entfernter Vetter. Einer von diesen unzähligen Verwandten, entfernten Vettern Kuryalas. Er hatte es Hanna nicht verziehen, daß sie den alten Häuptling getäuscht hatte. Ihm zu versprechen, seine Augen zu heilen, und ihn die ganze Zeit über zu belügen! Sicher hatte er den starken Wunsch verspürt, ihr mit der ehrlichen Art der Indios zu begegnen:

»Du bist Lüge! Du hast Lüge zu meinem Vetter Kuryala gesagt!«

Jeder Weiße hätte diese Situation ausgenutzt, um sich zu rächen und seiner Wut auf grausamste Weise Luft zu machen. Er nicht. Dieser Indio, dieser Wilde, dieser Hinterwäldler hatte Hanna einfach nur den Rücken zugekehrt, um nicht ihre Dankesworte entgegenzunehmen. Seine barmherzige Geste galt der Kreatur, die von ihresgleichen gequält worden war.

Dóttie öffnete die Augen. Die Nacht wurde immer undurchdringlicher. Dichte Finsternis fraß die letzten roten Streifen am Abendhimmel. Ausgebleicht und alt war der Regenschirm von Hanna gewesen. Jetzt würde die Nonne nie mehr über die Strände laufen und die paar Möwen aufschrecken, die der Blutrünstigkeit der Touristen entkommen waren. Ausgebleicht und alt, zerfleddert und traurig, der Regenschirm von Hanna.

Hanna, wie sie hinten im Motorboot saß, das endlich mit ihr fortgefahren war. Hanna und der Bootsmann. Schließlich hielten die Frauen, die in seiner Begleitung reisten, angemessenen Abstand zu ihm. Das Knattern eines Motors, eine Schiffsschraube, die tiefe Rinnen ins Wasser zog, und schon fuhr ein nicht gerade schnelles Boot den Fluß hinauf. Es war dieser Bêêrokan, über den es so viele schöne Geschichten gab. Der Fluß sollte Hannas Niederlagen für immer als sein Geheimnis bewahren, ihren gescheiterten Glauben, ihre Versuche, die Indios zu christianisieren. Und auch Hanna verlor sich in der Ferne bald als ein schwarzer Punkt, geschluckt von ihrem eigenen Regenschirm.

Dóttie setzte sich auf und streckte rekelnd ihre Glieder. Warum hatte er ihren todesähnlichen Schlaf auf so grausame Weise unterbrechen müssen? Konnte es einen schrecklicheren Alptraum geben? Sie hatte sich täuschen wollen und war doch wieder von der Wirklichkeit eingeholt worden. Hanna hatte bekommen, was sie verdiente. Niemand konnte Liebe mit Gewalt erzwingen. Sie dachte an sich selbst: In diesem Punkt versage ich auch völlig. Vielleicht habe ich sogar mehr Glück. Dann fiel ihr eine der bissigen Redensarten Canários ein: Im Leben muß man manchmal ein Stück Scheiße braten, um Grieben zu bekommen.

Sie stand auf. Es waren diese Briefe. Diese unerbittlichen Briefe! Hanna hatte sie an die Direktion ihres Ordens geschickt. Wie war noch der Name? Ach ja: Old Mission's Tribus. Hanna tat genau das, was in einem Modewort dieser Leute von der FAB zum Ausdruck kam. Ein neues, eindrucksvolles Wort, das sich schnell in diesem entlegenen Buschwald verbreitet hatte: Intrige. Die Betschwester hatte dem fetten Bruder Dick Schwierigkeiten gemacht, ein herzensguter Kerl, der lieber fischen ging, als dem Volk von São Felix aus dem schwarzen Roman vorzulesen. Er hatte sich von diesem Ort verzaubern lassen, war der Verführung des Flusses erlegen. Und das war auch besser so. Intrige. Hanna hatte sich darüber beschwert, daß Bruder James mehr an seinen Gemüsegarten und die Vernichtung der Ameisen gedacht hatte, die seine Tomaten- und Paprikapflanzen zerfraßen, als an den Bau einer kleinen Kirche, die der Ort so dringend benötigte. Und gerade er mußte den Orden hintergehen, der doch für jenen Zweck die Gelder bereitgestellt hatte. Schon drei Jahre, und was war aus diesem Vorhaben geworden? Seine riesigen Orangenbäume standen kurz vor der Blüte, sein Gemüse konnte er schon bald verkaufen, aber wie stand es um die Kirche? Intrige ... Sie schrieb so viele Briefe und schmiedete so lange Ränke, bis man beim Orden genug davon hatte und sie zurückrief.

Und jetzt, Hanna, wohin geht es jetzt? Acht Tage lang den Fluß hinauffahren, umgeben von Menschen, die dich hassen und nicht zulassen, daß du in der Nähe ihrer Lagerstätten schläfst oder zusammen mit ihnen deine Mahlzeiten einnimmst. Bis du Burdine erreicht hast, das von den Karajás so genannt wird. Früher hieß es Leopoldina. Auch Leopoldina hatte seinen schönen alten Namen verloren, weil die weißen Eindringlinge wieder ihren Kopf durchgesetzt hatten. Jetzt stand es auf den Landkarten als Aruanã.

Und von Aruanã aus, Hanna? Ein Lastwagen wird dich bis nach Goiânia bringen. Von dort aus nach Rio oder São Paulo. Und dort erwartet dich das große Chaos, das kosmopolitische Leben, der Lärm von New York. Die Ältesten deines Ordens werden in einer zweiten Inquisition zusammenkommen und über dein Schicksal beschließen. Entweder, du bekommst eine neue Mission, oder du mußt dein Amt niederlegen.

Mit einem Mal war es Nacht geworden, aber Dóttie setzte sich wieder in ihren Stuhl, um den kalten Wind zu spüren, der von den nahen Stränden herüberwehte. Vielleicht würde sein kühler Atem sie ein wenig beruhigen. In Wahrheit haßte sie Hanna nicht einmal. Sie war den Haß nicht wert. Vielleicht hatte die Nonne einfach nur ihren Vorstellungen von Treue entsprochen. Das war es. Und warum mache ich mir überhaupt noch Gedanken um Hanna? Wozu nur? Was habe ich letztendlich damit zu tun? Ich habe ihren Fortgang nicht gewollt und herbeigesehnt. Dazu hatte ich gar keinen Grund. Aber da du nun einmal gegangen bist, muß ich dir auch meine ehrliche Meinung sagen. Wenigstens muß ich nie mehr deinen Anblick ertragen. Ich habe dich ja schon selten genug gesehen, aber jetzt werde ich dich nie mehr wiedersehen. Genau. Und bitte, du hast mir schon meinen Nachmittag und meine Entspannung zerstört, die Augenblicke, in denen es mir am besten gelingt, mich von einem heißen, arbeitsreichen Tag zu erholen. Auf daß du glücklich sein mögest, eine gute Reise hast und auf den Stränden in den Schlaf findest ... All das wünsche ich dir! Andernfalls hätte ich dich nämlich in das tiefste Loch der Hölle geschickt.

Sie erhob sich, klappte den Stuhl zusammen, als wolle sie mit dieser Bewegung alle Erinnerungen an eine gelbgesichtige Frau für immer auslöschen, einer Frau, die existiert und doch nicht existiert hatte, die hier war und doch nicht hiergewesen war. Alles in allem, eine tote Frau.

Sie lief ein Stück mit dem Stuhl auf dem Rücken und entschloß sich, die Milch zu holen, die sie in der Küche hatte sauer werden lassen. Durch die Hitze des Tages war sie sicher zu einer wunderbaren Dickmilch geronnen. Es sei denn, die kleinen Karajás hatten das kleine Stückchen Lompenzucker stibitzt, das sie in ihrem Schrank versteckt hatte. Gezuckert war die Milch schließlich noch köstlicher. Sehr richtig! Punktum.

Kuryala kam früh. Ein mitleidiger Junge aus dem Dorf hatte ihn an der Hand hierhergeführt. Der Morgen war noch nicht angebrochen, und es war kalt. Der alte Indio saß auf der Terrasse vor Dótties Baracke und zitterte heftig. Er preßte die Arme an den Körper, kreuzte sie über der Brust und versteckte seine Hände unter den Achseln. Sein Körper war nicht gegen die Kälte geschützt. Er trug nur eine alte Hose, die auch ganz zerrissen war und schlecht roch. Bald wachte Dóttie sicher auf und gab ihm ein heißes Kaffeechen, das machte ihm warm. Er wußte, daß sie seinen Körper aufwärmen würde, aber ihm nicht die Angst nehmen konnte, die sein Herz befallen hatte. Aufmerksam lauschte er jedem Geräusch, das aus der Baracke kam. Es war noch sehr früh. Ein paar späte Hähne krähten noch nach der Sonne.

Von Zeit zu Zeit liefen die ersten Toris an ihrem Hafen auf

und ab. Sie holten Wasser oder wuschen ihre Gesichter. Er hörte deutlich die Schritte ihrer Latschen oder Stiefel, die über den steinigen Weg schlurften.

Ein Karajá, der sich verspätet hatte, kam vorbeigefahren. Sein Ruder schlug gegen die Kanuwand. Er ging fischen. Pacus, Tucunarés und Pintados fangen. Alles gute Fische. Wie oft war Kuryala selbst fischen gegangen. Ja. Er war schon lange kein starker junger Mann mehr. Was brachte es jetzt noch, daran zu denken? Ja, Kuryala hat nicht einmal mehr ein Kanu. Fisch nur, wenn ein alter Freund, so alt wie er, ihm einen schenkt. Der Freund kann noch fischen. Seine Augen sind nicht weiß. Alte Freunde, die fischen gehen, wenn sie einen Angelhaken haben. Oder etwas Geld. Damit kaufen sie Haken in São Felix. Auch sie können nicht mehr mit Pfeil und Bogen fischen. Ihre Arme sind jetzt auch dünn wie Halme, mager und kraftlos. Wenn Maluá, Texibré, Atauzinho, Obedo, Uraíde und der alte Komantari Fische fangen, bekommt Kuryala auch einen Fisch. Und der ist schon zubereitet. Gebraten oder gekocht. Kuryala kann nicht einmal Feuer machen in der Hütte, weil er blind ist. Die Leute, die in seiner Nähe wohnen, haben Angst, daß das Dorf Feuer fängt. Ja, ganz richtig. Alle Karajás sind beim Fischen.

Er versuchte, sich für ein paar Augenblicke von seinen Gedanken und Sorgen abzulenken. Aber schon bald kamen sie wieder, ließen seinen Körper noch stärker erzittern und seinen Rachen wie entzündet anschwellen. Sein Hals brannte dann, als habe er sich die Grippe gefangen, die mit den Weißen hier aufgetaucht war. Und eine Grippe konnte immer kommen. Sie war verdammt gefährlich. Der Rachen brannte. Heute konnte kein Karajá mehr Andirobaöl finden. Das bittere Öl, das alles heilte, wenn man den Mund damit einrieb, ganz weit hinten. Jetzt kam Dóttie mit einer Injektion, die biß und heilte. Aber nur, wenn es die Grippe war. Wenn der Weiße dem Karajá »Tiberkulose« brachte, dann half Dótties Spritze nichts. »Tiberkulose« brachte den Uató, den Husten, der in der Brust stach. Der Uató fraß das Fleisch wie ein Piranha. Das Brustfleisch, das Hinternfleisch, das Fleisch an den Beinen, am Rücken. Es war ein starker Husten, und das Fleisch wurde immer weniger! Ein großer Mann wie Kuranía wurde immer dünner und dünner und gelber davon. Die Leute hatten das erzählt. Er konnte ja nicht sehen. Aber er wußte, wenn die Toris den Karajás »Tiberkulose« liehen, konnte ein Karajá soviel reisen wie er wollte, umsonst. »Tiberkulose« war nicht wie Sumpffieber, das beim Reisen besser wurde. Zum Beispiel Pedro Grosso, der größte Harpunenfischer der Karajás. Kein Pirarucu entkam seiner Pfeilspitze. Dann hatte Pedro Grosso Husten bekommen. Stiche in den Seiten. Er ist Tag und Nacht gestorben vor Husten. Idiarrina auch. Man konnte an den Fingern der Hände und an den Zehen abzählen, wie viele Karajás an »Tiberkulose« gestorben waren. Auch viele Frauen. Eine Marixiro, die den Namen seiner Mutter trug, dann Butiéro, Narruíra, Anarríro, Beleuáre, weiter mußte er nicht denken. Nie wieder sollte das Dorf in Frieden schlafen. Manchmal husteten die Karajás mehr als Hunde, die den Mond anbellten.

Ein Sonnenstrahl leckte sein Bein, als Dóttie die Tür öffnete. Sie bemerkte gleich, daß er zitterte.

»Du bist das. Komm herein. Aber du bist ja halb erfroren! Nimm das. Leg diese alte Bluse über deine Schultern, ich werde dir ein bißchen Kaffee geben.«

Dann überlegte sie es sich anders und beschloß, den Indio an die Hand zu nehmen und ihn in die Küche in die Nähe des warmen Ofens zu bringen.

»Hier ist es gut.«

Kuryala trank den Kaffee.

»Die Milch muß gleich kommen. Ich gebe dir dann eine Kanne mit.«

Der Blinde lachte und begann wieder zu zittern.

»Warum zitterst du?«

Sie legte eine Hand auf Kuryalas Stirn, um seine Temperatur zu fühlen.

»Nein, Fieber hast du nicht.«

Das Gesicht des Alten war hochrot. Seine innere Erregung zeigte sich auf seinem Gesicht. Er wollte sprechen, aber es gelang ihm nicht.

»Was hast du, Kury? Komm. Beruhige dich. Sprich ... so ... sprich.«

Seine zitternde Stimme verriet, daß er unter großen Mühen die Tränen zurückhielt.

»Dóttie, sie sagen im Dorf . . .«

Dóttie spürte einen Kloß in ihrem Hals.

»Nun, was sagen sie?«

»Sag, es ist Lüge, Dóttie. Sag das.«

Die Tränen rollten aus seinen trüben Augen. Sie setzte sich neben ihn und legte ihren Arm um seine Schultern.

»Du wirst sagen, ist Lüge, hat Kuryala recht, Dóttie?«

»Nein, mein Freund. Es wäre eine Lüge, wenn ich dir sagen würde, daß es nicht stimmt. Es ist wahr.«

»Aber das geht nicht, Dóttie. Nein nicht. Dóttie kann nicht gehen.«

»Ich kann nichts machen. Es ist ein Befehl von oben. Sie schicken Dóttie zurück, und dann muß Dóttie zurück.«

»Hanna ist weggegangen. Ja. Aber Hanna war schlecht, nichts wert. Keiner sie gern. Kein Tori und kein Karajá. Ist gut, sie gegangen. Hanna hat nur Lüge gesagt, Dóttie nicht. Dóttie ist gut. Alle Karajás Dóttie gerne. Dóttie kann nicht gehen.«

Wie gut, daß er nicht ihre Brillengläser sehen konnte, die von der Erschütterung ihres Herzens ganz beschlagen waren. Sie erhob sich, und es gelang ihr, sich in den Griff zu bekommen. Mit einem Zipfel ihrer Bluse putzte sie ihre Brille.

»Du wirst sehen, es wird eine bessere Krankenschwester hierherkommen, als ich eine war. Eine junge, schöne Krankenschwester. Sie wird Kuryala so gut behandeln wie Dóttie.«

»Nein, nein. Nur Dóttie kann Kuryala behandeln. Auch Karajás Kuryala nicht mehr gern. Nur Dóttie sagt, Kuryala ist Häuptling und Karajá. Bevor Dóttie nach Raumaló-Dessé gekommen, war hier Pfleger. Ein, zwei, eine Portion Pfleger. Haben Indios nicht behandelt. Haben Tablette aus Apotheke genommen und an andere Toris in São Felix und Mato Verde verkauft. Haben Milch genommen, von der Fazenda, und haben verkauft. Wir haben alles, aber sie sagen, haben nichts. Haben wenig gegeben. Zu Ende. Nichts.«

Dóttie wußte genau, worüber der Indio sich beschwerte. Das Nichts. Als sie hierher gekommen war, herrschte gähnende

Leere in dieser Apotheke. Es gab nichts als Fledermausscheiße auf den leeren Kartons und Schachteln. Sie hatte auf neue Sendungen warten müssen, nach Nachschub verlangt und einige der Sachen aus eigener Tasche bezahlt, mit den bescheidenen Mitteln, die ihr zur Verfügung standen. Jedoch hatte sie diese Krankenpfleger lange nicht so gehaßt wie die anderen Weißen. Die Unglücklichen waren hier mit einer ganzen Horde von Kindern erschienen, und ihre Bedürftigkeit hatte sie auf Tritt und Schritt verfolgt. Das Geld vom Indioposten traf immer verspätet ein, und ihre Schulden in São Felix wuchsen schnell. Wer war dafür verantwortlich zu machen? Wem konnte man die Schuld geben? Es war besser, die Augen zu schließen, auf das Eintreffen neuer Medikamente zu warten und langsam das Vertrauen dieser Indios wiederzugewinnen, denen man übel mitgespielt hatte.

»Dóttie kann nicht gehen. Uns alle verlassen. Kuryala wird sterben. Ohne Milch, ohne Reis, ohne Kaffee, ohne Fleisch.«

Dóttie war gezwungen, ihn anzulügen.

»Alles wird beim alten bleiben. Ich habe mit dem Chef gesprochen, und er wird dem Krankenpfleger oder der Krankenschwester auftragen, Kuryala alles wie immer zu geben. Mach dir keine Sorgen.«

Er schwieg und dachte nach. Seine undurchsichtigen Augen schienen vergeblich nach ihrem Gesicht und ihren Augen zu suchen.

»Wann gehst du, Dóttie?«

»Mit dem ersten Postflugzeug, das vorbeikommt.«

»Kay manakrê?«

»Ob ich zurückkomme? Wer weiß?«

Sie mußte ihn wieder belügen.

»Sobald sie mich lassen, werde ich zurückkommen. Ich werde nicht zum Arbeiten kommen können, aber in den Ferien, wenn ich mal freie Zeit habe. . .«

»Dóttie! . . . Tiotoitika! Du hast nie Lüge gesagt, aber jetzt bist du Lüge. Ich weiß. Alles, was Kuryala gehabt hat, ist tot. Mein Vater und meine Mutter, die nie einen Sohn von mir gesehen. Meine Frau, mein Kanu. Meine Hütte stirbt jeden Tag.

Alles ist gestorben an dem Tag, als Kanansiuê gesagt hat, Kuryala hat Torikrankheit im Auge . . .«

Sie konnte das nicht bestreiten. Es hätte auch keinen Sinn gehabt. Es war besser, den Alten in seiner Litanei fortfahren zu lassen.

»So ist es. Kuryala ist alt. Ein alter Mann mit Augen, die sehen, taugt noch was. Kuryala wird warten, bis Kanansiuê ihm Hand gibt und ihn zu Tahiná-Kan bringt . . . Dann ja. Dann ist alles zu Ende.«

Er schwieg, und Dóttie wußte nicht, was sie tun sollte, als sie diesen alten Mann in seiner Trauer sah. Er würde warten. Und trotz allem, was geschehen war, würde er niemals den Glauben an seinen bettelarmen, nackten und hilflosen Gott verlieren. Seltsam, daß sich die Indios nie das Leben nahmen. Eine Vielzahl alter Menschen im alten Europa hatte die Lösung für ihre Probleme im Freitod gefunden. So lange sie an diesem Ort war, nie hatte sie von einem Indio gehört, der Hand an sich gelegt hätte. Es konnte vorkommen, daß sie sich im Falle einer Krankheit nicht gegen den Tod aufbäumten, um schneller zu sterben, aber nie hatte sie davon gehört, daß sich einer von ihnen Gewalt angetan hätte.

Sie lächelte und mußte an eine der Redensarten denken, die Canário zu einem solchen Anlaß zum besten gegeben hätte, aber sie hatte nicht den Mut, sie auszusprechen. Sie war es müde, das Leben ein Hurenleben zu schimpfen und die Prostituierten in den Dreck zu ziehen, die im Grunde keine Schuld am Unglück anderer Menschen hatten.

Aber in der Zwischenzeit hatten die Indios gelernt, sich zu töten. Ja. Es gab zwei Arten von Selbstmord, zwischen denen sie wählen konnten. Beinahe so etwas wie eine Zwangslage. Beide Todesformen hatten sich langsam und schleichend ausgebreitet. Der erste Tod kam mit dem Grünen Arara der Tuberkulose. Der zweite Tod kam mit den weichen, hellen Federn des Weißen Schnapsvogels, der die Kanus zum Torkeln brachte und schließlich ihre Besitzer ertrinken ließ. Es war die unerwartete Hinterlassenschaft all jener Weißen, die unaufhörlich hier eintrafen und deren Zahl mit jedem Tag zunahm.

Es war nicht Sache der Indios, Lebewohl zu sagen. Ihr Lebewohl galt immer nur jenen, die eine Reise ins Schattenreich angetreten hatten, ausgestattet mit Maniok, Bananen und Süßkartoffeln. Nur wer auf der anderen Seite des Flusses begraben wurde, in der Erde des Friedhof, in der Erde des Schweigens und der Geheimnisse, wurde auf diese Weise verabschiedet. Ein Lebewohl bekam nur der, der niemals wieder darauf antworten konnte. Nur er.

Aus diesem Grund waren Taxirimani und Ibrobedó, die Dótties alte Reisesäcke trugen, zusammen mit Kuryala die einzigen Freunde des Stammes, die sie begleiteten. Alle dachten, sie würde eines Tages wiederkehren. Sie zweifelte keinen Augenblick daran, daß alle sie gern hatten. Nur das Gesicht von Xireréia vermißte sie sehr. Ihr Gesicht von früher. Ihr fröhliches, unbesorgtes, verdorbenes, spitzbübisches, aufrichtiges Gesicht. Wohin hatte sie es jetzt nur mit ihrem Sohn verschlagen? »Unser Sohn«, so hatte die Indiofrau Culherête genannt, da Dóttie ihr bei der Niederkunft beigestanden hatte. Sie war weit fortgegangen, verbittert, und hatte sich sicher nach und nach mit ihrer Lage abgefunden. Sicher hatte sie das Bedürfnis verloren, mit der Axt auf Menschen loszugehen oder mit einem Streichholz das Dorf in Brand zu setzen. Geliebte Verrückte!

»Ibró, wenn das Flugzeug weg ist, vergesse nicht, Kuryala bis zu seiner Hütte zu bringen.«

»Ich weiß, Dóttie. Ich bringe meinen Onkel zurück.«

»Und du, Taxirimani, bring ihm immer ein Fischchen mit. Vergesse nie, daß ich dich darum gebeten habe.«

»Ja, Dóttie. Ich werde ihn mit Fisch füllen, wenn ich Fisch gefangen.«

Angesichts dieses Versprechens mußte sie lächeln und sah ein wenig wehmütig in die jungen, schönen Gesichter der beiden Indios. Sie waren noch so jung und sahen so gut aus. Sie lächelten mit perfekten, weißen Zähnen. Ihre Gesichter trugen noch das Zeichen des Omarira. Viele der anderen, der jüngeren Leute des Stammes begehrten gegen diese Stammessitte auf. So ein Unsinn. Die Tätowierung brannte wie Feuer und machte das Gesicht häßlich. Sollten diese dummen Alten sie damit in Ruhe lassen! Und die Leute kamen, fragten ständig danach und machten sich sogar darüber lustig:

»Warum haben die Karajás vier Augen?«

»Und ihr habt Dóttie auch versprochen, daß ihr nie Krukrujé und Orrã trinken werdet.«

»Nichts da trinken, Dóttie. Das ist verdammt schlecht.«

»Wenn ich zurückkomme und feststelle, daß ihr auch nur davon gekostet habt, werde ich die Maske von Lateni überziehen und mit dem Corroté, dem Schlagstock, nach euren Beinen schlagen.«

»Was, Dóttie?!«

Er lachte über den Scherz.

»Glaubst du mir nicht?«

»Nein. Dóttie schlägt keine Indios. Du hast ein gutes Herz. Und Frau trägt nicht Maske von Lateni.«

Ibró dachte eine Weile nach, bevor er seine Frage stellte.

»Wirst du bestimmt zurückkommen, Dóttie?«

Sie hatte nicht den Mut, ihn anzulügen.

»Nein. Ich werde nie mehr wiederkommen.«

Sie hatte leise gesprochen, denn sie standen gerade in einiger Entfernung zu Kuryala, der auf einem Bänkchen an der Flugpiste saß.

»Du mußt aber wiederkommen. Sonst werde ich und alle Jungen trinken, und du mußt zurückkommen und uns schlagen, wie du versprochen hast.«

Ob sie wollte oder nicht, diese Freundschaftserklärung machte ihr die notwendige Absage schwer.

Glücklicherweise trafen nach und nach ein paar Leute aus São Felix ein, die hofften, einen Flug bis nach Goiânia zu bekommen. Sie hatten Koffer, Säcke, Hunde, Papageien, Schildkröten dabei. Einer von ihnen war ganz zuversichtlich, auch einen Platz für sein altes, verrostetes Fahrrad zu finden. Der Unteroffizier mußte sie alle enttäuschen. Aber niemand machte Anstalten, zu gehen. Sie waren in dem festen Glauben, daß, wenn der Kommandant des Flugzeuges auch nur ein bißchen Herz haben sollte, sie alle im Flugzeug Platz haben würden.

»Ich weiß nicht. Major Alencar wird darüber entscheiden, wenn er kommt. Schließlich ist ein Flugzeug keine Arche Noah.«

Ein großer gelbgesichtiger Junge ohne Zähne, der ein äußerst schäbiges Badehandtuch um den Hals trug, lächelte siegessicher.

»Dann kann Nonoca sicher mit?«

Er zog den Unteroffizier beharrlich am Ärmel.

»Kommt Nonoca mit?«

Der Unteroffizier mit der Geduld eines Mannes, der 18 000 Kilometer Flugstrecke zu bewältigen hat, fragte jetzt entnervt:

»Von welcher Nonoca reden Sie?«

Der Mann zeigte auf das alte Fahrrad, das an einem Zaunpfosten lehnte. Mit einem Anflug von Hilfslosigkeit zog der Unteroffizier seine Kappe vom Kopf, kratzte sich die rötlichblonden, gelockten Haare, fuhr sich mit echter Verzweiflung zwischen die Beine und kratzte sich, aus Angst, die Fassung zu verlieren.

»Das hat uns noch gefehlt, mein Gott! Weißt du was? Nimm diesen Plunder und verstecke ihn hinter dem Stamm der Mangaba. Wenn Major Alencar merkt, daß du einen solchen Schatz bei dir hast, dann kannst du dir den Flug für immer abschreiben. Dann schickt er dich nach Goiânia, und zwar auf deinem Nonoca . . .«

Dóttie lächelte. Mit einem Mal hatte das Leben einen Riesenfurz getan, wie Canário gesagt hätte. In ihrer ganzen Traurigkeit empfand sie das Bedürfnis zu lachen und den Wunsch, diese Weißen nicht mehr zu hassen. Diese Leute hier hatten weder ihre Wut noch ihren Wunsch nach Vergeltung verdient. Und sie entdeckte, daß sie ein schönes und edles Gefühl in sich trug: Sie liebte Brasilien. Nur in Brasilien gab es noch solche Menschen. Menschen, die noch so unverbildet waren. Ein so großes Land, in dem es noch so viel in Ordnung zu bringen gab. Ein Land, das so von der Sonne verwöhnt, völlig sich selbst überlassen und ohne Hilfe dastand. Was für ein schönes Völkchen! Ohne Zähne! Na und? Sie hatte steife Finger. Litt an Malaria, war gelb. Und war ihre Haut nicht eine Landkarte voller

Falten? Hierher kamen sie, die Donas Beróca-Pega-Febre und Joaninhas, und auch die schmutzigen, schmierigen Brüder Joaquim, die von der Armut in diesem Landstrich überwältigt worden waren bei dem Versuch, etwas dagegen zu unternehmen.

»Du lachst, Dóttie? Selbst jetzt kannst du nicht weinen?«

»Ich habe etwas herausgefunden.«

Sie dachte an das alte Europa. An die Dekadenz und die Zukunftslosigkeit dieses Kontinents. Das war es. Zukunftslosigkeit. Dort war alles alt, vergammelt und lebte von der Vergangenheit und der Tradition. In diesem Teil der Welt hatte man schon alles vollbracht und in Ordnung gebracht. Vollbracht und in Ordnung gebracht. Kurz bevor sie nach Brasilien gekommen war, war sie durch eine dieser gespenstischen Straßen in München gegangen. Es war alles sauber, ordentlich und geregelt gewesen. Der Krieg, der die jungen Leute umgebracht hatte, hatte zu jenem ziellosen »Auf und Ab« der alten Leute auf den Straßen geführt. Alte wie Kuryala, die jede Hoffnung verloren hatten. Denn alles war schon fertig und aufgeräumt. Sogar die Bäume und Büsche in den großen Parkanlagen standen kerzengerade, gestutzt, alle gleichermaßen unpersönlich. Wenn einmal zufällig eine kleine Windböe, ein alter, zivilisierter Windstoß durch ihre Blätter fuhr, kehrten sie gleich wieder zu ihrer künstlichen Form zurück.

Sie lächelte noch mehr. War sie schlecht gekleidet? Ja, das war sie. Na und? Zum ersten Mal machte sie sich Gedanken über ihre äußere Erscheinung. Ihre groben Baumwollstrümpfe hatten eine unangenehme Farbe angenommen. Ihre Schuhe, die an das Gehwerk einer typischen Lehrerin aus Amerika erinnerten, waren schmutzig, staubig und trugen jahrealten, getrockneten Lehm unter den Sohlen. Ihr Rock war nicht ganz so alt und hatte die gleiche marineblaue Farbe wie ihre Bluse. Ein Kostüm. Ein »Tailleur«. Ha, ha! Sie hatte sich nicht einmal darum gekümmert, ein Bügeleisen aufzutreiben, um ihre zerknitterte Kleidung zu glätten. Ihre Haare waren gekämmt und kurzgeschnitten, in der Mitte gescheitelt. Sie wußte nicht einmal, welche Farbe sie eigentlich hatten. Auf ihrem Kopf tummelten sich die verschiedensten Haarfarben. Ein ältliches

Blond, das von der Sonne ausgebleicht war und an den Spitzen eine rötliche Färbung angenommen hatte. Am Haaransatz hatten sich hübsche weiße Strähnen zu diesem Durcheinander gesellt. In ihren Augenbrauen fand sich diese Farbenvielfalt wieder. Und, nicht zu vergessen, ihre Brille aus Schildpatt, mit den extrastarken Gläsern, die für ihre Augen schon nicht mehr stark genug waren! Sie würde sich nicht wundern, wenn jemand bei ihrer Ankunft in Goiânia bei ihrem Anblick sagen sollte:

»Guck mal, die Hexe da! Die kommt direkt aus der Hölle!«

Ja, richtig! Ganz richtig. Sie war eine alte Hexe, die aus der Hölle kam. Und sie war nicht besser und auch nicht schlechter gekleidet als ihre Reisebegleiter.

Und wieder lächelte sie aus tiefster Seele. Ich werde dieses Land ein wenig aufräumen. Diese Land der Freiheiten und des Vergessens ist im Grunde mein Land. Es wird immer mein Land sein und niemand kann es mir nehmen.

Dann ergriff sie Panik. Ihre Beine begannen zu zittern, und ihre Augen füllten sich mit Tränen. Ihr Herz war gespalten. Die Motoren des Flugzeugs liefen schon. Sie mußte gehen. Fest drückte sie Kuryala an ihre Brust, an ihre Seele, an ihr Herz. Sie verabschiedete sich auf die gleiche Weise von den beiden Indiojungen und hörte, wie ihr Name aufgerufen wurde. Der Unteroffizier hatte sie mit einer grotesken und kaum verständlichen Aussprache bei ihrem vollen Namen gerufen. Ja, das war sie. Wer in dieser Welt konnte sich schon Dorothie Ifigênia Koeller-Schulmann nennen?

Erschöpft setzte sie sich auf eine der seitlichen Sitzbänke und konnte gerade noch einen Blick aus dem kleinen Bordfenster werfen, um Lebewohl zu sagen.

Die Arche Noah erhob sich in die Lüfte. Sie glitt über die Flugbahn und hinterließ eine Staubwolke. Noch konnte man etwas erkennen. Es war nur ein winziger Ausschnitt durch dieses kleine Fenster zu sehen. Trotzdem erkannte sie den Araguaia. Ihr Bêêrokan verwandelte sich in ein silbernes Band, das dünner und dünner wurde und mit einem gleichgültigen Abschiedsgruß für immer verschwand.

Sie lehnte den Kopf zurück und schloß die Augen. Nur nicht zurückblicken. Von Zeit zu Zeit würde sie sich an das wunderbare Bild Canários, an die Indios und ihre Gesänge erinnern. Ihre neue Bestimmung hieß: aufräumen. Eine richtige Arbeit finden, mit der sie Ordnung schaffen konnte. Nein, sie konnte nicht leugnen, daß Canário ihr schönster Traum und gleichzeitig ihr Alptraum gewesen war. Sie lächelte nach innen, damit keiner der Passagiere an Bord ihre Emotionen bemerkte. Ganz richtig! Canário half ihr jetzt auf eine ungeahnte Weise dabei, Kräfte zu sammeln. Er war Teil des geplatzten Knotens, ihrer neuen Entdeckung: der Liebe zu ihrer neuen, freien Heimat. Diese Liebe galt einem so wunderbaren Ort, und selbst sie als Frau konnte, wann immer ihr danach sein sollte, im Brustton der Überzeugung sagen: »Dieses verdammte Hurenleben! Niemand hat dir etwas zu sagen. Hier, in diesem Land, sind die Sterne dazu da, am Himmel zu stehen und die Hoffnung sterbender Indios zu sein und wurden nicht als gelbe Kennzeichen auf eine Brust geklebt, noch dienen sie dazu, ein menschliches Wesen zu demütigen.«

Die Hitze im Flugzeug schien zugenommen zu haben. Kein Wunder, es flog bereits zwei Stunden in der prallen Sonne, der Mittagssonne, die Temperaturen von bis zu neunundvierzig Grad erreichte. Und auch das Motorengeräusch hatte in diesem Luftraum zugenommen und dröhnte schmerzhaft in den Ohren. Es schien eine Art neue Hitzedimension zu erzeugen: eine surrealistische Hitze, die taub machte. Sie lachte. Doch inwendig mußte sie lächeln angesichts ihrer geheimen Gedanken, die Leben annahmen und sie unerwarteterweise zu interessieren begannen.

»Und nun, Dorothie Ifigênia (sie haßte es, sich Iphigenia zu schreiben) Koeller-Schulmann? Jetzt haben wir die Situation, an die du schon länger gedacht hast. Du mußt nur deine Pläne weiterspinnen. Du bist doch Krankenschwester, nicht wahr? Also gut. Wenn du in Rio ankommst, wirst du deinen verspäteten Lohn bekommen und . . .«

»In São Paulo bleiben?«

»Nein.«

»In Rio?«

»Nein, nicht einmal in Rio. Auch nicht in Porto Alegre oder Belo Horizonte.«

»Wo dann?«

»Dorothie Ifigênia wird nach Goiânia zurückkehren. Ich bin ausgebildete Krankenschwester. Ich habe diesen Beruf erlernt, nachdem ich aus dem Konzentrationslager kam. Die Ausbildung habe ich in Rio beendet. Ich werde eine Arbeit in einem Krankenhaus annehmen. Aber in einem kleinen Krankenhaus. Ich werde diesen armen Menschen mit meiner Arbeit helfen. Und das wird mir nicht schwerfallen, weißt du, Dóttie?«

»Warum, Dorothie Ifigênia?«

»Weil ich eine sehr häusliche Krankenschwester bin. Ich habe keine Verwandten. Auf Freunde lege ich keinen Wert. Ich werde Tag und Nacht für dieses Krankenhaus leben, dieses kleine Krankenhaus. Wenn es hochkommt, werde ich an ganz besonderen Tagen einmal ins Kino oder an ein stilles, verborgenes Plätzchen gehen. Später . . .«

»Später, wenn Brasília[124] fertig ist, und das ist schon bald, wird Goiânia zu einer wichtigen Stadt werden. Dann kaufe ich mir etwas von meinen Ersparnissen. Einen Fernseher. Ich werde ganz leise in meinem Zimmer fernsehen, um niemanden zu stören. Und wenn ich einmal schwach werden und Sehnsucht verspüren sollte, dann werde ich andere Gäste zu mir laden. Eines Tages werde ich meine Töchter mit zu mir nehmen. Sie waren schön. Trude und Lillian. Ich werde sie mitbringen können, denn in meinen Träumen sind sie nie gestorben. Ein anderes Mal werde ich meine Indios zu mir einladen. Sie werden ihren Spaß haben. Und auch Canário kann mich besuchen. Ich weiß, er wird fernsehen ziemlich idiotisch finden, aber . . .«

Sie seufzte tief und beschloß, sich einen Tadel zu erteilen.

»Es ist besser, Dorothie Ifigênia Koeller-Schulmann, wenn du mit dem Träumen aufhörst. Wenn deine Pläne schon feststehen und du die Nabelschnur zu deiner Mutlosigkeit und Traurigkeit durchschnitten hast, wenn du dich schon so sehr für das Leben interessierst, dann wache jetzt besser wieder auf.«

Sie öffnete die Augen. Die meisten Passagiere schliefen. Das monotone Schaukeln des Flugzeugs hatte diese abgearbeiteten, schläfrigen Menschen überwältigt. Da die Reise noch lange andauern sollte, hatte sie beschlossen, zu schlafen. Auf diese Weise verging die Zeit schneller. Sie lächelte. Die Hitze und das Dröhnen der Motoren hatten ein wenig nachgelassen, und sie begann, ihre Reisebegleiter zu begutachten. Der kleine Hund war mitgekommen. Auch die Papageien hielten ein Nickerchen und hatten ihre Krallen um die Finger ihres Herrchens gebogen, um nicht umzufallen. Die schöne Araraúna schlief friedlich auf ihrer Sitzstange. Major Alencar hatte gute Laune, und die Arche Noah war vollständig.

Ihr Blick schweifte umher. Es fehlte der große zahnlose Junge. Sicher hatten sie ihm nicht erlaubt, sein Nonoca mit an Bord zu nehmen.

Zweites Kapitel

Der Große Papa: Hohles Herz

Die Nachricht schlug ein wie eine gewaltige Bombe, die auch die Fische auf dem tiefsten Grund des Flusses getötet hätte. Aber es war keine von den verbotenen Bomben. Der Telegraph der FAB hatte sie ausgespuckt. Von dort hatte sie sich wie ein Lauffeuer bis zur Stiftung Brasil Central ausgebreitet, hatte den Indioposten erreicht, dann das Dorf und kam schließlich auch Kuryala zu Ohren.

»Ist das wahr?«

»Ja. Es ist wahr. Der Große Papa wird eine Portion Toris vorausschicken. Sie sollen ein schönes Haus bei der Fazenda bauen« – sie wußten genau, daß dieses Gelände ihnen nicht mehr gehörte –, »und wenn es fertig ist, kommt er in einem großen Flugzeug, um die Leute hier auf der Insel zu besuchen. Er wird nur auf Bebebuté[125] und in Raumaló-Dessé landen. Das wird für alle Karajás sehr gut sein.«

Kuryala schüttelte ablehnend den Kopf.

»Es wird nicht gut sein. Er kann kommen. Aber er wird nichts machen für die Karajás. Hier nicht und woanders auch nicht.«

»Wie willst du das wissen?«

»Meine Augen konnten noch sehen, als uns der Große Papa vor langer Zeit besucht hat. Da haben sie auch ein Haus gebaut, ein großes Haus. Toris sind mit Motorbooten über den Bêérokan gekommen. Der Große Papa hat gelacht. Er hat geredet. Gelacht. Geredet. Er hat umarmt. Er hat eine große Zigarre geraucht. Gelacht. Geredet. Umarmt. Dann ist er gegangen. Er hat gesagt, er wird viel für die Karajás tun. Und hat er etwas getan? Wenn er etwas gemacht hat, was hat er gemacht? Nichts. Alles, was geblieben ist, ist die alte Baracke. Er hat vorne in dem Zimmer geschlafen, in der Dótties Apotheke war. Mehr nicht.«

»Aber dieser ist anders.«

»Wie willst du das wissen?«

»Ich habe es auf dem Cruzeiro[126] vom Leutnant gesehen. Da ist sein Gesicht drauf. Der Leutnant hat gesagt: Ein guter Mann, ein sehr guter Mann! Das tut weh, so gut ist der. Er wird uns viel besuchen. Darum wird er ein Haus für Klein-Alvorada bauen, da kann er wohnen.«

»Was bedeutet das: ein Haus für Klein-Alvorada?«

»Der Leutnant hat ein Bild gezeigt. Alvorada ist ein Haus, größer als das Dorf hier. Da bei Brasília. Und da wohnt auch der Große Papa. Hier baut er ein kleines Haus, das wird aussehen wie Alvorada. Und weil es ein kleines Kind von Alvorada ist, wird er es Klein-Alvorada nennen.«

»Hm.«

Ungläubig lauschte Kuryala diesen Worten und verstummte.

»Und da ist noch was. Er ist ein lustiger Mann. Er tanzt gerne und spielt besser Gitarre als der Kuhhirte Sabino von Barreira Grande. Er hat gesagt, er mag Feste. Tanzfeste. Aber denkt nicht, es gibt gewöhnlichen Akkordeonschwof, diese Musik, die nicht mal der Sohn von Cassianinho spielt. Und Leute wie Sand am Meer. Ich habe auch danach gefragt, und der Leutnant hat gelacht.

Nein, du Dummkopf. Auf einem Ball für den Großen Papa wird keine Akkordeonmusik gespielt. Da gibt es viele Leute, die ganz andere Dinge spielen.

Er hat mir das auf einem Cruzeiro gezeigt. Er hat mir alle Namen gesagt. Aber ich habe nichts behalten. Ich weiß nur, daß es gut wird.«

»Es wird zu nichts gut sein.«

»Sag das nicht, Kuryala. Es werden eine Menge Leute kommen. Sie werden das Dorf füllen, die Weiber mit Geschenken überschütten. Ein Flugzeug voll bis oben hin mit Sachen. Die Frau vom Großen Papa wird andere reiche Weiber mitbringen, und eine Menge Leute werden Puppen und Schmuck von den Indios kaufen. Ich werde meiner Frau Debutire und meiner

Tochter Rucanáro sagen, sie sollen Puppen machen, Tag und Nacht. Und ich werde Bogen und Borduna[127] aus den dicksten Ästen des größten Landi schneiden, den ich finde . . .«

Nachts, wenn er frierend auf seiner alten Matte lag, versank Kuryala ins Grübeln. Schon lange hatte er nicht mehr das Bedürfnis verspürt, an einer Versammlung der Männer aus dem Dorf teilzunehmen. Aber sollten sie sich entschließen, morgen über die Reise des Großen Papa zu sprechen, dann würde er schon einen Weg finden, dort zu erscheinen. Er glaubte nicht daran, daß die Worte der Weisheit und die Ratschläge der Alten, Erfahrenen heutzutage noch gehört wurden. Die Zeiten hatten sich geändert. Es gab fast kein Gesetz mehr, das nicht verspottet und mißachtet wurde. Zu seiner Zeit war alles so schön und ehrlich gewesen. Heute hatten sie nur vor einer Sache Hochachtung. Sie hatten Angst vor dem Zauber. Der Zauber war stark, und niemand wußte, woher seine Macht kam. Die heiligen Masken des Aruanã waren vor diesen neuen, zerstörerischen Kräften immer noch sicher. Keiner wagte diese Masken zu berühren. Sie wurden sehr geachtet. Es gab da die Geschichte mit dem großen Mann. Er hatte gelbe Haare. Sie nannten ihn den Deutschen. Die Leute vom Indioposten ließen ihn überall ins Dorf. Er kam mit einem Brief von der Stadt und sagte, er arbeite im »Museu«. Niemand wußte, was das war. Er sagte es ihnen. Ein »Museu«, sagte er, ist ein riesiges Haus. Leute wie er machen eine Reise, kaufen Sachen von den Indios und stecken sie in dieses Haus. Da gibt es Sachen von überall her. Vom Araguaia, vom Xingu, vom Javaé. Der Mann wollte einfach zwei Masken mitnehmen, die zum Aruanã gehörten. Keiner erlaubte ihm das. Sie waren ja nicht verrückt. Er sagte, ich gebe euch Geld. Er zeigte das Geld. Dann nahm er einen schlauen Indio mit an sein Boot und versprach ihm noch zwei Flaschen Krukrujé. Und der böse Zauber von Kanansiuê? Vergiß es, Junge. Der Mann ging mit einem lachenden und einen weinenden Auge fort und sagte: »Ich finde schon einen Karajá, der mein Geld und meinen Schnaps annimmt.« Dann traf er Koboí.

»Hast du Angst?«

»Das nicht, Dokto.«

»Bist du ein Kerl oder nicht? Mach sie doch mitten im Wald, da gibt es genug Stroh. Verstecke alles. In drei Tagen kannst du es schaffen. Bring alles zum Boot. Und guck mal, was wir hier Schönes haben?«

Er zeigte das Geld, das im Wind flatterte. Die andere Hand winkte mit der Schnapsflasche.

»Alles klar?«

»Klar.«

Koboí machte eine Maske, versteckte sie und gab sie dem Mann. Dafür bekam er Geld und Krukrujé. Er ist fast durchgedreht vor Freude. Er hat im Fluß gebadet und von seinem Schnaps getrunken. Da hat ihn Kanansiuê für immer unschädlich gemacht. Er konnte gerade einen Mund voll Krukrujé nehmen, und schon lag Ramalalá-cascavel[128] im Ufergebüsch. Sie hatte sich gut versteckt. Dann kam sie näher und näher und biß ihn in seine Wade. Das war ein Schreck und ein Schmerz. Kanansiuê war gerächt. Wer sich mit den Masken einläßt, zahlt mit dem Leben. Hexerei. Der wilde, mächtige Zauber. Fliegende Urubus zeigten den fischenden Karajás den Körper von Koboí. Er hatte dunkle Flecken am ganzen Körper, durch seine Zahnstümpfe kam schwarzer Schaum. Seine Augen waren weit aufgerissen, vor großer Angst wie einer, der Kunin, die Seele der Toten, am Tag gesehen hat. Um seine Arme waren noch Hanfbänder geknotet. Die hatte er gebraucht, um das Stroh der Masken am Bund zusammenzubinden. Das reichte. Seit diesem Tag hat niemand mehr daran gedacht, mit einer heiligen Sache oder dem großen, mächtigen Zauber von Kanansiuê zu scherzen.

Großer Papa! Der erste war eine große Verirrung. Er brachte nur alles durcheinander. Er war nur dazu gut, die Macht des Häuptlings von Raumaló-Dessé zu schwächen.

Kuryala lächelte beim Gedanken an diese Zeiten. Und ausgerechnet damals hatten seine Augen die letzten Lichtstrahlen von Tahiná-Kan empfangen.

Früher hatte man kaum etwas erfahren. Der sprechende Kasten Fiu-fiu nahm nicht alle Worte richtig an, und die Stimme aus der Ferne war nicht immer deutlich zu hören. Sie kam, pfiff und ging wieder. Der Mann drehte immer an kleinen Knöpfen, bis alles wieder da war. Dann hieß es, der Große Papa kommt wirklich. Er kam in einem Boot und ging in Burdine an Land, zusammen mit diesen Leuten, die alle von der Sonne verbrannt waren. Sie hatten sich den ganzen Tag lang die Hinterteile auf den Bänken im Boot plattgedrückt und schon geglaubt, sie kämen nie mehr an. Sie hatten nicht mal einen oder zwei Tage Zeit, um sich auszuruhen. Los! Baut die Baracke. Los! Macht das Gelände um die Häuser sauber. Alles mußte schön aussehen und sauber sein.

Sie holten eine große Kiste, größer als jede Kiste, die ein Indio hier gesehen hatte, öffneten sie und zogen aus ihrem Bauch viele grüne Hosen und Hemden. Alte Soldatenkleider! Jeder Indio, der mit dem Großen Papa sprach, mußte das anziehen. Nichts da mit Pimmeln und Popo an der freien Luft! Die Toris sagten lustige Sachen. Sie lachten und zeigten auf die Teile der Indios. Kein Indio hatte vorher darauf geachtet oder darüber gelacht. Aber jeder Weiße, der kam, mußte immer erst gucken. Sie zeigten mit dem Finger darauf und lachten breit, lachten ganz breit. Ein paar Weiße husteten sogar. Man konnte fast glauben, die Weißen hatten so was nicht. Aber sie hatten es doch. Nur machte sich kein Indio darüber lustig oder fand es komisch, wenn sie bei der Sandbank badeten. Einmal hatte er sogar mit Maluá darüber gesprochen.

»Hast du gesehen, Vetter? Die Toris lachen immer über unsere Noôn.«

»Die Toris sind wirklich dumm.«

»Hast du sie schon baden gesehen?«

»Ja, das habe ich. Viele Male. Wenn ich am Nachmittag vom Fischen komme und mit dem Kanu am Sandstrand vorbeifahre. Warum?«

»Dann weißt du, wovon ich rede. Ihr Noôn ist häßlich. Sieht aus wie ein Schlagstock. Ein Riesending mit Haaren. Voll mit Haaren. Einige von ihnen sehen aus wie Affen. Sie haben Haare am ganzen Körper. Aber kein Karajá lacht und zeigt mit der

Hand auf sie. Wir senken den Kopf und fahren mit dem Kanu vorbei.«

»Und warum sind die Toris verrückt? Warum lachen sie über alles?«

»Ich kümmere mich nicht darum.«

»Du hast recht, das ist besser.«

Dann kamen die Männer zusammen. Alle wollten bei der Versammlung dabeisein und darüber reden, wie der Große Papa empfangen werden sollte. Nie hatte ein Großer Papa daran gedacht, ein Indiodorf zu besuchen. Der wichtigste Weiße im Dorf war immer Rondon gewesen. Rondon mit seinen Soldaten. Eigentlich hatte er nichts Großes an sich. Er war sogar ein sehr kleiner Mann und so häßlich, daß man Angst vor ihm bekam. Aber er hatte ein gutes Herz und sprach mit freundlicher Stimme. Er war wirklich gut.

Diesmal brauchte der Große Papa mehr. Noch mehr schöne Tänze. Es mußten Kämpfer eingeladen werden, die Kräftigsten aus jedem Dorf flußabwärts. Ja, richtig. Wenn der Große Papa hier war, würden sie die Strohfeuer am Ufer der hohen Steilhänge anzünden, um den Fluß zu erleuchten. Und auch die Leute unten vom Fluß würden mit bemalten Körpern an den Strand kommen. Mit den schönsten Glasperlenketten und farbigem Federschmuck auf dem Kopf. In jedes Kanu paßte einer von den großen, runden Larretô-randô[129] aus weißen Federn. Jedes Kanu würde zwei Männer tragen. Ihre Fackeln waren dicke Bambusstangen, mit Kajuharz bestrichen. Diese Feuer brennen länger und leuchten weit. Der Große Papa sollte den Fluß bei Nacht in Flammen sehen. Er sollte die bemalten Männer in den Kanus rudern sehen. Sie würden Fackeln schwingen und den prächtigen Federschmuck in ihren schaukelnden Kanus tanzen lassen.

Alles mußte so schön wie möglich sein, denn der Große Papa sollte sich immer an die Karajás von Bedebuté erinnern.

Im Rat der Alten tauchte immer wieder eine Frage auf, die auch die Weißen beschäftigte. Woher kam der Große Papa? Kam er mit einem Flugzeug? Oder kam er über den Rio Araguaia wie die anderen Weißen, die zum Bau der großen Hütte gekommen waren? Der sprechende Kasten hatte ein paar Tage geschwiegen. Als er wieder redete, wußten sie nicht mehr als vorher. Ja, der Große Papa würde kommen. Aber der Kasten hatte nicht gesagt, wie. Nachdem die Karajás lange Zeit darüber nachgedacht hatten, waren sie der Wahrheit nähergekommen. Der Große Papa kam sicher über den Fluß. Ja natürlich. So konnte er Dinge sehen, die ein Tori aus der Stadt nicht kannte. Und als der Große Papa wollte er sicher alles kennenlernen und alles wissen. Er war sicher nicht so dumm, in einem Flugzeug zu kommen. Sie hatten doch gesagt, es würden viele Leute kommen, und in so ein kleines Tierchen paßten nicht viele Leute. Ja, es konnte nur so sein. Darum entschloß sich Kurumaré zusammen mit den Dorfältesten, ein Empfangskomitee aus zwanzig kräftigen Männern zu versammeln. Es kamen die wichtigsten Vertreter des Stammes zusammen. Männer, die keine zänkischen oder eifersüchtigen Frauen hatten. Der Empfang des Großen Papa sollte ganz friedlich verlaufen.

Als alles vorbereitet war, beschlossen sie, aufzubrechen. Es waren mehr als fünf der größten Kanus, mit Männern, die kräftig rudern konnten. Burdine war weit, und der Weg dorthin hatte kein Ende. Sie konnten erst am späten Nachmittag an den Stränden schlafen. Erst anhalten, wenn es richtig dunkel wurde. Sie standen am frühen Morgen auf und nahmen Ruder und Staken mit. Hielten nur an, um ihr Geschäft zu machen, schnell etwas zu fischen oder einen Fisch am Spieß zu essen. Aber sie aßen ohne Genuß, denn sie mußten bald weiterrudern. Und als Kurumaré und seine Leute fast den halben Weg ihrer langen Tagesstrecke zurückgelegt hatten, landete der Große Papa in einem großen Flugzeug in Santa Isabel. Alles, was Indio war, wunderte sich darüber, daß dieses Flugzeug auf einem so kleinen Feld landen konnte. Sie hatten Angst, es könnte das bißchen Koppel, das noch stand, auch noch plattwalzen.

Kuryala mußte lächeln. Ganz tief in seiner Erinnerung hatte er den Großen Papa noch vor Augen. Er war noch kleiner und fetter als früher und hatte einen noch dickeren Bauch. Er lachte und rauchte, rauchte und lachte. Er drückte jedem Indio die

Hand, und sie wunderten sich darüber, wie behaart die Hand des Großen Papa war, stärker als das Bein einer Krebsspinne.

»Gibt es hier keinen Häuptling?«

»Doch, schon.«

»Doch, wir haben einen Häuptling.«

Alle auf dem Indioposten hatten sich geschämt und nicht gewußt, was sie sagen sollten.

»Und wo ist der Häuptling dieses Dorfes?«

»Er ist auf Reisen.«

Der Große Papa stand da mit einer offenen Messerkiste in der Hand. Schöne Sachen. Alles glänzte im Sonnenlicht.

»Auf Reisen?«

»Ja, er dachte, Sie kämen von Norden her, aus dem Städtchen Leopoldina. Da ist er hingefahren, um dort auf sie zu warten.«

»Kommt er denn bald wieder?«

»Nein, so bald nicht, mein Herr. Mit dem Kanu flußaufwärts werden sie mehr als zwanzig Tage brauchen.«

»Wie schade. Ich kann nicht warten.«

Der Große Papa lachte wieder und sah in die Runde. Alle steckten in den weiten Soldatenkleidern. Nur einer hatte sich geweigert, das anzuziehen. Uataú. Er war ganz nackt, mit Jenipaporuß bemalt und hatte den muskulösen Körper eines Karajás gezeigt, der bei allen Kämpfen siegte.

Der Große Papa lachte ihn an. Uataú lachte ihn auch an.

»Komm her.«

»Dann gebe ich es eben dir, und nicht dem Häuptling. Du hast alles, was ein schöner Häuptling braucht.«

Uataú wußte nicht, was er machen sollte. Seine Augen sahen die Messer, eines schöner als das andere. Kein Messer, das es nicht gab. Eines, um den Kopf eines Piranha aufzuspießen. Eines, um Wild auszunehmen. Eines, mit dem man die Schuppen eines Pirarucu abschaben konnte, und ein kleines Messer, aus dem man Holzpfeifen machen oder Holzpuppen schnitzen konnte.

Uataú bedankte sich. Dann ging der Große Papa in dieses Haus, und alle faßten das Geschenk einmal an. Es dauerte eine Weile. Er hatte es wohl sehr eilig gehabt! Dann bereiteten sie ein sehr großes Churrasco[130] vor. Das war ein Fest! Alle aßen feines, rotes Fleisch, das lecker roch. Dazu gab es Maniokbrei.

Am Nachmittag brachte Uataú seinen kleinen Sohn Cutaría mit. Der Große Papa nahm den Kleinen auf den Arm und rieb sein bärtiges Gesicht an Cutarías Gesicht. Der Junge weinte. Da redete der Große Papa wie ein Freund mit ihm.

»Er soll den gleichen Namen tragen wie ich. Ich werde sein Pate sein. Er wird den Namen eines Christen tragen: Getulinho.«

Uataú war zufrieden. Von allen Indios mochte der Große Papa ihn am liebsten. Darum wurde er nun für immer Häuptling. Die Karajás mußten sich daran gewöhnen, mit zwei Häuptlingen zu leben. Einen hatte das Dorf gewählt. Den Ehrenhäuptling hatte der Große Papa ausgesucht. Er hatte diesen Befehl gegeben, und er gilt heute noch. Uataú bekam immer Geld, jedes Mal, wenn auch die Leute vom Posten ihr Geld bekamen. Heute ist er alt und mager. Er ist häßlich und hat keine Zähne mehr. Er humpelt, weil ihn eine giftige Schlange ins Bein gebissen hat. Aber er bekommt immer noch Geld vom Großen Papa.

Der Große Papa blieb nicht lange. Er sagte, er habe nicht viel Zeit.

»Viele sind den Fluß hinaufgefahren, um Sie zu sehen.«

»Das tut mir leid. Aber die Reise ist lang, auch mit dem Flugzeug. Ich muß nach Guanabara[131] zurückkehren.«

Keiner wußte, was Guanabara war, aber keiner fragte danach. Vielleicht war es ja eine Frau, und dann wäre er sicher böse geworden.

Der Große Papa brachte das große Flugzeug zum Knurren und stieg ein. Er lachte, drückte seine Zigarre aus und sagte: »Catirará arakre.[132]«

Danach ist er nie mehr hierhergekommen. Hat er etwas für die Indios getan? Nichts hat er getan. Hat er etwas für sein Patenkind Getulinho getan? Er hat es ganz vergessen. So sah seine Erinnerung an diesen Großen Papa aus, der nichts von einem großen Mann hatte, mit seinem runden Bauch, seinem Lachen, seinen Zigarren. Er hatte Streit ins Dorf gebracht mit seinen zwei Häuptlingen. Für all das brachte Kuryala damals die letzte Sehkraft auf, die seine Augen noch hatten.

Kuryala drehte sich in seiner Matte.

Und jetzt sollte ein anderer Großer Papa kommen. Gleich hatten sie dieses Klein-Alvorada gebaut. Er wollte viele Leute mitbringen. Das war nicht gut. Alle sagten, er sei ein sehr fröhlicher Mann, der Feste liebt, Gitarre spielt und gerne tanzt.

Dieses Mal hatten die Dorfältesten auf ihrer Zusammenkunft eine Neuigkeit zu besprechen. Das Haus der Masken war voller Menschen. Auf dem runden Vorplatz lagen viele Matten. Jeder wollte an der Versammlung teilnehmen und hören, was sie zum Empfang des Großen Papa beschlossen hatten. Es kamen jüngere und ältere Männer, sogar Bodus und Diurés. Alle zeigten großes Interesse an dem bevorstehenden Ereignis.

Alle Vorteile, die der Besuch des Großen Papa ihnen bringen sollte, waren schon hervorgehoben worden. Überall wartete man gebannt auf seine Ankunft. Es kamen viele Leute, die Arme voller Geschenke. Unter ihnen waren auch Frauen, die Hände voller Geld. Mit diesem Geld konnten sie eine Menge Sachen kaufen: Kleider, Hemden, Hosen und sogar die Fläschchen mit dem duftenden Wasser. Wenn diese Leute wieder fortgingen, erzählten sie in der Stadt, was sie hier Schönes gesehen hatten. Dann tauchten andere Neugierige auf, fröhlich, die Arme voller Geschenke. Und es kamen noch mehr Frauen, die Hände voller Geld.

Da rief Kuryala zwei Bodus zu sich. Gestützt auf die beiden Jungen bat er darum, auch sprechen zu dürfen. Schließlich gehörte er zu den Ältesten und kannte das Leben. Also stand ihm dieses Recht zu.

Es herrschte allgemeines Schweigen.

Ganz entgegen seinen früheren Gewohnheiten hob der Alte sein Gesicht und scheute sich nicht, seine trüben Augen zu zeigen.

»Ich werde nicht lange sprechen. Und ich werde auch nicht

alle daran erinnern, daß ich vor Zeiten einmal Häuptling der Karajás gewesen bin.«

Da hörte er einen unverschämten Zwischenruf.

»Um so besser, diese Geschichte haben wir schon öfter gehört als die von den Karajás, die auf dem Grund des Bêêrokan zur Welt kamen.«

Uederré ärgerte sich über den jungen Zurufer und wies ihn zurecht:

»Ruhig! Laß den Alten reden. Alle haben geredet. Wenn du nicht zuhören willst, geh weg. Sprich, mein guter Kuryala.«

Kuryala lächelte.

»Tiotoitika! Die Hände des Weißen werden nicht voller Geld sein. Es werden keine Frauen mit vielen Geschenken kommen. Immer, wenn noch mehr Weiße kommen, werden die Karajás noch ärmer und noch kränker werden. Sie werden uns das wenige nehmen, das wir noch haben. So wird es sein. Es ist immer so gewesen. Und ihr wißt, daß es früher nicht so war. Warum muß dieser Große Papa kommen? Was will er hier? Er wird bewaffnete Männer mitbringen. Viel Flugzeug und unseren Tod. Für jeden Karajá von Raumaló-Dessé. Sie werden uns alles nehmen. Es kommen Männer, und es kommen Soldaten. Die Karajás dürfen das nicht zulassen. Hört meine Warnung, hört meine Worte, denn ich bin alt. Der Weiße will nur an uns verdienen. Ein Weißer verliert nie. Wenn er etwas gibt, läßt er dafür fünffaches Unheil auf unsere Köpfe nieder. Der Weiße hat Hemden gegeben, er hat uns Stoffe und Decken und den Frauen Kleider gegeben. Aber gibt der Weiße wirklich? Oder hat er uns mit seinem Tausch bestohlen? Nimmt er uns nicht unsere Puppen, unsere Pfeile, unsere Matten, unsere Lóri-Lóri, unsere Ruder, unsere Larretôs? Sie geben nichts, ohne daran zu verdienen. Das ist die ganze Wahrheit. Umsonst geben sie nur drei Dinge: Schnaps, damit ihr beim Tausch noch mehr verliert, Tiberkulose und Gomorrha[133], das ihr an unsere Frauen weitergebt. Seit ich denken kann, kostet das Leben eines Karajás nicht mehr als eine Strölzerschachtel. Jedes Hemd, jedes billige Geschenk hat ein Stück von unserem Land gekostet. Ihr wollt euch nicht daran erinnern. Aber ich erinnere mich an den anderen Großen Papa, der hier war und nichts für die Indios getan hat. Fragt Texibré, Maluá, Obedo oder einen anderen, der hier war, als der Große Papa zu uns kam.«

Jemand bemerkte:

»Jetzt ist das anders, Kuryala. Die Zeiten sind vorbei. Dieser Große Papa ist nicht so. Er kommt als Freund und will nur Gutes tun. Er will uns nur helfen.«

»Das hat der andere auch gesagt.«

»Was willst du von den Karajás? Was sollen sie tun?«

»Sie sollen den Großen Papa bitten, nicht zu kommen.«

Es war allgemeines Gemurre und Aufbegehren zu hören.

»Keiner wird so etwas tun. Kuryala ist verrückt geworden!«

»Ich bin nicht verrückt geworden. Meine Augen sehen nichts, aber ich weiß, was ich sage. Ich habe euch gewarnt. Sie werden kommen und uns alle töten.«

»Höre, Kury, dieser ist wirklich anders. Der andere Große Papa hat in der großen Baracke mitten unter uns gewohnt, nicht wahr?«

»Ja, das hat er. Genau da, wo Dóttie gewohnt hat.«

»Dieser hier nicht. Er will nicht mal in der Nähe der Indios wohnen und sie stören. Er wird Klein-Alvorada bauen. Er baut alles da bei der Fazenda auf.«

»Bevor der erste Große Papa kam, gehörte das Land bei der Fazenda den Karajás. Dann hat es der Indioposten ihnen genommen. Wer hat dieses Land bei der Fazenda hergegeben? Du? Ich? Komantari? Tequára? Niemand. Und keiner kann etwas sagen. Darum wird Klein-Alvorada jetzt auf dem Land bei der Fazenda gebaut. Bevor der erste Große Papa kam, gehörte alles uns. Jetzt kommt der zweite, und sie werden uns alles hier nehmen, auch unser schönes Dorf Raumaló-Dessé. Bald wohnen wir zusammengedrängt auf diesem kleinen Stück Sandbank. Und sagt nicht, daß ich euch nicht gewarnt habe!«

Er schwieg jetzt und bat einen von den Bodus, ihn zu seiner Hütte zu bringen. Etwas von dem, was er gesagt hatte, mußte sie beeindruckt haben. Sie wußten, daß es die Wahrheit war. Aber was konnten sie schon machen? Würden sie kämpfen, dann hatten sie alles mit einem Schlag verloren. Also war es besser, alles ganz langsam zu verlieren, bis man sich damit abgefunden hatte.

Kaum war Kuryala ein paar Schritte gegangen, da hörte er schon ihre Kommentare.

»Er ist verrückt.«

»Ja. Aber er hat viel Wahres gesagt.«

»Wir müssen Geduld haben. Er ist sehr alt.«

»Er ist einfach jedesmal ein bißchen verrückter im Kopf. Jeden Tag ein bißchen mehr. Ich treffe ihn immer. Einmal haben sie mich gebeten, ihn auf dem Strand, einmal am Ufer abzusetzen. Da sitzt er dann, sieht in die Luft und spricht mit Kanansiuê.«

»Ich weiß. Das habe ich auch schon gesehen. Aber laß das Alterchen doch in Frieden. Es hat niemandem etwas getan. Mein Vater sagt, er war einmal ein großer Häuptling.«

Die Landebahn war fertig. Sie war sehr groß, und auch die großen Flugzeuge konnten jetzt dort landen. Sie hatten eine Menge Teer verbraucht. Die vollen Fässer, die übriggeblieben waren, wurden einfach unter die Bäume am Rand der Piste gerollt. Von der Sonne bekamen sie Risse und barsten schließlich. Aus diesen Rissen rann eine dicke, schwarze Masse in den Wald mit seinen Grillen und Ameisen. So war das eben mit dem Großen Papa. Nur das Beste war gerade gut genug. Als wenn diese zwanzig oder dreißig Fässer mit Teer, soundso viele mit Zement und anderen Materialien jemanden gejuckt hätten! Was waren sie schon gegen diesen Mann, der Wunder für das arme brasilianische Volk vollbrachte! Ein Mann, der lächelnd und ohne Kraftanstrengung von einem Tag auf den anderen eine Stadt bauen konnte! Brasilien, jetzt oder nie! Wenn man es jetzt nicht anpackte, dann wurde nichts daraus! Und schließlich war die Flugbahn auch den kleinen Flugzeugen der VASP[134], dem unerschrockenen Postflugzeug und einigen Touristen von großem Nutzen, die das Großstadttreiben satt hatten.

Schön, dieses Klein-Alvorada! Fertig. Fix und fertig. Es fehlte nur noch der Große Papa, der aus den Himmeln herabsteigen sollte. Was für ein Fest! Wie schön! Was für eine Freude! Wie sympathisch! Nie zuvor war man auf der Ilha do Bananal so gerührt und beeindruckt gewesen. Nur ein Gott hätte einen so herrlichen roten Teppich zum Empfang bekommen. Es landete ein Flugzeug nach dem anderen. Aber der Chef vom Posten sagte so leise, daß es niemand hören konnte: »Das ist sie, die Bande von Arschkriechern!«

Feste. Umarmungen. Essen und Trinken. Freude. Hier wurde über die Zukunft der Welt entschieden, darin stimmten alle überein.

»Und dieser Tanz?«

»Das ist der Aruanã.«

»Interessant. Interessant.«

Pausen. Lächeln. Begrüßungen, Essen und Trinken.

»Sind diese Masken alle gleich?«

»Nein, Herr Präsident. Jede zweite ist anders. Wie die Tanzschritte, wie der Rhythmus, wie die Gesänge.«

»Toll! Toll!«

Pausen. Eine gewisse Langeweile auf dem Gesicht, aber: Lächeln!

Der Große Papa hörte nie auf zu lächeln. Das war ein sympathischer Mann! Ein Schatz!

»Diese Getanze macht mich ganz dusselig. Ist doch etwas monoton. Ziemlich eintönig.«

Sie wußten, daß es nicht die Monotonie des Tanzes war, die diesen Schwindel verursachte, aber sie waren so nett, ihm zuzustimmen.

»Klar. Selbst den Anwohnern geht dieses Getanze auf die Nerven.«

Sie füllten sein Glas noch einmal. An Eiswürfeln fehlte es nicht. Keiner hatte etwas im Flugzeug vergessen.

»Herr im Himmel!«

Sie flüsterten in sein Ohr.

»Halten Sie noch eine Weile durch. Nur noch zwei Minuten. Bald schon können wir mit dem Boot oder dem Jeep nach Klein-Alvorada fahren. Dort werden wir dieses schreckliche Geplärre bei der Musik von Dilermando vergessen.«

Er lächelte. Ja, wirklich! Was für ein schöner Mann! Viel

schöner als auf der Fotografie! Das fanden alle hier. Weiße, Schwarze, Mulatten und Indios. Sogar die Protestanten von São Felix, die eine Rasse für sich waren, stimmten darin überein. Und dann, was für ein Mannsbild! Ein richtiger Schrank!

»Eigentlich haben mir die Kämpfe am Nachmittag besser gefallen.«

»Ohne Zweifel. Sehr anziehend. Da ist mehr Bewegung drin.«

Ein angetrunkener Zuschauer hatte die Anwesenheit des Großen Papa vergessen und maulte enttäuscht:

»Teufel noch mal! Sie haben gegen meinen Whisky gestoßen, und jetzt ist alles auf diese Matte gelaufen. So eine Verschwendung.«

»Pssst, Junge. Denk an unseren Gast.«

»Meinst du, er hat es gehört?«

»Ich glaube nicht. Der Lärm von den Tänzen hat ja nicht nachgelassen, aber paß auf, was du sagst.«

Ein Lächeln. Ein Gähnen. Guten Abend! Tchao! Morgen kommen wir wieder!

Alle nickten übereinstimmend.

»Armer Großer Papa. Er ist müde. Er muß schlafen.«

Im Jeep murmelte er fast verbittert:

»Das nahm ja kein Ende mehr. Ich dachte, es hört nie mehr auf.«

»Für heute war's das.«

»Sie wollen sagen, morgen geht es weiter?«

»Ja. Die Indios sind fest davon überzeugt, daß sie Ihnen ihre schönsten Musikdarbietungen und Tänze zeigen.«

»Schon möglich. Lassen Sie uns morgen darüber nachdenken. Jetzt möchte ich nur in Klein-Alvorada ankommen, ein Bad nehmen und schlafen.«

Er sah in die sternenreiche Nacht. Wenig später bahnte sich sein Jeep hüpfend seinen Weg mitten durch die niedrigen Bäumen des Buschwaldes.

»Es ist ganz schön kalt hier. Das hätte ich nicht gedacht.«

»Zu dieser Jahreszeit ja. In zwei Monaten setzt hier eine Bruthitze ein, die bis zum Abend anhält.«

Mit unermüdlicher Begeisterung wurden die Feierlichkeiten vom Vorabend wiederholt. Alle. Doch als sie mit den Tänzen begannen, hatte der Große Papa genug. Er sagte leise zu seinem Begleiter: »Mein Gott, was ist das langweilig und hirnverbrannt!«

Dilermando hatte es gehört.

»Wissen Sie, woran ich soeben denken mußte? Wie wäre es, wenn diese grotesken Figuren ihren Rhythmus wechselten und im Sambaschritt weitermachten?«

Der Große Papa lachte vergnügt.

»Das wäre lustig. Das wäre wirklich spaßig!«

»Wir könnten es ja mal versuchen.«

Der Große Papa lachte und griff den Einfall auf.

»Es ist sicher gefährlich, so etwas zu versuchen.«

»Nichts ist unmöglich für den Großen Papa.«

Der Gitarrist winkte den Chef vom Indioposten herbei. Dieser kam näher und hörte sich ihr Anliegen an. Dann schüttelte er ablehnend den Kopf.

»Nein, das geht nicht. Es ist gefährlich.«

Und wieder flüsterten sie ihm leise etwas zu. Noch immer weigerte er sich, auf ihren Vorschlag einzugehen.

»Aber warum denn nicht?«

»Es ist ein heiliger Tanz. Für die Masken würden sie töten. Ich glaube, das ist das letzte, was sie auf dieser Welt tun würden.«

Und wieder flüsterten sie ihm den Wunsch des Großen Papa ins Ohr.

Er sah in das sympathische Gesicht dieses Mannes, der immer lachte. Aber trotzdem wollte er keine Entscheidung treffen. Diese Männer würden nach ein paar Tagen wieder nach Brasília zurückfliegen, und dann mußte er den Karajás unter die Augen treten. Auf der anderen Seite konnte es ihm passieren, daß er nach Goiânia zurückgeschickt wurde, sollte er sich weigern, ihrer Bitte nachzugeben. Ein Dilemma. Jedoch das Glück baute ihm eine goldene Brücke. Es gab da einen, der den Vergünstigungen des Präsidenten nicht abgeneigt war. Jemanden, der sich mit den Karajás und den anderen Indios Zentralbrasiliens auskannte. Er war ziemlich erfahren und wußte, um was es ging.

»Ich finde schon einen Weg.«

»Ist es denn nicht gefährlich?«

»Es gibt andere Dinge, die überzeugen, wenn Worte keine Wirkung zeigen. Entschuldigen Sie mich für einen Augenblick.«

Der Große Papa folgte ihm neugierig mit den Augen.

Der kleine Mann stellte sich zu den Indios und sprach einen von ihnen an, der schon ein wenig älter war.

»Komm mal her, Kurinan.«

Er vertraute ihm an, was der Große Papa wollte.

Kurinan erschrak nicht schlecht.

»Es ist nicht gefährlich. Du willst doch nicht, daß der Große Papa traurig ist, oder? Einverstanden? Der Mann ist von so weit hergekommen, um euch zu sehen und euch ein besseres Leben zu ermöglichen ... Und dann ...«

Seine Lippen klebten an den Ohren des Indios.

»Zwei?«

»Zwei ganz für dich allein. Von der Sorte, die es hier nicht gibt. Eine Spezialmarke. Es ist ganz leicht. Nimm sie mit ins Haus der Masken und sage den anderen, sie sollen sich damit aufwärmen. Nur ein paar Schlucke, um warm zu werden. Was ist schon dabei? Die Toris trinken immer, wenn es was zu feiern gibt. Sogar der Große Papa hält ein Glas in der Hand, oder etwa nicht?«

»Ist gut.«

»Kann ich auf dich zählen? Dann werde ich was besorgen. Warte hier einen Moment.«

Er kehrte zufrieden zum Großen Papa zurück und erzählte ihm von seinem Erfolg.

»Es fehlt nur noch eine Gitarre und ein wenig Geduld.«

»Im Haus vom Chef gibt es eine Gitarre.«

»Eine Gitarre! Ja, eine Gitarre! Wo ist sie? Also, dann hole sie, die Gitarre. Lauf schon und hole die Gitarre. Eine Gitarre kommt gleich. Da ist sie schon. Das ging aber schnell.«

Das kleine Männchen lief zu der Kiste mit den Getränken und nahm sich, was es brauchte.

Die betrunkenen Indios tanzten unter dem Beifall der Weißen und aller, die zu diesem Spektakel beigetragen hatten. Sie konnten kaum Schritt halten, noch die Rassel im Rhythmus dieser Musik bewegen, die so anders war und von einem Tori auf der Gitarre gespielt wurde. Das Ganze wurde zu einem Rummel, zu einem herrlichen Clownstück! Der Große Papa lachte amüsiert über diese unheimliche Szene. Er lachte über die riesigen Bastfiguren, die sich wie schwankende Gespenster mit eigenartigen Schritten bewegten. Diese pittoresken Stehaufmännchen, die jeden Moment umzufallen drohten. Alle brannten darauf, einen von den Tänzern inmitten dieses heillosen Durcheinanders auf den Boden plumpsen zu sehen. Sie wollten das Rascheln seiner Bastkleider hören, die auf der Erde zerdrückt wurden. Aber diese verdammten Kreaturen waren nicht kleinzukriegen. Und der Große Papa lachte und lachte. Seine Komparsen vom Orden der Speichellecker spendeten tosenden Beifall und versuchten so, dem Präsidenten noch mehr Freude zu bereiten. Unter den Tänzern war ein Chaos ausgebrochen. Sie konnten nichts mehr auseinanderhalten. Der Alkohol und der Festlärm vereinigten sich in ihren Köpfen zu einem dumpfen Gebrumm. Unter den Masken erhitzten sich ihre Gesichter mehr, als sie es in der Mittagssonne getan hatten. Zu diesem Mischmasch aus den verschiedensten Tänzen kam die große Anstrengung, die es sie kostete, mit der neuen Musik Schritt zu halten. Nie zuvor hatten sie dieser Musik ihre Aufmerksamkeit geschenkt, zu der der Große Papa jetzt aufspielen ließ. In seiner Verwirrung griff Tiau-Ri nach der Maske des Debó. Yuê-Rodí verfing sich in den langen Röcken seines neuen und ungewohnten Tanzpartners. Es war unfaßlich! Wuobessé verkaufte sich an Diaré-Renin! Sogar der böse Tiergott Lateni tanzte in lächerlicher Manier seine einsame Unschuld und außergewöhnliche Boshaftigkeit vor. Alles gab Anlaß zu Gelächter und bösartigem Spott. Schließlich war der Große Papa seines kleinen Lausbubenstreiches müde. Sein Gesicht hatte sich schon ganz verkrampft vom vielen Lachen.

»So, das reicht, endgültig.«

»Es reicht nicht nur, es geht einem langsam auf den Geist.«

Sie erhoben sich, streckten ihre Glieder, noch ganz unter dem Eindruck dieser Nacht, die zum Schluß so unterhaltsam gewesen war.

»Laßt uns aufbrechen.«

Jemand äffte ein Horn nach, das zum Rückzug blies. Tut tut, tuturu-tuh.

»Auf nach Klein-Alvorada, Leute.«

Sie brachen in die sternenklare Nacht auf und nahmen ihre ganze Heiterkeit mit.

Unter den Ältesten des Dorfes brach Panik aus. Noch nie hatte es so etwas gegeben. Es war gar nicht leicht, die Tänzer einzusammeln, die willenlos auf ihre Matten gefallen waren und dort in den heiligen Masken schlafen wollten. Das war verboten. Eine Maske des Aruanã durfte nur im heiligen Haus abgelegt werden. Die Betrunkenen wurden geführt, getragen, über den Boden geschleift. Einige quengelten weinerlich, weil sie zuviel von dem Schnaps getrunken hatten. Andere wehrten sich und wollten Streit anfangen. Doch schließlich gaben sie nach, und nach einer halben Stunde befanden sich die Masken wieder auf ihren Gestellen. Die Männer schliefen einer auf dem anderen, in ihre Matten gewickelt. Fürchterliche Kopfschmerzen bahnten sich an. Man hörte abwechselndes Gewimmer und Erbrechen, wenn sich einer auf seinen Mattennachbarn übergab.

In dieser Nacht beweinte der alte Kuryala das Dunkel, das seine Augen befallen hatte. Seine ganze Brust war eine einzige Wunde. Von nun an mußte er sogar Angst haben, mit Kanansiuê zu sprechen.

»Sie werden sterben. Noch mehr Karajás werden sterben. Nie hat ein Indio so etwas mit den heiligen Masken des Diassós gemacht. Sie werden sterben. Alle waren betrunken.«

Er konnte noch einem Karajá verzeihen, der heimlich eine Maske des Aruanã an einen Weißen verkaufte. Ein Indio, der Geld brauchte, um seinem kranken Sohn ein Heilmittel zu kaufen oder den nackten Körper seiner Frau oder seinen eigenen Körper zu bedecken. Der seine Schande vor den Weißen verstecken wollte. Aber nein. Sie hatten die Masken für Krukrujé verkauft. Schamlos. Sie hatten das Wichtigste, das Heiligste in den Schmutz gezogen, damit ein Tori lachen und spotten konnte. Kanansiuê mußte das gesehen haben. Der gute Kanansiuê, ein so guter Freund. Er saß jetzt sicher auf dem höchsten Berg seines Himmels, den Kopf zwischen den Händen. Sicher weinte auch er vor Enttäuschung.

Klein-Alvorada wurde zu einem vielbesuchten Ort. Es kamen immer viele Leute. Junge Leute, die ganz anders waren. Ein Indio war jetzt nicht mehr interessant und gehörte zu den alltäglichen Erscheinungen.

An einem ganz gewöhnlichen Wochenende, bei feuchtfröhlichem Umtrunk, Liedern zur Gitarre und einem vertraulichen Schwätzchen entstand schließlich eine unheilvolle, aber berauschende Idee.

Der Große Papa zitterte vor Erregung. Ohne Zweifel – ein kühner und faszinierender Einfall – wer wagt, gewinnt!

»Ein Hotel?«

»Ja richtig, ein Hotel.«

»Hier, auf der Ilha do Bananal?!«

»Ganz richtig. Das wird *die* Sensation! Wer so eine Wunderstadt wie Brasília gemacht hat, kann jetzt nicht haltmachen.«

Der Große Papa verspürte den Kitzel der Eitelkeit, seiner ständigen Begleiterin. Ihn durchlief ein schöpferisches Erschauern angesichts eines so fabelhaften Planes.

»Ich hatte daran gedacht, ein großes Krankenhaus zu bauen.«

»Das eine schließt das andere nicht aus.«

»Wie wahr.«

Kurz darauf war es in aller Munde. Ein Hotel! Die Attraktion! Eine Möglichkeit, den armen Indios zu helfen! SAFARIS! Die armen Indios konnten in den Fischfang und die Jagd miteinbezogen werden! Es würde ein Handel mit Keramik entstehen. Die armen Indiofrauchen würden endlich ihren unerschöpflichen Vorrat – ein bißchen grotesk sah es ja aus, aber die Leute mochten diese ausgefallenen Sachen – an krummen Töpfen und Püppchen mit dicken Hinterteilen verkaufen. Es würden überall Plakate hängen. Im Flugzeug. In den Bussen. Anzeigen in den Zeitschriften!

»Aber es müßte schon etwas ganz Besonderes sein. Das schon. Setzen Sie sich mit Oskar Niemeyer[135] in Verbindung und so weiter und so fort.«

Der Chef vom Indioposten schüttelte den Kopf angesichts der Pläne, die geschmiedet wurden.

»Eine ganz schöne Stange Geld für ein Luxushotel mitten in der Einöde! Und wir behelfen uns auf dieser Station mit 100 Contos[136], um 398 Indios im Jahr zu behandeln! Das Ganze soll angeblich mindestens 450 Millionen kosten! Und das kostet es sicher. Denn mit dem Taschengeld, das die beiseite schaffen werden, wird's sicher noch ein ganzer Batzen mehr ...«

»Großer Papa, das ist einen Samba wert!«

»Spiel einen Samba, Dilermando.«

»Sie haben dieses wunderbare Unternehmen schon Bananília getauft.«

Und Kuryala hörte ihnen aus seiner Einsamkeit gut zu. Er hörte nur zu. Noch trauriger konnte er nicht mehr werden, das brachte sein Herz nicht fertig.

Er sprach mit den Indios. Zwar verdammte er den heiligen Tanz der Betrunkenen nicht, wenn er mit ihnen sprach, aber er sagte ihnen, daß Kanansiuê sie strafen werde.

Sie lachten ihm mitten ins Gesicht.

»Hast du mit ihm gesprochen, Kuryala?«

»Kuryala hat mit ihm gesprochen.«

Allgemeines Gelächter.

»Kuryala wird mit jedem Mond verrückter.«

»Ich weiß. Aber seht nur, wie viele Toris gekommen sind, um in dem Hotel zu arbeiten. Sie haben die Karajás nicht einmal um Erlaubnis gefragt, als sie das Hotel bauten.«

»Aber es wird gut für uns sein, Kuryala. Das hat der Große Papa gesagt.«

»Kuryala hat auch gesprochen, und die Karajás glaubten

ihm nicht. Die Männer werden kommen. Jedesmal kommen mehr Toris und nehmen sich, was uns gehört. Kuryala hat es gesagt.«

»Du hast Unsinn geredet. Der Große Papa hat gesagt, er wird etwas machen, und er macht auch etwas. Der erste hat nichts gemacht, du hast recht. Aber dieser schon.«

Kuryala erhob sich und bemerkte sanft:

»Der Große Papa ist wie ein großer Furz. Er macht Lärm, er stinkt gewaltig, aber er geht auch vorbei.«

In dieser Nacht mußte er an Dóttie denken, denn es war bitterkalt. Aber das war ein anderes Thema. Er erinnerte sich daran, daß die ersten Padres, die hierhergekommen waren, ihnen Kleider gegeben hatten. Sie hatten gesagt, nackt sein ist häßlich, eine Sünde. Die gleiche Sünde, von der Hanna in ihrem schwarzen Roman gelesen hatte. Dóttie war richtig böse geworden.

»Das ist Unsinn, Kuryala. Es war nie eine Sünde und ist auch nicht häßlich. Warum sagen sie nicht, daß Kleider dazu da sind, vor den Moskitostichen zu schützen und davor, daß die Sonne die Haut nicht so verbrennt?«

Es war kalt, und die Matte schützte nicht sehr vor der Kälte. Er brauchte eine Hose und ein Hemd, um die Nacktheit seines alten, häßlichen und mageren Körpers zu verdecken. Seine Knochen sahen unter der Haut hervor. Er brauchte Kleider, um diese Kälte zu ertragen, die Kälte der langen Nächte, die gegen Morgen noch eisiger wurden. Es war schon so lange, lange her, seit Dóttie weggeflogen war. Der Himmel hatte sie geschluckt. Niemand hatte mehr etwas von ihr gehört. Die Decke, die sie ihm dagelassen hatte, war eines Tages von seiner Matte verschwunden, als er bis zu den Häusern der Station gegangen war. Er hatte versucht, ein bißchen Reis gegen den Hunger zu bekommen, der in seinem Bauch rumorte. Dóttie war eine so gute Freundin gewesen. Gut, daß sie nicht gesehen hatte, wie die betrunkenen Indios den Aruanã getanzt hatten. Gut, daß sie nicht erfahren hatte, daß der Große Papa ein Hotel auf dem Land der Karajás baute, so als gehörte ihm alles. Wie jemand, der Bananen mitten in einer Hütte pflanzt.

Drittes Kapitel

Der Wasserfall

Einige der Kinder fürchteten sich beim Anblick der mageren, knochigen Gestalt in der grünen, zerlumpten Soldatenhose. Nicht, daß der alte Indio sie hätte bestrafen können, so wie Lateni mit seinem Stock, aber er machte ihnen angst. Die Ältesten des Dorfes behaupteten sogar, Kuryala sei ein Zauberer.

Die Kleinen flohen gleich, sobald er sich ihnen näherte. Sie hatten Angst, er könne etwas von ihnen wollen; zum Beispiel, daß sie ihm eine Hand zur Stütze reichen und ihn bis zum Stacheldrahtzaun begleiten sollten. Von dort aus kam er allein weiter. Er hielt sich an den spitzen Pfosten fest und hangelte sich vorwärts, bis er die Häuser der Weißen erreicht hatte. Oder aber sie hatten Angst davor, er könne sie um eine Überfahrt über den Fluß bitten, wenn er allein mitten auf dem Strand mit Kanansiuê sprechen wollte.

Auch die Weißen gingen ihm aus dem Weg. Entweder, sie schlossen lautlos die Fensterläden, oder sie blieben in ihren Häusern und antworteten nicht auf seine Rufe.

Es war grausam. Schließlich erklärten sie ihm die Situation.

»Weißt du, Kuryala, ein- oder zweimal können wir dir ein bißchen Reis geben. Aber wir sind auch arm und haben viele Kinder. Das Geld von der Station kommt immer zu spät, und wenn es kommt, ist es zu wenig... Ein anderes Mal.«

Er konnte die einzelnen Häuser auseinanderhalten, weil er seine Schritte zählte. Abwechselnd stattete er jedem der Häuser seinen Besuch ab. Bis die Leute sich entschlossen, ihm wirklich nichts mehr zu geben.

»Aber Kuryala ist ein alter Mann. Er hat kein Kanu. Er kann nicht fischen.«

»Wir wissen das. Aber auch für uns ist das Leben sehr hart.«

»Aber Kuryala hat Hunger. Ein bißchen Reis, schmeckt so gut.«

»Auch wir haben heute keinen Reis, Kuryala. Warum helfen dir die Indios nicht? Die Karajás sollten dir helfen.«

»Kuryala hat keine Verwandten mehr. Alte Freunde von ihm sind tot. Und Kuryala ist so mager. Hat großen Hunger. Bauch tut weh vor Hunger.«

Sie hatten Mitleid mit diesem Alten und seinen weißen Augen, seiner Magerkeit und Erbärmlichkeit. Was am meisten schmerzte, war das ständige Lächeln auf seinem Gesicht.

»Ist gut. Ich werde sehen, ob ich dir ein bißchen Maniokmehl besorgen kann . . .«

Und Kuryala lief von einem zum anderen. Er fuhr mit den Fingern über den Stacheldrahtzaun und zählte seine Schritte bis zu den Häusern der Weißen.

Die Kraft der Sonne hatte wieder zugenommen, und während des Tages ging kein Lüftchen. Der Hunger quälte ihn immer mehr. Er versuchte, bis an den Steilhang zu kommen. Dort fand er sicher jemanden, der ihm einen Fisch vom Vorabend gab. Er nahm den Geruch der ausgenommenen Eingeweide wahr, die in den Fluß geworfen wurden. Heute aß kein Indio mehr einen Fisch, ohne ihn vorher auszunehmen. Sie hatten diese Dinge von den Weißen gelernt. Seine Anwesenheit wurde ebensowenig wahrgenommen wie die der Steine am Steilufer oder der Schatten der Bäume, auf die jedermann achtlos trat.

Er gab auf. Den Fußmarsch bis zur Stifung anzutreten, lohnte sich nicht. Dort waren die Leute noch ärmer als hier. Außerdem war er am Vorabend schon dort gewesen. Es war besser, wieder an den Stacheldrahtzaun zurückzukehren. Und da kam er.

»Kuryala, Häuptling und Karajá!«

Seinen Stolz hatte er verloren, er hatte keinen Menschen mehr. Nur seinen Hunger. Großen Hunger. So großen Hunger. Hunger, nichts als Hunger.

»Wer ist denn das? Ist das nicht mein alter Freund Kuryala, Häuptling und Karajá?«

Er blieb wie erstarrt stehen. Ließ ihn der Hunger die Stimme von Kunin schon am hellen Tag hören? Er lauschte angestrengt. Und wieder erklang die Stimme.

»Ja, du bist es. Mein alter, geliebter Freund Kuryala, Häuptling und Karajá.«

Ohne einen Schritt tun zu können, senkte er den Kopf und antwortete tieftraurig:

»Nein. Ich bin es nicht. Ich habe Hunger.«

»Bist du nicht mehr Kuryala?«

»Nein. Ich habe Hunger.«

»Und bist du auch kein Häuptling mehr?«

»Nein. Ich habe Hunger.«

»Und auch kein Karajá?«

»Nein. Ich habe nur Hunger.«

»Dann werde ich deinen Hunger stillen. Stelle dir vor, du ißt einen gebratenen duftenden Tucunaré mit viel Brei. Rieche nur, wie er duftet!«

Auf wundersame Weise nahm Kuryala den appetitanregenden Geruch eines Tucunaré wahr, und sein Magen begann sich mit dem Geschmack dieses Fisches zu füllen. Sein Mund hörte gar nicht mehr auf zu kauen und zu schlucken. Langsam kehrten seine Kräfte zurück, und sein geschwächter Körper erholte sich.

»Schmeckt der Fisch nicht gut?«

»Sehr gut.«

»Und jetzt trinke ein bißchen Kalugi.«

Ein Schluck von dem sanften Reisgetränk erfrischte seinen gesättigten Magen.

»So gut wie in alten Zeiten. Damals, als du dich noch für Kuryala, den Häuptling der Karajás hieltest.«

Kuryala konnte dieser Stimme nicht länger zuhören.

»Herr, ich weiß immer noch nicht, wer mit mir spricht. Aber deine Stimme ist die Stimme der Güte.«

»Sogar meine Stimme hast du vergessen, Kuryala. Sieh nur, wie lange es her ist, daß du mich nicht mehr aufgesucht hast? Du hast mir sehr gefehlt. Es gibt nur wenige Karajás, die mich behandeln, wie du mich behandelt hast.«

Kuryala erzitterte am ganzen Körper. Fast wäre er an Ort und Stelle auf die Knie gefallen.

»Nein. Nicht. Nicht hier. Sie werden denken, daß du ganz den Verstand verloren hast.«

Sie schwiegen eine Weile, bis sich Kuryalas Herz wieder beruhigt hatte.

»Ich habe so sehr mit dir reden wollen, Herr.«

»Warum hast du es nicht getan?«

»Ich habe viele Male versucht, dich vom Strand aus zu rufen.«

»Ich weiß. Ich habe es gesehen. Ich habe gewartet.«

»Ich konnte nicht reden. Mein Herz war zu traurig. Ich habe gedacht, du willst nicht mehr mit mir und mit keinem anderen Karajá reden.«

»Warum sollte ich nicht mehr mit dir reden wollen?«

»Nachdem sie deinen Frieden und deine Sternenwelt gestört haben, als sie betrunken in den Masken tanzten. Sie wurden immer zu deinen Ehren gemacht.«

»Aber dich trifft keine Schuld für das, was andere getan haben. Du hast all dieses Unrecht beweint. Laß uns gehen.«

»Wohin?«

»Heute wirst du keinen Hunger mehr leiden. Also setzte dich unter die große Mangueira am Hafen, bis die Sonne nachgelassen hat. Dann laufe zum Hafen von Tebocúa. Dort werde ich auf dich warten. Ich will, daß du mit mir über alles sprichst, was dir auf dem Herzen liegt.«

»Keiner wird mich auf die andere Seite des Bêérokan bringen.«

»Es wird dich jemand mitnehmen. Ich warte dort auf dich. Jetzt laß uns gehen. Du mußt nur dem Wind meiner Schritte folgen, dann wirst du zu der Mangueira gelangen, ohne zu stolpern. Laß uns gehen.«

»Ich glaube, es ist soweit.«

Kuryala erhob sich von der Bank und verließ den runden Schatten, den ihm die dichtbelaubte Mangueira geboten hatte. Der Fußweg fiel ihm nicht schwer, obwohl ihn niemand führte. Schließlich fand er den Stacheldrahtzaun, der das Dorf der Weißen umgab. Seine Finger fuhren tastend den Zaun entlang und brachten ihn bis an den Durchgang im Zaun. So weit, so gut. Jetzt kam er an der Hütte von Karovina vorbei. Jemand wünschte ihm einen guten Nachmittag aus der Hütte heraus, aber bot sich nicht an, ihn zu führen. Er antwortete und setzte seinen Weg fort. Es kostete ihn seine ganze Kraft, auf seine Schritte zu achten und dem Tastsinn seiner Finger zu vertrauen. Die Anlegestelle von Tebocúa kam gleich hinter dem ersten Hafen. Wenn er den ersten Abstieg zum Hafen verpaßte, würde er die Orientierung verlieren und seiner Verabredung mit Kanansiuê nicht nachkommen können. Glücklicherweise gelang es ihm, den abschüssigen Weg zu erreichen. Erleichtert atmete er auf. Der zweite Abstieg konnte nicht mehr weit sein. Bald schon kündigte er sich seinen Zehenspitzen an. Es reichte, die steile Schneise hinunterzulaufen, bis seine Hände an den hohen Erdwänden zu beiden Seiten Halt fanden. Von hier aus war es kein Kunststück mehr. Er machte alles mit großer Ruhe, denn auf der recht steilen Halde hätte er leicht ausrutschen können. Unaufhörlich rollten kleine, bunte, eisenhaltige Kiesel mit dem Sand den Hang hinunter. Sie hätten jeden zu Fall bringen können.

Er fühlte die Kälte des Flusses und hörte das Plätschern des Wassers, das die festgezurrten Kanus bewegte. Die Füße im Wasser, fuhr er prüfend über das erste schaukelnde Kanu und suchte tastend nach einem Platz, auf den er sich setzen konnte. Dann ließ er die Füße ins Wasser baumeln.

Die vertrauten Geräusche eines badenden Indios waren nicht zu hören, obwohl diese Tageszeit immer zu einem Bad im Fluß einlud. Er wartete und spürte, daß die Miguelinhos einen Angriff auf die Krusten seiner gepeinigten Füße unternahmen.

Jetzt war jemand gekommen. Es mußte jemand sein, der mit

großer Gewandtheit und Sicherheit den Steilhang hinuntergelaufen kam. Sicher ein Mann, denn er trat fest auf. Kuryala wagte eine Begrüßung:

»Dateriambú!«

»Arerine, Uladô, guten Abend, Onkel!«

Er wußte nicht, wem diese Stimme gehörte.

»Amon-bô, Kay, wer bist du?«

»Quitará.«

»Ah! Ich weiß schon. Quitará. Der älteste Sohn von Uereá.«

»Ja, der bin ich.«

»Wirst du baden?«

»Ja. Aber nicht hier. Dort hinten, im lauwarmen Wasser beim großen Strand, am anderen Ufer. Warum? Willst du auch dort baden?«

»Kuryala will nicht baden. Kuryala möchte gerne an den großen Strand. Ich muß dorthin.«

Quitará zeigte jetzt größere Neugier und sah den blinden Alten genauer an.

»Was willst du da machen? Es ist noch zu früh. Du wirst keine Tracajáeier finden.«

»Ich bin nicht hinter den Tracajáeiern her, auch nicht hinter den Fischen. Das ist es nicht.«

Quitará lächelte. Er mußte sein Lächeln nicht einmal verbergen, schließlich konnte der Alte seinen Gesichtsausdruck nicht sehen. Er würde schon herausfinden, was Kuryala dort wollte.

»Es ist gut, Uladô. Ich nehme dich im Kanu mit, wenn du willst.«

»Du nimmst mich mit?«

»Ja, das mache ich. Ich habe doch schon gesagt, daß ich auf die andere Seite will. Laß uns gehen.«

Quitará half dem alten Mann, einen Sitzplatz im Kanu einzunehmen, und begann zu rudern. Dann überkam ihn die Lust zu singen, und er stimmte mit lauter Stimme ein Lied an.

»Du solltest nicht singen, solange wir so nah beim Dorf sind.«

»Warum?«

»Sie werden deine Stimme erkennen, wenn du unter der Maske des Aruanã singst.«

Quitará lachte. Was für ein Unsinn. Wen kümmerte das heute noch! Nur die Alten glaubten noch an diesen Schwachsinn. Doch er entschloß sich, so zu tun, als sei er einer Meinung mit Kuryala.

»Du hast recht.«

Er ruderte jetzt stärker und betrachtete schweigend den ruhigen Fluß. Man hörte kein einziges Motorengeräusch, weder flußauf- noch flußabwärts. Es kam nur noch selten vor, daß die Motorboote nicht den Araguaia kreuzten. Entweder, sie transportierten Leute, Fische oder Tierhäute. Da waren auch noch die Motorboote der Schwarzhändler, die auf dreierlei Arten ihr Geld verdienten: Sie nahmen Passagiere mit, kauften Fisch und verkauften Tierhäute. Sie verkauften ihre Seele für einen Fischotter oder eine Krokodilhaut. Doch es gab hier kaum noch Fischotter, und die wenigen, die übriggeblieben waren, hatten sich in entlegene Seegebiete zurückgezogen, die nur schwer zugänglich waren.

»Da sind wir, Uladô. Ich werde das Kanu hier festmachen. Es ist ein sauberer Strand. Hier gibt es keine Feuerrochen, und man kann ein gutes Bad nehmen. Ich bleibe hier. Du mußt jetzt aussteigen.«

Er reichte Kuryala die Hand, um ihm beim Aussteigen zu helfen.

»Willst du, daß ich dich dort hinbringe?«

»Nein. Danke. Am Strand entlanglaufen ist nicht schwierig.«

Der Alte setzte sich in den Sand. Er schien auf etwas zu warten.

»Was ist?«

»Ich will dir beim Baden zuhören und hören, wie dein Kanu fortfährt.«

Das brachte Quitará noch mehr durcheinander.

»Willst du nicht, daß ich dich wieder mit nach Raumaló-Dessé nehme, Uladô?«

»Nein. Ich werde länger hierbleiben. Wenn ich fertig bin, werde ich mich hierher stellen und laut nach einem Kanu rufen, das mich holen kommt.«

»Ich werde jetzt baden.«

Quitará zog sich aus und tauchte tief in das lauwarme Wasser ein. Dann spie er einen Wasserstrahl in die Luft und schüttelte die Haare. Er hielt sich noch eine Weile im Wasser auf und kraulte ein paarmal, um den alten Mann zu beeindrucken. Dann tat er so, als sei er müde. Er legte sich in die Sonne, tat, als wolle er sich trocknen, und legte es darauf an, alles mit größtmöglicher Natürlichkeit zu tun. Als er sich wieder angezogen hatte, sagte er:

»Gut, Uladô. Du willst nicht, daß ich auf dich warte, also werde ich zurückfahren.«

Er stieß das Kanu ins tiefere Wasser.

»Arakre!«

»Arerine, danke.«

Mit entschlossenen Ruderstößen stemmte Quitará das Kanu gegen den Wind, der vom Strand herüberwehte. Dann hielt er den Einbaum mit dem Ruder an und sah nach dem Alten, der vom Ufer weg den Strand hinauf lief. Quitará ruderte bis zu einem Seitenarm, ließ ein wenig Zeit verstreichen und kehrte schließlich zurück. Geräuschlos tauchte er seine Ruder ins Wasser und kämpfte mit dem Kanu gegen die Strömung an.

Wenig später legte er an und verließ den Einbaum. Er war etwas beunruhigt. Wäre nicht seine unüberwindliche Neugier gewesen, so hätte er schon aufgegeben. Er sah noch einmal in den Himmel und erblickte die Marabus, die den Nachmittag in der ihnen eigenen Weise auf die Erde einluden.

»Jetzt ist genug Zeit vergangen. Ich werde nach ihm Ausschau halten.«

Obwohl er wußte, daß Kuryala blind war, mied er den Wind, der seine Anwesenheit verraten hätte. Er schlich sich durch das dichte Uferdickicht. Dort fühlte er sich sicherer. Außerdem würde ihn hier ein zufällig vorbeifahrender Indio nicht beim Spionieren ertappen.

Da hatte er schon die Gestalt des Alten entdeckt. Kuryala saß im Sand und sah in die Luft. Warum nur, wenn er doch nichts sah?

Quitará näherte sich dem Alten immer mehr. Kuryala

schien mit jemandem zu sprechen. Hatte er wirklich den Verstand verloren, wie man sich im Dorf erzählte?

Er wäre gerne umgekehrt, um dem Alten etwas mehr Respekt entgegenzubringen, aber seine Neugier war stärker. Etwas zog ihn unwiderstehlich zu dieser Gestalt hin. Er mußte jetzt alles wissen. Nun hatte er endlich die Gelegenheit, den anderen zu erzählen, über was Kuryala in seinen Selbstgesprächen mitten auf dem Strand redete, umgeben von seiner Einsamkeit.

Quitará kroch noch näher heran und versuchte, so nahe an das Gesicht des Alten heranzukommen, daß er es beinahe berühren konnte. Da begann er zu zittern, als habe er sich das Fieber der toten Gewässer geholt. Angst drückte ihm die Kehle zu, und hätte er schreien wollen, so wäre kein Laut aus seinem Mund gekommen. Seine Hände griffen verzweifelt nach seinem trockenen Hals. Er wollte sich die Ohren zuhalten, aber seine Hände schienen an seine Kehle geschmiedet zu sein.

Ein tiefer Schrecken hatte ihn durchfahren. Er hörte eine sanfte, ruhige Stimme, die mit Kuryala sprach. Die weißen Augen das Alten waren in den Himmel gerichtet und strahlten ein gelbliches Licht aus, wie der Schein eines brennenden Streichholzes.

In geduckter Stellung gelang es Quitará trotz seiner Aufregung, rückwärts das dichte Ufergebüsch zu erreichen, denn er konnte sich nicht umdrehen. Dort wischte er sich den Schweiß ab, der seinen ganzen Körper bedeckte. Es war ein kalter, ungesunder Schweiß. Kuryala unterhielt sich mit den Kunins. Kuryala sprach mit der Seele eines Verstorbenen.

Quitará nahm sich zusammen und lief zu seinem Kanu. Der Schreck war ihm bis in die Knochen gefahren. Er ruderte in großer Hast, so als verfolgten ihn alle Krokrodile des Bêérokan auf seiner Flucht.

»Warum sagst du nichts mehr, Kanansiuê, mein Herr?«

»Ich mußte meine Ohren spitzen.«

»Ich dachte, du seist gegangen, Herr.«

»Nein. Das würde ich nicht tun. Da war nur ein Indio, der versucht hat, unser Gespräch zu belauschen. Ich habe ihm einen Schrecken eingejagt. Jetzt können wir reden.«

Kuryalas Herz beruhigte sich wieder.

Kanansiuê fragte ihn:

»Wo waren wir stehengeblieben?«

»Du sagtest, Herr, daß alle Karajás, die auf dem Grund des Bêêrokan geboren sind . . .«

»Ah! Jetzt weiß ich wieder! Ich wollte dir gerade zeigen, wie du deinen Schmerz lindern kannst. Alle Karajás sind auf dem Grund des Flusses geboren, und du weißt das. Dann waren sie ungehorsam und kamen durch das Loch des Bêêrokan, um auf dem Land zu leben. Vorher lebten sie ewig. Aber sie waren ungehorsam, und so verloren sie ihre Unsterblichkeit. Habe ich recht?«

»Ja, so war es, Herr.«

»Obwohl die Karajás den Grund des Bêêrokan verlassen haben, sind sie immer Flußmenschen geblieben. Darum trägt jeder von ihnen seinen eigenen Fluß im Herzen. Es liegt an ihm, ob dieser Fluß ein schöner oder ein trauriger Strom wird. Es hängt von ihm ab. Aber es sieht so aus, als wollten alle Karajás ihre Flüsse immer trauriger und immer häßlicher machen. Das alles ist sehr schade. Und ich kann sehr wenig für sie tun, denn sie wollen mich nicht mehr. Aber mit dir wird es anders sein. Jeder Fluß, den ein Karajá im Herzen trägt, ist ein Abbild des Bêêrokan. Der Bêêrokan endet bei den großen Wasserfällen im Norden. Dein Fluß, Kuryala, ist sehr weit weg, ganz im Norden. Deine Fälle und deine Wasser rufen dich.«

»Was kann ich tun, Kanansiuê?«

»Ich bin hier, um dir zu helfen. Die Schmerzen eines jeden Flusses haben sich in den Steinen und den kleinen und großen Fällen gesammelt. Du mußt den Wasserfall hinabgleiten und dich von all deinem Leid erleichtern. Ich spreche von all den Schmerzen, die du im Herzen behalten hast, statt mit mir darüber zu sprechen. Das, worüber du seit Jahren mit niemandem sprechen konntest.«

»Ich verstehe.«

»Jetzt kannst du die Wasserfälle hören.«

Und Kuryala hörte das tiefe Rauschen des Wassers, das über die Flußbette heranbrauste, über die Felsen sprudelte, gegen die Steilhänge peitschte und die großen Wurzeln der Bäume bloßlegte.

»Sprich zu mir. Kann ich dein Kanu anstoßen?«

»Ja, ich bin bereit, Kanansiuê.«

»Ich werde nicht viel über mein Leben sprechen, das weit zurückliegt, denn der Schmerz ist auch schon fern und wird immer weniger. Aber es hat so weh getan, Kanansiuê. Es hat mich geschmerzt, mein Augenlicht zu verlieren und nicht länger der Große Häuptling zu sein, auf den alle gehofft hatten. Es hat weh getan, keinen Sohn zu bekommen, der das Dunkel meiner ewigen Nacht erhellt hätte. Es hat weh getan, Kanansiuê, abseits von allem zu stehen. Ich wurde auch nicht mehr als ein Mitglied des Dorfes angesehen. Ich habe mein großes Feld verloren, von dem nur eine kleine Pflanzung hinter meiner Hütte blieb. Und selbst das haben sie nicht geachtet. Sie haben sich meine Dunkelheit zunutze gemacht, um meine Bananen zu stehlen, wenn sie reif waren. Sie haben meinen Mais und meine Maniokwurzeln gestohlen. Es hat so weh getan, so viele Toris kommen zu sehen, die meinem Volk nur Schlechtes beigebracht haben. Sie haben ihnen gesagt, ein unbedeckter Körper ist eine Schande und zum Lachen. Sie haben uns unser Land genommen, und wir konnten nichts dagegen tun. Es hat weh getan, zu wissen, daß Orte, kleiner als São Felix oder Mato Verde, bald den Weißen gehören und immer weniger Karajás dort leben würden. In Burdine, das weiter oben am Fluß liegt, haben einmal viele Indios gelebt. Es wurde immer kleiner und kleiner, und die Karajás haben alles aufgegeben. Genauso haben sie es mit den Dörfern Cocalinho, São José und Luíz Alves gemacht. Es kamen Leute, die haben die Karajás auf ein kleines Stück Land gedrängt, so klein, daß kaum alle Indios Platz hatten ...«

Kuryala wurde von seinen Gefühlen überwältigt und schwieg.

»Kury!«

Kanansiuê war in seiner großen Güte zurückgekehrt.

»Dein Kanu ist an einem kleinen Stein hängengeblieben.[137] Ich konnte dich auf deinem Weg hierher begleiten, denn du hast zu mir gesprochen. Laß uns das Flußbett aufsuchen. Ich werde dein Kanu wieder anstoßen.«

»Meine Frau ist gestorben. Das war ein großer Stein, Kanansiuê. Er hat mein Kanu fast umgestoßen, weißt du. Dann ist Dóttie weggegangen. Es kam der Große Papa. So viele Feste. So viel Krukrujé. Und es kamen Weiße, noch mehr Weiße. Die Indios arbeiteten auf den Baustellen und verdienten viel Geld. Sie wollten so sein wie die Weißen. Der Weiße drang in das Leben der Indios ein, ohne es zu achten. Ein Hotel wuchs aus dem Boden. Sie hatten soviel Geld. Sogar der Chef vom Indioposten war traurig, soviel Geld in ihren Händen zu sehen, das auf der Station fehlte. Es gab bald keine Armut mehr in Santa Isabel und Fontoura. Ein großes Durcheinander. Die Karajás wollten schnell alles von den Toris lernen. Und sie lernten es nicht richtig. Wer ließ sich noch den Kreis unter die Augen machen, wer zeigte noch das Zeichen seines Stammes? Kein Vater kümmerte sich mehr darum, ob sein Sohn ein Diuré oder ein Bodu war. Das Hotel wurde immer größer. Bald war es sehr schön. Das Krankenhaus wurde auch immer größer und sehr schön. Geld war genug da. Im Krankenhaus wurde schon gearbeitet, als es noch keine Wände und Decken hatte. Es gab noch keine Tür oder Ärzte und Pfleger. Ein Indio nach dem anderen wurde krank. Krukrujé hieß nicht mehr Krukrujé, sondern Schnaps. Der Schnaps tauchte im Dorf auf. Die Weißen brachten Flaschen mit. Es war verboten. Die Indios brachten Flaschen mit. Das war verboten. Die Indios wurden krank, bevor das Hotel fertig war. Tiberkulose und Husten, Fieber und viel Gomorrha. Es war keiner da, der sie behandeln konnte. Alle mußten verfaulen. Da war das Hotel fertig. Es gab ein großes Fest. Das Krankenhaus wurde fertig. Noch ein Fest, viel Geld. Viel Geld haben sie ausgegeben. Und dann, Kanansiuê?«

»Du weißt es besser als ich.«

»Dann war es, als sollte alles sterben. Der Große Papa hatte bald genug. Er sagte, es sei zu weit weg. Das Hotel dauerte neun Monate, neun Monde. Die Zeit, in der ein Kind im Bauch der Frauen wächst und ausgetragen wird. Neun Monate, neun Monde. Soviel totes Geld. Die Leute ließen das Hotel dort stehen. Kühe schliefen, wo sich vorher Weiße hingesetzt hatten, um Bier zu trinken. Der Regen kam und machte alles kaputt. Es ist fünf Trockenzeiten her, fünf Torijahre schon verfällt es immer mehr. Der Boden ist voller Kuhscheiße. Die Kühe von der Fazenda. Sie haben Bretter genagelt, damit niemand mehr da hochgeht, die Treppe hoch. Die Fenster fallen heraus. Das Gerät, das gegen die Hitze im Hotel gekämpft hat, ist verrostet und fällt schon auseinander. Und aus dem Krankenhaus ist auch nichts geworden, Kanansiuê. Es war ein Riesending geworden. Voller Betten, voller Sachen für die Ärzte, zum Schneiden, zum Nähen, zum Heilen, zum Töten. Keiner kam mehr hin. Heute tropft Regen herein in der Zeit der großen Wasser. Es dient den Hunden, die unter den Türen durchkriechen und im Warmen schlafen. Viele Leute verstecken sich in den kaputten Betten und machen Xukre-Xukre[138]. Man sagt, sie haben eine Menge Sachen in dem Hotel verkauft. Und man sagt, sie haben auch eine Menge Sachen im Krankenhaus verkauft . . .«

Er sagte eine Weile nichts, und Kanansiuê stieß wieder sein Kanu an, denn er fand, daß dieser Stein wirklich ein sehr großer Stein war.

»Hat es meinem Herrn auch so weh getan wie mir, was die Karajás in dieser Nacht gemacht haben?«

»Die Karajás haben mir in so vielen Nächten Schmerzen zugefügt, daß ich nicht weiß, von welcher Nacht du sprichst.«

»Von der Nacht der betrunkenen Masken.«

»Ja. Das war wirklich traurig. Es ist nicht gut, sich daran zu erinnern.«

»Ich habe mich immer etwas gefragt. Heute will ich Kanansiuê fragen. Weißt du noch, Herr, welcher Karajá den anderen Karajás den Schnaps gebracht hat?«

»Kurinan.«

»War er deshalb . . . der erste?«

»Nein, ich habe nichts getan. Ich habe mich nie an einem Indio gerächt. Im Herzen eines Gottes darf nur die Liebe wohnen. Auch wenn es ein schwächerer Gott ist, so wie ich. Es war die Strafe der Masken. Es war der Fluch. Wer eine heilige Maske nicht achtet, stirbt einen schrecklichen Tod. Weißer oder Karajá.«

»Dann war es also der Fluch der Masken. Kurinan war der erste Indio, den man ertrunken fand. Die Fische hatten seine Augen und seinen Mund zerfressen. Die Mandis[139] hatten die Finger seiner Hände und die Zehen seiner Füße abgenagt und ihm die Zunge herausgerissen. Er wollte betrunken mit seinem Kanu nach Hause. Es war Nacht. Dunkle Nacht.«

Kuryala ordnete die Gedanken über seinen Fluß. Er stieg den Wasserfall noch ein wenig tiefer und schüttete sein Herz aus.

»Wassabédo war noch ein kleiner Junge, als Krukrujé ihn auf den Grund zog, in den Schlamm des geheimnisvollen Flusses. Nie hat einer seinen Körper gefunden. Er lernte das Trinken bei seinem Vater Deridu. So ein junger Kerl.

Auch Kobirréti war noch ganz jung. Er hatte gerade geheiratet. Wassabédo tanzte nicht, aber er half Kobirréti dabei, die Masken anzulegen. Er ließ einen hübschen Sohn zurück, der mit dem Schmerz des alten Vaters Uraíde groß wurde. Kobirreti hatte eine andere Tiberkulose. Mit blutigen Wunden und Eiter im Hals. Auch er hatte kein Gesicht mehr, als sie seinen Körper fanden.

Komantari starb nicht im Fluß. Er wurde von einer Krankheit gepackt und kotzte Blut. Einer der kräftigsten Karajás. Er trank so gerne Krukrujé, bis er nicht mehr aufhören konnte. Seine Matte war voller Blut, als er starb. Und nach Komantari fraß der Bêérokan noch einen anderen Indio. Er zog ihn mit dem Angelhaken des Schnapses in seine Wasser. Es war Uederré, schon ziemlich alt. Ein Mann, störrisch wie ein Muli. Aber keiner konnte besser mit der Harpune und dem Pfeil umgehen als er. Die Urubus verrieten, wo sein Körper lag, der weit abgetrieben war. Aufgeblähter als ein toter Schweinsfisch lag er am Strand und briet in der Feuersonne.

Der Fluß war süchtig geworden und hatte Hunger auf Karajás. Vielleicht hatte er ihren Ungehorsam noch nicht vergessen, als sie auf dem Land leben wollten. Vielleicht verlangte er sie jetzt zurück, egal wie. Das ganze Dorf weinte und jammerte, als der Bêérokan Aratuma in seine geheimnisvollen Tiefen zog. So jung noch. Wie alt? Nach Rechnung der Weißen war er nicht mal 17 Jahre alt. Der starre Körper des Jungen auf der Matte tat allen weh. Sogar Uadimani, der schon Häuptling war, gewann den Glauben an sich wieder und betete vor seinem toten Körper. Aber der Körper von Uadimani hatte niemanden, der für seine Seele betete, als er eine Woche später mit seinem Kanu in den Wassern des Flusses versank. Er hatte sich den Bauch mit Krukrujé verbrannt. Seine Nase konnte unter Wasser nicht mehr atmen und zwang den Mund, sich zu öffnen und das Wasser des Todes zu schlucken.«

Und wieder wurde Kuryala von seinen Gefühlen überwältigt. Die Vergangenheit, die in Gestalt dicker Steine aufgetaucht war, lastete schwer auf seinem Herzen. Der Wasserfall des Schmerzes war groß und grausam. Aber jeder Wasserfall war groß. Alle Karajás kannten die Ausmaße der Wasserfälle flußabwärts. Drei Léguas, meine Herren, sagten die Weißen. So lang, die hörten nicht mehr auf. Alles bedeckt vom Schaum der vielen Lebensläufe aus Wasser, sagten die Karajás.

»Fehlt noch etwas, Kuryala?«

»Ein kleines Stückchen. Von diesen Dingen, die immer noch schmerzen. Ja.«

»Gut, dann rede eine Weile nichts. Atme tief durch und ruhe dich aus. Erneuere die Luft in deinen Lungen und frische den Mut deines Herzens auf. Wenn du willst, rede ich ein bißchen, während du dich erholst.«

»Das ist gut.«

»Über was kann ich nur reden?«

»Da gibt es etwas, Kanansiuê. Herr, du kennst dich mit den Indios aus, und auch dic anderen Stämme sind dir bekannt.

Gibt es einen Stamm, der von den Weißen so schlecht behandelt worden ist wie die Karajás?«

»Mein Gebiet umfaßt das ganze Flußtal des Araguaia und den Rio Javaé bis zum Rio do Côco. Auf diesem Stück Land gibt es keine Indios, die so behandelt worden sind wie die Karajás. Meine Brüder, kleine Götter wie ich, kümmern sich um die anderen Indios. Mit ihnen sieht es ganz anders aus. Mein Bruder Karandiuê führt die Xavantes. Die Xavantes kennen ihn unter einem anderen Namen. Nie haben die Weißen mit den Xavantes gemacht, was sie den Karajás antaten – das hat er mir immer erzählt.«

»Kennst du die Geschichte der Xavantes, Kanansiuê?«

»Du kennst sie auch ein wenig. Es gab da einen Schwarzen mit Namen Galdino. Er hat als Schreiner auf dem Posten gearbeitet. Galdino hat euch erzählt, wer und wie die Xavantes waren.«

»Ich verstehe nicht alles, was die Weißen erzählen. Warum erzählst du es mir nicht, Kanansiuê? Du kannst den Karajás doch alles erklären?«

»Es war so. Die Xavantes waren zu vielen. Zu vielen, wie die Ameisen. Sie waren in drei Völker aufgeteilt. Jedes Volk hatte einen Häuptling. Zuerst gab es den Häuptling Apuena, dort oben, wo heute der Posten Pimentel Barbosa ist. Dann kam Terezassú. Ein großer, sehr wilder Häuptling. Er war es, der hier in der Nähe auf dem Hügel von Raymundo Morais gewesen ist und João Irineu und seine Söhne getötet hat. Einer der Söhne hieß Luciano. Er hatte mit dem Streit begonnen. João Irineu war so gut wie tot. Aber er starb nicht. Als die Weißen mit dem Notarzt kamen, wußten sie nur, daß es João Irineu sein mußte, denn er hatte eine behaarte Brust. Er war mit einem Schlagstock zermalmt worden. Da stellten die Toris eine Falle für Terezassú auf und töteten ihn und noch 22 Xavantes in der Gegend des Großen Sees. Nur, daß keiner davon erfuhr. Sie hüteten es wie ein großes Geheimnis. Keiner sprach mehr von Terezassú. Sein Volk floh in die Gegend des Xingu. Der dritte Häuptling war Urubuenan. Urubuenan wurde ein zahmer Häuptling, er tötete keinen Menschen mehr. Also bauten sie in der Nähe seines

Landes, das damals noch ihm gehörte, die Stadt Xavantina. Die Zeit verging. Urubuenan zog Kleider an wie die Weißen. Er lebte in der Stadt und bettelte. Da sagte das Volk der Toris: Dieser schreckliche Indio lebt hier als Bettler. Er geht betteln und bringt Leute aus seinem Stamm mit, die mit ihm betteln gehen. Er denkt, unsere Sachen kosten kein Geld und keine Arbeit. Und sie warfen Urubuenan aus der Stadt. Er wartete, bis er viele Indios zusammen hatte und sagte traurig:

»Ja. Die Xavantes waren wilde Indios. Es kamen Weiße. Die Weißen haben die Xavantes getötet. Die Xavantes haben Weiße getötet. Und die Xavantes sind geflohen. Da sind die Weißen wiedergekommen und haben die Xavantes gesucht. Die Weißen haben Xavantes getötet. Die Xavantes haben Weiße getötet. Beide sind geflohen. Da kamen noch mehr Weiße. Alles wiederholte sich, es starben noch mehr Weiße und Xavantes. Bis die Xavantes nicht mehr getötet haben. Sie hörten auf, wild zu sein. Das fand der weiße Mann gut. Sie kamen zu vielen. Sie bauten Häuser, Fazendas, legten Felder an und bauten sogar Xavantina im Land von Urubuenan. Da konnten die Xavantes nicht mehr jagen und hatten nichts mehr zu essen. Sie haben alles zerstört. Jetzt sind die Xavantes friedlich, ohne ihr Land, ohne Wild, und haben Hunger. Die Xavantes kamen und baten um Essen. Der Weiße gibt nichts und schickt die Xavantes fort. Wohin soll Urubuenan gehen? Die Weißen haben alles kaputtgemacht und den Xavantes nur den Hunger gelassen.«

Diesmal war es Kanansiuê, der von seinen Gefühlen überwältigt wurde.

»Und weißt du, was geschehen ist?«

»Mehr oder weniger, Kanansiuê.«

»Die Weißen haben beschlossen, Urubuenan umzubringen. Er war ihnen lästig. Und dann haben sie ihn wirklich getötet. Da wollten die Xavantes sich nicht länger ausliefern. Sie begannen zu verstehen, daß sie alles verlieren würden, wenn sie den Weißen mit seinen freundlichen Worte kommen ließen. Sie kämpften und verteidigten sich und haben noch heute ihr Land. Die Karajás nicht. Sie gaben alles mit einem Lächeln weg. Sie haben allen geglaubt. Angefangen von den weißen Schwarzhändlern bis zum Großen Papa, der seinen Spaß haben wollte.«

An dieser Stelle streckte sich Kanansiuê und sagte beinah jammernd:

»Laß uns hier aufhören. Du bist es, der den Wasserfall des Schmerzes hinuntersteigt, nicht ich. Hast du dich ein wenig ausgeruht?«

»Ja. Aber auch ich habe jetzt ein bißchen den Mut verloren. Ich habe nicht mehr viel, was mich schmerzt.«

»Du mußt es zu Ende bringen. Komm, ich werde dein Kanu wieder anstoßen.«

»Da ist noch die Geschichte von Ararue, Kanansiuê. Er trank nicht gerne Krukrujé, auch nicht Orrã. Bis eines Tages ein Mann mit seinem Jeep ins Dorf kam. Er nannte sich Tabagira. Ein fröhlicher Mann. Er packte junge Leute in seinen Jeep. Sie holten eine Menge Tucunarés. Er kam mit einer großen Portion Fische zurück. Die jungen Leute waren lustig vom Zuckerrohrschnaps. Tabagira fuhr wie der Wind mit seinem Auto durch das Dorf. Auf der Straße hätte er fast ein kleines Kind erwischt. Die Indios waren betrunken, machten großen Lärm und hingen aus dem Jeep, lachten ausgelassen. Tabagira kam oft. Jedesmal ging Ararue mit ihm. Das war sein Verderben. Er holte sich Tiberkulose, und aus dem starken Mann wurde ein dürres Männchen. Ararue wurde behandelt und behandelt. Er erholte sich wieder, aber er war immer noch ganz mager. Dann verschwand Tabagira. Ararue machte sich ans Trinken. Er kam aus São Felix zurück, sein Kanu drehte sich auf dem Fluß. In dieser Nacht hörte man ihn schreien. Als die Leute bei ihm waren, war alles zu spät. Der Fluß hatte ihn geschluckt. Nur der Schatten seines Kanus trieb langsam den Fluß hinunter. Und er war es, der seinem Sohn Uruá beibringen sollte, der große Häuptling seines Stammes zu sein!

Und dann, Kanansiuê, war da noch Sarikine. Ein großer

Mann, ein starker Feldarbeiter, gut mit der Axt, am Ruder, beim Fischen. So gut, daß auch der Schnaps Gefallen an ihm fand. Er kam mit verwirrtem Geist nach Hause und schlug die Frau. So eine gute Frau, eine der besten Puppenmacherinnen im Dorf. Alle Toris, alle fliegenden Händler und Schwarzhändler ließen Puppen bei ihr machen. Jede Nacht bekam sie Prügel. Er schlug sie wie ein Karajá, der wütend auf einen Hund einschlägt. Da sagte Teuaxure:

Mutter, ich werde nicht länger zulassen, daß er dich schlägt.

Und sie weinte vor Schmerzen überall, als sei ihr Bauch und ihr Rücken gebrochen. Abends kam Sarikine betrunken zurück und schlug sie. Teuaxure sprang aus seiner Hängematte und griff sich den Schlagstock.

Laß Mutter los. Sonst töte ich dich.

Sarikine sah seinen Sohn verwundert an und lachte.

Dann schlag aber kräftig zu. Hier auf den Kopf. Schlage, um zu töten. Sonst bin ich es, der dich töten wird.

Und er ging, um sich einen Stock zu holen. Da verpaßte ihm Teuaxure einen Schlag mit dem Knüppel, und er fiel auf die Knie. Teuaxure schlug noch fester zu. Sarikine fiel auf den Boden und wollte sich noch einmal erheben. Da traf ihn noch ein stärkerer Stockschlag. Er kippte der Länge nach um, atmete heftig, bis er zu schnaufen aufhörte in einer Pfütze aus ..... rotem Schlamm.

Und dann war da Orrori, mein Kanansiuê. Der wohlerzogenste Indio unter den Karajás. Aber er trank, zusammen mit Iuanan. Iuanan tötete ihn mit einem Messer und floh. Bis heute weiß keiner, wohin er geflohen ist.«

Kuryala atmete schwer, und sein Ruderschlag wurde immer schwächer und schwächer. Auch die Strudel des Wasserfalls schienen an Kraft verloren zu haben. Bald würde es keine Steine mehr geben, und die reißende Strömung sollte in einen ruhigeren Strom mit dunklen Schaumkronen übergehen, um wieder der Fluß von einst zu werden.

»Und dann ist da noch der andere Sarikine, mein Kanansiuê. Er war noch so jung, trank und schlug die Frau eines

Weißen. Er bekam einen Schuß ab, der genau in seine Wirbelsäule schlug. Jetzt ist er gelähmt. Er kann sich nicht bewegen, lebt wie ein Toter.

Und dann . . .«

Kuryala begann zu weinen. Er konnte seinen Schmerz nicht mehr besingen und weinte mit der gleichen Schwäche, aus der die Weißen Tränen vergießen.

»Kanansiuê! Kanansiuê . . . ich bin müde. Ich muß am Strand haltmachen. Ich möchte nicht in diesem Wasserfall des Schmerzes sterben. Laß mich dieses Kanu verlassen und hilf mir, bis zu einem freundlichen Strand zu laufen, der mit heißem Sand bedeckt ist . . .«

»Nur ruhig, mein Kuryala. Ruhig. Fühle nur mit den Händen den Boden um deine Beine.«

Er gehorchte und konnte den Sand fühlen, der zwischen seinen Fingern hindurchlief. Das schreckliche Getöse des Wasserfalls war in weite Ferne gerückt.

»Kuryala, mein Freund. Mein Häuptling und Karajá. Du bist stark gewesen bis zum letzten Augenblick. Du bist den Wasserfall hinabgestiegen mit dem gleichen Mut, den du in deinen guten Zeiten bewiesen hast.«

»Ich weiß, Kanansiuê. Danke. Deine Hände haben mir geholfen. Aber was bin ich jetzt? Ich bin immer noch der alte Blinde, ich stecke immer noch an diesem Ort. Und wozu das? Warum nimmst du mich nicht bei den Händen und führst mich fort? Führe mich, wohin du willst. Auf den ruhigen Grund des Flusses, wo wir geboren sind. In die Arme und den Bauch unserer Mutter, den Morgenstern.«

»Habe noch ein wenig Geduld. Ich werde dich nie mehr verlassen.«

»Alle haben mich verlassen, Kanansiuê. Mein großer Freund Obedo ist von mir gegangen in hohem Alter. Texibré läuft auf seinen alten Beinen so unsicher wie ich ohne meine Augen. Und Maluá verbringt sein Leben damit, in den Himmel zu starren. Er wartet darauf, daß ein Flugzeug seinen schönen Sohn Maluaré zurückbringt, Maluaré, der vor langer Zeit Iroá getötet hat. Wenn er zurückkommt, wird Maluá am nächsten Tag in einem Flugzeug des Schattens und Friedens davonfliegen. Alles geht. Alles geht vorbei.«

»Glaube mir. Du kannst Maluá sagen, bevor seine Augen die Ruhe des großen Schlafes aufsuchen, werden sie noch einmal Maluaré erblicken. Und du mußt nur warten. Warte noch eine Weile. Und jetzt lebe wohl.«

Kuryala verspürte eine große Ruhe. Es schien, als seien alle großen Lasten von seinem Herzen gewichen. Alle seine Alpträume waren in den Wassern des großen Falles ertrunken.

Er mußte nur sein Lächeln wiederfinden. Dann würde er sich wieder mit den Händen am Stacheldrahtzaun entlangtasten und demütig betteln:

»Nur ein bißchen Reis. Kuryala hat Hunger.«

Viertes Kapitel

Das wilde Apfelparadies

Hunger. HUnger. HUNGer. HUNGER. Er wollte an etwas anderes denken, aber das ließ sein Magen nicht zu. Er drückte und schmerzte ihn, beschwerte sich.

»Dearã Mari-auassá-son-êre! Ich habe Hunger!«

Seit dieser Husten seine magere Brust verbrannte, hatte der Hunger zugenommen. Ja, der Husten aß sich satt. Er schluckte die ganze Kraft seiner Beine, seiner Arme, seinen Willen zu laufen und sogar zu sprechen. Mit wem sollte er auch reden?

Wenn er sich unter die Weißen begab und seine dürren Arme ausstreckte, schlossen sich die Türen, und keiner hörte mehr die Stimme seines Hungers.

Hatte er sich bis zu den letzten Hütten der Bewohner der Stiftung »Brasil Central« geschleppt, die noch geblieben waren, schlugen diese ihm die Fenster vor der Nase zu und wandten sich ab.

Im Dorf beschwerten sich die Leute über ihn. Sie sagten, sein hohler Husten belästige ihren Schlaf. Er trank kaltes Wasser, um seine Brust zur Ruhe zu bringen. Das kalte Naß linderte den Husten, aber kitzelte den Hunger in seinem ewig leeren Bauch.

Alle schienen ihm aus dem Weg zu gehen und weigerten sich, ihm etwas zu essen zu geben, in der Hoffnung, er werde bald sterben.

Vielleicht gab es ja einen Weg. Er hatte gehört, daß kurz vor Einbruch der Nacht ein großes Boot von den Toris am Hafen anlegen würde. Sie sagten, das Boot gehöre reichen Toris. Auf diesem Boot sollte es alles geben. Dort konnte man eine Dusche nehmen und es gab eine Kammer, in der Eiswürfel gemacht wurden. Sie hatten sogar erzählt, daß diese Leute einen Tori von weit her mitgebracht hatten, der ihnen das Essen kochte. Die Leute, die am Fluß lebten und auf ihren Motorbooten kochten, reichten ihnen nicht. Es war das Boot sehr reicher Toris. Anders als die vielen Boote, die andere Toris mitbrachten, die den Araguaia bevölkerten und ihre Segeltuchhütten am Strand aufbauten. Sie kämpften darum, wer zuerst einen schönen Strand entdeckt hatte. Dann töteten sie alle Fische. Sie töteten alle Tiere mit Schüssen aus einer 22er, ob sie die Tiere essen wollten oder nicht. Sogar die Möwen wurden abgeschossen. Sie hatten selbst die Ciganas ausgerottet, die gar kein Fleisch hatten. Nur um zu sehen, wie sie erzitterten, sich um ihre eigene Achse drehten und kopfüber ins Uferdickicht, ins Wasser oder sogar auf den Strand stürzten. Der Fluß wurde immer voller und voller. Wenn der kalte Sommer kam und die Strände in ihrer ganzen Schönheit auftauchten, dann füllte sich der Fluß mit Motorbooten, die flußauf- und flußabwärts fuhren. Flugzeuge der VASP kamen mit Touristen. Sie wohnten in dem Hotel von São Felix, in einer Pension oder in Zimmern, die die Leute hier vermieteten. Dann verbrachten sie die ganze Zeit am Fluß, am Strand und verdreckten alles mit leeren Dosen, leeren Flaschen, Obstschalen und faulenden Knochen. Ein Fest für Moskitos. Ihnen war jede Art recht, um Fische zu fangen. Die Polizei, die auf den Fluß aufpaßte, kam nicht hierher. Es war zuwenig Polizei da für so viele Leute. Darum gab es bald keine Fische mehr. Sie setzten Dornenangeln, schossen mit Flinten aus Palmenholz, setzten Netze und Reusen aus, und, wenn möglich, auch die runden, feinmaschigen Netze. Sie legten aus sicherer Entfernung Dynamit in den Schächten der Kanäle oder in den Seen. Nur die Touristen, die nicht viel Geld hatten, brachten Angelruten mit. Die anderen kamen mit Stöcken, da waren kleine Maschinen dran, mit denen sie die Angelleine ohne Anstrengung einrollten. Genau wie die Flußjäger, die den Jaguar, den Fischotter und die Schildkröten und Tracajás ausgerottet hatten, würden sie bald alle Fische im Fluß getötet haben. Die Krokodile, die früher den Fluß saubergehalten hatten, bekamen jetzt keine Zeit mehr, heranzuwachsen. Es gab

Leute, die erzählten, daß die Krokodile beim Blitzschlag ertrunken seien, weil sie ihn für die elektrische Lampe eines Jägers gehalten hatten. Oje, Bêérokan, du wirst bald älter und ärmer sein als Kuryala. Du wirst nicht als Blinder sterben, aber der Hunger wird auch dich bald umbringen.

Bis an den Ausgang des Dorfes gelangte er ohne fremde Hilfe. Von da aus würde es sehr schwierig sein. Er lehnte sich an einen Zaunpfosten und spürte die angenehme Morgensonne auf der Haut. Sie vertrieb die letzte Kälte, die ihm die ganze Nacht hindurch zugesetzt hatte und diesen trockenen, brennenden Husten in seiner Brust hervorrief. Vielleicht würde er hier eine bekannte Stimme hören. Er hatte Glück.

»Wohin willst du, Uladô?«

»Dorthin. An den Hafen von der Stiftung.«

»Was willst du da?«

»Gestern ist ein schönes Boot gekommen, nicht wahr?«

»Es hat dort angelegt.«

»Ja, und ich will es sehen.«

Die Stimme verstummte, und Kuryala spürte, daß ihn der Träger dieser Stimme prüfend ansah. Er lächelte, um seine Besorgnis zu überspielen.

»Bin ich sehr alt geworden, mein Sohn?«

Ja, das war er. Kuryala war kaum noch vorhanden. Am meisten wunderte er sich jedoch über seine Haare, die beinahe völlig weiß geworden waren. So etwas sah man selten bei einem Karajá. Wie konnte er immer noch so herumlaufen, mager wie er war, und dabei auch noch lächeln? Er wollte also das Boot sehen. Immer »sah« er etwas. Mit diesen Augen, weiß wie der Tellergrund der Toris, konnte er alles sehen.

»Nein, Uladô. Ich werde dich in die Nähe bringen.«

»Danke! Wer bist du?«

»Rítu. Andeciuala Rituera.«

»Ah! Jetzt weiß ich. Der Sohn von Idiarrina. Idiarrina. Der ja. Der konnte kämpfen. Er kämpfte, um zu siegen. Wenn er vom Feld kam, trug er immer den schwersten Korb. Und er schien nie müde zu werden.«

Andeciuala lächelte und führte den Blinden an der Hand. Er

erinnerte sich gut an seinen Vater. Stark wie ein Stier. Aber er war einer der ersten im Dorf, der an Tuberkulose starb. Er war zuletzt immer dürrer und dürrer geworden und hatte gehustet, bis ihn die Kraft verließ.

»So. Von hier aus ist es leicht, Uladô. Du mußt dich nur am Steilhang abstützen und hinunterlaufen. Das Boot liegt genau vor dir. Ich muß auf die Rodung.«

»Danke, Sohn.«

Er stieg die Rampe hinunter und tastete sich an der steilen Wand entlang. Dann setzte er sich wie ein Häufchen Elend auf den Boden. Er hörte Bewegung auf dem Schiff. Im Augenblick sprach niemand. Sie mußten wohl schlafen. Die Leute hatten sich wahrscheinlich das Fest des Aruanã angesehen und waren lange dortgeblieben, um sich zu unterhalten. Dann waren sie zurückgekehrt, hatten die Getränke der Reichen getrunken und schliefen jetzt ziemlich lange.

Er kratzte sich abwartend den Bauch.

»Hat es dir gestern abend gefallen?«

»Wie heißt noch dieser Tanz?«

»Aruanã.«

»Also, es hat mich schon beeindruckt. Diese riesigen Masken aus dem raschelnden Bast, und diese Gesänge, die sie mit ihren hohen Stimmen singen. Es scheint eine andere Welt zu sein.«

Dann streckte sie sich und fühlte die heiße Sonne auf ihrem Gesicht. Sie sah in das wunderbare Blau des Himmels.

»Was für schöne Tage es hier gibt. Vom Sonnenuntergang gar nicht zu reden. Einer ist schöner als der andere.«

»Habe ich richtig gehört? Habe ich?«

Sie lachte.

»Mir gefällt es hier. Das war es doch, was du wolltest?«

»Verdammt! Endlich hat sich dein Mund geöffnet, um etwas Angenehmes zu sagen. Selbst Jeremias an der Klagemauer kann sich nicht soviel beschwert haben.«

»Wie dumm du bist. Mir gefällt es. Du weißt, ich wollte

einen Tapetenwechsel. Jetzt sind wir hier. Ich habe dieses Leben in Rio und São Paulo nicht mehr ausgehalten. Jetzt lege ich eine Pause ein. Wenn es mir nicht gefallen hätte, hätte ich schon einen Weg gefunden, die Reise abzukürzen. Allein die Tatsache, daß ich hier diese wunderbare Luft atme, lohnt die Reise.«

Sie stimmte ein Gelächter an.

»Wirklich, für jemanden, der die ganze Zeit die Umweltverschmutzung durch einen Strohhalm zu sich genommen hat, ist das hier einfach herrlich.«

Der Koch unterbrach ihre Unterhaltung.

»Madame, wie wünschen Sie Ihren Kaffee? Soll ich ihn hierher bringen oder wollen Sie sich in diese improvisierte Küche dort hinten bemühen?«

»Nein, Paul. Ich möchte nur einen Apfel und einen Kaffee ohne alles. Du kannst ihn hierherbringen.«

»Weißt du, daß ich hier gut schlafe? Ich habe nur einmal eine von meinen Rettungspillen genommen, um abzutauchen. Kaum hast du den Kopf auf das Kissen gelegt, schon überwältigt dich der Schlaf.«

»Das sind die Sonne und die Hitze hier. Etwas später werden wir mit ein paar Indios im Kanu hinausfahren und an wunderschönen Stränden baden. Es wird dir gefallen.«

Sie erhoben sich und warfen einen Blick auf die Reling des Schiffes. Kuryala spürte diese Bewegung. Unter großer Anstrengung stand er auf und begann wieder zu lächeln.

Wie anders das Dorf doch bei Tag aussah. Es hatte ganz den Zauber und das Geheimnisvolle seiner Schatten verloren.

Eine leichte Enttäuschung machte sich auf ihren Zügen breit. Was sie jetzt sah, waren nichts als alte Hütten mit löchrigen Dächern. Die Frauen waren in Lumpen und alte Decken gehüllt und ließen ihre schlaffen Brüste hängen wie der Hühnerhund die Ohren. Einige behandelten Fische, andere wuschen Wäsche. Sie sprachen schnell und in einem unangenehmen Kauderwelsch. Wenn sie lächelten, zeigten sie verfaulte Zähne und große Zahnlücken. Die ganz kleinen Kinder waren allerdings entzückend.

Sie bemerkte: »Die Kinder sind wirklich niedlich.«

»Solange die Karajás jung sind, sehen sie hübsch aus. Aber kaum sind sie groß, fängt ihr Verfall an. Sie sind verrückt nach Schnaps, und die Tuberkulose ist verrückt nach ihnen.«

»Wie schade!«

Der Koch kam mit dem Apfel.

Er reichte ihr ein Messer dazu. Sie beugte sich über den Fluß und begann, die Frucht zu schälen.

Erst jetzt bemerkte sie Kuryala. Seine weißen Augen beunruhigten sie.

»Was ist das denn, mein Gott?«

»Na, was schon! Ein steinalter Indio. Ein Blinder. Tuberkulose im letzten Stadium. Außerdem hat er Hunger. Siehst du nicht, daß er seine Nase in die Luft hält? Der riecht deinen Apfel.«

Kuryala nahm den sanften Geruch der Frucht wahr. Sein Magen schmerzte, und ihm lief das Wasser im Mund zusammen. Er lächelte, um seinen Hunger und seine Krankheit zu überspielen. Er wußte, daß ihn ein Tori ansah, und wollte jetzt nicht husten, um nicht zu verraten, daß er Tuberkulose hatte.

Der Koch stand immer noch an ihrer Seite.

»Madame, seien Sie sparsam. Wenn das Flugzeug übermorgen nicht kommt, wird es keine Äpfel geben.«

»Paul, du Schlingel. Du hast gesagt, es sind genug da.«

»Ja, sie hätten auch gereicht. Aber es haben eben Leute, die noch nie in ihrem Leben Äpfel gegessen haben, auf dieser Reise unbedingt davon essen müssen.«

»Jetzt bin ich verloren. Und meine Diät? Ohne Äpfel kann ich nicht leben.«

»Schon wieder diese verfluchte Nörgelei! Das Flugzeug wird sich schon nicht verspäten. Es wird bis oben hin mit Äpfeln gefüllt sein. Die reichen von hier bis zum Xingu. Du kannst sogar noch Billard mit ihnen spielen, wenn du willst.«

Sie begann wieder, den Apfel zu schälen. Es schien so, als verströme der Apfel in dieser Umgebung einen stärkeren Duft. Die Schale fiel in einem Stück in den Fluß, und sofort kamen die Flußfischchen herbeigeschwommen, um sie anzuknabbern. Sie biß in den Apfel, ohne die Augen von dem Alten abzuwenden. Sein Anblick faszinierte sie. Sie nahm einen Bissen, dann noch einen und hielt inne.

»Er riecht den Apfel.«

»Ein Indio kann besser Witterung aufnehmen als jeder Hund. Und als Blinder muß er es doppelt so gut können.«

»Ob er diese Frucht kennt?«[140]

»Woher soll ich das wissen? Du fragst vielleicht Sachen.«

»Guck mal, er sabbert.«

»Ein natürlicher Reflex. Schick Paul nach unten, er soll einen Apfel für ihn holen. Den kannst du ihm zuwerfen.«

»Du bist ja verrückt. Er ist schon wütend und spart an allen Ecken.«

Sie kaute wieder. Das angebissene Apfel verströmte einen noch stärkeren Geruch.

»Er hat Hunger.«

»Was glaubst du wohl, was der hier macht? Klar hat er Hunger. Er schämt sich, zu betteln.«

»Ich bekomme nichts mehr herunter. Ich werde ihn wegschmeißen.«

»Gib ihn mir. Ich werde ihm den Apfel zuwerfen.«

»Nein, laß mich werfen.«

Sie beugte sich noch weiter vor und schrie:

»He, Alter. Du alter Blinder da! Nimm das. Ich werde dir ein Stück Apfel zuschmeißen.«

Kuryala kam näher und wartete auf den Aufprall des Apfels. Das Stückchen Obst prallte gegen den Steilhang, rollte herab, verschmutzt von roter Erde und kleinen Steinchen. Es rollte und rollte und blieb kurz vor dem Fluß liegen.

»Wie böse du bist! Du hast absichtlich weit geworfen.«

»Ich möchte sehen, ob er wirklich eine so gute Witterung hat.«

»Er wird es nicht finden.«

»Was wetten wir? Wenn er wirklich Hunger hat, findet er es. Außerdem ist es ein starker Geruch, den er nicht kennt.«

Geschwächt lehnte sich Kuryala gegen den Steilhang und setzte sich. Er wußte, daß die Frucht rechts von ihm zu Boden gefallen war. Und da es dort steil war, mußte sie ein Stück heruntergerollt sein. Auf allen vieren bewegte er sich schnuppernd über den Boden und nahm den Geruch der Erde noch intensiver auf. Sein vom Hunger angestachelter Geruchssinn konnte sich so noch besser entwickeln. Er stützte sich mit einer Hand auf, und mit der anderen Hand glitt er Zoll für Zoll über den Boden. Als er nichts finden konnte, während er so auf allen vieren vorankroch, preßte er sein Gesicht noch näher an den Boden und suchte den Geruch der Frucht, der jetzt immer näher kam.

»Er wird es finden.«

»Wie beeindruckend!«

»Hab ich es dir nicht gesagt? Ihm fehlt nur noch ein Schwanz.«

Atemlos griff Kuryala nach der Frucht. Er setzte sich auf und brachte es nicht mehr fertig, sie im Fluß zu waschen. Sein Hunger trieb ihn zur Eile. Er putzte den Sand und Schmutz an seinem schlaffen Bauch ab und aß das Obst mit der Gefräßigkeit eines Tieres.

Als er fertig war, wischte er sich den Mund an seinem Handrücken ab, drehte sein Gesicht in Richtung des Bootes, lächelte und sagte mit etwas kräftigerer Stimme:

»Danke!«

Er streckte die Hände aus und suchte nach dem Fluß. Dann trank er gierig aus der hohlen Hand. Anschließend wischte er sich wieder den Mund ab, sah zu dem Boot hin und lächelte noch ein wenig zufriedener als zuvor. Erst jetzt konnte er mit klarer Stimme sagen:

»Danke.«

Alle waren wie gelähmt vor Entsetzen. Niemand hatte mehr das Bedürfnis, sich zu vergnügen.

»Laß uns auf die andere Seite des Bootes gehen.«

»Paul, stelle mir doch bitte einen Stuhl auf und, bitte, bring mir schnell den Kaffee, den du mir versprochen hast.«

Sie ließ sich auf den Stuhl fallen. Glücklicherweise zeigten sich die weißen Strände am anderen Flußufer von ihrer schönsten Seite, eingetaucht in die goldenen Farben der Sonne und wie umrahmt vom Blau eines vollendeten Himmels.

»Was ist denn jetzt schon wieder?«

Sie schüttelte verärgert den Kopf.

»Das solltet ihr nicht. Nie hättet ihr . . .«

Mit einer Geste gebot sie ihm, sie nicht zu unterbrechen.

»Die dürften sich nie hier blicken lassen. Ihr, die ihr Tourismus haben wollt! Ihr gründet Unternehmen und lockt die Menschen in diese Gegend, aber ihr solltet einfach nicht erlauben, daß diese Indios hier auftauchen. Das verdirbt das ganze Geschäft. Mein Gott! Diese häßlichen Indiofrauen mit ihren schlaffen Brüsten, dreckig, in Lumpen gewickelt, die ihre Promiskuität[141] und ihre Tuberkulose zur Schau stellen. Das sind doch Tiere. Das sind keine Menschen. Das sind doch nicht die Indios, die ihr auf den Werbeplakaten darstellt . . .«

»Was soll denn mit ihnen geschehen? Sollen wir sie bei lebendigem Leib verbrennen?«

»Was weiß ich. Sie verstecken. Die andere Seite zeigen, diese hier mit den Stränden.«

»Das ist sicher ein ernstzunehmender Vorschlag. Ein großartiger Vorschlag. In gewissen Orten wie diesem hier ist es besser, an den Stränden vor Anker zu gehen, weit weg von den Dörfern. Du hast ins Schwarze getroffen. Nachts ja, da können wir sie besuchen.«

Paul brachte den Kaffee.

»So. Trink deinen Kaffee und rauche deine Zigarette. Nicht überall ist es so schrecklich wie hier. Die Xavantes oben am Rio das Mortes haben dir doch gut gefallen, stimmt das vielleicht nicht?«

»Das leugne ich ja gar nicht. Es sind saubere Indios. Keiner von ihnen hat kaputte Zähne, sie sind gesund.«

»Sie haben wenig Kontakt mit den Weißen. Die Xavantes haben sich Respekt verschafft und immer getötet. Sie hinterließen immer eine Blutspur, wo sie sich auch aufhielten. Sie wissen, was sie wollen. Sie wollen ihr Land behalten und kennen die Ausmaße ihres Territoriums. Bis jetzt haben wir Weißen sie nicht geschluckt. Diese hier waren auch einmal schön, schön und gesund, mit perfekten Zähnen, ob du es glaubst oder nicht. Aber sie waren unbedarft. Sie kamen mit offenen Armen, vertrauensselig und mit einem Lächeln auf den Lippen. Und was haben sie dafür bekommen? Krankheiten, Elend und die Gewißheit, daß ihnen jetzt nichts mehr gehört.«

»Vergiß einmal diese hier. Und am Xingu? Kennst du dich dort auch aus?«

»Klar. Sonst hätten wir sicher nicht den Dreh heraus, wie man da hereinkommt. Ich habe sehr viel dort zu tun gehabt, als ich noch bei der FAB beschäftigt war. Es wird dir gefallen. Sie gehören zu den schönsten Indios von allen. Kräftig, nackt, unbefangen, vermitteln sie allen Neuankömmlingen den Eindruck – der übrigens nicht stimmt –, als vertrieben sie sich die Zeit mit Nichtstun. Sie werden sehr gut behandelt und sind wirklich schön. Der größte zoologische Garten des Landes. Wenn man das Gebiet des Naturparks überfliegt, ist man erschlagen von den Ausdehnungen dieses Landes. Manchmal geht einem durch den Kopf, wozu soviel Land für eine Handvoll Taugenichtse, wozu das?«

»Ich habe noch nie davon gehört.«

»Es gibt viele, die davon wissen, und viele, die so tun, als wüßten sie nichts. Aber die einheimische Bevölkerung dort ist ziemlich zurückgegangen. Die Camaiurás, die Kalapalos und andere Stämme sind noch etwas zahlreicher. Aber es gibt Stämme, die nicht mehr als sieben oder zehn Menschen zählen. Die Uaitis, die Meinacos und andere zum Beispiel. Was weiß ich. Vergiß es. Es ist ja gut, daß sie dieses Land immer noch haben.«

»Wie lange noch?«

»Wer weiß? Kann jemand die Gewinnsucht und Schlechtigkeit der Weißen, zu denen wir auch gehören, richtig einschätzen? Guck dir die Ilha do Bananal an.«

»Da haben wir uns auch niedergelassen, nicht wahr?«

»Ja, im Nationalpark des Bananal oder, besser gesagt, des Araguaia. Aber es gibt kein Stück an diesem Flußlauf mehr, das nicht schon verkauft und an jemanden verpachtet ist. Und weißt du, wieviel davon den Indios gehört? Nicht ein Dezimeter Scheiße.«

»Und du sagst, ich bin eine Pessimistin.«

»Entschuldige. Ich hatte einen Durchhänger. Ist gleich vorbei.«

Sie blies den letzten Zug von ihrer Zigarette in die Luft und warf die Kippe in den Fluß.

»Soll ich dir mal etwas sagen? Du magst darüber lachen. Aber ich kann ihn nicht vergessen. Ich habe dir bei allem zugehört, was du mir gesagt hast, aber er geht mir nicht mehr aus dem Kopf.«

»Von wem redest du?«

»Von dem Alten.«

»Was für ein Alter?«

»Der Blinde.«

»Ach so.«

»Ja, richtig. Ich kann diese knochige Gestalt nicht vergessen, wie sie über den Boden gekrochen ist, schnuppernd, auf der Suche nach einem Apfel. Wie er den schmutzigen Apfel mit der Erde darauf gegessen hat! Und dann die Gier, mit der er gegessen hat, ohne ihn vorher zu waschen.«

»Der Alte ist tuberkulosekrank und hatte großen Hunger.«

»Am schlimmsten war seine sanfte Art, mit der er sich bedankt hat. Diese weißen Augen schienen ins Leere zu blicken, in das Weiße, das es in uns gibt.«

Sie wurde von ihren Gefühlen überwältigt und konnte sich nicht mehr beherrschen. Ihre Augen füllten sich mit Tränen.

»Du weinst? Da, nimm ein Taschentuch.«

Sie schneuzte sich.

»Wie dumm von mir. Das war nichts als Selbstmitleid. Ich habe mir selbst leid getan. Soll ich dir einmal etwas sagen? Damit werde ich dich zum Lachen bringen. Wer es sich leisten kann, durchläuft viele Phasen in seinem Leben. Es gab da eine in meinem Leben, in der ich einer Gruppe angehörte, arroganten Intelektuellen. Es war eine richtige Lesewut ausgebrochen. Wir saßen in den Cafés und kopierten die Mode von Paris. Verschlangen Hesse, Faulkner, Kafka und viele andere, die dir bestens bekannt sind.«

»So gut nun auch wieder nicht. Ich kenne mich viel besser mit Jockeys und Rennpferden aus.«

Sie lachte.

»Das macht nichts. Du mußt nur zuhören. Eines Tages entdeckten wir diesen James Joyce. Den intelligentesten Menschen der Welt. Ein Mann, über den mehr geschrieben wurde, als daß man seine Bücher las. Er war ein verführerisches Rätsel. Alle verschlangen sein Meisterwerk *Ulysses.* Ich mehr als die anderen; und ich besorgte ihnen das Buch auch gleich auf Spanisch, Französisch und Englisch. Es gab keine Übersetzung ins Portugiesische. Und im Ulysses habe ich etwas Schreckliches gelesen, das mir nie mehr aus dem Kopf ging. Es war die Geschichte eines Lehrers, der einen kleinen Jungen bestrafen wollte und mit ihm nach Schulschluß zusammen lernte. Er sah den Jungen an. Es war ein häßliches Kind, langweilig, sommersprossig, kurzsichtig, mit dicken Brillengläsern. Ein trauriges, bedrücktes Kind. Die anderen Kinder spielten in der Schulpause Kricket oder irgendein anderes verfluchtes Spiel. Und ihm fiel es so schwer, etwas zu lernen. Vielleicht hätte er ja gerne mit den anderen gespielt? Vielleicht konnte er es nicht wegen seiner Brille. Und er war so häßlich, mager, sommersprossig und kurzsichtig. Da packte den Lehrer das Mitleid, und er dachte, ohne seine Gedanken zum Ausdruck zu bringen oder zu verraten: Dieser Junge ist gezeugt und auf die Welt gebracht worden, er hat eine Mutter, die ihn liebte und ihn in ihre Arme nahm und zärtlich stillte. – Das war es, was ich erzählen wollte.«

»Was ist das denn schon wieder für eine Spinnerei? Und wie ging es aus?«

»Gar nicht. Der Rest ist Schweigen. Es ist mir wieder eingefallen, als ich diesen blinden, häßlichen, dreckigen, dürren, tuberkulösen Indio sah. Welche Mutter wird ihn gestillt haben? Welche Mutter hat ihn zur Welt gebracht? Das war's. Du kannst soviel lachen, wie du willst. In dieser Phase hielt ich mich für eine Intellektuelle.«

Er stimmte ein Gelächter an.

»Sieht ganz so aus, als hättest du deine Intellektualität aufgegeben.«

»Unverschämter! Gib mir noch eine Zigarette.«

Sie erhob sich und rauchte, über die Reling gebeugt. Der Tag war immer noch schön. Sie ließ ihren Blick über die Landschaft schweifen. Dann drehte sie sich um und fragte verwundert:

»Was ist das denn? Was ist das für ein Kasten?«

»O je. Hast du es nicht gesehen? Gestern, am Spätnachmittag, sind wir doch daran vorbeigefahren.«

»Nein, ich habe es nicht gesehen. Ich stand auf dieser Seite und habe mir den Sonnenuntergang angesehen.«

»Es ist das Hotel. Das Ergebnis einer feuchtfröhlichen Nacht und einem großen Maß an Unverantwortlichkeit.«

Er erzählte ihr in groben Zügen die Geschichte des Hotels.

»Was für eine Geschichte!«

»Aber es ist noch nicht alles verloren. Es gibt schon eine Übereinkunft zwischen einer Gesellschaft mit dem Namen Ciclone und der Regierung. Es sieht ganz so aus, als würden sie es verpachten und renovieren. *John Kennedy* soll es heißen, *Hotel John Kennedy.* So können sie die JJ und KK wiederverwenden, die sie auf die aus Frankreich importierten Kristallgläser und Silberbestecke graviert haben – er lachte –, wenn die überhaupt noch existieren. Wenn ich bedenke, wie lange dieses arme Hotel schon verwahrlost und heruntergekommen dasteht, wird man es bald ganz neu wiederaufbauen müssen.«

Er setzte sich wieder, während sie weiter auf das gespenstische Hotel starrte, als sei es eine Luftspiegelung.

»Hierher, meine Liebe, kannst du deine hübschen und wohlhabenden kleinen Freundinnen bringen; hier können sie ihre immer gefüllten Täschchen öffnen und neben ihren Klimaanlagen schlafen, und hier bekommen sie vom frühen Morgen bis zum Mittag ihren Kaffee im Bett serviert. Damit wäre dein wildes Apfelparadies vollständig.«

Letztes Kapitel

Die Rückkehr zum Morgenstern

Kuryala lächelte. Er setzte sich einen Augenblick und lehnte seinen Rücken gegen die Böschung. Die Luft, die er tief einatmete, drang wie früher als ein reiner Strom in seine Lungen, ohne ihn zu schmerzen oder zum Husten zu bringen. Sein Hungergefühl, das ihn in den letzten Tagen unaufhörlich gepeinigt hatte, war wie weggeblasen.

Das war ein Tori gewesen. Ja. Eine Frau. Eine gute Torifrau. Sie war nicht mal von hier und hatte ihm so gutes Essen gegeben. Sein Magen konnte fast zufrieden aufstoßen. Und es war nur ein Stückchen Obst gewesen. Ein winziges Stückchen. Aber mehr wert als das Lendenstück eines am Spieß gebratenen Paka[142] und viele Handvoll Maniokbrei dazu.

So konnte er sich beinahe ohne Schwierigkeiten erheben. Seine alten Beine beklagten sich nicht einmal über den beschwerlichen Aufstieg, als er sich auf den Rückweg machte. Er tastete sich an der Absperrung des Steilhangs entlang und spürte bald, daß er oben angelangt war, denn der Wind streichelte ungehindert seine Haare und sein Gesicht. Und nun? Die Sonne brannte, und kein Indio würde diesen Hafen der Weißen aufsuchen, um zu baden. Wenn die Bodus und die Diurés wie in alten Zeiten gelebt hätten, dann ja. Aber heute badeten sie nicht mehr hier. Sie badeten an einem beliebigen Platz, vor den Augen aller. Es hatte sich alles verändert. Die Schamlosigkeit hatte sich unter ihnen so schnell verbreitet wie die Tuberkulose und der Schnaps. Frauen heirateten Männer und sagten ihnen bald ins Gesicht: »Wir sollten uns trennen. Du bringst mir nichts, dein Schwanz ist viel zu klein. Xavaru und Tuilá, ja, die waren gut.« Männer sagten zu den

Frauen: »Du taugst nichts. Frauen müssen für mich noch enger sein als Dicuria oder Narruria. Wenn du wenigstens so wie Suakaro gebaut wärst, dann bliebe ich noch eine Woche bei dir. Aber so nicht. Es macht keinen Spaß, Xukre-Xukre mit dir zu machen.« Dann beschimpften sie sich eine Weile, und jeder ging seines Weges, um sich zu suchen, was er brauchte. Keiner wollte mehr heiraten. Sie hielten es für Unsinn, fischen zu gehen, den Körper zu bemalen und sich die schwachsinnigen Geschichten der Alten anzuhören ... das machten nur die Karajás von früher. Sogar Jadomãs, junge Mädchen, krochen schon unter die Moskitonetze der verheirateten Männer, und keiner kümmerte sich weiter darum. Den Vätern der Jadomãs machte es nur dann etwas aus, wenn sie durch die Fenster in die Zimmer der Soldaten von der FAB stiegen und ohne ein gutes Geschenk zurückkamen. Ohne ein feines Hemd. Ohne eine feine Decke. Oder sogar ohne eine Flasche von dem guten Orrã. Dann ja. Sogar die Scherungen und die blutigen Zeremonielle waren in den Müll von Gestern gepackt worden. Wenn man von den Zigarrenschwänzen oder den ins Gesicht geritzten Omariras sprach, bekam man sicher eine unverschämte Antwort: »Das ist doch nur was für alte Karajás oder Labudos[143].« Alles hatte sich verändert. Alles.

Kuryala lehnte sich an einen Holzpfosten und wechselte das Standbein. Es war seltsam, aber er verspürte keine Müdigkeit. Heiß war ihm, ja. Sehr heiß. Niemand ließ sich blicken. Kein Fuß berührte die Erde auf den Wegen. Die Torifrau hatte ihm gutes Essen gegeben! Danach hatte er keinen Hunger mehr gehabt. Wie gut, daß es so lange vorhielt. So mußte er nicht von Tür zu Tür gehen und betteln, seine mageren Arme ausstrecken und mit demütiger Stimme hervorbringen:

»Reis ist gut. Kuryala ist alt und hat Hunger.«

Der Wind fuhr raschelnd durch die Blätter der Bananenstauden und der Zuckerrohrplantagen in der Nähe des Dorfes. Es war nur dieses Geräusch zu hören, sonst nichts.

Daher wunderte sich Kuryala nicht schlecht, als er eine Stimme vernahm:

»Kommst du mit mir?«

Er wußte nicht, wer zu ihm sprach, aber die Stimme war so schön und sanft, daß er nur sagen konnte: »Ja.«

»Nun, dann beschleunige deinen Schritt, denn ich kann nicht langsam gehen.«

»Ich kann nicht. Nur wenn du meine Hand nimmst. Ich bin zu alt und schwach, um schnell zu gehen.«

»Lüge nicht, Kuryala! Alt bist du schon. Aber du bist nicht schwach. Nicht ein bißchen. Du hast die Frucht gegessen, die du von der Torifrau bekamst, nicht wahr? Ich habe es gesehen, denn ich sehe alles.«

»Wer bist du?«

»Bald wirst du es erfahren. Ich kann dir meine Hand nicht hier im Dorf reichen.«

»Wie kann ich dann mit dir kommen?«

»Ganz einfach. Riech mal.«

Der Duft einer reifen Kaju drang in Kuryalas Nase.

»Die Zeit der Kajus ist noch nicht gekommen, und sie riechen schon so reif.«

»Ja, richtig. Folge rasch diesem Geruch. Aber gib acht! Der Duft dieser Kaju reicht nicht weiter, als deine Schultern breit und deine Nase vom Boden entfernt sind. Wenn du auch nur ein bißchen abweichst, wirst du vom Weg abkommen. Dann bleibe eine Weile stehen, bis ich dich hole und dich auf den Pfad führe. Es ist leicht. Laß es uns versuchen. Geh und folge dem Duft der Kaju.«

Kuryala gehorchte aufmerksam.

»Hast du gesehen, wie leicht es ist? Ich werde deinem Körper immer ein Stück voraus sein. Wenn du den Geruch meines Schattens nicht verlierst, wird alles gutgehen.«

»Ja, das wird es.«

Kuryala ging ein Stückchen und hielt an.

»Aber wohin bringst du mich?«

»Höre. Das kann ich dir noch nicht sagen. Aber dein Herz kann ich beruhigen. Was hat dir Kanansiuê das letztemal am Strand gesagt?«

»Er hat gesagt . . . er hat gesagt . . .«

Kuryala lächelte glücklich. Es war ein Lächeln, das nicht einmal versuchte, sein inneres Unglück zu verbergen.

»Er sagte, er wird mich holen lassen. Ist es das?«

»Ja.«

»Dann werde ich also gehen? Ich werde gehen? Wie gut! Er hat an mich gedacht. Ich dachte, ich würde Angst haben.«

»Warum denn Angst? Dieser Augenblick ist nur ein Übergang. Kein Karajá kann sich daran erinnern, wie und wann er durch das Loch des Bêérokan gekommen ist. Bald wirst du sogar vergessen haben, wann du Raumaló-Dessé verlassen hast, um . . .«

»Wohin gehe ich?«

»Laß uns aufbrechen. Ich rede zuviel. Es ist noch zu früh. Das Wichtigste ist, daß du jetzt laufen kannst und deinen Schritt beschleunigst. Dann wirst du weder meinen Geruch noch unsere Richtung verlieren.«

Und mit der Leichtigkeit und Sicherheit junger Menschen nahmen sie ihren Weg wieder auf.

Einer aus dem Dorf hatte die Szene beobachtet. Kuryala ging aufrecht und sicher zwischen all den Moskitonetzen hindurch, die in der Sonne trockneten. Nichts behinderte seinen Schritt.

Es kamen andere hinzu, die es mitansehen wollten. Das war doch nicht möglich! All das war Zauberwerk. Nur ein junger oder ein sehr kräftiger Mann konnte auf diese Weise laufen. So schnell und so sicher.

Die Leute warfen sich bedeutungsvolle Blicke zu und beobachteten das Ganze von den Eingängen ihrer Hütten aus. Die Kleinen preßten sich gegen die Beine der Mütter und spürten die Angst, die alle gepackt hatte.

Leise bemerkten sie:

»Habt ihr den Geruch der Kaju gerochen?«

»Ja. Es roch nach Kaju. Nach reifer Kaju.«

»Aber es ist doch noch gar nicht Zeit für Kajus?«

Ihre Angst wurde jetzt noch größer. Kuryala ging seines Weges und hatte seine trüben Augen geradeaus gerichtet, so als könne er alles sehen. Er lief, ohne auch nur einmal anzuhalten. Als er die Hälfte des Dorfes durchquert hatte, beschleunigte er seine Schritte noch. Die Hunde sträubten die Haare, aber wagten nicht zu bellen.

»Wo geht er nur hin?«

»Jemand muß es doch wissen.«

»Keiner hat den Mut, jetzt mit ihm zu sprechen. Er ist voll von Zauber und von Kunin.«

»Doch, seht nur, Canari geht neben ihm her und wird ihn jetzt am Arm fassen. Er hat ihn berührt. Jetzt ist er einen Augenblick stehengeblieben.«

Canari sprach sanft zu ihm:

»Borrolakre, Uladô, hör mal, Onkel! Tibô makrê Kay, wo gehst du hin?«

»Bexiékre, Vorsicht! Ich gehe.«

»Aber wohin, Onkel?«

»Ich gehe. Laß meinen Arm los.«

Mit unerwarteter Kraft versetzte er Canari einen Stoß und befreite sich aus der festen Umklammerung.

»Ich gehe. Und ich gehe allein. Wer mir folgt oder mich daran hindert, zu gehen, den wird der Zauber packen.«

Kuryalas Augen waren immer noch in die Ferne gerichtet, ohne auch nur einmal von jener Blickrichtung abzuschweifen. Er durfte den Duft der Kajufrucht nicht verlieren.

Dann wurde er etwas ruhiger:

»Leb wohl, Sohn! Ich habe einen langen Weg vor mir. Ich werde ein Kanu suchen, schöner als jedes Kanu, das je von der Hand eines Karajás gebaut worden ist. Leb wohl.«

Auch Canari nahm den Geruch der Kajufrucht jetzt stärker wahr und wischte sich mit kalter Hand den eisigen Schweiß ab, der an seiner Brust herunterlief. Vielleicht war es Furcht, die seinen Körper zum Zittern brachte, aber er hörte jetzt noch eine andere Stimme. Eine Stimme, die er nicht kannte. Sie rief nach Kuryala.

»Auf! Laß uns gehen. Etwas schneller!«

Und mit den anderen Bewohnern des Dorfes, die das Schauspiel verfolgt hatten, starrte Canari gelähmt vor Entsetzen dem alten Blinden nach, der sicheren Schrittes das Dorf verließ. Er ließ die vorderen Häuser und das große Haus der Station hinter sich und verschwand auf dem zugewachsenen Pfad, der zum Sandstrand führte.

Kuryala kannte diesen Weg gut, und er wußte auch, daß er noch mehr als den halben Weg vor sich hatte, bis er den Sandstrand erreichen sollte.

Da lud ihn die freundliche und sanfte Stimme ein:

»Laß uns diesen Pfad für eine Weile verlassen und auf den großen Wurzeln eines Jatobazeiro ausruhen.«

»Aber ich bin nicht müde.«

Er hörte ein Lachen.

»Du nicht, aber ich.«

»Aber warst du es nicht, der mich gebeten hat, immer schneller und schneller zu gehen? Wir sind doch erst ein kleines Stück gelaufen. Nicht einmal den halben Weg bis zum Sandstrand.«

»Wir sind sehr lange gelaufen. Es ist schon Monate her, seit wir unseren Weg angetreten haben. Für dich hat die Zeit jetzt keine Bedeutung mehr. Aber ich habe auf diesem Weg deinen Körper und deine Seele getragen. Du hast es nicht gespürt, weil der Wind meines Schattens deinen Körper wie ein Kanu durch eine sanfte Strömung trieb. Folge mir. Du wirst bald merken, daß der Duft der Kaju nachläßt.«

Kuryala nahm das Knistern trockener Blätter unter seinen Füßen wahr.

»Hier.«

Er tastete den Umfang einer großen Wurzel mit dem Fuß ab.

»Laß uns auf dieser Wurzel Platz nehmen. Nur eine kleine Weile. Wenn du möchtest, kannst du reden. Ich höre dir zu und werde dir antworten.«

»Du hast gesagt, wir sind viele Tage gereist. Wie kommt es, daß ich keinen Hunger fühle? Ob es diese Frucht war, die ich von der Torifrau bekommen habe?«

Erneutes Gelächter.

»Vielleicht. Kann sein. Wer weiß?«

»Ich bin auch nicht müde, friere nicht und fühle mich nicht erschöpft.«

»Weißt du, was du bist, Kuryala? Du bist ein durch und durch reiner Mann. Richtig unschuldig. Andere, die ich im Auftrag von Kanansiuê geholt habe, fanden viel schneller heraus, was mit ihnen geschah. Wir sind beinahe am Ziel, und du tust immer noch so, als hätten wir gerade das Dorf verlassen.«

»Und stimmt das nicht?«

»Nein. Ich habe dir gesagt, daß ich dich auf meinem Schatten getragen habe. Jetzt bin ich sehr müde, und weißt du auch, warum? Ich habe dich wieder zu dem verwandelt, der du warst. Du verspürst keinen Hunger, keine Erschöpfung und Kälte? Du hast nicht einmal versucht herauszufinden, was der Grund für all das ist. In welchem Zustand warst du, als ich dich gerufen habe?«

»Ich hatte Tiberkulose und habe gehustet. Und beim Husten hat meine Brust geschmerzt.«

»Nun, dann huste mal.«

Kuryala versuchte zu husten, aber es gelang ihm nicht.

»Siehst du? Und davon abgesehen, wie warst du noch?«

»Ich war mager, mit dünnen Armen und Beinchen, die Rippen haben meine Brust durchbohrt, und ich war auch sehr alt.«

»Warum fährst du nicht einmal mit den Händen über deine Arme und Beine?«

Kuryala gehorchte und strich mit den Fingern über seine Gliedmaßen, wie es ihm die Stimme aufgetragen hatte. Alle hervorstehenden Knochen waren nicht mehr zu spüren, und die Muskeln seines Körpers hatten ihre alte Festigkeit wiedererlangt. Abgemagerte Körperteile hatten wieder richtig Fleisch angesetzt.

»Aber das bin ich nicht!«

»Natürlich bist du das. Fahre mit der Hand über deinen Mund und deine Zähne.«

Kuryala erhob sich von der Wurzel und setzte sich schnell wieder, so verdutzt war er. Er hatte seine Zähne wieder, das fühlte er genau, und biß sich in die Fingerspitzen, um sicherzugehen, daß er nicht träumte.

»Und es ist kein Traum?«

»Nein. Du hast nicht einmal geschlafen, seit du das Dorf verlassen hast. Haben die anderen Karajás nicht gesagt, daß deine Haare weiß und dünn geworden sind? Jetzt nicht mehr. Sie sind schwarz und glänzend, voll, üppig wie in alten Zeiten.«

Kuryala führte die Hände an seinen Kopf, und seine starken Finger konnten fühlen, daß auch dieses Wunder sich vollzogen hatte.

»Hast du das alles gemacht?«

»Kanansiuê hat es mir aufgetragen.«

»Und alle anderen, die du mitgebracht hast, sind wieder so geworden, wie ich es jetzt bin?«

»Alle, die so gut waren wie du, natürlich.«

»Wie schade, daß meine Augen immer noch weiß und erloschen sind. Daß ich nicht sehen kann, wie ich als junger Mann ausgesehen habe.«

»Paß gut auf, Kuryala. Wenn du mir eine Frage stellst, nur eine Frage, dann wird diese weiße Kruste platzen, und du wirst deine ursprüngliche Schönheit wieder zu Gesicht bekommen.«

Kuryala wurde nachdenklich und senkte den Kopf. Wie seltsam! Kanansiuê hatte ihn holen lassen, ihm sein Leben und seine Kraft wiedergegeben, und jetzt stellte er ihm eine Bedingung, damit er seine Sehkraft wiedererlangen konnte.

Er bemerkte beinahe anklagend: »Du hast so viele gute Dinge für mich getan, warum gibst du mir nicht, was ich am nötigsten habe? Wenn du nicht Kanansiuê bist, wer bist du dann?«

Er schluchzte, von seinen Gefühlen überwältigt, und in seinen blinden Augen standen Tränen.

Da fühlte er, daß Hände, sanft wie der Wind, seinen Kopf anhoben und eine Stimme an seine Ohren drang, schöner als jede Musik, die er in seinem Leben gehört hatte.

»Es ist gut, Kuryala. Du hast mir die Frage gestellt. Du wolltest nicht einmal wissen, wer ich bin. Ich danke dir für das Vertrauen, das du in mich gehabt hast, als du mir gefolgt bist. Aber es fehlte diese Frage, und du hast sie mir gestellt. Und jetzt höre. Ich muß dir ein paar Dinge sagen, bevor deine Augen wieder sehen. Du wirst *mich* nie sehen können, aber ich werde dich so lange begleiten und mit dir sprechen, wie du mich brauchst. Ich bin Tahiná-Kan, deine Mutter. Ich führe dich in mein schönes Land, in das friedliche Leben auf meinem Stern.«

Kuryala sagte beinahe stotternd: »In den Geschichten von Cheêrá, als wir noch klein waren, da war Tahiná immer ein Mann.«

»Das hat keine Bedeutung. Auf meinem Stern gibt es weder Frauen noch Männer. Nur Frieden und Liebe. Im Herzen eines Gottes ist die Liebe einer Frau der eines Mannes gleich. Das Wichtigste ist, zu lieben und diese Liebe immer aufrechtzuerhalten. Nun, das ist sehr schwierig. Ich werde es dir ganz einfach erklären. Ich kann die Karajás holen, wenn sie es verdienen, als Männer oder als Frauen. Das hängt von jedem einzelnen ab und von dem Zeitpunkt, zu dem ich ihm den Weg in den Tod zeige. Aber damit wollen wir es gut sein lassen. Du wirst gespannt darauf sein, wieder sehen zu können. Setz dich. Ich werde mit den Händen über deine Augen fahren.«

Kuryala spürte die Wärme einer Sonne, wie sie in den Trokkenzeiten gegen Abend schien. Sie war angenehm und sanft. Danach fühlte er sich von einem Druck befreit, aber er wagte nicht, seine Augen zu öffnen.

»Worauf wartest du?«

Er öffnete die Augen und fiel auf die Knie. Wie schön das Leben war! Die Bäume, der über und über blaue Himmel, der Wind, der die Blätter schaukelte, die abgebrochenen Äste auf dem Boden und die Ameisen, die dicht vor seinem Körper ihres Weges gingen, vor seinen Knien. Er bebte vor Rührung.

Jetzt würde er nie mehr weinen. Sein Herz war von Glück erfüllt.

»Tahiná-Kan? Bist du noch da?«

»Jetzt mehr als je zuvor. Ich bin vor dir, in deinem Rücken, an deiner Seite und sogar in deinem Herzen.«

Er schluckte und konnte nur stammeln:

»Kanansiuê ist ein Freund. Vielen Dank für alles, Tahiná-Kan.«

»Wofür? Komm, steh auf!«

Er setzte sich wieder auf die Wurzel des Jatobazeiro. Diesmal brauchte er seine Finger nicht, um den Baum abzutasten.

»Wir müssen gehen.«

»Kann ich noch eine Weile hierbleiben und schauen?«

Die Stimme lächelte.

»Gut. Eine Weile kannst du bleiben.«

Und Kuryala entdeckte etwas Neues. Alle Baumstämme, die er erblickte, gingen vom Braunen ins Rote und vom Roten ins Goldene über. Auch die Blätter hatten eine goldene, rosa oder silberne Farbe.

»Und wo ist das ganze Grün geblieben?«

»Du bist im Land von Tahiná-Kan. Und ich habe dir gesagt, daß hier nur Frieden und Liebe zu Hause sind. Im Land der Menschen gibt es diese unselige Farbe Grün. Eine Farbe, die Hoffnung bedeutet, denn die Menschen leben immer in der Erwartung auf etwas. Sie täuschen sich mit der Hoffnung auf etwas, das sie nicht verdienen. Mit der Hoffnung auf etwas, das sie niemals bekommen werden, denn die Finger des Hasses, des Ehrgeizes und der fehlenden Liebe besudeln alles Grüne in ihren Träumen. Grün ist eine sehr traurige Farbe und schrecklich trügerisch. Deshalb kann es sie im Land von Tahiná-Kan nicht geben. Können wir jetzt gehen?«

Sie kehrten auf den Hauptweg zurück. Dort war der Sand weich und golden.

»Der Wind, den du in deinen Haaren spürst, kommt von meinem Fluß herüber. Auf diesem Fluß wirst du deine Reise antreten.«

Sie kamen ans Ufer des Flusses. Er war viele Male schöner als sein alter Bêêrokan. Bis zu diesem Zeitpunkt hatte er die Sehnsucht in seinem Herzen nicht gefühlt. Doch jetzt ergriff sie ihn. Die roten, weißen, gelben und goldenen Bäume spiegelten sich in der Oberfläche des Flusses. Alle Vögel, die er kannte, flogen wieder in Schwärmen am Himmel. Die Krokrodile hatten ihre alte Farbe abgelegt und schliefen in der Sonne, ohne sich um seine Anwesenheit zu kümmern oder Angriffslust zu zeigen.

Er sagte zu Tahiná-Kan:

»Kann ich mich in den Wassern des Flusses ansehen?«

»Natürlich. Wie schön und jung du bist!«

Er kniete nieder und beugte sich über den Fluß. Wie gut es tat, sich hier wiederzusehen, genau, aber genau so, wie er ausgesehen hatte, als er noch Kuryala war, der große Häuptling und Karajá. Er lächelte in sich hinein, von Dankbarkeit erfüllt.

Dann setzte er sich wieder an das Ufer des Flusses.

»Und jetzt, Nadi, meine Mutter? Was muß ich jetzt tun?«

»Nur eines noch. Dann werde ich dir dein Kanu zeigen, mit dem du den Fluß hinunterfährst. Dort wirst du alle Menschen wiederfinden, die vor dir hierhergekommen sind und auf dich warten. Bist du bereit?«

»Ja, ich bin bereit.«

Ein starker, schwerer Bogen und drei mächtige Jagdpfeile fielen auf den Boden zu seinen Füßen.

»Kannst du noch damit umgehen?«

Er prüfte den Bogen und die gespannte Sehne.

»So gut wie der meines Vaters Belerriro. Was soll ich damit jagen?«

»Du wirst jetzt zum letzen Mal töten. Danach wirst du nie mehr Hunger verspüren. Du wirst nur noch aus Vergnügen essen, und wo du auch bist, wird es etwas zu essen für dich geben, du mußt nur daran denken. Hier geschieht alles ohne Leiden und Erschöpfung.«

»Und was werde ich töten müssen?«

»Alle deine Erinnerungen an die Karajás leben an den Ufern dieses Flusses fort. Das ist so etwas wie ein Gesetz. Aber du mußt die drei Araras von Berixá töten.«

»Waren es nicht vier?«

»Drei. Den Grünen Arara habe ich selbst zu Beginn unserer Reise vernichtet.«

»Tahiná-Kan? Du bist ja nicht böse, wenn ich dir eine Frage stelle?«

»Nein, hier wird keiner böse.«

»War diese Geschichte von Berixá nicht eine große Schwindelei?«

»Nein. Noch nie haben sich die Karajás eine Geschichte erzählt, die so wahr und so schön war! Nimm den Bogen und den ersten Pfeil!«

Kuryala gehorchte.

Tahiná-Kan stieß einen hohen, langgezogenen Pfiff aus, und schon erschien der riesige Rote Arara und setzte sich auf den Ast eines roten Pequibaumes.

Kuryala spannte seinen Bogen und richtete den Pfeil auf sein Ziel. Dabei dachte er:

»Du, Roter Arara, hast Iroá, Orrori, Sarikini und viele andere getötet. Leb wohl!«

Kuryala schoß den Pfeil ab und durchbohrte die Brust des Vogels. Er fiel in den Sand und riß dabei ein paar der duftenden Pequiblüten ab.

Und wieder stieß Tahiná-Kan den Lockruf aus. Da kam der Weiße Arara. Er war schöner als je zuvor. Der Arara-Krukrujé setzte sich auf den Ast, auf dem auch schon der Rote Arara gesessen hatte.

Kuryala spannte den Bogen, und während er seinen Pfeil auf das Ziel anlegte, dachte er:

»Du, schöner Weißer Arara, hast das Leben so vieler Karajás getrunken. Es waren Uassabédu, Uadimâni, Kobirréti, Aratuma, Ararue und viele andere. Leb wohl.«

Er schoß den Pfeil ab und durchbohrte die Brust des Vogels, der auf den anderen Vogel fiel und dabei ein paar duftende Pequiblüten abriß.

Da ließ Tahiná-Kan zum letzten Mal den Pfiff ertönen. Und schon erschien der immerschöne Gelbe Arara. Er hatte die Karajás gezwungen, alles anzunehmen, was ihnen die Toris befohlen hatten. Auch er setzte sich auf diesen Ast.

Kuryala spannte den Bogen und peilte sein Ziel an, während er dachte:

»Du, Gelber Arara, mußt sterben, damit dich kein Karajá mehr fürchten muß! Leb wohl!«

Er schoß den Pfeil ab und durchbohrte die Brust des Vogels, der auf die beiden anderen Vögel fiel und dabei duftende Blüten des Pequibaumes abriß.

Da trug ihm Tahiná-Kan auf, den Bogen auf die durchbohrten Araras zu legen. Der Stern machte ein Feuer und verbrannte alles. Dann ließ er einen bläulichen Wind wehen, der alles schneller zum Brennen brachte.

»Bist du traurig, daß ich einen so schönen Bogen verbrenne, Sohn?«

»Nein, Nadi.«

»Hier wirst du ihn auch nicht mehr brauchen. Wir kehren an das Ufer des Flusses zurück.«

Der Fluß schien jetzt noch schöner geworden zu sein. Er sah mit jedem Mal schöner aus. Tahiná-Kan hatte seine Gedanken erraten und erklärte:

»Auf jedem Abschnitt deiner Reise wird der Fluß ein immer schöneres Gesicht annehmen. Deine neuen Augen werden niemals müde, ihn zu betrachten. Und jetzt schau einmal dahin.«

Auf einem nahegelegenen Strand erblickte Kuryala ein schönes Kanu im Sand, das nur mit einem vollendeten Ruderpaar festgemacht war.

»Es gehört dir. Mit ihm wirst du dich auf die Suche nach all jenen machen, nach denen dein Herz am stärksten verlangt.«

»Werde ich bis dorthin schwimmen?«

»Nein. Ich werde dich über die Wasser des Flusses gehen lassen wie auf dem Weg, der uns hierher führte.«

Kuryala wurde beim Abschied von seinen Gefühlen überwältigt. Aber es waren Gefühle der Dankbarkeit.

Tahiná-Kan war schließlich eine Mutter und erwiderte seine Gefühle. Sie drückte den Indio gegen ihre weiche Windbrust, und ihre Stimme klang wie Musik, als sie sagte:

»Du kannst gehen, mein Sohn. Geh nur. Hier, im Land meines Sternes, wirst du immer Kuryala sein. Mein großer Häuptling und Karajá.«

Und Kuryala machte sich auf seinen Weg. Er wanderte sicher und langsam über die Wasser, bis er sein Kanu und die Ruder erreicht hatte.

Anmerkungen

1 Gott der Indios vom Stamm der Karajás

2 Große, karpfenähnliche Fische mit goldfarbenem Schuppenkleid, die vornehmlich in den Wassern des Araguaia vorkommen

3 Längenmaß, das nicht auf den Meter genau festgelegt ist und im Sprachgebrauch der Goiáner eine Distanz von 4 bis 8 Kilometern umfassen kann

4 Karajáwort für den Fluß Araguaia

5 Nach dem Glauben der Indios vom Stamm der Karajás ist Tahiná-Kan ein Stern, den sie nach ihrem Tod bewohnen.

6 Aruanã ist ein großes Fest, zu dessen Anlaß die Indios ihre Stammesgötter ehren. Die Masken für den Aruanã repräsentieren die unterschiedlichsten Charaktere, die tänzerisch dargestellt werden.

7 Einer der Götter der Karajás, die im Aruanã tänzerisch dargestellt werden

8 Ein weiterer Gott der Karajás

9 In der Vorstellung der Karajás ist der Fluß Araguaia ein Vater, auf dessen Grund sie zum Leben erwachen. Das Verlassen des Flusses und der Beginn ihres Lebens auf der Erde hat in der Indiolegende die gleiche Bedeutung, die der Vertreibung aus dem Paradies in der Bibel gleichkommt.

10 Krokodil in der Sprache der Karajás

11 Sonne in der Sprache der Karajás

12 Ein am Araguaia gelegenes Dorf

13 Indiostamm, der die Niederungen um den Rio das Mortes besiedelt hat und als besonders kriegerisch und aggressiv gilt

14 Indios aus Goiás, deren besonderes Kennzeichen große Holzscheiben in der Oberlippe sind. Sie sind erfahren im Zubereiten von Rauschgiften und Giftpfeilen für die Jagd.

15 Dorf am Araguaia

16 Öl der Babaçu-Palme

17 Fleischfressender, blutrünstiger Fisch, der in Schwärmen lebt und in verschiedenen Farben und Größen vorkommt

18 Priester in der Sprache der Karajás

19 Büchse in der Sprache der Karajás
20 Großer, schwarzweißgefiederter Reiher mit der typischen s-förmigen Halsbiegung, der nach seiner Beute taucht
21 Storchenvögel, die vorwiegend in Flußniederungen leben
22 Alpha und Beta des Centaurus
23 Der Familie der Reiher zugehöriger Vogel
24 Getränk, das aus Reis und Mais zubereitet wird
25 »Eule« in der Sprache der Karajás
26 Kleine grün-gelblich schimmernde Fische
27 Kleine Schildkrötenart, deren Eier besonders schmackhaft sind
28 Mit den kleinen Zweigen dieser Sträucher machen die Indios Feuer
29 Großer Süßwasserfisch
30 Ein besonderer Süßwasserfisch, der kein Schuppenkleid hat, sondern eine lederartige Haut
31 Typischer Baum des brasilianischen Buschwaldes
32 Penis
33 Hoden
34 Junge Männer im Vorstadium des Erwachsenseins, die schon gewisse Stammespflichten wahrnehmen müssen, aber keine eigenständigen Entscheidungen treffen dürfen. Ihr Vergleich mit den Fischottern, den »Diurés«, ist auf die besondere Agilität zurückzuführen, die man diesen Tieren nachsagt, und die die Stammesältesten von den Diurés erwarten.
35 Eine Stufe über den Diurés. Ihre Bedeutung wird später erläutert.
36 Während der Araguaia die Staaten Mato Grosso und Goiás trennt, entspringt der Rio das Mortes im Staat von Mato Grosso und mündet bei Raumaló Dessé, oder São Felix, wie die Weißen dieses Dorf und seine Umgebung nennen, in den Araguaia.
37 Jeder der vier Mondphasen dauert eine Woche, also handelt es sich um Zeitabstände von 1 Monat.
38 Die Jenipapo, die Frucht dieses Baumes, ist sehr schmackhaft und dient der Herstellung von Süßspeisen und Likören. Aus dem Saft kann eine schwarze Tinte gewonnen werden, die den Indios als Farbe für ihre Tätowierungen und Körperbemalungen dient.
39 Stammestätowierung
40 Aasgeier
41 Abend
42 Morgengrauen, anbrechender Morgen
43 Stadt im Staat Minas Gerais
44 Zu Blumen geflochtene Vogelfedern
45 Stadt im Süden des Staates Pará, nordwestlich des Staates Goiás gelegen
46 Stadt im Staat Pará, die direkt am Araguaia gelegen ist, ungefähr 300 Kilometer nördlich von São Felix
47 Dorf ungefähr 50 km oberhalb von São Felix

48 Nebenfluß des Araguaia

49 Wilder Feigenbaum

50 Vollgewichtiges Holz eines großen Urwaldbaumes, der an den Ufern des Amazonas und des Araguaia vorkommt. Die Indios fertigen ihre Kanus aus diesem Holz.

51 Meotropischer Vogel, der seinem Äußeren nach einem Fasanenvogel oder Waldhuhn gleicht. Er hat einen unverkennbaren Lockruf, den er bei einbrechender Dunkelheit ertönen läßt.

52 Tropische Frucht, roten und orangefarbenen Paprika ähnlich

53 Nächtliches Tanzfest, dessen Besonderheit in einer Art Wettsingen besteht

54 Zur Gattung der Sägesalmler gehörig, mit starken, raubtierartigen Zähnen ausgestattet

55 Der »Pequizeiro« ist ein typischer Baum des Staates Goiás. Seine äußerst schmackhaften Früchte werden gerne mit Reis zubereitet.

56 Süßwasserfisch der Gattung *Mylinae*

57 »Kaffee« in der Sprache der Karajás

58 Es handelt sich dabei um den sogenannten Dorn- oder Nagelrochen, der an seinem Schwanzende widerhakenähnliche Dornen trägt.

59 Um diese »große Schlange«, auch »Sucuri«, »Sucuriju« oder »Boiúna genannt, ranken sich zahlreiche Mythen. Doch nicht nur die Ureinwohner Brasiliens haben aus ihr ein wahres Ungetüm gemacht, auch die Reiseberichte zu Beginn des Jahrhunderts stellten sie als menschenfressendes Ungeheuer dar, nicht zuletzt aufgrund ihrer ungewöhnlichen Größe und der beeindruckenden Geräusche, die sie beim Durchschwimmen des Wasssers macht. Die Indios nennen sie »Mãe-d'agua«, »Mutter des Wassers« (»parananmaia«). In Wahrheit handelt es sich um eine ungiftige Schlange von ungefähr 15 Metern Länge, eine Boa constrictor.

60 Wilder Truthahn mit schwarzem Gefieder

61 Hühnerartiger Waldvogel, der an einen kleinen Fasan erinnert

62 Axt

63 Bläßgansähnlicher Wasservogel

64 Auch »Japim« oder »João-conguinho« genannt, können sie angeblich die Laute aller sie umgebenden Vogelarten nachahmen.

65 Grün-gelblich schimmernde Fischchen

66 Einer der größten Flußfische Brasiliens. Sein Name kommt aus dem Tupi-Guarani, der Sprache der brasilianischen Indios.

67 Verdickter Fischsud, der aus Maniokmehl und Fischbrühe zubereitet wird

68 Man unterscheidet giftige Maniokwurzeln von ungiftigen, die süß schmecken und im Portugiesischen einfach nur Maniok heißen. Aus den giftigen Wurzeln, auch wildes Maniok genannt, wird nur das Maniokmehl bereitet.

69 Rote Tinte, aus dem Saft der Früchte des Urucuzeiro gewonnen

70 Palme mit gefährlichen Dornen. Es gibt zwei Arten: die eine trägt gelbe, nicht eßbare Kokosfrüchte; die andere trägt schwarze, schmackhafte Kokosfrüchte, deren Fleisch sich hervorragend zur Bereitung von Essig und Wein eignet, da es einen säuerlichen Geschmack hat. Aus den starken Fasern der Tucumpalme werden Matten, Netze und Schmuck gefertigt.

71 Weiß-rosafarbener Flußdelphin, wie alle Delphine zu den Säugetieren zählend

72 Früchte des Ingazeiro, die als sehr schmackhaft gelten.

73 Agutis oder Gutis erinnern durch ihre Gestalt auffallend an die Zwergmoschustiere. Es sind hochbeinige, untersetzte Nager mit langem, spitzschnäuzigem Kopf.

74 Vogel von der Größe eines Fasans. Auf dem Kopf trägt er einen imposanten Federkamm.

75 Dieser große Süßwasserfisch kann bis zu zwei Meter Länge erreichen

76 Imbaúba oder Umbaúba, auch Faultierbaum genannt, da seine Sprossen die bevorzugte Nahrung des Faultieres sind

77 Einmal, zweimal, dreimal!

78 Es handelt sich um den brasilianischen Staatspräsident Getúlio Vargas, der 1934 in dieses Amt gewählt wurde und in dieser Zeit eng mit europäischen Faschisten zusammengearbeitet hat. Er wird 1945 seines Amtes enthoben, jedoch 1950 wiedergewählt. 1954 begeht er Selbstmord.

79 Aus den Mangofrüchten wird eine schmackhafte Süßspeise bereitet. Die Rinde dieses Baumes aus dem Buschwald dient der Gewinnung von Latex.

80 Força Aérea Brasileira = Brasilianische Luftwaffe

81 Schmackhafte Flußfische der Gattung Knochenfische, die zwei weiße Knorpelsteine im Kopf tragen, welche zur Anfertigung von Hals- und Armbändern verwendet werden

82 Hauptstadt des Staates Pará, an einem Seitenarm des Amazonas gelegen

83 Zucker aus Zuckerrohr

84 Stadt im nordbrasilianischen Staat Pará

85 Hinterland

86 Serviço de Proteçáó ao Indio – Einrichtung zum Schutz der Indios

87 Es handelt sich um die sagenumwobene Anaconda, eine große Würgeschlange, die in Brasilien vom Volk auch die »große Kobra« genannt wird.

88 Staat im brasilianischen Nordosten

89 Fluß, der durch die brasilianischen Staaten Mato Grosso und Pará fließt. Er mündet in den Amazonas.

90 Stadt im Staat Pará

91 Früchte des »Jenipapeiro« (siehe Anmerkung 38)

92 Baum asiatischer Herkunft
93 Baum des Buschwaldes, dessen Stamm sich auch nach Absterben des Baumes sehr lange im Boden hält und daher oft als Stützpfeiler für Zäune Verwendung findet
94 Rinde des gleichnamigen Baumes, auch »Pau d'arco«, »Ipé-uva« oder »Piúva« genannt, der Heilwirkung nachgesagt wird
95 Aus der Gattung der Schrei- und Singvögel
96 Stadt in der Nähe von São Felix
97 Marabu
98 Flugzeug
99 Stadt, direkt am Araguaia gelegen
100 Stiftung mit dem Ziel der Besiedlung Zentralbrasiliens. Sie besteht heute nicht mehr.
101 Unterste Rippe, die sich – so der Volksglauben – in den Bauch senkt, wenn jemand in die Jahre kommt
102 »Himmel« in der Sprache der Karajás
103 Gelbliche Waldfrucht mit scharfem Geruch und säuerlichem Geschmack
104 Der europäischen Ente ähnlicher Wasservogel, der wegen seines schmackhaften Fleisches viel gejagt wird
105 Tonpüppchen
106 »Auf Wiedersehen!«
107 »Auf Wiedersehen!« – Eine Indiofrau benutzt ein anderes Wort beim Abschied als der Mann.
108 Höflichkeitsformel, die soviel bedeutet wie »Nichts zu danken!«
109 Stadt und Staat in Zentralbrasilien
110 Niedriger, struppiger Baum des Buschwaldes
111 Anakonda (siehe Anmerkung 87)
112 Maismehl
113 Fleisch
114 Fisch
115 Friedhof in der Sprache der Karajás
116 »Ja« in der Sprache der Karajás
117 »Noch einmal«
118 »Du mir auch.«
119 Stadt im Staat Pará
120 Fluß im Staat von Pará
121 Scheibe aus dem Kern der Jatobáfrucht. Der Jatobá ist ein riesiger Urwaldbaum.
122 Stadt südlich von Brasília, im Staat Goiás
123 Rio das Mortes
124 Hauptstadt Brasiliens, die erst seit 1960 besteht
125 Ilha do Bananal, eine große Insel im Araguaia
126 Banknote, damalige Landeswährung; wurde im Zuge der Inflation in den »Cruzado« umbenannt; seit 1991 wieder »Cruzeiro«

127 Verzierte Schlagstöcke
128 Klapperschlange
129 Riesiger Kopfschmuck aus großen Federn
130 Grillfest
131 Ehemals der Staat Guanabara, der 1960 gegründet wurde; wurde seit 1970 zusammengezogen mit dem Staat Rio de Janeiro
132 »Lebt wohl, auf bald«
133 Er meint Gonorrhoe (Tripper)
134 Viação aérea de São Paulo – Luftfahrtgesellschaft aus São Paulo
135 Berühmter Architekt, der mit seinen außergewöhnlichen Bauten wesentlich zur Gestaltung der modernen Stadt Brasília beigetragen hat
136 100 Contos = 100 000 Realen (ehemalige portugiesische Münzeinheit) oder 100 000 Cruzeiros
137 In der Vorstellung der Karajás versinnbildlicht die Kanufahrt auf dem Fluß den Weg, den ein Mensch in seinem Leben zurücklegt.
138 Kopulieren
139 Kleine Fischchen
140 Äpfel zählen in Brasilien zu den exotischen Früchten, die bis vor kurzem noch importiert wurden.
141 Sexuell ausschweifendes Leben
142 Ein Nagetier, einem großen Streifenhörnchen ähnlich
143 Schwule

Eduardo Quiroga **Auf fremder Erde**
Ravensburger Taschenbuch, 156 Seiten
ISBN 3-473-54081-1

Enrique, ein junger Argentinier, lernt in Paris Sarah, eine junge Engländerin, kennen und lieben. Ihr Glück ist nur von kurzer Dauer, denn als Sarah ihn in Argentinien besucht, bricht der Falkland-Krieg aus. Sarah muß zurück nach England, Enrique an die Front. Doch zuvor wendet er sich noch einmal brieflich an Sarah. Er schreibt von der gemeinsamen Zeit in Paris, und er erzählt von sich selbst: von der Schulausbildung in England und von den schlimmen Erfahrungen in seinem eigenen Land, wo sein Bruder verhaftet und gefoltert wurde und für das er, Enrique, jetzt in den Krieg ziehen soll ...